Jeugdbijbel

Jeugd-
BIJBEL

Lieke van Duin • Mireille Geus • Corien Oranje
Illustraties Irene Goede

ROYAL JONGBLOED

Uitgeversgroep Royal Jongbloed en het Nederlands Bijbelgenootschap hebben nauw samengewerkt bij de totstandkoming van deze *Jeugdbijbel*. Het projectteam dat heeft meegewerkt aan deze uitgave bestaat uit:

Jaap van Dorp – specialist Oude Testament
Roelien Smit – specialist Oude Testament
Clazien Verheul – specialist Nederlandse taal
Frans van Houwelingen – specialist communicatie
Stefan van Dijk – specialist Nieuwe Testament

Stuurgroep:
Mirjam Vermeij – specialist uitgeven
Aukelien Wierenga – uitgever

Boekverzorging Buitenspel, Meppel
ISBN 978-90-8912-037-3
NUR 224
Een uitgave i.s.m. het Nederlands Bijbelgenootschap
www.royaljongbloed.nl
www.bijbelgenootschap.nl

Voorwoord

Deze nieuwe *Jeugdbijbel* voor de leeftijdsgroep 9 – 12 jaar is ontstaan uit een bijzondere samenwerking tussen uitgeversgroep Royal Jongbloed en het Nederlands Bijbelgenootschap. Er bleek behoefte aan een kinderbijbel voor iets oudere kinderen, met een ruime keuze aan verhalen om voor te lezen of samen aan tafel te lezen. Een *Jeugdbijbel* die een kind er zelf graag bij pakt.

De medewerkers van het Nederlands Bijbelgenootschap hebben de auteurs bij elk verhaal voorzien van achtergrondmateriaal en exegetische informatie, en lazen mee met de uitwerking ervan in het verhaal.

De uitgeverij heeft de auteurs en de illustrator begeleid om er een mooi en verzorgd geheel van te maken.

Even voorstellen: auteurs en illustrator

Deze *Jeugdbijbel* bevat meer dan zeventig verhalen uit de Bijbel, bekende en minder bekende verhalen. Ze zijn geschreven door drie verschillende auteurs.

Lieke van Duin schrijft kinderboeken, was docent in de post-HBO-cursus ‘Oordelen over kinder- en jeugdboeken’ en recenseerde jarenlang kinderboeken voor het dagblad *Trouw*.

Mireille Geus is schrijfcoach; ze schrijft kinderboeken, die ondermeer werden bekroond met een Vlag en Wimpel en een Gouden Griffel voor haar boek *Big*.

Corien Oranje is theoloog en schrijfster van kinderboeken voor alle leeftijden, o.a. van de succesvolle titel *Kampioen*, kerntitel van de kinderboekenweek in 2013.
Irene Goede is bekend van de wekelijkse natuurillustratie in het NRC, en van diverse prentenboeken zoals *Wasbeer en Otter redden een rups* en *De kleine Indiaan*. Haar kracht uit zich in realistische, sfeervolle illustraties met veel aandacht voor detail, natuur en landschap.
De auteurs en de illustrator hebben zich ingezet om gezamenlijk een mooi en uitdagend boek met bijbelverhalen te maken, dat uitnodigt tot lezen en herlezen.

Origineel en verrassend

De auteurs vertellen elk verhaal vanuit een eigen perspectief, soms vanuit de hoofdpersoon in het bijbelverhaal zelf, soms vanuit het perspectief van een kind dat de gebeurtenis kan hebben meegemaakt. Zo zijn de verhalen vanuit een originele invalshoek geschreven, waardoor ze op een nieuwe manier dichtbij komen.

Thematische insteek

Omdat veel kinderen zelf graag in een kinderbijbel lezen, hebben we in de *Jeugdbijbel* gekozen voor een thematische aanpak. Aan de hand van een tiental thema's, zoals bouwwerken, wijze lessen, eten en drinken, ziekte en genezing etc. kunnen kinderen zelf verhalen zoeken die passen bij hun interesses. Bij elk thema is een informatieve pagina gemaakt, met verwijzingen naar de bijpassende verhalen. Deze themapagina's zijn geschreven door Roelien Smit van het Nederlands Bijbelgenootschap.

Het is onze wens dat deze *Jeugdbijbel* bij een breed publiek ingang zal vinden, en dat veel jonge lezers de verhalen uit de Bijbel voor het eerst of opnieuw zullen lezen en horen, en erdoor zullen worden verrast.

Aukelien Wierenga, uitgever

Inhoudsopgave

Oude Testament

Themapagina's

Nieuwe Testament

Het Oude Testament

1 Hoe de wereld begon

Genesis 1

Heel, heel lang geleden was er geen aarde en geen hemel.
Er was alleen water, een oervloed van water.
Verder was alles leeg en woest en doods en donker.
God was er wel. Zijn geest zweefde over dat duistere, sombere water.

God wilde iets maken, iets moois, iets nieuws, iets ongekends.
Eerst maar eens orde in de chaos scheppen, dacht hij. Licht in de duisternis.
'Licht!' riep God. 'Er moet licht komen!' Zijn stem donderde door het donker.
Hij had het nog niet geroepen of er kwam licht! Het donker kromp ineen en sloop weg. Het licht groeide en groeide, steeds groter en wijder, tot in de verste verte.

Thema: bouwwerken

Dat gaat goed, dacht God. Nu verder.
Hij tikte het licht aan en zei: 'Jou noem ik dag.'
Hij trok het donker uit zijn hoekje en zei: 'Jou noem ik nacht. Vanaf nu wisselen jullie, dag en nacht, elkaar af.'
En zo gebeurde het, die allereerste dag.
De avond viel, de nacht kwam en het werd morgen.

'Midden in al dat water wil ik een droog gedeelte,' sprak God, 'met een gewelf erboven dat het water tegenhoudt.'
Er ging een kracht van die woorden uit als van vele orkanen.
Het water voelde die kracht en splitste zich met veel geraas in watermassa's beneden en boven.
Ertussenin vormde zich een halfrond gewelf van lucht.
'Jou, gewelf, noem ik hemel!' riep God. Zijn stem droeg naar de uiteinden van de hemel.
Zo gebeurde het op de tweede dag.
De avond viel, de nacht kwam en het werd morgen.

Die ochtend ging God door met zijn scheppingswerk.
Hij wist precies hoe hij het wilde. 'Het water beneden moet naar één plek stromen,' zei hij terwijl hij zijn woorden vulde met goddelijke kracht, 'zodat er droog land verschijnt.'

Meteen begon het water te stromen. Er vormden zich beken en rivieren waarin het zich verzamelde en vol ongeduld naar beneden stroomde. Er verschenen bergtoppen van steen en daarna steeds meer droog land. Op sommige plekken viel het water met donderend geweld omlaag.
Geboeid keek God ernaar. Zó had hij het zich voorgesteld en zó gebeurde het!
'Het droge land noem ik aarde,' zei God, 'en de plaats waar het water terechtkomt, noem ik zee.'
Het begint er goed uit te zien, dacht hij. En ik heb nog zoveel meer ideeën!
Zo ging het op de derde dag.
De avond viel, de nacht kwam en het werd morgen.

'Ik wil lichten aan de hemel', zei God. 'Eén groot licht voor overdag en kleinere lichtjes voor 's nachts. Niet alleen om de aarde te verlichten, maar ook om dag en nacht uit elkaar te houden. En om de seizoenen en de jaren aan te geven.'
Prompt kwamen er lichten en lichtjes tevoorschijn. De twee grootste prikte God eerst aan het hemelgewelf. 'Jij wordt de koning van de dag', zei hij tegen de zon.

'En jij wordt de koning van de nacht', zei hij tegen de maan, waarna hij de nacht met ontelbaar veel sterren versierde. God bekeek zijn kunstwerk.
Het wordt steeds mooier, dacht hij, maar het mooiste moet nog komen!
Dat alles gebeurde op de vierde dag.
De avond viel, de nacht kwam en het werd morgen.

'Levende wezens', zei God op de vijfde dag. 'Dat is het! Wezens die bewegen en spelen en eten en groeien! Het water moet er vol van zijn. En ik wil ook wezens in de lucht. Ik ga vleugels voor ze maken om te vliegen langs de hemel!'
Met oneindige verbeeldingskracht begon God ze te boetseren: walvissen en zalmen, inktvissen en zeehonden, garnalen en plankton en schelpdieren met kunstig gedraaide schelpen om zich heen. Verrast keek God naar al die nieuwe vormen, kleuren en bewegingen.
De dieren zwommen weg en God gaf ze zijn zegen mee. 'Het ga jullie goed', riep hij. 'Wees vruchtbaar, zorg dat je kleintjes krijgt, zoveel dat het water van de zee ervan spettert!'
Ook vogels maakte God: arenden en winterkoninkjes, ganzen en merels, zwanen en kolibries. En nog veel meer. Hij zong ze tot leven waarna ze fluitend, tsjilpend en jubelend het blauw tegemoet vlogen.
God werd er blij van en zegende ook hen.
'Ga maar!' riep hij.
'Vlieg zo ver je kunt, leg eieren, krijg jongen en verspreid je over de aarde!'

God stopte met werken. Morgen is er weer een dag, dacht hij.
De avond viel, de nacht kwam en het werd morgen.

'Ook op het land wil ik levende wezens', zei God. 'Koeien en kamelen, slakken en slangen, mollen en mieren. En wilde dieren als leeuwen en beren.'
Hij begon landdieren tevoorschijn te roepen. Het ene dier na het andere kwam tot leven en rende weg, wandelde, scharrelde, kroop weg.
Opnieuw genoot God van alles wat hij maakte. Het gaat goed, dacht hij. Het begint echt ergens op te lijken. Op een prachtig kunstwerk. Toch mist er nog iets: wezens die op mij lijken! Wezens met een ziel, met geestkracht, met scheppingskracht en taal. Mannelijke en vrouwelijke wezens. Mensen. Mensen die mijn schepping, mijn kunstwerk kunnen beheren en zelf ook mooie dingen kunnen maken.
En God maakte twee mensen, een man en een vrouw. Hij blies hun levensadem in, zegende hen en zei: 'Wees vruchtbaar, krijg kinderen en kleinkinderen en verspreid je over de aarde. De aarde is voor jullie. Je mag regeren over de vissen, de vogels en over de dieren op het land. Regeren op een manier die hun recht doet.'
God gaf de mensen alle planten en vruchtbomen op aarde. 'Dat is voor jullie om van te eten', zei hij. En ook aan alle dieren op het land, in de zee en in de lucht gaf hij groene planten tot voedsel.
Tevreden keek God naar alles wat hij had gemaakt. Hij vond dat het heel goed was geworden.
De avond viel, de nacht kwam en het werd morgen.

Op de zevende dag rustte God uit van zijn werk. Hij zegende die zevende dag en hij maakte er een speciale dag van: een rustdag.

Zo schiep God in zes dagen de hemel en de aarde met al hun levendige rijkdom en schoonheid.

LvD

2 De eerste mensen

Genesis 2-3

Eva pakte Adam bij zijn arm. 'Kijk eens hoe prachtig!' Ze wees naar een groot dier dat hen statig en soepel tegemoet liep. Wat ging er een geheimzinnige kracht van het dier uit! Het kwam langzaam dichterbij en wreef zijn grote kop speels tegen haar benen.
'Wie ben jij?' vroeg ze hem vriendelijk. Het dier gromde genoeglijk.
'Ik heb hem leeuw genoemd', zei Adam. 'Hij was al in de tuin voordat jij er was.'
'Leeuw', zei Eva en woelde door zijn manen. De leeuw antwoordde door kopjes te geven.
'Hij is een goede vriend,' zei Adam, 'net als alle dieren, maar anders dan eh ...'
'Anders dan wie?' Eva keek hem van opzij aan.
Adam glimlachte naar haar. 'Anders dan jij!' zei hij. Zijn ogen schitterden. 'Jij bent net als ik. God heeft jou en mij voor elkaar gemaakt, om elkaar te helpen.'
Eva gaf hem een kus. 'Ik ben zo blij met je', zei ze.
'En ik met jou', zei Adam. 'Je bent zo mooi!' Hij legde zijn arm om haar middel. Eva sloot haar ogen en haalde diep adem. Ze voelde zich een met alles om haar heen: met Adam, met de leeuw, met de andere dieren, de bomen, bloemen en vogels, de prachtige tuin waarin ze mochten wonen, de zachte lucht die ze inademde.
Wacht eens! Hoorde ze een stem? Bomen ruisten, bijen zoemden, krekels tsjirpten, vogels zongen. Ze deed haar ogen open.

‘Adam,’ zei ze, ‘ik denk dat ik God hoorde.’

‘Wat zei God?’ vroeg Adam.

‘Dat hij deze tuin speciaal voor ons gemaakt heeft en dat we er goed voor moeten zorgen.’

Adam knikte. ‘Dat heeft hij mij ook verteld. En ook dat we van alle bomen mogen eten, op één na.’

‘Van welke boom mogen we dan niet eten?’

‘Van de boom van kennis van goed en kwaad. Die staat in het midden van de tuin, vlak bij de boom van het eeuwige leven. Als we er toch van eten, zullen we sterven.’

‘Sterven? Wat is dat?’

‘Ik weet het niet. Misschien iets als niet-leven. Iets wat wij hier niet kennen.’

‘O …’

Eva gaf Adam een hand. ‘Kom, laten we een eindje wandelen’, zei ze. ‘Ik wil nog meer dieren zien.’

‘Goed’, zei Adam, ‘dan vertel ik je welke namen ik ze heb gegeven.’

Eva raakte niet uitgekeken op al de verschillende dieren. Een reuzegroot grijs dier had Adam olifant genoemd en een piepklein watervlug zwembeestje in een poel heette kikkervisje.

‘Wat een mooie vleugels hebben die vogeltjes!’ riep Eva terwijl ze naar het gefladder boven een bloemenveld wees.

‘Het zijn geen vogeltjes’, zei Adam. ‘Ik heb ze nog niet eerder gezien. Hoe zullen we ze noemen?’

‘Vlinders’, zei Eva meteen. ‘Die naam past bij ze.’

Een vlinder kwam op haar arm zitten. Toen hij zijn vleugels openvouwde, zag Eva een felgekleurd patroon van stippen en strepen.

‘Wat heeft God dit prachtig gemaakt!’ riep ze uit.

Adam lachte en nam haar mee naar een sinaasappelboom, een amandelboom, een perzikboom. Hij rekte zich uit naar een hoge tak met rijpe perziken, plukte ze en gaf er een paar aan Eva.

Heerlijk! Het sap droop langs haar kin.
Voldaan gingen ze in het geurige gras liggen. Adam sliep meteen in. Eva niet. Zij bleef kijken en luisteren naar al dat mooie dat ruiste, tikte, krioelde, trippelde, rende, sprong, zwom, vloog, piepte, tsjilpte, zoemde en zong.
Ze stond op, liep rond en raakte alles aan. Het ademde, groeide, bewoog. Het was vol leven.

Opeens hoorde Eva een stem. 'Psst, Eva!'
Eva keek om zich heen. Wie zei dat? Adam?
Nee, die lag nog in het gras te slapen.
Daar kronkelde een lang, dun dier
om een grote tak.

‘Hallo Eva’, zei het vriendelijk. ‘Ik ben het.’

Eva keek naar het dier. Zo een had Adam slang genoemd.

‘Eva, is het waar dat God heeft gezegd dat jullie van geen enkele boom mogen eten?’

‘Nee hoor’, zei Eva luchtig. ‘We mogen van alle bomen eten, behalve van die ene daar, in het midden van de tuin.’ Ze wees naar de verboden boom. ‘Die vruchten mogen we zelfs niet aanraken. Als we dat toch doen, moeten we sterven.’

‘Geloof je dat nou echt?’ vroeg de slang verbaasd.

‘Ja, natuurlijk! Waarom zou ik dat niet geloven?’

‘Omdat het niet waar is. Die boom heet niet voor niets boom van kennis van goed en kwaad. Zodra je daarvan eet, weet jij wat goed en kwaad is. Dan gaan je de ogen pas echt goed open. Dan weet je net zoveel als God zelf. En dat wil hij niet! Dáárom heeft hij jullie verboden van die boom te eten.’

‘Ooo ...’ Eva vond het heel logisch klinken dat God niet wilde dat zij en Adam evenveel zouden weten als hij. Als zíj God was, zou ze dat ook niet willen.

Ze liep naar de verboden boom en keek eens goed naar de vruchten. Sappige, rijpe vruchten waren het, die glansden in de zon alsof ze iets bovennatuurlijks uitstraalden. Eva kon zich goed voorstellen dat die vruchten goddelijke wijsheid gaven!

Ze rook aan de vruchten. Onweerstaanbaar lekker! Nee, daar kon toch niets mis mee zijn?!

De slang knikte haar bemoedigend toe en het was alsof ook de vruchten spraken: ‘Pluk mij, eet mij ...’

Eva plukte er een paar. De vruchten lieten gemakkelijk los.

Ze nam een paar happen ... mmm, verrukkelijk!

Adam kwam naast haar staan en legde een hand op haar schouder. Hij zei niets.

‘Adam, proef eens’, zei ze en gaf hem een vrucht.

Adam nam ook een paar happen. ‘Lekker!’

Op dat moment kreeg Eva het koud. Ze rilde, keek naar Adam en zag plotseling iets wat ze nooit eerder had gezien: Adam was helemaal niet hetzelfde als zij, hij zag er anders uit! Meteen schaamde ze zich voor hem. Snel plukte ze wat vijgenbladeren en reeg die met lianen aan elkaar tot een schort. Adam deed hetzelfde, zag ze. Pas toen ze haar blote lichaam bedekt had, durfde ze weer tevoorschijn komen. En daar was Adam ook, met een rok van bladeren om zijn lijf.
Er was iets mis. Er was iets heel erg mis! Eva voelde het aan het vreemde gebonk vanbinnen. Ze zag het in Adams ogen. En ze zag het om zich heen. Niet dat de bloemen, bomen en dieren veranderd waren, maar het was alsof de glans eraf was. En alsof zij tweeën er niet meer bij hoorden!
De avond viel. Een koele wind ruiste door de bomen.
'Hoor je dat?' fluisterde Eva en keek Adam aan. Ze luisterden met ingehouden adem.
'Dat is God die eraan komt', fluisterde Adam. 'Kom, hij mag ons niet zien!' Hij pakte Eva's hand en trok haar mee naar een dichtbegroeid bosje. Daar verstopten ze zich.

‘Adam, waar ben je!’ Het klonk veel luider dan vanochtend, toen alles nog goed en mooi was – vanochtend, het leek nu een eeuwigheid geleden.
‘Hier ben ik, God’, zei Adam timide. Ze kwamen uit het bosje. Verstoppen had toch geen zin. ‘Ik werd bang voor u omdat ik bloot ben. Daarom verstopte ik mij voor u.’
‘Hoe weet je dat je bloot bent? Heb je soms van de verboden vruchten gegeten?’
‘De vrouw die u mij hebt gegeven, gaf mij die vruchten’, zei Adam, ‘en toen heb ik ervan gegeten.’
Eva schrok. Adam gaf haar de schuld! Hoe kon hij dat doen? Ze waren er toch om elkaar te helpen?
‘Waarom heb je dat gedaan?’ vroeg God haar.
‘De s-slang die u gemaakt hebt, heeft me misleid,’ stamelde ze, ‘en t-toen heb ik ervan gegeten.’
Er ritselde iets in de boom naast hen. Eva zag dat de slang ervandoor wilde gaan, maar God greep hem bij zijn staart. ‘Vervloekt ben jij, slang, dat je dit hebt gedaan!’ riep God. ‘Luister! Nooit zal iemand meer vrienden met je willen zijn. Levenslang zul je op je buik moeten kruipen en stof eten. Voor altijd zullen mensen je vijanden zijn. Jij zult in hun voet bijten, maar zij zullen jouw kop verpletteren!’
Eva deinsde achteruit bij die harde woorden. De laatste zin begreep ze niet, maar wat goed en kwaad was, begreep ze nu heel goed.
Het werd nog erger. ‘Ik stuur jullie weg uit deze tuin’, zei God. ‘Jij, Eva, met pijn en moeite zul je kinderen krijgen en je man zal de baas over je willen zijn.’
Eva sloeg haar handen voor haar gezicht, maar nóg was God niet uitgesproken. Ook Adam kreeg ervan langs. ‘Jij, Adam, hebt van de verboden boom gegeten. Voor straf zullen er dorens en distels op je akker groeien zodat je je in het zweet moet werken om die weg te halen, je leven lang! En tenslotte ga je dood. Dan keer je terug naar de aarde waaruit je bent gemaakt.’

Als verdoofd zakte Eva op haar knieën, haar hoofd tegen de grond.
'Wat moeten we nu?' kreunde ze.
Er kwam geen antwoord. Eva klappertandde.

Na een tijdje merkte ze dat er iets om haar schouders gelegd werd. Ze voelde eraan: het was warm en harig als de vacht van een dier. 'Adam,' zei ze terwijl ze opstond, 'deed jij ...?'
'Nee,' zei Adam, 'dat deed ik niet. Dat moet God gedaan hebben. Ik heb ook zo'n vacht om me heen gekregen.'
Eva zuchtte van opluchting. Blijkbaar had God hen niet helemaal in de steek gelaten. Ze had het niet meer zo koud, pakte Adams hand en keek om zich heen. Ze zag niet veel meer. Het werd donker. Waar moesten ze heen?
Er stak een wind op die hen vooruit duwde, steeds verder en verder.
Eva struikelde. 'Ik ben moe', hijgde ze. 'Ik wil hier blijven.'
'Dat kan niet', fluisterde Adam en hij trok haar overeind. 'We mogen niet blijven. God jaagt ons weg.'
Even later zagen ze geen hand meer voor ogen, maar toch moesten ze verder. Ze liepen, kropen, struikelden en hinkten de hele nacht door.
Toen het weer licht begon te worden, kwamen ze aan het eind van Gods mooie tuin. Vóór hen strekte zich een eindeloze vlakte uit vol dorens en distels. Erboven hing een loodgrijze lucht.
'Daar wil ik niet heen!' riep Eva. Ze was uitgeput en haar voeten bloedden. 'Ik wil terug!'
Ze trok haar hand uit die van Adam en keerde zich om.
Verlamd van schrik bleef ze staan. Aan de rand van de tuin stonden lichtende wezens met vleugels. Ze zwaaiden met zwaarden die flitsten als bliksems.
Ze kon er niet meer in!
'Eva!' hoorde ze Adam achter zich roepen. 'Kom! Er ís geen weg terug.'
Met hangend hoofd sjokte Eva naar Adam. 'Ik begrijp het al', zei ze

toonloos. ‘We mogen niet terug omdat de boom van het eeuwige leven óók in die tuin staat. God wil niet dat we daarvan eten ...’

Adam knikte. ‘Klopt. Dan zouden we altijd blijven leven en dat mag niet meer.’

Moedeloos gingen ze op een groot rotsblok zitten.

Eva voelde Adams arm om haar schouder. ‘Op een dag zullen we sterven, Eva’, zei hij. ‘En nu begrijp ik wat dat is. Het is niet-ademen, niet-bewegen, niet-leven. Het is terugkeren naar de aarde waaruit we zijn gemaakt.’

Eva probeerde zich voor te stellen hoe dat zou zijn. Toen schudde ze haar hoofd en rechtte haar rug. ‘Maar voordat we doodgaan zullen we kinderen krijgen, Adam, en in hen het leven doorgeven! Met pijn en moeite, maar toch!’

Ze ging liggen en sloot haar ogen.

Toen ze wakker werd, lag Adam nog naast haar te slapen. De zon verwarmde de rots waarop ze lagen. Eva voelde zich uitgerust en maakte Adam wakker. ‘Kom’, zei ze. ‘We moeten aan het werk.’

LvD

3 Jaloezie en moord

Genesis 4

Kaïn wikkelde een geitenvel om zijn hand en trok een grote distel uit de aarde. En nog een, en nog een. Ernaast stond een grote doornstruik. Met alle macht rukte hij eraan, maar de struik gaf niet mee. Au, doorns prikten dwars door het geitenvel in zijn hand. Zijn hand bloedde. Wat nu? Kaïn zocht een steen met een scherpe rand en groef de doornstruik uit. Doorns en distels gooide hij op een hoop.

Die grote stenen daar moesten ook weg, want op steen groeit niets. Kreunend en steunend tilde hij een brok steen op en waggelde ermee naar de rand van zijn veldje. Daar liet hij de steen vallen. De grond dreunde ervan. Daarna sjouwde hij ook de andere stenen weg. Elke keer was het uitkijken dat ze niet op zijn voeten terechtkwamen.

In één rotsblok was geen beweging te krijgen. Daar had hij hulp bij nodig. Zijn jongere broer Abel was nog niet sterk genoeg, maar zijn vader, Adam, zou het wel kunnen. Die had al meer dan honderd zomers geleefd maar was nog altijd even sterk en gezond.

Hijgend veegde Kaïn het zweet van zijn voorhoofd. Hij liep naar de beek die langs zijn veldje stroomde, ging op zijn buik liggen en dronk handenvol water. Hè, daar knapte hij van op.

Hij liep een eindje omhoog de heuvel op en ging op een rotsblok zitten. Zijn nieuwe veldje was nog kaal, maar het veldje daarachter zag al fris geelgroen van de planten die hij er had gezaaid: lange stengels wiegden in de wind; de aren hingen zwaar van de korrels naar beneden.

Vorige zomer had hij deze stengels ontdekt en de korrels geproefd. Ze waren voedzaam en smakelijk geweest. Vader, moeder en Abel hadden er ook van gegeten en niemand was ziek geworden. Daarop had hij een zak vol korrels verzameld.
Moeder was boos geweest toen hij de zak leeg strooide over zijn veldje. 'Je gooit toch geen voedsel weg!' had ze geroepen.
'Wacht maar', had Kaïn gezegd. 'We krijgen er tien keer zoveel voor terug!' Dat vermoedde hij tenminste, want hij had al vaker gezien dat uit kleine korreltjes grote planten konden groeien.
Moeder geloofde er niets van, maar Kaïn had meer dan gelijk gekregen: elke korrel bracht tientallen nieuwe korrels voort! Kaïn was trots op zijn ontdekking en vader had de voedzame plant gerst genoemd.
In de verte zag Kaïn zijn broer Abel lopen met een troepje geiten. Ook die geiten groeiden goed: er huppelden alweer jongen rond. Kaïn voelde zich dankbaar dat God hun zo gunstig gezind was. Ze moesten zich wel in het zweet werken, maar het was de moeite waard.
Ver achter Abel zag hij de zon naar de aarde afdalen. Als de zon ging slapen, werd het voor de mensen ook tijd om te gaan rusten. Kaïn stond op en liep terug naar de hut van zijn ouders.

Zwijgend zaten ze met z'n vieren rond het vuur voor de hut. Kaïn had honger als een wolf. Hij kon bijna niet wachten tot moeder hem zijn grote platte koek had gegeven. Die koek had ze gemaakt van zijn gerstekorrels. Ze had ze platgeslagen, vermengd met water en daarna op een steen in de hete zon gebakken. Mmm, lekker!
Kaïn ontspande en keek naar zijn ouders en broer die hun laatste kruimels opaten.
'God is met ons,' zei Adam toen hij uitgegeten was, 'al was vroeger alles beter.'
'Praat me niet over vroeger, vader', zei Kaïn. 'Dat hebt u al zo vaak gedaan. Als ik u moet geloven, leefde u vroeger in een paradijs.'

'Ja,' lachte Abel, 'waar leeuwen met geitjes speelden in plaats van ze op te vreten en waar aan alle bomen in alle seizoenen de heerlijkste vruchten groeiden. Dat hebt u gedroomd natuurlijk.'
'Nee, jongens,' zei Eva, 'het was echt zo. Ik was er zelf bij.' Ze zuchtte.
'Goed hoor,' zei Kaïn ongeduldig, 'maar vroeger is vroeger en nu is nu.'
'En we hebben het niet slecht nu', zei Abel. 'We moeten hard werken, maar we eten er goed van. Ik zou God wel willen bedanken dat hij ons zo goed gezind is.'
'Dat gevoel had ik nou ook vandaag,' zei Kaïn, 'maar hoe doen we dat? God is zo ver weg.'
'God is niet ver weg,' zei Eva, 'hij is overal om ons heen, in de lucht die we inademen ...'
'Misschien kun je iets van je oogst verbranden voor God', zei Adam. 'Je mooiste gerstekorrels, je mooiste eerstgeboren geitenbokje ...'
'Vader, wat heeft God nu aan as!' riep Kaïn. 'Dat kun je toch geen geschenk noemen!'
'Natuurlijk niet', zei Adam. 'Je gerst en je geitje zijn het geschenk. Door dat te verbranden laat je het los en stijgt het op naar God. Op een dag begreep ik opeens dat God onze geschenken graag zó wil ontvangen.'
'O ...' Kaïn moest hier even over nadenken. 'Het geschenk zit dus,' zei hij langzaam, 'in de rook die omhoog gaat. Mooi!'
Abel vond het ook een mooi gebaar en ze besloten om het de volgende dag meteen te gaan doen.
'Ik noem het een offer', zei Adam. 'Jullie gaan God een offer brengen.'
'Een offer', herhaalde Kaïn. 'Ja, we gaan God morgen een offer brengen!'

De zon scheen die volgende dag en er stond geen zuchtje wind. Kaïn zocht een bos droge takken bij elkaar en legde die op een rotsblok. Abel deed hetzelfde.
Kaïn koos zijn mooiste, dikste gerstearen uit en schikte die met veel zorg op zijn takkenbos. Hij zag dat Abel een prachtig geitenbokje had

uitgezocht, het met één haal de keel doorsneed en het op zijn takkenbos legde.
Kaïn sloeg zijn vuurstenen tegen elkaar tot er vonken uit spatten. De vonken staken droge bladeren in brand en daarmee stak Kaïn twee fakkels aan, een voor Abel en een voor hemzelf. Daarmee moesten de takkenbossen aangestoken worden.
Kaïn hield zijn fakkel onder de takkenbos, maar die vatte geen vlam. Nog een keer proberen. Nee, het wilde niet lukken.
Met een schuin oog keek Kaïn naar Abel, wiens takkenbos meteen in brand vloog. Het geitenbokje had ook al vlam gevat en de rook steeg omhoog.
'Geef mij jouw fakkel eens', riep Kaïn. Abel bracht hem zijn fakkel. Toen Kaïn de fakkel onder zijn takkenbos hield – even droog als die van Abel – begon die alleen een beetje te smeulen. De aren bleven onaangeraakt door het vuur. Wat Kaïn ook probeerde, zijn offer wilde niet branden.
'God wil mijn offer niet!' schreeuwde Kaïn naar Abel. 'Waarom dat van jou wel?'
'Ik zou het echt niet weten', zei Abel. Hij maakte een hulpeloos gebaar. Kaïn werd woedend, vloekte en schopte tegen het rotsblok waar zijn offer op lag.
Toen hoorde hij een stem die hij nog nooit gehoord had. 'Waarom ben je zo kwaad, Kaïn? Waarom kijk je zo boos?' Kaïn wist meteen dat het Gods stem was. 'Als je goed doet, is er toch niets aan de hand? Maar pas op voor het kwaad.'
Weg was de stem.
Kaïn keek weer naar de twee offers. Dat van zijn broer rookte nog steeds, met een mooi rookpluimpje omhoog. Dat van hem niet. De mooie aren die hij zo zorgvuldig had uitgezocht, lagen er onaangeroerd bij. Hij greep ze en smeet ze weg. 'Kom,' zei hij tegen Abel, 'ik moet nodig een eindje lopen. Ga je mee?'
'Goed', zei Abel.

In zichzelf gekeerd liep Kaïn naast Abel. Waarom nam God Abels geschenk wel aan en dat van hem niet? Had Abel soms een streepje voor bij God? Dat was oneerlijk!
'Wat ben je stil', zei Abel.
'Vind je het gek?' gromde Kaïn. 'Loop jij trouwens maar voorop.'
Daar gaat-ie nou, het lievelingetje van God, dacht Kaïn even later. Hij balde zijn vuisten.
Opeens barstte zijn woede los als gloeiende lava uit een vulkaan. Hij rende naar Abel toe, haalde uit en gaf hem een loeiharde vuistslag tegen zijn oor.
Zonder een kreet zakte Abel in elkaar.
Zo, dacht Kaïn, dat lucht op. Wijdbeens stond hij voor Abel. 'Sta op, broer!'

Geen antwoord. Abel bewoog niet. Het enige wat bewoog was een straaltje bloed dat traag uit zijn oor droop. Doodstil bloed.
Kaïn schrok. Waarom stond Abel niet op?
Hij rende weg, zo hard hij kon. Doorns en distels krabden zijn huid open maar hij voelde het niet. Weg moest hij, weg!
'Kaïn, waar is je broer?'
Weer die stem van God! Hij hoorde het duidelijk boven het gebonk van zijn hart uit.
Gejaagd keek hij om zich heen. Nergens was God te zien. 'Dat weet ik niet!' riep hij. 'Moet ik soms op mijn broer passen? Hij is oud en wijs genoeg om op zichzelf ...'
'Wat heb je gedaan?!' zei de stem. 'Je broer doodgeslagen! Vervloekt ben je!'
Kaïn sloeg zijn handen tegen zijn oren, maar dat hielp niets. Elk woord van God kwam als een mokerslag bij hem aan: 'Verdwijn van deze onheilsplek. Ook al werk je nog zo hard op je land, voortaan zal je oogst mislukken. Je zult over de aarde zwerven en nooit meer rust hebben!'
Kaïn viel op zijn knieën. 'Nee, God, alstublieft niet!' smeekte hij. 'Die straf is te zwaar! Als ik over de aarde rondzwerf, kan iedereen mij zomaar doodmaken!'
'Dat zal niet gebeuren,' zei God, 'ik zal je een merkteken geven zodat niemand je zal doden.'
De stem zweeg.
Het enige wat Kaïn nog hoorde, was het bonken van zijn hart en het krijsen van een meeuw.
Nu ben ik alleen, dacht hij, helemaal alleen.
Hij voelde met zijn handen over zijn huid of hij ergens een merkteken vond, maar hij voelde alleen de schrammen die hij had opgelopen.
In de verte zag hij de zon weer naar de aarde dalen, net als gisteren. Maar nu was alles anders. Hij kon niet meer terug naar zijn vader en moeder.
Kaïn begon te lopen en te lopen. Hij liep maar door, ook toen het donker werd ...

Maandenlang liep hij, helemaal naar het land Nod, ver ten oosten van de paradijselijke tuin waar zijn vader en moeder ooit gewoond hadden. Gerstekorrels zaaien deed hij niet meer. Die zouden door de vloek van God toch niet meer ontkiemen.
Hij raakte eraan gewend dat de meeste mensen met een boog om hem heen liepen. Het merkteken werkte blijkbaar, ook al zag hij het zelf niet en praatte hij nooit over de moord op zijn broer. Dat was zijn geheim, een geheim dat hem bleef opjagen, vooral 's nachts in zijn dromen.
Hij vond nog wel een vrouw met wie hij kinderen kreeg. En hij bouwde een stad die hij naar zijn zoon Henoch noemde.
Gelukkig kon hij ook nog genieten, vooral van zijn verre achterkleinkinderen Jabal, Jubal en Tubal-Kaïn, die alle drie uitvinder werden. Jabal vond de tent uit, Jubal de fluit en de lier en Tubal-Kaïn vond uit hoe je in vuur mooie dingen kon smeden van brons en ijzer.
Door hen voelde Kaïn zich ondanks zijn onvergeeflijke daad toch nog een gezegend mens.

LvD

4 De grote overstroming

Genesis 6-9

Zo snel hij kon liep Sem naar de bouwplaats van de ark. Hij had voor maanden voedsel kunnen kopen: hooi, graan, zaden, amandelen, bonen, sesamolie, vijgen, dadels, abrikozen ... Morgen zou het geleverd worden, zeventig karren vol. Daar zou vader Noach blij mee zijn!

De boeren van wie hij het had gekocht, hadden schamper gelachen. 'Wie bouwt er nu een schip op het droge! En dan zo gigantisch groot. Dat krijg je nooit naar de rivier!'

'Vader zegt dat God zelf voor water zal zorgen', had Sem geantwoord. Ach, de mensen lachten hen al jaren uit om dat schip. Hij was eraan gewend geraakt.

'Een knappe God die dat voor elkaar krijgt', had een boer gezegd. 'De rivier is dagen lopen hier vandaan. Zelfs als die verder overstroomt dan ooit tevoren komt het water nog niet tot hier!'

'En dan sla je ook nog zoveel voedsel in dat een heel dorp, met beesten en al, er een jaar van kan leven!' had een andere boer geroepen terwijl hij naar zijn voorhoofd wees. 'Jullie zijn mesjogge.'

'Wat kan het jou schelen', had boer nummer drie schouderophalend gezegd. 'Als ze maar betalen!'

Sem kon het zelf ook nog steeds niet begrijpen. Wel kon hij zich voorstellen dat God spijt had dat hij de mensen gemaakt had. Dat hij ze van de aarde wilde wegvagen, zoals vader gezegd had. Ze moordden, ze bedrogen elkaar en waren alleen uit op eigen voordeel. De meesten tenminste. Kleine kinderen niet, zoals Arpachsad, het pasgeboren zoontje van zijn neef Alemet. Alemet zelf was geen lieverdje, maar in die baby was nog geen kwaad te ontdekken. Waarom mocht die niet mee in de ark, zoals hijzelf en zijn familie? Hij had het al vaak aan God gevraagd, maar antwoord kreeg hij niet. Sem schudde zijn hoofd om die verwarrende gedachten kwijt te raken.

Hij zag het schip al vanuit de verte. Eindelijk was het klaar: honderdvijftig meter lang, vijfentwintig meter breed, met drie verdiepingen en helemaal ingesmeerd met pek zodat het niet kon lekken. Over zeven dagen zou het gaan regenen, had God tegen vader gezegd. Veertig dagen lang!

Bij het schip was het vreemd stil. Geen gehamer en geklop meer. De werklieden waren vertrokken. Er stonden alleen nog wat ladders tegen het schip. En de grond eromheen was bezaaid met hout, hamers, zagen en bakken met pek.

'Vader!' riep Sem. 'Waar bent u?'

'Hier, jongen.' Noach liep de loopplank van het schip af. Hij was al zeshonderd jaar oud maar nog altijd fit. 'Alle hokken zijn klaar. De dieren kunnen komen.'

'Vader, ik heb voedsel kunnen kopen. Morgen wordt het gebracht.'

'Mooi zo. Zorg dat alles netjes in het ruim wordt opgeslagen.'

Sem had dagen werk om al het voedsel naar het ruim te brengen. Zijn jongere broers Cham en Jafet hielpen sjouwen. Ook moesten ze de ladders kapot hakken van vader.

Hun vrouwen droegen kisten vol kleren en dekens naar binnen. En slaapmatten en krukjes, pannen en potten, houtskool en vuurstenen.

Opeens zag Sem dieren de loopplank op komen, twee aan twee, van elke soort een mannetje en een vrouwtje. Van reine dieren als schapen, geiten, kippen en koeien zag hij zelfs zeven paartjes. Tamme dieren als

honden, varkens en kamelen liepen de ark in. Wilde dieren als leeuwen, beren, wolven, olifanten. Kleine beestjes als mieren, kevers en spinnen. En allerlei dieren die Sem nog nooit gezien had. Vogels kwamen met zwermen tegelijk aanvliegen, bijen, vlinders, vleermuizen ... Sem was stomverbaasd: allemaal liepen, kropen en vlogen ze zomaar uit zichzelf de goede hokken in, zonder elkaar te bedreigen!
De mensen uit het dorp kwamen kijken. 'Kijk, twee konijntjes!' riep een meisje.
'En daar twee giraffen!' riep een jongetje.
'Goede vaart, Noach!' lachte iemand spottend. De mensen joelden.
Sem keek naar de lucht. Die werd steeds donkerder terwijl het nog lang geen avond was.
'Instappen!' riep Noach.
Sem en zijn vrouw liepen de loopplank op. Zijn broers volgden met hun vrouwen. Sem bleef in de deuropening staan tot zijn vader en moeder ook binnen waren. Toen gooide hij de loopplank naar beneden.
'Hé, de deur valt vanzelf dicht', zei hij.
'Niet vanzelf', antwoordde Noach. 'God doet de deur dicht.'

Sems ogen moesten wennen aan het donker binnen. Hij liep naar een raam, maar buiten was het nauwelijks lichter. Het begon te regenen, steeds harder. Hij zag het niet alleen, hij hoorde het ook. Eerst ruiste het op het dak, zo hard dat hij het lachen van de mensen buiten niet meer kon horen. Sem kon nog net zien dat ze wegrenden, in de richting van het dorp. Toen werd het ruisen roffelen, alsof alle watervallen van de hemel zich met donderend geraas naar beneden stortten.
'Sem, aan het werk!' Sem draaide zich om en sloeg zijn vuurstenen tegen elkaar tot hij vuur had. Broer Cham stak olielampen aan. Dieren werden gevoerd. Water opgevangen. Eten gekookt. Slaapmatten uitgerold. Ze moesten schreeuwen om boven het gekletter op het dak uit te komen.

Sem werd wakker, stond op van zijn slaapmat en liep naar een raam. Nog altijd stromende regen, nu al wekenlang. Beneden zich zag hij buren, neven en nichten tot hun borst in het water staan, hun armen omhoog. Ze lachten niet meer. 'Laat ons erin!' schreeuwden ze. 'Sem, doe de deur open!'

Sem vluchtte weg van het raam, rende gangen door, trappen af, naar het hok van de paarden waar hij zich in het stro liet vallen. Daar, diep in de buik van de ark, kon hij de mensen buiten niet meer horen. Ze gaan allemaal dood! dacht hij. En ik kan ze niet helpen! Het is waar dat de volwassenen slechte dingen hebben gedaan, maar de kinderen zijn onschuldig! In gedachten zag hij baby Arpachsad voor zich, die net begon te kraaien en te lachen.

'Waarom, God, waarom?' huilde hij in het donker.

Een van de paarden kwam naar hem toe en likte zijn gezicht. Sem voelde de warme adem. Hij stond op en sloeg zijn armen om de nek van het paard. Zo bleef hij staan, heel lang, tot de hartenklop van het paard hem had gekalmeerd.

Wat was dat? Sem voelde het schip onder zich bewegen. Hij rende het hok uit, naar boven.

'We beginnen los te komen!' schreeuwde hij en wankelde naar een raam. Mensen zag hij niet meer, water des te meer. Het kwam nu overal vandaan, niet alleen uit de hemel maar ook uit de aarde. In grote golven kwam het aanrollen en deed de ark zo schommelen dat Sem zich moest vasthouden om niet om te vallen.

Opeens was het stil, oorverdovend stil. Voor het eerst sinds veertig dagen kon Sem ver kijken. Water, overal water. We zijn alleen op de wereld, dacht hij. Iedereen is dood behalve wij.

Veel tijd om daarover te piekeren had hij niet, want er was werk te doen: elke dag moesten de dieren gevoerd, eieren geraapt, hokken schoongemaakt, het stro vernieuwd, de poep geschept worden. Een losgebroken beer moest worden gevangen. Een zieke kat verzorgd. Een lek gedicht.
Er was ruzie over het voedsel. Vader Noach had iedereen op rantsoen gezet, maar Jafet vond dat onzin want als je eten te lang liet liggen, bedierf het maar. De vrouw van Cham betrapte hem erop dat hij stiekem amandelen pakte en klikte bij Noach. Sem ging vissen wat volgens zijn broers niet mocht van God. Maar vader Noach oordeelde dat het wél mocht omdat God er niets over had gezegd.
Dit gekibbel moet niet te lang duren, dacht Sem. Straks zijn wij geen haar beter dan al die mensen die God van de aarde heeft weggevaagd ...

Maanden gingen voorbij. Steeds vaker moest Noach iemand tot de orde roepen. De sfeer was om te snijden. Totdat ...
Sem stond net de kamelen te voeren toen hij een enorme schok voelde en gekraak hoorde. Hij tuimelde achterover. 'W-wat is dat?'
'We zijn vastgelopen!' schreeuwde Cham die voorbij rende. 'Ik ga kijken hoe groot de schade is!'
Gelukkig was het schip niet erg beschadigd en konden Cham en Jafet het gat snel dichtstoppen met touw en pek.

Het water begon te zakken. Meteen was het geruzie over. Misschien zouden ze nu snel van het schip af kunnen! Die avond was het feest aan boord. De olielampen mochten langer aanblijven dan normaal, ze zongen liederen om God te danken en vader Noach verdubbelde de rantsoenen.

Toch duurde het nog veertig dagen. Na die veertig dagen liet vader een raaf los uit de ark. Sem zag hem als een zwarte stip in de verte heen en weer vliegen tot hij verdween en niet meer terugkwam.
'Nu een duif, vader', zei Sem. 'Die is minder sterk dan een raaf, maar als het water genoeg zakt, redt ze het wel.'
Noach haalde een duif uit haar hok en liet haar los. Ze vloog weg, hoog over het water tot Sem haar niet meer kon zien. Had ze land gevonden? Nee, jammer, 's avonds kwam ze terug. Vader stak zijn arm uit het raam, pakte haar en nam haar weer mee naar binnen. 'Geduld, Sem', zei hij. 'Over zeven dagen proberen we het nog eens.'
Toen vader de duif een week later losliet, kwam ze weer terug, maar nu met een jong olijfblad in haar snavel. 'Een hoopvol teken, jongen', zei hij tegen Sem.
Weer een week later liet vader de duif opnieuw los. Elke dag tuurde Sem uit het raam, maar na drie weken was ze nog niet terug. 'Ze heeft land gevonden!' juichte Sem. 'Zeker weten.'

Sem zag bergtoppen boven water verschijnen. En bomen met jong groen. De ark begon scheef te zakken op de ongelijke grond.
'We willen eruit, vader', zeiden Sem en zijn broers. 'We zitten hier nu al een jaar opgesloten, het eten raakt op, de zon schijnt en buiten zien we alleen nog wat meren en plassen.'
'Geduld, jongens', zei Noach. 'Ik wacht op een teken van God.'
Eindelijk was het zover en mochten ze naar buiten, mensen en dieren. Noach hield alleen wat reine dieren als schapen en kippen achter. Alles en iedereen rende, huppelde, danste en buitelde over elkaar heen. Alles en iedereen lachte, zong, piepte, loeide, blaatte en brulde. Alle vogels vlogen, zweefden, floten en tsjilpten.

Sem stond erbij en keek ernaar. Overgelukkig. Het was heerlijk om weer vaste grond onder de voeten te hebben. Hij sloeg zijn armen om zijn vrouw heen en zoende haar.
Hij zag zijn vader stenen op elkaar stapelen voor een offer. Meteen ging hij helpen. Cham en Jafet hielpen ook mee. Ze legden hout op de stenen, haalden de achtergehouden reine dieren en vogels, doodden die en legden ze op de stenen. Sem maakte vuur en stak het hout aan. Het werd een mooi offer dat lekker rook. De anderen stonden er zwijgend omheen.
Opeens klonk er een stem: 'Luister. Krijg kinderen en kleinkinderen en verspreid je over de aarde. Ik geef jullie de dieren als voedsel zoals ik jullie ook de planten heb gegeven. Je mag alleen geen vlees eten waar nog bloed in zit, want bloed is levenskracht.'
Dat was God die hen zegende! Sem luisterde met zijn ogen dicht. '*Krijg kinderen*', zei God. Als ik een zoon krijg, bedacht hij, dan noem ik hem Arpachsad, naar het zoontje van Alemet ...
De stem ging verder: 'Ik sluit een verbond met jullie en met alle dieren die uit de ark zijn gekomen. Ik beloof dat ik het leven op aarde nooit meer zal vernietigen door zo'n grote overstroming. Als teken van die belofte zal ik mijn regenboog aan de hemel spannen. Als ik de wolken samentrek om het te laten regenen, zal die boog mij herinneren aan mijn belofte aan jullie.' De stem zweeg.
Sem opende zijn ogen en haalde diep adem. De zon scheen en het regende een beetje. Voor zich in de lucht zag hij een strakke boog in prachtige kleuren. Zoiets moois had hij nog nooit gezien. 'Kijk daar!' riep hij en wees naar de boog. Iedereen stond met open mond te kijken, tot de boog verdween.
'En nu aan het werk', zei vader. 'Werken aan een nieuw begin.'
Sem haalde zijn gereedschap tevoorschijn en keek rond in de ark. De palen van het giraffenhok konden tentpalen worden, het hout van de kleine hokken tentpinnen en van de vloerplanken kon hij vast wel opslagplaatsen voor voedsel maken ...

LvD

5 De toren in Babel

Genesis 11

Azi kijkt omhoog naar de toren in aanbouw. Waar is vader nu gebleven? Daarnet zag hij hem nog op de trap naar de vijfde omloop: een nietig figuurtje in de hoogte. Als baas van de metselaars gaat hij voorop, met een rij stenendragers achter zich aan. Ze dragen stenen naar de zevende omloop waar ze nu aan het bouwen zijn.
Azi kan ze niet meer zien. Er hangen wolken om de top van de toren. Als vader maar terugkomt! Vorige week viel er nog een metselaar van de hoogste omloop. Dood.
Het klinkt mooi: de *Poort naar God* zoals ze de toren noemen omdat je daarboven dicht bij God bent. Maar Azi heeft zijn vader liever veilig op de grond, bij hem, zijn moeder en zijn zusje Mattia. Zeker na dat onheilspellende lied van Damu, een paar dagen geleden!

'Azi!' Zijn vriend Zakir trekt hem aan zijn arm. 'Kom op, stenen maken!'
'O ja, natuurlijk!' Snel loopt Azi met Zakir mee. De stad door, langs het paleis van koning Nimrod, langs de grote gebouwen, de kleinere lemen huizen, de hutten, naar de oever van de rivier, waar zachte klei zich tussen hun tenen omhoog krult.
In het riet krioelt het van de kinderen. Ze pakken handen vol klei en gooien dat in platte houten bakken die in langwerpige vakjes verdeeld zijn. Grotere kinderen tillen de zware bakken op en leggen ze op de kant te drogen. Een jongetje hinkt huilend weg; hij heeft een bloedende snee in zijn voet van het scherpe riet.

Een opzichter telt de bakken. 'Sneller', roept hij. 'Daar komt de volgende ploeg sjouwers al. We liggen achter.' Hij wijst naar een rij bakken. 'Deze moeten naar de ovens!'
'Kan niet!' roept de stenenmaker. 'Ze zijn nog niet droog genoeg. De wolken houden de zon tegen!'
Azi en Zakir tillen samen een bak verse klei op. 'Pfff, zwaar, man!' Ze leggen de bak in de rij. Au! Azi wappert met zijn hand. Hij heeft zich geschaafd aan het ruwe hout. Een splinter zit diep in zijn vel. Als hij 'm

eruit wil trekken, breekt net de zon door de wolken. Meteen wordt het warm. 'Snel!' roept de stenenmaker. 'Nieuwe klei in deze rij bakken hier! Nu meteen!'
Azi heeft geen tijd meer voor zijn splinter. Hij en Zakir moeten stug doorwerken. Iedereen trouwens. Ze moeten de achterstand inhalen. Al wordt het nog zo heet, ze mogen niet uitrusten. De toren moet immers af, de trots van de stad, de Poort naar God!

Pas als de zon ondergaat mogen ze stoppen. Azi's hand klopt en is gezwollen. Nu pas heeft hij tijd om de splinter eruit te trekken. Uitgeput loopt hij achter Zakir aan terug naar de stad. Overal knetteren vuurtjes en stijgen geuren van gebraden vlees op.
Als Azi thuiskomt, grijpt hij meteen naar een grote schapenbout. 'Wachten', zegt zijn moeder terwijl ze de bout afpakt. 'Vader is nog niet thuis. En je moet water halen.'
'Meidenwerk!' moppert Azi, maar Mattia is er nog te klein voor: ze is pas drie jaar. Hij zet de grote kruik op zijn schouder en slentert naar de put. Mattia huppelt mee. Ze babbelt hem de oren van zijn hoofd, maar hij heeft nu even geen aandacht voor haar. Hij is moe, hongerig en denkt na over de toren. Die is nu toch wel hoog genoeg? Waarom moet hij nóg hoger? Het is gevaarlijk daarboven. Straks valt vader ook nog!

Azi kan maar niet vergeten wat de blinde Damu laatst zong. Hij was begonnen met het bekende lied over de grote watervloed die de hele aarde overstroomd had, over Noach die met zijn gezin gered was in een ark, en over de regenboog die betekende dat God de mensheid nooit meer zou vernietigen. Daarna zong Damu het lied over henzelf. Hoe na de grote vloed hun voorouders naar het oosten waren getrokken, naar hier, de vlakte van Sinear, waar ze hun stad Babel gesticht hadden. En hij zong het lied over de toren die hen wereldberoemd zou maken: *De toren is ons levenswerk. Hij maakt ons één, hij maakt ons sterk!* Als Damu dit zong, zong iedereen uit volle borst mee. Azi ook en dan gloeide hij van trots.

Toen had Damu zijn keel geschraapt voor een nieuw lied. 'Water', had hij geroepen en Azi had hem een kom water gebracht. Plotseling klonk Damu's harp doordringend laag. Azi was in de war geraakt want in dat nieuwe lied leek het alsof God de toren niet wilde! Het refrein zeurde maar door in zijn hoofd: *De hemel bereiken zult gij niet. Wie het hoogste bouwt, die valt het diepst ...*
Wat had dat te betekenen? Damu was wel blind maar hij zag dingen die gewone mensen niet zagen. Hij was een ziener. Als mensen een probleem hadden, vroegen ze hem om raad.
Die avond echter waren ze kwaad geworden op Damu.
'Houd je mond, ziener van niks! Denk maar niet dat je ons kunt tegenhouden!'
'De toren is de Poort naar God. Hoe hoger hoe heiliger. En dat zou God niet willen? Kom nou!'
'Onheilsprofeet! Koning Nimrod weet wel raad met jou!'
Azi was geschrokken. Damu gaf toch alleen maar de boodschap van God door? Zoals altijd?
Hij was dicht bij zijn vader gaan staan. Zonder een woord had deze Azi naar zich toe getrokken. 'Kom, jongen, we gaan', had hij gefluisterd. 'Damu heeft gesproken.'
Onderweg, in het donker, had vader gemompeld: 'Wij zijn de beste vakmensen op aarde. Wat kan God daar op tegen hebben?'
De volgende dag had vader gepraat met de andere bazen. Ze vonden Damu's boodschap onzin. Hij zou wel te veel palmwijn gedronken hebben. Ze besloten door te werken.
Ook vader sprak er niet meer over en werkte door.
Sindsdien ligt Azi 's nachts vaak lang wakker op zijn slaapmat. Wil God de toren niet? Waarom dan niet? Hoe moet het dan verder?

Ook deze nacht ligt Azi weer te piekeren. *De hemel bereiken zult gij niet. Wie het hoogste bouwt, die valt het diepst ...* Vader metselt op het hoogste punt. Hij loopt dus gevaar! Azi zucht en draait zich op zijn andere zij.

Als hij eindelijk inslaapt, ziet hij in zijn droom vader vallen ...
Zwetend wordt Azi wakker en gaat rechtop zitten. Het is nog donker. Hij ruikt het vuur dat moeder maakt en hoort hanen kraaien. Geruststellende geuren en geluiden. Azi slaakt een zucht van opluchting. Gelukkig, alles is normaal: slaapmat oprollen, brood eten, schapenmelk drinken en nog vóór de zon opkomt naar het werk.
Opgelucht rent Azi naar Zakirs huis. 'Zakir, kom je?'
Azi hoort de stem van Zakir. Maar wat zegt hij nou?
'HEY, AZI, BUGÛN TAŞ YAPMAKTA REKOR KIRACAGIZ!'[1]
'Hé, man, praat gewoon', roept Azi. 'Of is dit een grap? Kom op, naar de rivier.'
'NEDER BAHSEDIYORSUN? NORMAL KONUŞ!'[2]
'Nu ben je leuk genoeg geweest, Zakir. Kappen!'
Boos rent Azi weg. Pas bij de oever van de rivier haalt Zakir hem in, driftig gebarend met zijn armen. Hijgend komt hij voor Azi staan en kraamt allerlei onverstaanbare onzin uit.
'Je bent niet goed wijs, man!' Azi wijst naar zijn voorhoofd.
Bij de rivier wordt het nog erger. Mannen schreeuwen tegen elkaar bij de bakken met stenen.
'Afblijven! Die zijn nog niet droog!' hoort hij. Gelukkig, er is nog íemand die normaal praat.
'Sari'a in xešt-hā rā barāyeh sāxt borj bebarid!'[3] schreeuwt een man en trekt aan een bak terwijl een ander hem tegenhoudt.
'Isma' kul wahid!'[4] Een opzichter klimt op een stapel stenen en zwaait met een kleitablet. **'Andna xidma kathir, hena. Jalla xidma, jekfi kul hikaya farigh.'**[5]
Daar komt Azi's vader aan. Rood van kwaadheid wijst die naar een grote ketel met pek. 'Zift ji min re lazim e! Çima we ev neki ande jorê!'[6]
'Papa!' smeekt Azi. 'U ook al? Praat alstublieft gewoon! Ik vind dit niet leuk!'
Zijn vader maakt een machteloos gebaar. Ik weet ook niet wat er aan de hand is, jongen, zeggen zijn handen.

Het wordt een ongeluksdag met vreselijk veel ruzie. En de dagen daarna wordt het alleen maar erger, al ontdekt Azi een paar mensen die hij wél verstaat: zijn moeder en zusje en de blinde Damu.
Het werk aan de toren komt stil te liggen. De stenen in de bakken drogen uit en barsten. De steenovens koelen af. De werklieden trekken weg.
Azi ziet ze gaan. Naar het noorden en naar het zuiden. Naar het oosten en naar het westen. Op een dag komt zijn vriend Zakir langs. Niet met zijn familie maar met vreemde mensen. Azi zwaait naar hem. 'Dag Zakir!' roept hij. Maar Zakir kijkt niet op of om ...

'Rol je slaapmat op, Azi', zegt moeder op een ochtend. 'Wij vertrekken ook. Iedereen is gek geworden, zelfs je vader!'

Vertwijfeld gaat Azi op zoek naar zijn vader. Eindelijk vindt hij hem bij een andere groep die zich klaarmaakt om uit Babel weg te gaan. Hij rent naar hem toe en trekt aan zijn overkleed. 'Vader! Kom met ons mee! U hoort bij ons!'
Zijn vader slaat zijn armen om hem heen. 'Ez fêm dikim, kurê min. Lê lazim e ku ez zimanê te hîn bim'[7], zegt hij. Vaders woorden begrijpt Azi niet, maar vaders armen wel.
'Vader, kom toch!' smeekt Azi. 'Mee naar moeder en Mattia.'
'Mee-naar-moeder-en-Mattia', herhaalt vader langzaam en nadrukkelijk. Dan zegt hij iets in een vreemde taal tegen de mensen bij wie hij staat. Ze ballen hun vuisten naar vader, maar die wijst naar Azi en haalt zijn schouders op. Hij pakt zijn bundel en loopt met Azi mee.
Als ze bij hun eigen huis komen, rent Mattia recht in de armen van haar vader. 'Papa!' roept ze.
'Mee-naar-moeder-en-Mattia', zegt vader weer. Hij wijst op zijn tong.
'Pra-ten', zegt Azi. Hij kijkt zijn vader aan en wijst ook op zijn tong.
'Pra-ten', herhaalt vader. Dan begrijpt moeder dat vader niet gek geworden is. Ze omhelst hem.
Die dag leert Azi zijn vader wel honderd woorden en een lied. Maar het meest praten ze met handen en voeten.
Het kan Azi niets meer schelen dat de toren niet af komt. Zijn vader is terug en gaat met hen mee!

LvD

1) 'Hé, Azi, we gaan vandaag ons record stenen maken verbreken!' (Turks)
2) 'Waar heb je het over? Praat normaal!' (Turks)
3) 'Dit moet meteen naar de toren!' (Farsi)
4) 'Allemaal luisteren!' (Arabisch)
5) 'Hier zijn de werklijsten. Aan je werk en geen geintjes meer!' (Arabisch)
6) 'Dat had allang naar boven gemoeten! Ik heb specie nodig!' (Koerdisch)
7) 'Ik weet wat je bedoelt, jongen. Maar dan zal ik jullie taal moeten leren ...' (Koerdisch)

6 Vertrek uit Charan

Genesis 12

'Lot!' riep Sara. Ze veegde het zweet van haar voorhoofd. Het zou een hete dag worden, want het was zo vroeg in de morgen al warm. De zanderige grond leek te trillen. Ze keek om zich heen, op zoek naar haar neef. Ze hield van Lot als van een zoon. De zoon die ze zelf nooit gekregen had.

'Lot!' schreeuwde ze. De jongen kwam achter een tent vandaan. Met zijn onhandige bewegingen leek hij op een jong hert. Hij liep naar haar toe en ze klopte hem geruststellend op zijn rug.

'Wie wil je nog gedag zeggen? Doe het nu!' zei ze zacht. 'We moeten gaan.'

Sara keek naar de groep mensen voor haar. De kamelen droegen zoveel als ze dragen konden. De slaven en slavinnen hadden hun handen vol en ook op hun rug droegen ze zware bundels met kleren en eten.

De hele tijd was de groep druk bezig geweest, met pakken en knopen, met overleggen en afscheid nemen en nu – vlak voor hun vertrek uit Charan – werd het plotseling stil.

Precies in die stilte zei Sara tegen Lot: 'We gaan, we moeten nu echt vertrekken.'

'Waarom?' Lot vroeg het haar niet voor de eerste keer.

Ze begreep het wel, het viel ook niet mee. Het had ook haar veel moeite gekost om te luisteren naar de woorden van haar man Abraham en te doen wat hij zei. Ze wilde graag een goede vrouw voor hem zijn. Hij wilde graag dat ze zonder al te veel te vragen zou doen wat hij haar vroeg.

'Je oom Abraham heeft van God de opdracht gekregen om zijn familie te verlaten, om uit dit land te vertrekken, om veel van zijn rijkdom en huizen achter te laten, eigenlijk om alles te verlaten en een nieuw leven te beginnen, in een nieuw land. En jij moest ook mee.'

'Maar waarom? Het is hier toch ook goed? We hebben alles wat we nodig hebben.'

Sara zuchtte. Dat was wat zij eerst ook gezegd had toen haar man haar vertelde dat God aan hem was verschenen en welke opdracht hij gekregen had.

'Lieverd,' had hij gezegd, 'wanneer ik in je ogen kijk, dan word ik altijd blij, dat weet je.' Ze had geknikt, dat gold voor haar ook. Haar leven was rijker met hem naast haar. 'Wanneer ik in je ogen kijk, kan ik je bijna niets weigeren, ook dat weet je.'

Weer had ze geknikt. Ze wist dat hij het moeilijk vond om haar dingen te weigeren als hij zag dat het voor haar belangrijk was.

'Maar God heeft tegen me gesproken. Hij zei dat wij met ons gezin op reis moeten. Alle verdere familie laten we achter. Ik vind het ook moeilijk. Maar ik moet doen wat de Heer zegt. Ik vertrouw op hem. Dat begrijp je toch wel?'

Ze keek naar Lot en legde het hem nog eens uit.

'Dus we doen wat God vraagt', zei ze.

Ze moesten afscheid nemen van hun veilige plek, hun tent, hun dieren, hun slaapplek en van hun familie met wie ze al zo lang samen leefden. Sara werd alleen blij als ze dacht aan de belofte van God, dat ze een

groot volk zouden worden. Het weggaan hier viel haar zwaar, maar ze was Abrahams vrouw en ze begreep wat hij zei en ze wilde luisteren. Abraham kwam naar ze toe lopen. Hij keek Sara en Lot aan. Hij zuchtte. 'Nu moet ik sterk zijn en dat zal ik zijn, want ik vertrouw op God.'

'We gaan, en jullie gaan met me mee', zei Abraham en de kleine groep mensen kwam in beweging. Eerst schokkerig, de dieren stonden even wankel op hun poten, zwaarbeladen met de bundels met potten, pannen, matten en andere benodigdheden. De mensen waren nog wat onwillig om te gaan, op zoek naar een goed ritme met de dieren. Maar al snel liep alles vloeiend. Sara legde even haar hand op de schouder van Lot. Bij elke stap die ze op hun weg zette voelde Sara, vreemd genoeg, dat ze lichter werd.

Ze reisden langs droge stukken land en langs drassige grond, ze trokken door bergen en dalen, de zon brandde op hun hoofd en ze werden nat door de stortbuien. Iedere dag trokken ze verder.
Ze reisden door het land heen naar de eik van More, bij Sichem. Daar zetten ze hun tenten op, spanden de dierenhuiden strak over de stokken en beschermden zich zo tegen de kou 's nachts en de hitte overdag.
Op een dag riep Abraham haar. 'Sara!'
Sara was net bezig om iets warms uit te zoeken uit haar kledingbundel. Voor de nacht, want afgelopen nacht had ze slecht geslapen door de kou.
'Sara!'

Zijn stem klonk alsof er iets dringends was. Ze stopte met zoeken en rende de tent uit. 'Abraham?'
Weer riep hij hard haar naam en ze zag hem net buiten hun kamp staan. Toen ze licht buiten adem voor hem stond, zei hij meteen: 'God is weer aan mij verschenen.' Zijn hele gezicht straalde. 'Hij zei dat hij dit land aan onze kinderen gaat geven.'
Sara keek hem aan, verward en blij. 'Maar we hebben geen kinderen, wij samen.'
'Dit is wat God tegen mij zei', zei Abraham en hij keek net zo rustig en vastbesloten als de eerste keer dat God aan hem verscheen. 'Ik ga als dank hier een altaar bouwen en dan trekken we verder door het bergland.'
De bergen doortrekken zou met deze hitte heel veel vragen van iedereen. Sara wilde protesteren, wilde zeggen dat het geen goed idee was, dat ze wat rust konden gebruiken, dat Lot het zwaar had. Maar ze boog haar hoofd.
Ze pakten alles in en vertrokken. Daarna woonden ze op verschillende plekken, steeds eventjes. Zo ging het lange tijd door. Tot er een hongersnood uitbrak.
Abraham werd steeds magerder, Sara werd steeds magerder, de dieren hadden steeds minder vlees op hun botten, maar wat het ergste was, Lot verloor heel veel gewicht. Op een dag, toen ze zag dat Lot alleen nog maar tegen een struik aan hing, het koud had en steeds wilde rusten, ging ze de tent in van haar man. 'Ik wil zeker naar je luisteren en je volgen waar je gaat,' zei ze, 'maar nu niet. We gaan zo allemaal dood. Lot als eerste. Er is nergens eten, niet genoeg water, we ...'
Abraham werd niet boos, gelukkig. Hij keek haar aan, zijn ogen troebel van de hitte en de honger.
'Je hebt gelijk. Zo kan het niet langer. Laten we naar Egypte gaan', zei hij. 'Daar is voldoende eten.'
Ze veranderden van richting en reisden naar Egypte. Vlak voor ze er waren nam Abraham Sara even apart. Hij streelde met de buitenkant van zijn hand over haar wang. Hij slikte. 'In Egypte zal iedereen zien

hoe mooi je bent. Ze zullen denken: we doden haar man, dan laten we haar leven. Daarom moeten we zeggen dat jij mijn zus bent. Dan blijven we alle twee in leven.'

Sara liet de woorden van Abraham tot zich doordringen. Als hij zou zeggen dat zij zijn zuster was, zou zich een man kunnen aanbieden om met haar te trouwen. Dat kon Abraham dan niet weigeren. Ze hoopte dat ze het verkeerd had gehoord, of begrepen, ze werd kwaad en verdrietig en ze voelde hoe haar hart klopte, keihard sloeg en hoe ze het afwisselend warm en koud kreeg.

Daarna dacht ze aan de opdracht die God aan Abraham had gegeven. Om alles achter zich te laten. God had niet gezegd dat ze in Egypte moesten gaan wonen.

'Wilde God niet dat we hier zouden blijven? Moeten we het niet aan God overlaten?' Ze voelde zich verward. Natuurlijk wilde ze gaan. Hier gingen ze dood. De jonge Lot als eerste. Maar was leven in Egypte wel de bedoeling van God? In het nieuwe land zou ze de vrouw van een ander worden.

'Ja,' zei Abraham, 'dat vraag ik me ook af. Maar ik denk dat we Lot gaan verliezen als we hier nog lang blijven. Denk je niet?'

En toen dacht Sara weer aan Lot. Ze zag zijn uitstekende ribben, zijn kaaklijn, zijn trillende handen, zijn dunne benen, zijn lege blik. Deze jongen was hun toekomst. Ze moest stoppen met aan zichzelf te denken, aan hoe erg het was als ze een andere man zou moeten trouwen. Haar man Abraham was al zover, hij wilde afstand doen van haar als zijn vrouw om hun levens te redden. Terwijl ze wist hoe blij hij was met haar, hoe trots hij op haar was en hoe graag hij haar man wilde zijn. Eerder had hij alles wat hem lief was achtergelaten, zijn prettige leven, omdat God het hem vroeg. En nu wilde hij haar opgeven, omdat het nodig was. Ze keek weer naar Lot en ze voelde hoeveel ze van hem hield.

'Laten we gaan', zei Sara zacht tegen Abraham. Ze omhelsde hem. 'Laten we naar Egypte gaan en zien wat daar gebeurt.'

MG

7 Meesteres en slavin

Genesis 16

'Hagar!'
Het stemgeluid van haar meesteres zei Hagar genoeg. Sara klonk kwaad en ongeduldig. Hagar nam een slok water. Ze strekte haar benen en zuchtte tevreden.
'Hagar! Nu komen!'
Hagar glimlachte. Ze bleef rustig zitten en keek ondertussen naar haar opgezwollen voeten. Haar tenen bewoog ze één voor één. En toen ze dat een keer gedaan had, begon ze er opnieuw mee.
'Hagar! Komen!' Ze hoorde dat haar meesteres naar haar toe kwam. Ze stampte, stof en zand stoof weg onder haar voeten. Weer glimlachte Hagar. Toen ze zeker wist dat Sara haar kon zien, strekte ze haar rug en hield ze haar hand op haar vooruitstekende buik. Precies op het moment dat haar meesteres het tentdoek opzij schoof legde ze haar hand op haar buik. Langzaam en liefdevol.
'Hagar! Ik riep je!' beet Sara haar toe.
Hagar deed net of ze geschrokken was en alsof het kind in haar buik ook geschrokken was. Ze legde haar tweede hand om haar buik. Ze boog wat voorover, alsof ze het ongeboren kind zo beter kon beschermen.
'Ik had u niet gehoord!'
Haar meesteres beet op haar nagels. Ze leek zich te willen beheersen. 'Nee. Maar je hoorde me wel toen ik je vroeg bij mijn man te slapen.'
Weer glimlachte Hagar. 'Je vroeg me niet bij je man te slapen, ik moest met hem slapen, ik moest ...'

‘U!’ zei Sara, ‘je moet u tegen me zeggen, ik ben je meesteres en jij bent mijn slavin.’
‘En ik zal je man het kind geven waar hij recht op heeft, omdat jij het niet kon.’
Sara haalde diep adem, wilde iets zeggen, misschien iets schreeuwen, dat deed ze de laatste tijd vaker. Ondertussen draaide ze het tentdoek in elkaar en draaide en kneep zo hard dat de knokkels van haar hand helemaal wit waren. Hagar zag dat allemaal en onderdrukte een nieuwe glimlach.
‘Of wil je soms zeggen dat het anders zit?’ Ze keek Sara brutaal aan. Hagar stond op. Ze deed alsof het haar moeite kostte. Weer stak ze haar buik naar voren. ‘Maar ik sta natuurlijk altijd voor je, ik bedoel voor u,

klaar. Dus wat kan ik doen? Kijken of het donker is buiten? De puntjes van uw lange steeds grijzer wordende haar borstelen? Er henna in doen? Uw droge huid insmeren met olie?'
Ze wreef over haar eigen jonge, gladde huid en lachte haar witte tanden bloot. Sara liet het tentdoek los en stampte weg.

Ze hoorde Sara op luide toon klagen bij haar man Abraham. 'Ik heb je met Hagar laten slapen en nu draagt ze je kind. Daardoor voelt ze zich ... ze gedraagt zich niet meer als een slavin ... ze luistert niet naar me, ze zet me voor gek! Dat is niet rechtvaardig, ik verdien dit niet!' Wat zou Abraham zeggen? Ze luisterde ingespannen. Maar ze hoorde niets. Zou hij Sara omhelzen? Of haar hand masseren? Haar misschien zelfs kussen?
Toen hoorde ze hem zeggen: 'Het is jouw slavin, doe maar wat je wilt met haar. Ik sta achter je.'
Weer was het even stil. Hagar beet op haar lip. Wat deden ze daar nu, zo samen? Waarom bleef Sara zo lang bij hem? Waarom zeiden ze niets meer?
Het zware, geitenharen tentdoek werd opzij geschoven en daar stond Sara. Ze wenkte Hagar met haar rechterwijsvinger en Hagar stond op en volgde haar. Zo langzaam als ze maar durfde.
'Je mag beginnen met de tent schoon te vegen, met de kleine veger, dus dan zul je op je handen en knieën moeten. Het moet heel goed gebeuren, ik zal het controleren. Als je klaar bent, moet je de kleden uitkloppen. Allemaal. Dan geef je de dieren te drinken. En ik wil dat je vandaag een feestmaal klaarmaakt voor mijn Abraham en mij. Je komt vandaag niet bij hem in de buurt, niet één keer. Als je brutaal doet of je taken niet goed doet, heb ik genoeg redenen om je weg te sturen. Ik zal Abraham daar dan van overtuigen. Jij denkt dat je nu heel wat bent, maar ik ben al mijn hele leven samen met Abraham, we zijn één, ik ben zijn vrouw, jij niet. Je hebt vast gehoord wat hij over jou zei: ik mag met je doen wat ik wil.' Sara klapte in haar handen. 'Vort! Ga werken jij!'

Hagar aarzelde. Ze keek naar het gezicht van Sara. Het stond strak. Hagar voelde het kind in haar bewegen. Ze voelde zich sterk en zwak tegelijk. Wat zou er gebeuren als ze niet deed wat Sara haar vroeg? Zou Abraham meeluisteren?
'Goed mevrouw, zoals u wilt', zei Hagar. Sara gaf haar de kleine veger. Het zou niet lang duren voor het warmste moment van de dag aan zou breken. Sara verliet de tent en ging vast ergens in de schaduw zitten. Hagar veegde stof en zand op een hoop. Al snel werd de hoop groter en groter. Maar steeds waaide het woestijnzand weer de tent van geitenhaar binnen. Het was onbegonnen werk en dat wist Sara. Het zweet stroomde Hagar over haar rug en gezicht. Ze voelde zich duizelig en zag steeds sterretjes. Even stopte ze en rustte wat uit. Precies op dat moment verscheen Sara in de deuropening. 'Zit je te niksen? Lui varken!' Verschrikt begon Hagar weer te vegen, tot het haar te veel werd. Ze dacht aan alles wat ze vandaag nog moest doen. Het eten voor een deel nog verzamelen en de kruiden zoeken en stampen en dan al het eten voorbereiden, het deeg moest gekneed worden en er was geen water vlakbij ...
Ze stond voorzichtig op, wachtte tot de duizelingen weg waren en rende de woestijn in. Weg van de vele zware taken. Op zoek naar een waterbron waar ze zich kon opfrissen.
Bij de bron aangekomen waste ze zich uitgebreid. Haar gezicht, haar haren, alles maakte ze nat om het minder warm te hebben. Toen ze zich iets beter voelde, rustte ze uit in de schaduw van een struik. Wat moest ze nu doen?
Op dat moment verscheen er een engel. 'Hagar, slavin van Sara, wat doe je hier?'
'Ik ben gevlucht voor mijn meesteres,' zei Hagar, 'ze is gemeen tegen me.'
'En jij?' vroeg de engel, 'ben jij altijd aardig tegen haar?'
Hagar boog haar hoofd.

‘Ga terug, naar je meesteres,’ zei de engel, ‘en gehoorzaam haar, dan heb je geen problemen. Je zult straks een gezonde zoon ter wereld brengen en je moet hem Ismaël noemen. En hij zal ook weer kinderen krijgen. En die kinderen zullen weer kinderen krijgen en uiteindelijk is je familie zo groot dat jullie niet te tellen zijn. Maar ga nu terug en doe je best.’
Hagar luisterde naar de engel en ging terug. Ze veegde op handen en knieën de hele tent, klopte alle kleden uit, gaf de dieren te drinken en begon toen aan het weven van een omslagdoek voor Sara. En toen Sara het werk later controleerde zag ze dat Hagar veel had gedaan.
‘Dat valt me mee,’ zei Sara, ‘het ziet er allemaal netjes uit.’
‘Ik heb mijn best gedaan, mevrouw’, zei Hagar. Ze strekte niet haar rug, ze glimlachte niet, ze deed geen hand op haar buik, ze bleef haar hoofd naar de grond gebogen houden en dacht aan de woorden van de engel: ‘Jullie zullen niet te tellen zijn.’

MG

8 Door God gezien

Genesis 21

Ismaël hoort vlak naast zijn hoofd een geluid. Hij doet zijn ogen open.

'Wakker worden mijn zoon Ismaël, en jij ook Hagar.'

Ismaël opent zijn ogen. Naast zijn hoofd zit zijn vader op de grond. Hij heeft tranen in zijn ogen.

Ismaël krabbelt gauw omhoog en gaat zitten. 'Wat is er, vader?'

'Je hebt je gisteren op het verjaardagsfeest van Isaak misdragen,' zegt Abraham, 'ik heb er met mijn vrouw over gesproken en met ...' Abraham stopt met praten, kijkt even omhoog. 'Jullie moeten gaan. Weg van hier. Je hebt een ernstige fout gemaakt, Ismaël. Ik kan jullie hier niet meer laten wonen.'

Ismaël is meteen helemaal wakker. Stuurt vader hen weg? Hij grijpt het been van zijn vader vast en smeekt: 'Alsjeblieft papa, alsjeblieft, het was een vergissing. Ik had Isaak niet moeten uitlachen natuurlijk! Het spijt me ook zo ... maar ...'

'Het is te laat voor excuses, je moet gaan,' zegt Abraham, 'neem je moeder mee, ik kan niets meer voor jullie doen. Ga nu snel, voor het licht wordt.'

Hagar, zijn moeder, zit nu pas rechtop en kijkt naar Abraham. 'Dus zo gedraag je je, nu je samen met je vrouw eindelijk een kind hebt gekregen, een zoon, Isaak, nu is onze Ismaël ...' Ze wijst op hem.

'Dit is je eigen zoon, toch?'

'Zeker.'

'Wat kan hij gedaan hebben dat je hem zo erg straft? Hij is nog zo jong!'
'Hij is ook mijn zoon,' zegt zijn vader, 'maar hij is te ver gegaan. En Isaak is mijn erfgenaam. Mijn vrouw heeft gelijk, Isaak kan zich nog niet verweren en dus moet ik ... als zijn vader ...' Weer kijkt Abraham omhoog en dan kijkt hij naar moeder. Hij slikt. 'God zal voor jullie zorgen', zegt hij. Hij draait zich om en zegt nog één woord: 'Vertrek.'
Hij laat brood achter en een zak water.

Ismaël en Hagar lopen door de woestijn. Ismaël heeft het ontzettend warm. Niet het soort warmte waar hij dorst van krijgt en van gaat zweten. Dit is het soort warmte waardoor het zand zo heet is dat je er niet op kunt lopen zonder je voetzolen te verbranden, het soort warmte waardoor je de hele tijd een vochtige waas hebt over je hele lichaam en je tong aanvoelt als een droge lap, de hele dag door.
Ze dwalen samen rond. Ismaël heeft het gevoel dat zijn hersenen koken. Hij kijkt opzij, naar zijn moeder.
'Waarom accepteerde vader mijn excuses niet? Je mag toch fouten maken?'
'Dat vind ik ook,' zegt zijn moeder, 'je had Isaak natuurlijk niet moeten uitlachen. Maar nu zijn we wel erg gestraft. Waarom deed je het eigenlijk?'
Ismaël geeft geen antwoord. Wat moet hij zeggen? Het is te laat. Hij weet het ook niet meer. Het enige wat hij zich kan herinneren is de blik van Sara op het feest. Die blik sneed door hem heen.
'Ik had niet moeten lachen,' zegt Ismaël, 'ik weet niet eens meer waarom ik lachte. Echt niet.'
Hagar legt voorzichtig haar hand op zijn rug. Ze blijven doorlopen, ook al is het langzaam.
'God zei dat jij veel kinderen zult krijgen en dat zij ook veel kinderen zullen krijgen. Dat uit jou dus een groot volk zal ontstaan. Maar moet je nu eens kijken ... hoe je eraan toe bent.'

Terwijl ze lopen, doelloos, voelt Ismaël zijn dorst en honger. Het water is al veel te lang op. Er is geen bron te zien. Nergens. Hij kan ook niet meer goed zien. Als hij om zich heen kijkt ziet hij door het zweet dat over zijn gezicht en ogen druipt alleen maar vage schimmen, trillingen. Zijn benen willen niet meer recht vooruit, maar leggen in een zelfbedacht patroon een weg af. Hij weet niet meer hoe lang hij niet heeft gegeten. Dat hij gedronken heeft, dat is nog langer terug. Af en toe lijkt het alsof hij in slaap valt, dan wordt alles zwart.
Hij voelt de armen van zijn moeder onder zijn oksels. Ze sleept hem over de woestijngrond naar een struik. 'Blijf hier maar liggen,' zegt ze, 'je kunt niet verder lopen, dat heeft geen zin.'
Hij hoort dat ze iets verderop gaat zitten. Ze huilt.

Ismaël houdt zijn ogen nu helemaal gesloten. Het is prettig om niet meer te lopen, niet meer te kijken. Hij merkt dat hij steeds vaker even wegvalt, een zwart gat in valt, dan is hij even de honger en vooral de dorst vergeten. Laat me altijd in dat gat blijven, denkt hij. Laat me niet meer denken, niet meer voelen. Het is goed zo. Ik kan niet meer opstaan en lopen zeker niet. Laat me hier liggen, gewoon, alleen en dan ...
Hij hoort zijn moeder praten. Is er iemand naar ze toe gekomen?
Een stem zegt tegen zijn moeder: 'God heeft je zoon gehoord. Je hoeft je geen zorgen meer te maken. Ga naar hem toe, help hem overeind. Je weet toch dat er uit hem een groot volk zal groeien? Kijk daar, een waterput.'

Het volgende moment wordt hij overeind geholpen door zijn moeder. Zijn benen zijn niet sterk genoeg om op te staan, dus legt ze zijn arm over haar schouder en draagt hem, sleept hem naar de waterput. Water proeft hij, koel, heerlijk water. Hij drinkt, dorstig, gulzig, verslikt zich, hoest. Langzaam voelt hij zich sterker worden.
'Wie was dat?' vraagt hij, 'met wie sprak je?'
'Een engel,' zegt zijn moeder, 'je bent gered. Wij zijn gered! We blijven hier in de woestijn. Jij zult als boogschutter leven en wild voor ons schieten. Wij vinden genoeg water. Je zult trouwen. Ik ga een vrouw voor je uitzoeken, een mooie, lieve vrouw. Je krijgt kinderen. En die krijgen kinderen en zo ontstaat een heel groot en sterk volk. Abraham had het goed, God zal voor ons zorgen. Ik denk dat hij met God gesproken heeft voor hij ons wegstuurde.'
Ismaël kijkt naar zijn moeder. Ze ziet er niet oud uit, wel heel sterk en oneindig lief. Hij is blij dat hij hier met haar staat, dat hij niet in het zwarte gat is gebleven.
Boogschutter, dat klinkt best goed.

MG

9 Het offer van Abraham

Genesis 22

Isaak werd wakker doordat hij de ezel hoorde stampen. De ezel werd gezadeld en had er duidelijk niet veel zin in. Hij hoorde de knechten van zijn vader zacht met elkaar overleggen en ging rechtop zitten. Wat waren ze aan het doen?
Hij stond snel op en ging kijken. De knechten stonden met de ezel helemaal klaar voor vertrek. Verderop stond zijn vader Abraham. Hij zocht heel precies droog brandhout uit en hakte het in kleine gelijke stukken. In een geitenvel wikkelde hij een scherp mes, hij probeerde het nog even uit voor hij het erin stopte en knikte goedkeurend toen hij zag hoe diep het in het brandhout sneed. Het vuurkooltje pakte hij in in een vogelnest en sloot hij af met een dierenhuid, zodat het niet kon opvlammen.
'Ga je weg?' vroeg Isaak. Hij keek toe hoe zijn vaders sterke armen de verschillende stammen opstapelden.
'Jij gaat mee', zei Abraham.
'Goed', antwoordde hij. Leuk! Het was lang geleden dat ze samen op pad waren geweest. En hij vond het altijd fijn om wat langere tijd van huis te zijn, om bij alles wat hij al kende vandaan te zijn, op weg naar avontuur!

Zijn vader tilde de rest van het hout op en droeg het naar de ezel. Het leek alsof het zwaarder was dan het in werkelijkheid moest zijn. Hij tilde het met moeite. Bijna alsof het niet te doen was.
‘Wat is er?’ vroeg Isaak ongerust.
‘God stelt me op de proef’, zei zijn vader.
Isaak knikte. Niet omdat hij begreep wat zijn vader bedoelde, maar omdat het een uitleg was. Uitleg was altijd goed.
‘We gaan’, zei z’n vader.
De zon kwam bijna op en verspreidde een lichtroze gloed. Abraham, Isaak en de knechten liepen door het gebied van de berg Moria. Het was een droog gebied, met vele heuvels en verderop bergen. De mannen spraken niet veel. Soms een aanwijzing, soms wezen ze elkaar op een vogel of wegvluchtend dier.
‘Gaan we ergens een offer brengen?’ vroeg Isaak de tweede dag.
Zijn vader knikte.
Ze hadden geen offerlam meegenomen. Misschien vond zijn vader de reis voor het lam te ver en wilde hij vlak bij de offerplek een lam kopen of een lam vangen. Isaak begon om zich heen te kijken, op zoek naar een lam.
Op de derde dag werd het gebied steeds bergachtiger. In de verte was een hoge berg te zien. Abraham stopte en keek zijn knechten aan.

‘Blijven jullie maar hier, met de ezel,’ zei hij, ‘Isaak en ik gaan die berg op om een offer te brengen. Als we dat gedaan hebben, dan komen we weer terug bij jullie.’

Abraham pakte het hout van de ezel en legde het op de schouders van Isaak. Isaak hield het zware pakket stevig vast. Zijn vader pakte het vuur en het mes en ze liepen samen door. Als vanzelf kwamen ze in een zelfde ritme, vader en zoon naast elkaar. Ze waren één in hun lopen, in hun reis.

‘Pap?’ vroeg Isaak.

‘Zeg het eens’, zei zijn vader.

‘We hebben vuur en hout,’ zei hij, ‘maar we hebben nog steeds geen lam.’

‘Dat klopt,’ zei zijn vader, ‘God zal wel zorgen voor het lam.’
En weer begreep Isaak niet wat zijn vader bedoelde, maar hij had wel een antwoord gekregen en vroeg niets meer.
Al snel waren ze op een kleine vlakte op de berg. Zijn vader stopte, leek te luisteren, bleef maar staan in die luisterende houding en knikte toen. Hij maakte een altaar. Een prachtig, eenvoudig altaar. Isaak keek er vol bewondering naar. Wat was hij toch handig!
Abraham pakte het hout van zijn schouders en legde het er met veel aandacht op.
Zijn vader leek er langer dan anders mee bezig te zijn. Alsof hij wachtte op iets. Isaak keek om zich heen. Ze hadden nog steeds geen lam en op deze hoogte zou het niet meevallen om er nog een te vangen of te kopen.
‘Kijk,’ zei zijn vader, ‘een enorme arend.‘ Isaak keek omhoog en zag niets, hij keek nog beter, want als zijn vader een enorme arend zag dan kon hij hem toch niet missen. Toen voelde hij hoe hij snel en strak werd omwikkeld met touw en hoe het werd aangetrokken. Van iemand die vrij kon bewegen was hij in een paar tellen veranderd in een gevangene!
‘Wat doe je?’ vroeg Isaak en hij voelde paniek opkomen. Voor het eerst tijdens deze reis voelde hij dat de vraag die hij had over het offerlam veranderde in een antwoord. Een antwoord dat hem zeer ongerust maakte. ‘Ik ben je zoon!’
‘Ja’, zei zijn vader en hij bleef achter hem staan en keek hem niet aan. Maar zijn stem trilde toen hij zei: ‘God vroeg mij om je te offeren. Jij bent mijn zoon, mijn allerbelangrijkste bezit, mijn grootste vreugde, mijn diepste wens die vervuld is, maar God wil dat ik je offer. Ik weet niet waarom, God stelt me daarmee zwaar op de proef. Maar ik zal hem gehoorzamen.’
Toen voelde Isaak hoe hij werd opgetild en op het altaar werd gelegd. Hij probeerde los te komen, op te staan. Hij begon te schreeuwen. Maar het hielp allemaal niet. Zijn vader kon geweldige knopen leggen en ze waren op een afgelegen plek. Niemand hoorde hem. Hij wist zeker

dat hij dood zou gaan. Dat zijn vader hem ging offeren. En hij begreep het niet. Waarom? Zijn vader hield van hem. Dat wist hij zeker, dat voelde hij iedere dag van zijn leven. Wanneer zijn vader hem zag begon hij vanzelf te stralen, zijn gebaren werden rustiger, zijn ogen zachter. Waarom vroeg God dit? Waarom deed zijn vader het?
Isaak lag op het hout en keek naar de hemel. Hoe lang zou hij nog leven? Hij dacht aan zijn moeder. Haar zachte wangen.
Zijn vader kwam dichterbij, het scherpe mes in zijn hand. Isaak probeerde van het hout af te rollen. Het lukte niet. Hij sperde zijn ogen open, keek zijn vader aan in doodsangst. 'Nee!' schreeuwde hij, 'niet doen, ik wil leven. Papa. Pap! Nee!'

Toen riep er een engel uit de hemel: 'Abraham, Abraham!' Isaak voelde hoe de punt van het mes op zijn keel drukte.
'Ik luister', zei zijn vader.
'Doe je jongen, je liefste zoon, niets!' zei de engel. 'Je hebt bewezen dat je naar me luistert, dat je doet wat ik je vraag, ook al vraag ik je het moeilijkste te doen wat er maar is. Zelfs dan ben je bereid het te doen. Voor God. Daarmee heb je je zoon gered.'
Isaaks hart klopte zo snel dat hij zeker wist dat hij nog leefde.
'Kijk', zei de engel.
Een ram was vlakbij met zijn hoorns verstrikt geraakt in de struiken. Zijn vader sneed Isaak los en bijna in dezelfde beweging doodde hij de ram en legde hem op het hout van het altaar. Toen stak hij het vuur aan. Isaak was gaan zitten, op de grond. Hij wreef over de pijnlijke striemen waar het touw had gezeten. Wat er net gebeurd was, kon hij niet begrijpen. Hij trilde over zijn hele lichaam. Zijn vader had hem willen doden omdat God dat van hem vroeg. Ook al was dit het moeilijkste wat er van hem gevraagd kon worden. En daarom, omdat zijn vader God wilde gehoorzamen, was Isaaks leven gered. Zijn vader had dus het beste wat hij kon voor hem gedaan.

Toen sprak de engel opnieuw. Hij zei: 'Abraham, God zegt dat hij je net zoveel nakomelingen zal geven als er sterren aan de hemel staan. Alle volken op aarde zullen wensen dat ze zo gezegend zijn als de kinderen van jouw kinderen en hun kinderen. Jij hebt naar mij geluisterd.'
De engel liet weten dat zijn vader het juiste had gedaan. Zijn vader had geluisterd naar God, vooral toen het moeilijk was.
Hij keek voor het eerst sinds het was gebeurd naar zijn vader. Die keek hem aan. Lange, lange tijd keken Isaak en Abraham elkaar in de ogen. Toen omhelsden ze elkaar.
Zijn vader zei zacht naast zijn oor: 'Ik ben blij, zo blij, dat je er nog bent.'
'Ik ook.' Hij leefde nog!
Hij omhelsde zijn vader nog een keer, steviger. En ze liepen samen terug naar de knechten en de ezel, terug naar huis.

MG

10 Een graf voor Sara

Genesis 23

Sara was gestorven. Ze was 127 jaar geworden. Abraham had veel verdriet – hij zat naast haar bed en huilde. 'Sara, liefste,' zei hij tegen zijn dode vrouw, 'ik hield van je, we hebben een mooi leven samen gehad en dat weet je. Nu moet ik je begraven in een vreemd land.' Hij streelde de koude wangen van zijn vrouw en voelde opnieuw verdriet omhoog komen. 'Ik zal je zo missen, onze Isaak zal je zo missen', zei Abraham en deed zijn best zijn tranen binnen te houden, 'want ook hij hield zielsveel van je.'

Hij speldde een zilveren speld op haar jurk, een erfstuk uit zijn familie. Daarna stond hij moeizaam op.

'Ik kan je haast niet achterlaten,' zei Abraham, 'maar ik moet. God heeft je een mooie leeftijd gegeven. We hebben het samen goed gehad. Nu zal ik doen wat ik moet doen.' Hij keek nog één keer naar het vertrouwde gezicht van zijn vrouw, droogde zijn tranen, pakte zijn buidel met geld en verliet de tent.

Hij liep rechtstreeks naar de stadspoort waar een groepje Hethieten stond. Ze wisten dat hij een vreemdeling was en dat hij een eigen graf voor zijn vrouw zou willen hebben.

Op luide toon zei Abraham: 'Ik ben hier maar een vreemdeling. Nu mijn vrouw is overleden heb ik een stuk land nodig. Dan pas kan ik mijn vrouw begraven.'

Iemand riep: 'We beschouwen u als koning die door God hierheen gestuurd is. Kies een plek uit. Op de beste grond die we hebben. Iedereen zal het goed vinden dat u haar daar begraaft. Niemand zal u een graf weigeren.'
Het groepje Hethieten kwam wat dichter om hem heen staan en bekeek hem beter. Abraham had goed geluisterd naar wat de Hethiet gezegd had. Hij antwoordde: 'Dus u vindt het goed dat ik mijn vrouw hier begraaf? Kunt u dan Efron, de zoon van Sochar, vragen om mij de grot van Machpela te gunnen? Die ligt op zijn land, aan de rand van zijn akker. Ik wil hem er de volle prijs voor betalen, zodat ik een eigen stuk grond heb.' Hij liet zijn goedgevulde buidel rinkelen.
Zoals Abraham al dacht was Efron aanwezig. Hij stapte naar voren en keek Abraham aan. 'Geen sprake van!' Zijn stem klonk machtig en luid,

zo luid dat hij zeker wist dat iedereen die aanwezig was bij de stadspoort het zou horen. 'Ik geef u die akker en ook de grot die er op ligt! Begraaf uw vrouw erin, zoals u wenst. Wij mannen praten niet over geld. Zeker niet nu uw verdriet zo groot is.'
Abraham wilde niet dat het land hem werd gegeven, want dan was het nog steeds niet echt van hem. Hij wilde ervoor betalen. 'Ik ben u dankbaar', zei hij net zo luid als Efron. 'Dankbaar dat u mij uw land wilt geven. Dankbaar dat u mijn verdriet begrijpt. Maar luister naar mijn aanbod. Ik wil de volle prijs betalen voor die akker. Neem mijn geld aan. En laat me mijn vrouw in mijn eigen grond begraven.' Weer liet hij het geld in de buidel horen.
Het groepje Hethieten volgde het gesprek met steeds meer interesse. Efron knikte. 'Wat betekent een stuk grond dat vierhonderd sjekel zilver waard is nou voor mij of voor u? Niets toch zeker? Dat uw vrouw op een goede plek begraven wordt, dat is belangrijk. Nietwaar? Dat ze ergens kan liggen in een mooi graf, een goed graf. En geld, ach ...' Efron maakte een wegwerpgebaar met zijn ene hand. Een van de Hethieten kwam nog dichter naar Abraham toe. Hij bekeek hem nieuwsgierig.
Abraham dacht na. Dus Efron wilde vierhonderd sjekel zilver voor zijn akker met grot? Veel geld. Zeker geen vriendenprijs. Maar Abraham wist wat hij wilde. Hij pakte zijn buidel en liep naar de weegschaal die bij de stadspoort stond. Hij woog ongeveer vier kilo zilver af. Daarna gaf hij het aan Efron.
'Alstublieft,' zei hij, 'ik ben dankbaar dat ik deze prachtige akker met grot voor deze keurige prijs van u mocht kopen. Nu kan ik mijn vrouw begraven.'
Efron nam het geld aan. 'Ook voor mij is het belangrijk dat uw vrouw een goed graf heeft en later u ook. Al hopen we dat dit nog lang mag duren. Het is een prachtig stuk land met een heel mooie grot, dat hebt u goed gezien. Uw kinderen en hun kinderen zullen dat ook zien. De grond is gezond en groen, de grot is ruim, beschut, koel en donker. De ingang is gemakkelijk te bereiken, maar toch moeilijk te vinden.

Iedereen zal het daar een goede plek vinden en niemand zal aan geld denken, want geld is onbelangrijk. Het gaat van de een naar de ander, je kunt het niet meenemen. Maar deze prachtige plek blijft voor altijd.'
De mannen gaven elkaar een hand en ze omhelsden elkaar kort.
'De akker en de grot zijn nu van u,' zei Efron luid, 'en allen hier aanwezig hebben het gehoord.'

Abraham droeg zijn vrouw naar de grot en begroef haar daar.
'We zijn hier geen vreemdelingen meer, dit is nu ook ons land', zei hij tegen haar dode lichaam vlak voor hij de grot verliet. 'Ook ik zal hier in de nabije toekomst komen te liggen. Naast jou, mijn liefste. Dan zijn we weer samen. Onze zoon Isaak zal hier trouwen en kinderen krijgen. Maar eerst moet ik nog een goede vrouw voor hem vinden.'

MG

11 Precies wat ik God gevraagd had

Genesis 24

Rebekka droeg de lege kruik op haar schouder. Zoals elke avond liep ze naar de bron, tegelijk met andere meisjes uit de stad. Het was niet ver en ze vond het niet vervelend om te doen. Ze daalde af naar de bron, putte het water en goot het in de lege kruik. Daarna schudde ze haar lange haar naar achteren, zette de volle kruik op haar schouder en richtte zich op.

En toen zag ze hem pas, de onbekende man. Hij had een donkere baard en donkere ogen, doordringend. Hij zag haar ook. Hij stond meteen op en kwam naar haar toe. Een eindje verderop, achter hem, stonden tien zwaarbepakte kamelen. Toen hij voor haar stond sloeg ze haar ogen neer. Hij vroeg haar: 'Mag ik alsjeblieft wat water drinken uit je kruik?'

'Natuurlijk', zei ze en liet de kruik van haar schouder zakken en hield hem in haar handen, zodat hij gemakkelijk wat kon drinken.

Na een tijdje stopte hij met drinken. Rebekka keek naar de kamelen, hun bulten waren slap door vochttekort. 'Ik zal ook water halen voor de kamelen,' zei ze, 'tot ze allemaal genoeg hebben gehad.'

Ze gooide haar kruik meteen leeg in een drinkbak en ging terug naar de bron om nieuw water te halen. De man keek onafgebroken naar haar. Het was moeilijk om er niet op te letten. Mannen keken wel naar haar, maar niet op deze indringende manier. Waarom deed hij dat? Ze voelde zich ongemakkelijk, maar vulde toch de drinkbakken tot alle

kamelen genoeg gedronken hadden. Daarna liep ze de man voorbij en wilde doorlopen naar huis. Maar de man haalde een gouden neusring tevoorschijn die er heel zwaar uit zag en twee nog duurder uitziende gouden armbanden.
'Van wie ben je de dochter?' vroeg hij.
'Ik ben Rebekka, de dochter van Betuel, die de zoon was van Milka en Nachor, en Nachor is de broer van Abraham.'
De man gaf haar de neusring en de armbanden. Zijn ogen straalden en hij lachte. 'Is er misschien in je vaders huis zoveel ruimte dat wij daar kunnen overnachten?'
'Jawel,' zei Rebekka, 'we hebben stro en voer en ook genoeg plaats, maar ik moet het wel eerst vragen.'
Rebekka schrok een beetje toen de man zich op zijn knieën liet vallen en naar de grond boog. 'Dank u God, dat u mij naar de juiste persoon hebt gebracht.'
Ze liet de man achter bij de bron, net als haar kruik, en rende naar huis. Daar vertelde ze alles wat er gebeurd was aan haar moeder, en haar broer Laban luisterde mee. Hij keek naar de dure gouden neusring en de nog duurdere armbanden. 'Ik hoop dat hij nog bij de bron staat,' riep hij, 'zo'n rijke man laat je toch niet alleen achter? Als hij er nog is dan neem ik hem mee!'

Laban kwam al snel thuis met de man en zijn gezelschap en kamelen. De dieren werden afgezadeld en kregen voer en stro en water. Een knecht bracht water voor de mannen zodat zij hun voeten konden wassen. In de keuken werd er meteen hard gewerkt aan een heerlijke maaltijd.
Rebekka voelde dat haar gezicht gloeide. Zoiets spannends had ze nog nooit meegemaakt! Wie was hij? Wat wilde hij? Haar broer Laban had haar zelfs even apart genomen. Niet om haar te vertellen wat ze moest doen, maar alleen maar om haar een complimentje te geven. 'Goed gedaan!' had hij tevreden gezegd.

Toen het eten was opgeschept stak de man zijn hand op. 'Voordat ik ga eten moet ik eerst iets zeggen', zei hij.
Laban zei: 'Natuurlijk, wij luisteren.'
'Ik ben de knecht van uw oom Abraham. Mijn meester is rijk. Hij heeft schapen, geiten, runderen, zilver en goud, slaven en slavinnen, kamelen en ezels. Hij heeft ook een zoon, Isaak. En Isaak heeft een vrouw nodig. Alles wat nu van mijn meester is zal zijn zoon ooit krijgen. En mijn meester is al oud. Hij vroeg mij om naar dit land te reizen en naar deze streek. Om hier een goede vrouw voor zijn zoon te vinden. Daarom ben ik hier. Vandaag stond ik bij de bron. Het was de tijd dat de vrouwen bij de bron hun kruik gingen vullen. Ik vroeg God om mij te helpen om een goede vrouw te vinden.'

Laban kuchte. Hij keek naar het eten dat langzaam koud werd, naar de knecht en weer naar zijn eten. Rebekka begreep wat hij dacht. Maar de knecht merkte het niet en ze moest er een beetje om lachen, maar verborg dat achter haar hand.
'Ik vroeg God om de juiste vrouw te laten reageren zoals Rebekka deed. Toen ik vroeg of ik mocht drinken, gaf ze het me en daarna bood ze uit zichzelf aan om ook de kamelen water te geven. Dat was precies ...'
Nu keek de knecht Laban aan. 'Precies', herhaalde hij, 'wat ik God had gevraagd. Toen wist ik dat ik de vrouw voor de zoon van mijn meester had gevonden. Nadat ze me vertelde van wie ze de dochter is, wist ik het helemaal zeker. Ze is de kleindochter van mijn meesters broer.'
Laban wilde niet onbeleefd zijn, maar hij strekte zijn handen naar het eten uit.
De knecht haalde diep adem en Laban trok zijn hand terug van de al afgekoelde schalen.
'Nu wil ik weten of u de zoon van mijn meester trouw wilt beloven en of u mee wilt komen naar waar wij nu wonen?' Hij stelde de vraag aan Rebekka, maar keek naar Laban.
'Het lijkt erop dat God dit zo heeft gewild. Hij heeft u niet voor niets naar deze plek gebracht', zei Laban. 'Rebekka deed precies wat u hoopte te zien. Zo kon u haar herkennen. Hoe kunnen wij hier tegen ingaan? Hier is Rebekka, neem haar mee, laat haar de vrouw worden van de zoon van uw meester, precies zoals God het wil.'
De knecht boog nu diep voor God en dankte hem.
Hij stond op van tafel en Laban proefde snel van het afgekoelde voedsel en gaf opdracht om alles opnieuw warm te maken. De knecht kwam terug met gouden en zilveren sieraden voor Rebekka en ook met mooie kledingstukken. Ook aan Laban gaf hij een zware zilveren ketting en de moeder van Rebekka kreeg een dunne gouden polsband.
De schalen werden weer binnen gebracht. Het eten was weer warm. Laban schepte meteen op voor iedereen. Ze aten en dronken en Rebekka was blij en een beetje zenuwachtig. Haar leven zou heel anders gaan

worden! Dat was spannend, maar ook eng. Zou haar aankomende man lief voor haar zijn? Niet ieder meisje had geluk en ook zij kende haar aanstaande man niet. Maar ze zou het snel te weten komen. Ze hoefde niet lang meer te wachten, te dromen.

Die nacht kon ze niet slapen. Ze dacht aan haar eerste kus, die ze vast heel snel zou krijgen. Natuurlijk hoopte ze dat haar man knap zou zijn. Ze stelde zich zijn gezicht voor. Bruin haar, bruine ogen, of zwart haar met zwarte ogen? Ze moest er zelf om lachen en viel tegen de vroege morgen in een diepe slaap. Daar schrok ze uit wakker toen ze stemmen hoorde. Harde, boze stemmen.

'We kunnen haar niet missen!' riep haar moeder. Ze dacht aan haar moeder, aan haar handen, aan haar vader, zijn wilskracht en aan haar broer die haar plaagde. Kon ze ze wel missen? Hoe zou het met haar gaan in een ander land, bij mensen, bij een man die ze niet kende?

Maar er was ook iets in haar dat er vertrouwen in had. Dat het zo moest zijn. Het was niet toevallig dat precies zij bij de bron het juiste gezegd had nadat de knecht hulp had ingeroepen. En hoe de knecht over zijn baas sprak was goed. Vol respect. Hij leek een goede man. Isaak, ze fluisterde zijn naam.

En hoe lang moest ze nog wachten op een andere man als ze Isaak niet wilde? Ze was oud genoeg voor een eigen gezin.

Ze kleedde zich snel aan en liep naar buiten.

'Wat zeiden jullie?' vroeg ze aan haar broer en moeder en aan de knecht. Ze waren alle drie een beetje rood aangelopen. Ze waren het duidelijk niet met elkaar eens.

'Ik zou graag willen vertrekken en je mee willen nemen', zei de knecht.

'En wij willen je nog tien dagen bij ons houden,' zei haar moeder, 'we moeten nog veel voorbereiden en ik wil je nog niet kwijt.'

Laban knikte. 'We hebben meer tijd nodig.'

Ze keek waarschijnlijk alsof ze het er niet mee eens was, want haar broer vroeg: 'Jij wilt toch ook nog niet mee? Je wilt toch ook nog hier blijven?'

Ze boog haar hoofd.
'Of niet?' vroeg Laban. 'Wil je nu al met deze man meegaan?'
Ze keek haar broer aan. 'Ja', zei ze. 'Ik wil vandaag al met hem meegaan.'

Haar moeder begon te snikken, maar Laban zei: 'We moeten hoe dan ook snel afscheid nemen en als je er nu klaar voor bent, dan doen we het nu. Het is veilig om met de knecht mee terug te reizen en ze verwachten je daar. Veel geluk, zusje. Denk nog eens aan mij.'
Ze nam afscheid van iedereen die ze kende en die van haar hield om naar een plaats te gaan waar iedereen nog van haar moest gaan houden. Maar ze zag er niet tegenop. Ze had er vertrouwen in.

MG

12 De gestolen zegen

Genesis 27

'Jakob! Jakob, kun je me even helpen?'
Jakob rekt zich uit en komt overeind. Zijn moeder Rebekka staat een eindje verder naast een van de tenten en wenkt hem. 'Volgens mij is er iets mis met dit touw hier. Het tentkleed hangt helemaal slap. Kun jij er even naar kijken?'
Iets mis met het touw? Hij heeft vanmorgen alles nog gecontroleerd. Is er soms een geit tegenaan gelopen? Jakob loopt naar de tent die zijn moeder aanwijst. 'Wat is er aan de hand?'
'Kom mee', fluistert zijn moeder. Ze pakt zijn hand en trekt hem mee tussen de struiken door tot ze bij de bron zijn, waar niemand hen kan zien. 'Luister. Ik hoorde je vader net tegen Esau zeggen dat hij op jacht moet om een stuk wild te schieten.'
Jakob trekt zijn wenkbrauwen op. Het kan hem niet schelen wat Esau aan het doen is. Esau mag dan zijn tweelingbroer zijn, maar dat betekent niet dat ze vrienden van elkaar zijn. De tijd dat ze er samen op uit gingen is al lang voorbij.
'Vader wil voor zijn dood nog één keer wildbraad eten, zei hij. En daarna wil hij Esau zijn zegen geven. Met de Heer als getuige.'
'Wát?' zegt Jakob verontwaardigd. 'Wil hij Esau de zegen geven? Dat kan helemaal niet!'
'Sst! Niet zo hard!'

Jakob dempt zijn stem. 'Ik heb recht op die zegen. Esau heeft de zegen aan mij verkocht voor een bord soep, een paar jaar geleden. Weet u nog? Toen hij zo'n honger had.'
Jakob balt zijn vuisten. Hij ziet het voor zich alsof het gisteren gebeurd is. Zijn broer die uitgeput terugkwam van de jacht en die zo'n honger had dat hij alles wilde doen in ruil voor de linzensoep die Jakob net gekookt had. 'Jij krijgt soep als je mij je eerstgeboorterecht verkoopt', had Jakob gezegd.
'Ik ga dood van de honger', zei Esau. 'Wat moet ik met dat stomme eerstgeboorterecht. Van mij mag jij het hebben. Als ik die soep maar krijg.'
Een eerlijke ruil. Soep voor het eerstgeboorterecht. Is Esau dat soms vergeten? Onmogelijk.
'Als Esau de zegen krijgt, wordt *hij* de baas van de familie', gaat Jakob verder. 'Dan krijgt hij het land. Dan wordt *hij* de stamhouder van de familie. Van het volk dat God beloofd heeft. Waar is hij heen? Ik ga achter hem aan!'
'Nee', zegt Rebekka zacht. 'Ik heb een plan. Doe precies wat ik zeg. Ga snel naar de kudde, zoek twee bokjes en slacht ze. Ik ga ze braden. Ik weet precies hoe je vader het vlees het liefst heeft. En dan breng jij het eten naar hem toe, en dan zegent hij jou. Hij is toch blind. Hij merkt het niet.'
Jakob haalt een hand door zijn haar en tuurt in de verte, naar de groene heuvels van het land dat *hij* zou moeten krijgen. Leuk plan, maar dit gaat niet werken. Zijn vader kan dan misschien niet meer zien, hij kan wel voelen. En ruiken. Hij kijkt naar zijn schone handen, naar zijn gladde armen en benen, en denkt aan zijn tweelingbroer, die zo totaal anders is, met zijn gespierde, harige armen en benen, zijn gebruinde nek, zijn woeste kop met haar. 'Moeder, dat kan echt niet. Als vader me aanraakt, weet hij meteen dat ik het ben. Dan zegent hij me niet – dan vervloekt hij me.'
'Maak je geen zorgen. Je trekt straks Esaus kleren aan, en ik zorg

ervoor dat je precies op hem lijkt. En als je vader iemand wil vervloeken, vervloekt hij mij maar. Ik neem de verantwoordelijkheid op me. Ga naar de kudde en haal die bokjes.'
Jakob kijkt om zich heen. Zijn broer is op jacht, zijn schoonzus is bezig op het land, zijn vader ligt doodziek in zijn tent, zijn neefjes spelen onder toeziend oog van een van de bedienden. Niemand heeft hen gehoord. Wat heeft hij te verliezen?

'Stil blijven staan. Hier je arm insteken. Ja, zo.'
Jakob steekt zijn armen in de geitenvellen mouwen die zijn moeder voor hem ophoudt. Ze heeft inderdaad aan alles gedacht. Ze heeft Esaus stinkende kleren voor hem klaargelegd en geitenvellen aan elkaar genaaid zodat hij zijn armen en hals kan bedekken. Als Esau nu binnenkomt, is hij erbij.
'Snel. Hier is het vlees. Wijn. Brood. Ga naar je vader. Jij bent Esau.'
'Ik ben Esau', mompelt Jakob. *'Ik ben Esau. Ik ben Esau, vader. Uw zoon.'*
Hij kijkt nog een keer om naar zijn moeder, recht zijn rug en gaat dan de grote tent binnen. Daar ligt zijn vader op schapenvachten. Mager is hij, uitgemergeld. Zijn ogen zijn dof. Het licht is eruit verdwenen.
'Vader', zegt hij, en hij schraapt zijn keel. 'Vader.'
'Ja, mijn zoon.' De stem klinkt zwak. 'Wie ben je?'
Jakob blijft op een afstandje staan. 'Ik ben Esau. Uw oudste zoon. Zal ik u overeind helpen?'
'Nee. Laat me maar liggen. Ik ben moe.'
'Vader – u moet wat eten. Dan krijgt u weer wat kracht. Om mij de zegen te geven.'
Het is even stil. De oude man fronst. 'Maar ik heb je nog maar net weggestuurd. Hoe kan het dat je nu al weer terug bent?'
Oei. Vertrouwt zijn vader het niet? Isaak is oud en blind, maar hij is nog net zo scherp als vroeger. Gelukkig weet Jakob meteen wat hij moet zeggen. 'Dat is dankzij de Heer, uw God, vader. Die heeft een paar herten op mijn pad gestuurd, en ervoor gezorgd dat ik raak schoot.'

‘Kom eens wat dichterbij, jongen. Laat me je aanraken. Ik wil er zeker van zijn dat je echt Esau bent.’
Met bonzend hart komt Jakob dichterbij. Hij knielt naast zijn vader neer. De oude, gerimpelde handen glijden over zijn armen, zijn rug, zijn nek. Jakob sluit zijn ogen. Nu komt het uit. Nu heeft zijn vader het door. Nu zal hij hem vervloeken, hem wegsturen uit de tent, hem wegsturen uit zijn leven.
‘Vreemd’, zegt de oude man. ‘Je stem klinkt net als die van Jakob. Maar mijn oren bedriegen me, want je ruikt als Esau. Je voelt als Esau. Mijn zoon, geef me dat vlees. Ik zal eten en drinken, en dan zal ik je mijn zegen geven.’

Het zweet druppelt langs Jakobs rug als hij zijn vader het eten aangeeft, het vlees voor hem in kleine stukjes snijdt, hem de wijnbeker geeft. Laat Esau niet terugkomen, bidt hij tot de God van zijn vader. Laat Esau nog niet terugkomen.

Zijn vader laat zich terugzakken en veegt zijn mond af met de rug van zijn hand. 'Dat was heerlijk, jongen. Kom dichterbij en kus me.'

Jakob slaat zijn armen om de magere schouders van zijn vader en kust hem.

'Je ruikt naar het veld', zegt zijn vader. Hij glimlacht, gaat wat rechter zitten, legt zijn hand op Jakobs hoofd en zegt:

'God geeft je regen,
God geeft je dauw,
God geeft je vruchtbare aarde.
God geeft je koren en
God geeft je wijn
God maakt je machtig en sterk.
Jij wordt de heer over je broers,
volken zullen je dienen.
Wie goed voor je is
deelt je geluk,
Het gaat mis met de man
die je kwaad wenst.'

Jakob laat zijn adem langzaam ontsnappen. Het is gelukt. Dit is wat hij wilde. Dit is het moment waarop hij zijn leven lang gewacht heeft. De zegen van God. Hij omhelst zijn vader. 'Dank u, vader. Misschien moet u nu even rusten. U ziet er moe uit.'

'Wát? NEEEEEE! NEEEEE!'

Het geluid galmt tussen de tenten. Het lijkt het brullen van een gewonde leeuw. Esau is thuis. Hij is net met zijn schotel met wildbraad de tent van zijn vader binnengegaan. En hij heeft blijkbaar gehoord wat er gebeurd is.

Jakob sluipt door het donker naar de achterkant van de tent en hoort zijn broers wanhopige stem. ‘Zegen mij! Zegen mij ook, vader!’
‘Dat kan niet, mijn jongen. Je broer is er met jouw zegen vandoor gegaan!’
‘De BEDRIEGER! De rotzak. Dit is al de tweede keer dat hij me zoiets flikt. Vader! Kunt u me dan niets geven? Is er dan niets dat ...’ Esaus stem slaat over en hij begint te snikken.
En dan klinkt heel zacht de stem van vader.

‘Ver van de regen,
ver van de dauw,
ver van het vruchtbare land.
Je leeft van het zwaard,
je broer is de baas.
Doe je best,
werp zijn juk van je af.’

‘Is dat het? Is dat wat er voor mij overblijft?’
Een bord valt kapot, een kruik breekt in stukken. Voetstappen. Een tentpin schiet los en een deel van de tent zakt in als Esau brullend naar buiten rent. ‘Waar is hij? Wáár! Waar is de rotzak? Ik vermoord hem!’
Jakob duikt weg. Ineens voelt hij een hand op zijn schouder. Zijn hart staat bijna stil van schrik, maar het is zijn moeder. ‘Snel’, fluistert ze, en ze trekt hem langs de tenten, stopt hem een waterzak en een brood in de hand en geeft hem dan een duw. ‘Wegwezen. Hij meent wat hij zegt. Ga. Ik wil je niet verliezen.’

CO

13 Een ladder naar de hemel

Genesis 28

Jakob haast zich voort over het stoffige zandpad. Zijn schouders en voeten doen pijn, hij heeft blaren van het lopen. Maar hij moet verder. Zijn tweelingbroer heeft gezworen hem te vermoorden zodra hun vader dood is.
'Ga alsjeblieft', zei zijn moeder. 'Anders ben ik straks mijn beide kinderen kwijt.' Er was geen tijd om te wachten tot zijn vader zou sterven. Er was geen tijd om te wachten op een karavaan waarbij hij zich kon aansluiten. Hij moest weg, en wel meteen.
Jakob slaat een steekvlieg weg en blijft even in de schaduw van een olijfboom staan om een slok water te nemen. Hij veegt het zweet uit zijn nek. Er is niet veel te merken van die zegen die zijn vader hem gegeven heeft. Hij zou de baas over zijn broer moeten zijn, maar in plaats daarvan is hij voor hem op de vlucht. De vruchtbare aarde die hem beloofd is moet hij achter zich laten. Hij moet de woestijn in, op weg naar Charan, het land bij de grote rivieren waar zijn opa Abraham ooit, heel lang geleden, vandaan is gekomen.
Alleen daar is hij veilig, heeft zijn moeder gezegd. Bij zijn oom Laban kan hij terecht voor onderdak. Als Esau is afgekoeld zal ze hem meteen een bericht sturen dat hij terug kan komen. Tot die tijd is hij een vreemdeling, een reiziger zonder rechten, in een land waar iedereen hem kan aanvallen, een land waar andere goden de macht hebben.

De zon zakt weg achter de heuvels, een licht briesje steekt op. De muggen dansen in het laatste licht. Jakob laat zijn schoudertas op de grond zakken. Hij gaat tegen een boomstam zitten en haalt zijn waterzak tevoorschijn. Hij drinkt het laatste restje water, eet van het gedroogde geitenvlees dat hij heeft meegenomen, scheurt een stuk brood af. Zijn pijnlijke voeten smeert hij in met de olie die zijn moeder hem heeft meegegeven.

Het gras ritselt, een vogel hipt van steen naar steen, de krekels sjirpen. Verder is het stil. Er is geen mens in de buurt. Jakob gaat liggen in het gras, zijn hoofd op een steen. Hoog boven zijn hoofd ziet hij de sterren opkomen en hij denkt aan de verhalen die zijn opa Abraham hem vertelde. Aan de avond waarop God hem naar buiten had geroepen en hem gevraagd had om de sterren te tellen.

'Ik kan ze niet tellen', had zijn opa geantwoord. 'Het zijn er ontelbaar veel.'

'Zoveel nakomelingen zul je krijgen', had God gezegd. 'En heel dit land zal van jou zijn.'

Een mooie belofte. Maar wat was ervan terechtgekomen? Eén zoon hadden Abraham en Sara gekregen. En twee kleinzoons, waarvan de een de ander wil vermoorden. En het land dat hem beloofd was, is nooit van hem geworden.

Het wordt kil. Jakob trekt zijn mantel dichter om zich heen. Hij geeuwt en voelt zich langzaam slaperig worden. Maar dan ineens ziet hij iets vreemds. Hij spert zijn ogen wijd open en komt half overeind. Vlak bij de plaats waar hij ligt staat een ladder.

De ladder lijkt op de trap die zijn opa voor hem in het zand tekende, vroeger – de trap van een tempeltoren uit het land van de grote rivieren, waar zijn opa vroeger woonde. 'Heel hoog, Jakob, nog veel hoger dan de boom. Want hoe hoger de toren, hoe dichter je bij de goden was.'

Deze ladder is anders. Hij eindigt niet in de lucht. Hij reikt oneindig hoog – helemaal tot in de hemel. Jakob gaat rechtop zitten, zijn handen achter zich in het zand. Nu pas ziet hij dat er lichtende wezens vanaf de ladder naar beneden afdalen. Ze lijken op mensen, maar ze zijn groter,

en ze zien er sterk en strijdbaar uit. Ze praten niet en bewegen zich voort zonder geluid te maken. En aan de andere kant klimmen dezelfde wezens naar boven, het licht tegemoet. Kleiner en kleiner worden ze, tot ze niet meer te zien zijn en verdwijnen in het licht. En dan is er ineens een stem. Vlak naast Jakob.
'Ik ben de Heer', zegt hij. 'Ik ben de God van je grootvader Abraham en de God van Isaak.'
Jakob verstijft van schrik. Maar de stem gaat verder.
'Wees niet bang. Ik wil ook jouw God zijn. Ik ben er. Ik ben er om je te beschermen. Het land waar je nu ligt te slapen zal ik aan jou en je kinderen geven. En je zult veel kinderen krijgen. Je zult zoveel nakomelingen

krijgen als er zandkorrels op de wereld zijn. Ik zelf ben bij je, en ik ga met je mee. En ik breng je ook weer terug naar huis. Ik laat je niet alleen.'
Met een schok wordt Jakob wakker. Hij schiet overeind en kijkt om zich heen. Waar is de ladder? Het is donker en de lichtende wezens zijn verdwenen. Hij heeft gedroomd, beseft hij. Maar het was geen gewone droom. Het was een droom waarin hij de werkelijkheid heeft gezien. Deze plek is niet verlaten. Hij is niet alleen. Gods engelen zijn hier. Ze zijn op weg naar God, ze komen bij God vandaan. Ze houden hem precies op de hoogte van alles wat er gebeurt.
Jakob begint te beven. Hij valt op zijn knieën als het tot hem doordringt wat hij gezien heeft. 'De Heer is aanwezig op deze plek', mompelt hij. 'Dit moet het huis van God zijn. Ik heb de poort naar de hemel gezien.'
Hij gaat weer liggen, maar slapen kan hij niet meer. Als de eerste vogels beginnen te fluiten en de sterren langzaam verbleken, staat hij op. Hij pakt de steen die hij als kussen heeft gebruikt en zet hem overeind. Uit zijn tas pakt hij het kruikje met olie dat zijn moeder hem heeft meegegeven. Hij giet de olie over de steen.
'Als God bij me is,' zegt hij hardop – en hij hoopt met heel zijn hart dat het waar is, dat het niet maar een droom was – 'als hij me beschermt op mijn reis, als hij me brood en kleren geeft, en me veilig terugbrengt bij mijn familie ...'
Hij staat op, kijkt naar de lucht die nu roze begint te kleuren. '... als dat gebeurt, dan weet ik het zeker', zegt hij. 'Dan bent u mijn God. Dan maak ik hier, op deze plek, een huis voor u. Dan wil ik voor u leven. Van alles wat u me geeft, zal ik u een tiende deel teruggeven. Dat beloof ik.'

CO

14 De vrouw van mijn dromen

Genesis 29-31

Thema: liefde en vriendschap

Liefde op het eerste gezicht. Jakob had er nooit over nagedacht dat het hem zou kunnen overkomen. Maar het was of de bliksem insloeg toen hij Rachel voor het eerst zag. Na al die eenzame weken in de woestijn was hij eindelijk aangekomen in het land waar zijn moeder vandaan kwam. Bij een put was hij een paar herders tegengekomen en hij had ze naar de weg gevraagd. En toen kwam ze aanlopen tussen haar schapen, een prachtig meisje met lang, zwart haar en stralende, donkere ogen. Hij hoorde van anderen wie ze was, en hij kon het bijna niet geloven. De dochter van zijn oom Laban. Een nichtje!

Hij had de zware steen van de put gerold – hij wist zelf niet waar hij de kracht vandaan haalde – en haar schapen te drinken gegeven. Pas daarna had hij haar verteld wie hij was. Ze was meteen weggerend. Nog geen vijf minuten later kwam ze terug, gevolgd door een kleine, kalende man, met op en neer flappende wangen en een dubbele kin. 'Ben jij het?' riep hij hijgend. 'Ben jij het echt, jongen? Ben jij de zoon van mijn zus Rebekka?'

'Dat ben ik', had Jakob gezegd, en de man had hem tegen zich aangedrukt en op beide wangen gekust. 'Kom mee naar ons huis. En vertel me alles. Hoe is het met je moeder? Hoe maakt je vader het? Kom mee, jongen, kom mee. Zijn dit al je spullen? Hier, Rachel, neem jij zijn tas. Heb je verder niets? Hoe ben je hier gekomen? Helemaal alleen, zonder karavaan? Kom mee, kom mee.'

Hij werd als een verloren zoon binnengehaald in de familie en leerde zijn tante kennen, zijn neven die op het familiebedrijf werken, en Lea, de oudste dochter, een verlegen, zacht meisje dat best aardig was, maar lang niet zo mooi als Rachel. Vanaf de eerste dag hielp hij mee op de boerderij, en na een paar weken had zijn oom hem apart genomen en tegen hem gezegd: 'Ik zie dat je hard werkt. Maar dat hoef je niet voor niets te doen, jongen. Zeg me maar wat je loon moet zijn.'

Hij had het eruit gegooid voor hij zich kon bedenken: 'Ik ben verliefd op uw jongste dochter. Ik ben bereid om zeven jaar voor u te werken als ik met haar mag trouwen.'

Laban had zijn wenkbrauwen gefronst. 'Rachel? Nou ja, beter dat jij met haar trouwt dan een ander, neem ik aan. Goed. Zeven jaar. Dan mag je met haar trouwen.'

Hij had hard gewerkt, zonder dat het hem moeite kostte. En de tijd was sneller voorbij gegaan dan hij voor mogelijk had gehouden. Al spraken ze elkaar niet, hij had haar iedere dag gezien. Haar gebogen rug als ze het deeg aan het kneden was, haar neergeslagen blik als ze hem de schaal met vlees aangaf, het snelle glimlachje als hij de steen van de put afrolde en water voor haar putte. Hij wist dat ze ook van hem hield. En gisteren was het zover. De dag van hun bruiloft. Vanaf nu was ze van hem. Was hij van haar. Dit was het begin van een nieuw leven.

Het eerste licht valt door het kleine raampje heen. Jakob knippert met zijn ogen. Hij is getrouwd! Eindelijk. Getrouwd met de vrouw van zijn dromen. Hij pakt de hand van zijn vrouw, kust die en buigt zich over haar heen. 'Liefste', zegt hij. En dan kijkt hij tot zijn ontzetting in de angstige ogen van zijn schoonzus. Lea. Hij deinst achteruit. Wat doet Lea hier? Hoe komt ze in zijn kamer? Wat is er gebeurd?
Langzaam dringt het tot hem door. De gesluierde vrouw met wie hij gisteren getrouwd is, is niet Rachel. Het is haar zus. Hij is met de verkeerde getrouwd. Zijn oom heeft hem een smerige streek geleverd.
Hij pakt zijn kleren, springt overeind, rent de kamer uit. Zijn oom zit te ontbijten op de binnenplaats. 'Goeiemorgen, zoon', zegt hij grijnzend.

Hij doopt zijn brood in een kom olie en neemt een hap.
'Noem me geen zoon!' schreeuwt Jakob. Het kan hem niet schelen dat iemand het hoort. 'Hoe hebt u me dit kunnen aandoen! Ik heb al die jaren bij u gewerkt voor Rachel. U hebt me bedrogen! Waarom?'
Laban veegt het vet van zijn kin. 'Het is hier niet de gewoonte om de jongste dochter vóór de oudste uit te huwelijken. Dat begrijp je zelf toch ook wel? Jij weet alles van het eerstgeboorterecht.'
'Ik kan het niet geloven. Smerige bedrieger!'
'Ah. Zoon. We lijken op elkaar, jij en ik. Maar hé! Ik heb ineens een ideetje.' Laban steekt zijn wijsvinger op en glimlacht. 'Wacht tot de bruiloftsweek voorbij is. Dan krijg je Rachel ook van me. Op voorwaarde dat je nog eens zeven jaar voor me werkt, natuurlijk.'
Jakob keert hem de rug toe. Hij loopt de poort door, het veld in, zijn vuisten gebald. Wat moet hij doen? Kan hij Lea wegsturen? Hij zou wensen dat het zou kunnen. Maar het is onmogelijk. Als hij dat doet, laat zijn oom hem nooit met Rachel trouwen.
Er zit niets anders op. Hij zal deze week door moeten zien te komen. En dan kan hij eindelijk doen wat hij zeven jaar geleden al wilde doen, toen hij haar voor het eerst zag. Trouwen met de vrouw van zijn dromen.

***

'Jakob, het spijt me, maar ik ga niet naar die baby van Lea kijken. Ik kan het niet. Vier kinderen heeft ze. Vier! En ik niet een. Na al die jaren.'
Jakob zucht. Hij heeft vannacht een vierde zoon gekregen – Juda heet het jongetje – en het zou feest moeten zijn. Maar hoe kan hij blij zijn als zijn lievelingsvrouw het er zo moeilijk mee heeft? Hij legt zijn hand tegen Rachels wang. 'Het spijt me, liefste. Ik vind het ook vreselijk voor je. Maar voor mij maakt het niets uit. Voor mij ben jij de enige. Dat weet je toch?'
Rachel keert zich van hem af. 'Geef me een kind, Jakob. Geef me alsjeblieft een kind. Ik ga dood als ik geen kind krijg.'

'Rachel! Zeg dat niet! Je weet hoe graag ik zou willen dat je zwanger zou worden. Maar ik ben God toch niet?'
Verkeerde woorden. Rachel slaat haar handen voor haar gezicht en begint hartverscheurend te snikken. Wat moet hij ermee? Hij kan haar niet troosten. Hij begrijpt ook niet waarom ze geen kinderen krijgt. Jakob staat op. Misschien kan hij maar beter gaan. Even bij de schapen gaan kijken. Er zijn er twee die vandaag lammetjes moeten krijgen.
'Wacht', zegt Rachel. Ze grijpt zijn hand en kijkt hem met betraande ogen aan. 'Nee, Jakob, niet gaan. Wacht even. Ik heb een idee. Mijn slavin Bilha – neem haar als vrouw.'
'Wát? Waar héb je het over?' Jakob fronst.
'Slaap met haar', gaat Rachel verder. 'Als zíj zwanger wordt, als zíj een kind krijgt, dan is het ook mijn kind. Dan wordt dat het kind van mij en jou, Jakob. Alsjeblieft.'
Jakob schraapt zijn keel. 'Ik weet het niet', zegt hij. Hij schudt zijn hoofd. 'Ik weet niet of ik dat wil.'
'Maar als ik het nou wil, Jakob', zegt Rachel. 'Als ik het je nou vraag. Ik smeek het je, Jakob. Doe het. Doe het voor mij. Doe het voor ons. Eén nachtje maar.' Ze klapt in haar handen, en om de hoek van de tent verschijnt een jonge vrouw. 'Bilha? Kom hier. Ga even zitten. Luister. Ik wil dat jij vannacht met mijn man slaapt. Ik wil dat jij een kind voor me krijgt.'

***

Jakob zit op een heuvel in de schaduw van een olijfboom en kijkt uit over de velden waar zijn vee aan het grazen is. Twintig jaar geleden is hij hier gekomen met niets dan een waterzak en de kleren die hij aan zijn lijf had. En nu heeft hij een gezin, en koeien, ezels, schapen, geiten, kamelen, meer dan hij kan tellen.
Maar ook meer problemen dan hij kan tellen.

Met zijn vrouwen, natuurlijk. Vanaf de eerste dag was het ellende. Lea was jaloers omdat hij meer van Rachel hield, Rachel was jaloers omdat Lea meteen zwanger was en daarna de ene na de andere baby kreeg. Ruzie over wie van hen tweeën met hem de nacht door mocht brengen. Ruzie over de kinderen. De slavinnen, met wie ze hem lieten slapen om meer kinderen te krijgen. Elf zoons heeft hij, en een dochter. Een groot, luidruchtig gezin – maar niet het gezin dat hij zich had voorgesteld.

En dan zijn schoonfamilie. Na veertien jaar voor Laban gewerkt te hebben om zijn vrouw af te betalen, wilde hij terug naar Kanaän. Terug naar huis. Esau zou nu toch wel afgekoeld zijn. Maar zijn schoonvader smeekte hem om te blijven. 'Alsjeblieft, Jakob. Het gaat zo goed hier, nu jij er bent. God zegent mij vanwege jou. Blijf. Blijf nog een paar jaar. Ik betaal je. Zeg me wat je loon moet zijn en ik geef het je.'

Hij dacht razendsnel na. 'U hoeft me niet te betalen. Ik wil best nog een poos hetzelfde werk blijven doen. Voor het vee zorgen. Maar laten we afspreken dat als er gevlekte of gespikkelde geitjes geboren worden, of zwarte lammetjes, dat die dan voor mij zijn. De misbaksels, zeg maar.'

'Afgesproken', zei zijn schoonvader meteen. 'Die mag jij hebben.'

Al snel had hij een truc ontdekt waarmee hij ervoor kon zorgen dat bijna alle geitjes en lammetjes gevlekt, gespikkeld of zwart ter wereld kwamen. Zijn kudde was razendsnel gegroeid terwijl die van zijn oom

verzwakte, en binnen een paar jaar had hij mensen in dienst moeten nemen omdat hij het werk niet meer alleen aankon.

Thuis werd de situatie steeds grimmiger. Zijn zwagers verweten hem dat hij hun vader had bestolen. Zijn schoonvader was nors en onvriendelijk. Hij zag Jakobs bedrijf groeien terwijl zijn bedrijf steeds kleiner werd, en er was niets wat hij ertegen kon doen.

Jakob plukt een onrijpe olijf en schiet hem weg, het dal in. Het is mooi hier. Maar hij zou zo graag terug kunnen naar Kanaän, terug naar zijn eigen familie. Was hij zes jaar geleden maar gegaan. Nu zal zijn schoonfamilie hem nooit meer laten gaan. Als hij weggaat en al zijn vee meeneemt, is er weinig meer over van het bedrijf.

Hij rust met zijn rug tegen de boomstam, sluit zijn ogen, en luistert naar het gezoem van de bijen, het geblaat van een paar schapen. Wat moet hij doen? Hoe komt hij hier ooit vandaan?

'Jakob', zegt een stem.

Jakob schrikt op en spert zijn ogen wijd open. Hij kijkt om zich heen, maar hij ziet niemand. Hij heeft deze stem eerder gehoord. Twintig jaar geleden, toen hij op de vlucht was. Dit is de stem van de Heer.

'Jakob, ga terug naar het land van je voorouders. Ga terug naar je familie. Naar het land dat ik je beloofd heb.'

'Maar Heer! Hoe kan ik hier weg? Ze zullen me nooit laten gaan. Ze houden me hier gegijzeld.'

'Ik ben erbij', zegt de stem. 'Ik help je. Pak je spullen, neem je gezin mee en vertrek. En maak je geen zorgen, want ik ben bij je. Elke stap van de weg.'

De stem zwijgt en alles lijkt nog precies zoals het was. Maar Jakob staat op, slaat het stof van zijn jas en rent de heuvel af. Inpakken. Zijn vrouwen en kinderen waarschuwen. De kuddes bij elkaar drijven. Ze gaan vertrekken.

CO

15 Gevecht op leven en dood

Genesis 32

'Neehee', zegt Jozef slaperig.
Hij trekt zijn deken weer over zich heen.
'Laat me nou. Ik wil slapen.'
'Opstaan', zegt Naftali, terwijl hij Jozef een schop in zijn rug geeft.
'We moeten weg.'
'Au! Niet doen!' Jozef komt verontwaardigd overeind.
'Je moet wakker worden, zegt vader. Dina, jij ook.'
'Het is nacht!' Jozef wrijft over zijn rug. Hij heeft het gevoel dat hij nog maar net in slaap is gevallen. De maan staat hoog aan de hemel, de morgenster is nog niet te zien.
'Zijn jullie klaar?' De stem van Jakob klinkt gespannen. 'Schiet op, Jozef. Eruit! We moeten weg!'
Iets in de klank van zijn stem maakt dat Jozef overeind komt. In het licht van de olielampjes ziet hij dat zijn andere broers ook al op zijn. De moeders rennen heen en weer, pakken dingen in. Ruben, Simeon en Levi zijn bezig het tentdoek op te rollen. Juda en Dan steken fakkels aan en zetten ze in het zand.
Jozef wrijft zijn ogen uit. 'Wat gaan we doen, vader? Wat is er?'

Zijn vader luistert niet. 'Ruben. Simeon. Laat maar zitten, die tent. Dat doe ik straks. Ik wil dat jullie nu de beek oversteken. Nu!'
'In het donker?' zegt Jozef.
'In het donker, ja', zegt Naftali. 'Opschieten.'
Met een fakkel in zijn hand, zijn mantel hoog opgetrokken, stapt Jozef achter de anderen aan de beek in. Het water is koud en ondiep en de stroming is niet sterk. Maar het is lastig om precies te zien hoe hij moet lopen. Een paar keer stapt Jozef mis, en als hij aan de overkant is, is zijn jas nat. Hij rilt van de kou. 'Vader?' zegt hij.

Maar zijn vader is alweer weg. Samen met de oudste jongens is hij de spullen aan het halen. De zware tentdoeken, de stokken, de slaapmatten, het eten. Een paar keer lopen ze heen en weer. Dan roept Jakob iedereen bij elkaar. 'Jongens, ik moet terug. Ik wil dat jullie met z'n allen naar die heuvel daar in de verte gaan. Zoek een schuilplaats onder de bomen. Wacht op mij. Ik ben morgenochtend terug.'

Jozef wil van alles vragen. Waarom? Waarom nu? Komt oom Esau eraan? Lopen ze gevaar? Waarom kan hun vader niet gewoon bij hen blijven? Maar hij zegt niets. Hij loopt met zijn broers en de moeders naar een plek een eind verderop. Zijn moeder rolt zijn slaapmat voor hem uit en geeft hem een extra vacht om over zich heen te leggen. Jozef gaat liggen en kijkt naar de sterren. En hij hoopt met heel zijn hart dat hij zijn vader de volgende morgen weer gezond zal terugzien.

Het begint al licht te worden als Jozef wakker wordt uit een onrustige slaap. De andere jongens slapen nog, Bilha, de slavin van zijn moeder, is deeg aan het kneden. Hij staat op. 'Waar is mijn vader?' vraagt hij.
Bilha haalt haar schouders op. 'Ik weet het niet.'
Jozef staat op en loopt heen en weer in het schemerdonker. De angst vreet aan zijn maag. Er is iets mis. Hij weet het zeker.
Een paar dagen geleden kwamen er mensen vertellen dat Esau met een grote groep mannen naar hen op weg was. Dat hij zijn broer wilde ontmoeten. Zijn vader trok helemaal wit weg toen hij het hoorde. Hij heeft de slaven en de kuddes meteen in twee groepen verdeeld en ze allebei een andere kant opgestuurd in de hoop dat in elk geval één groep het zou overleven. En hij heeft oom Esau een enorm cadeau gestuurd. Geiten en bokken, schapen, kamelen, koeien, ezels – honderden dieren.
Jozef zucht. Stel je voor dat oom Esau het niet genoeg vindt. Stel je voor dat hij nog steeds boos is om wat er jaren geleden gebeurd is. Dat hij Jakob vannacht in een hinderlaag gelokt heeft, en hem vermoord heeft.
Jozef slikt en probeert zijn tranen weg te knipperen.
En dan ziet hij in het licht van de opgaande zon iets bewegen bij de struiken in de verte. Is dat vader, daar bij de beek? Ja! Het is hem! Jozef heeft zich nog nooit zo opgelucht gevoeld. 'Vader!' roept hij, en hij begint te rennen.
Pas als hij vlakbij is, ziet hij hoe zijn vader eruitziet. Zijn linkeroog is blauw, zijn lip is gescheurd en er loopt een spoor van opgedroogd bloed

langs zijn arm. Zijn kleren zijn vuil en gescheurd. Hij leunt zwaar op een stok en hij hinkt bij elke stap.
'Gaat het, pap?' vraagt Jozef ongerust.
Een paar van Jozefs broers komen nu ook aanrennen.
'Wat is er gebeurd?' vraagt Ruben opgewonden. 'Was het oom Esau? Heeft hij u aangevallen? De smeerlap. Ik wist het wel! Waarom mochten we niet blijven! Wij hadden hem zo in elkaar geslagen!'
'Moeten we u dragen?' vraagt Juda.
'Leun maar op mij', biedt Simeon aan.
Jakob schudt zijn hoofd. 'Niet nodig, jongens. Ik kom er wel.'
De moeders komen er nu ook aan. 'Jakob! Wat is er gebeurd?'
'Je bent gewond! Kom, ik zal je helpen.'
'Nee, ík help hem wel. Aan de kant.'

'Jullie vroegen je vannacht af wat er aan de hand was', begint Jakob even later. Ze zitten met z'n allen bij elkaar in de schaduw van een grote eik. Jozefs moeder heeft Jakobs wonden gewassen en een doek om zijn arm gebonden, een van de andere moeders heeft hem brood en water

gebracht. 'Waarom ik midden in de nacht de beek over wilde. Ik wist zelf ook niet wat er zou gebeuren. Maar ik voelde dat er gevaar dreigde. Ik wilde jullie in veiligheid brengen.'
Jozef schuift wat dichter naar zijn vader toe. Hij zou de woorden uit zijn mond willen trekken.
'Het was nog donker', gaat Jakob verder. 'Ik zag hem niet aankomen. Ineens viel hij me aan. Ik dacht dat het Esau was. Dat hij met me wilde afrekenen. Hij begon met me te vechten en ik vocht terug. Urenlang. Maar het was Esau niet.'
'Wie was het dan?' vraagt Ruben.
Jakob wrijft met een pijnlijk gezicht over zijn heup. 'Ik ben zo dom geweest. Zo ongelofelijk dom. Dat ik het niet gezien heb ... Jarenlang heb ik in angst geleefd. Ik wist dat Esau me op een dag zou vinden. En ik wist dat hij wraak zou willen nemen. Dat hij alles wat ik gekregen had van me af zou nemen.'
Hij schudt zijn hoofd. 'Maar het was niet Esau voor wie ik bang moest zijn. Het was God. Dáár had ik bang voor moeten zijn – om zonder Gods bescherming te leven.'
'Je hebt met Gód gevochten?' zegt Jozefs moeder fronsend.
Jakob knikt. 'Tot het licht werd. Toen wilde hij gaan. Hij had me zo'n harde klap gegeven dat mijn heup uit de kom is geschoten. Ik kon bijna niet meer lopen. Maar het lukte me om hem vast te pakken. Ga niet weg, zei ik. Ik laat u niet gaan voordat u me hebt gezegend. En hij zegende me. Hij gaf me een nieuwe naam.'
Jakob is even stil. Er komt een glimlach op zijn gezicht. 'Ik mag helemaal opnieuw beginnen vandaag. Ik ben niet meer de Bedrieger. Voortaan heet ik Israël – God vecht. Snappen jullie? God vecht voor mij. Voor ons. We hoeven niet bang te zijn voor Esau. Of voor de mensen hier. God beschermt ons. Hij is bij ons. Zoals hij beloofd heeft. Hij is erbij, elke stap van de weg.'

CO

16 Jozef de Dromer

Genesis 37

'Vader, moet u horen!' Buiten adem komt Jozef bij Jakob, die op een kleed zit voor zijn tent in Hebron. 'Weet u nog van die schapen die we vorige week zijn kwijtgeraakt?'
'Je bedoelt die schapen die door een leeuw zijn gedood?'
'Die zijn helemaal niet door een leeuw gedood! Gad en Aser hebben ze verkocht en het geld in hun eigen zak gestoken!'
Moeizaam staat vader op. 'Hoe weet je dat?'
'Ik hoorde Dan en Naftali erover praten.'
'Laat al je broers hier komen. Dit moet ik meteen uitzoeken!'
Jozef rent terug naar het veld waar zijn oudere halfbroers de geiten en schapen van hun vader laten grazen. Zodra hij ze ziet, zwaait hij uitbundig. 'Jongens, jullie moeten bij vader komen, meteen!'
'Rustig aan, broertje', zegt Ruben, de oudste. 'Wat is er aan de hand?'
'Dat hoor je thuis wel.'
'Zeg maar tegen vader dat we komen zodra de dieren hier uitgegraasd zijn. Dat snapt hij wel. En nu moet ik weer aan het werk.' Zonder te groeten loopt Ruben weg, naar een schaap dat is afgedwaald.
Beteuterd kijkt Jozef hem na. Wat nu? Langzaam draait hij zich om en loopt terug.
Thuis trekt hij het kleurige overkleed aan dat vader speciaal voor hem heeft laten maken. In deze mantel voelt hij zich als een prins! Zo gaat hij naar vader en brengt hem de boodschap over.

'Ik word moe van die jongens!' zucht vader. 'Altijd hun eigen zin doen!' Jozef gaat naast hem zitten. Vader houdt meer van hem dan van zijn andere kinderen. Hij weet niet waarom. Een slavin van vader zei een keer dat Rachel, zijn moeder, vaders lievelingsvrouw was. Misschien daarom. Jozef herinnert zich vaag een lieve vrouw die er altijd was en opeens niet meer. Later hoorde hij dat ze stierf bij de geboorte van zijn broertje Benjamin.

Pas de volgende dag komen zijn broers terug. Vader spreekt hen bestraffend toe, al is zijn ergste boosheid al wat gezakt. Gad en Aser moeten het geld teruggeven, wat ze met tegenzin doen.

Juda neemt Jozef apart. 'Luister jij eens, broertje.' Zijn ogen staan donker. 'Dat vader jou voortrekt, betekent niet dat jij over ons mag klikken. Dit is de zoveelste keer. Dat moet nu echt afgelopen zijn. Ik waarschuw je!'

Zijn andere oudere broers kijken alleen maar kwaad en doen chagrijnig tegen hem.

Jozef haalt zijn schouders op. Wie doet hem wat? Vader zal hem altijd beschermen. Hij negeert zijn grote broers en loopt naar Benjamin, de jongste. Die zeurt tenminste niet. En verder denkt hij er niet meer aan.

Op een nacht krijgt Jozef een droom. Als hij wakker wordt, is hij er nog steeds van onder de indruk. Hij gaat rechtop zitten op zijn slaapmat en wrijft zijn ogen uit. Zijn broers zijn hun slaapmatten aan het oprollen.
'Hé jongens,' zegt Jozef, 'ik heb over jullie gedroomd!'
'We deden zeker iets wat je weer kon verklikken', schampert Aser terwijl hij zijn slaapmat tegen de lemen wand van de slaapruimte legt.
'Nee, juist niet', zegt Jozef. 'We waren op het land korenschoven aan het binden. De aren hingen zwaar naar beneden. Opeens kwam mijn schoof overeind en alle aren bleven rechtop staan. Jullie schoven gingen om die van mij heen staan en bogen daarvoor.'
Ruben begint bulderend te lachen. 'Dat had je gedroomd, broertje!'
De andere broers zijn kwaad. 'Wat een kapsones! Zie jij jezelf soms al als koning over ons?'
Gad en Aser ballen hun vuisten. 'Als je denkt dat je de baas over ons kunt spelen, heb je het mis!'
'Het wordt tijd dat we jou een toontje lager laten zingen!' dreigt Naftali en loopt met driftige passen weg. De anderen volgen hem, behalve Benjamin.
Jozef schrikt. 'Kan ik er wat aan doen dat ik dat droom?' roept hij hen na. Samen met Benjamin gaat hij in de schaduw van een vijgenboom zitten. 'Ik heb die droom toch niet zelf bedacht!' zegt Jozef gekwetst.
'Natuurlijk niet,' zegt Benjamin, 'maar het is wel een rare droom. Hier, neem een slok.' Hij schenkt een beker water voor Jozef in. Bilha, de slavin van hun overleden moeder, brengt brood met olijven. Ze lachen en praten en Jozef vergeet de boosheid van zijn broers.
Een tijdje later droomt Jozef opnieuw, nu dat hij een stralende ster is. En dat niet alleen! Zijn hart gaat er sneller van kloppen. Tegelijk bedenkt hij dat hij deze droom maar beter niet kan vertellen ...

Toch kan hij het niet laten. 'Ik heb weer gedroomd', zegt hij ten slotte tijdens een maaltijd.
''t Zal me wat moois wezen!' bromt broer Zebulon.
'Ik heb m'n buik vol van die dromen van jou', zegt Juda.
'Ik niet, hoor', lacht Ruben. Hij zwaait met een beker wijn. 'Vertel maar op, meesterdromer!'
'Goed dan', zegt Jozef. 'Ik droomde ...' Hij aarzelt. Kan hij niet beter zijn mond houden?
'Nou? Kom op, wat droomde je?'
'Ik droomde ... dat de zon, de maan en elf sterren zich voor mij neerbogen.'
Rubens gezicht betrekt. 'Nu ga je te ver, broertje', zegt hij kortaf.
De andere broers zijn woedend. Simeon balt zijn vuisten en Levi smijt zijn beker wijn tegen de grond. Jozef kijkt naar vader: die zal het wel voor hem opnemen. Maar nee, zelfs vader is boos. 'Wat denk je wel!' zegt hij. 'Moeten je moeder en ik en je broers ons soms voor jou neerbuigen?'
Vader staat op en loopt weg. Iedereen volgt hem, Benjamin nu ook.
Jozef blijft alleen achter. Nooit vertel ik meer een droom, denkt hij. Nooit!

Een tijd lang gaat het goed. Jozef houdt zijn mond en zijn grote broers laten hem met rust. Wel merkt Jozef dat ze vaak stoppen met praten als hij eraan komt. Ze maken hoogstens een flauwe grap over zijn kleurige prinsenkleed. Niks terugzeggen, denkt hij. Ze zijn gewoon jaloers.
Op een dag vertrekken zijn broers met de schapen en geiten naar Sichem om ze te laten grazen. Dat is een heel eind en dus blijven ze lang weg.
Na een paar weken roept vader Jozef bij zich. 'Ik wil weten hoe het met je broers en de dieren gaat', zegt hij. 'Ga ze eens opzoeken en kom het me dan vertellen.'
Jozef aarzelt. 'Ik durf niet, vader. Ze zijn kwaad op me ...'
'Dat valt wel mee', zegt Jakob. 'Het ging toch goed, de laatste tijd? Neem wat lekkers voor ze mee: dadels, vijgen, amandelen ... Dan zijn ze hun boosheid zó vergeten.'

Dat lijkt Jozef een goed idee. Hij vult een tas met brood, fruit en noten en gaat op weg. In zijn mooie mantel.
Het is dagen lopen over heuvels en door bossen. Eindelijk komt Jozef in Sichem, maar zijn broers zijn nergens te vinden. Moe van het zoeken gaat hij aan de rand van een beek zitten. Er sijpelt maar een dun stroompje water door. Met moeite kan hij wat opvangen om te drinken.
Opeens staat er een man naast hem. 'Zoekt u iemand?' vraagt hij.
'Ja, mijn tien broers met onze schapen en geiten', zegt Jozef. 'Hebt u ze misschien gezien?'
'Tien broers ...' peinst de man. 'Ja, die zijn hier wel geweest, maar ik hoorde ze zeggen dat ze naar Dotan wilden omdat het gras hier verdord is.'
De man legt hem uit hoe hij moet lopen – het is nog een hele dag – en Jozef gaat op pad.
De volgende dag ziet hij opeens, vanaf de top van een heuvel, honderden stipjes in het dal: grazende dieren! Ingespannen tuurt hij in de verte. Die lange daar, zou dat Ruben kunnen zijn? En die twee rechts van hem, zijn dat niet Simeon en Levi? Ja, ze zijn het!
'Hallo, jongens! Hoe is het met jullie?' Jozef rent de heuvel af, zo hard als hij kan met zijn tas. Hij is dolblij dat hij zijn broers eindelijk gevonden heeft. Ze zijn niet altijd even aardig, maar het blijven zijn broers! Hij ziet ze omkijken, snel naar elkaar toe lopen en druk gebaren. Zie je wel, ze zijn ook blij hem te zien!
Als hij vlakbij is, gaan ze opeens als een muur voor hem staan. Wat doen ze raar!
'Hoi jongens, hier ...' hijgt Jozef. Hij zwaait met zijn tas. '... dadels, noten, fruit ...'
Zebulon pakt de tas van hem af en gooit die zonder een woord achter zich.
'Zo, klikspaan,' zegt Aser, 'nou hebben we je.' Hij grijpt Jozef ruw beet en draait zijn armen op zijn rug.
'Au, niet doen!' gilt Jozef. 'Ik heb niks gedaan!'

Niemand luistert. De kleurige mantel wordt van zijn lijf getrokken en hij wordt tegen de grond geslagen, met zijn gezicht in het zand. Hij voelt knieën in zijn rug en sandalen op zijn benen.
'We rekenen met je af, opschepper!' klinkt het. 'Dan zullen we eens zien wat er van je mooie dromen terecht komt.' Au! Een schop in zijn zij.
'Ho jongens', hoort hij dan. 'Laten we hem niet doden.' De stem van Ruben. 'Ik weet iets beters: we gooien 'm in die put daar.'
'Ook goed.' Jozef wordt overeind getrokken en naar de rand van de put gebracht. Eén seconde kijkt hij in een diep donker gat. 'Nee!' Hij spartelt tegen maar zijn broers zijn veel te sterk. Ze duwen hem over de rand en hij valt in de diepte. Zijn angstkreet slaat tegen de wanden terug als een echo.
Verdoofd ligt Jozef op de bodem van de put. Er staat geen water in. Het is donker, op het ronde gat na, hoog boven hem. Hij probeert op te staan maar alles doet pijn. Zou hij iets gebroken hebben?

Met veel moeite gaat Jozef met zijn rug tegen de aarden wand zitten en luistert. Flarden van praten en lachen. Ze zitten mijn dadels en noten op te eten, denkt hij bitter. Hoe kom ik hier ooit weer uit? Hij rilt van angst en kou en moeheid. Kon hij maar even slapen ...

'Jozef! Pak het touw!'
Wat? Jozef schrikt wakker. Waar ben ik? Roept iemand mij?
Voor hem bungelt een touw. 'Pak dan!'
Hij staat op, grijpt het touw en wordt omhoog gehesen. Als hij boven is, slaat de hitte hem tegemoet en moet hij zijn ogen dichtknijpen tegen het felle licht.
'Hier, twintig sjekel!' hoort hij iemand zeggen. Een onbekende stem. Een geur van kamelen, en vaag iets van gom, balsem en kruiden. Een touw om zijn nek. Een bevel: 'Lopen, jij!' Een bekende stem, spottend: 'De groeten aan de farao!'
Jozef kijkt door zijn oogharen. Hij zit vast aan een kameel, een in een lange rij. Aan het accent te horen is het een karavaan van Ismaëlieten. Met een schok dringt de waarheid tot hem door. Hij is verkocht! Voor twintig sjekel, minder dan de prijs van een slaaf.
Au! Het touw schuurt in zijn nek. Jozef loopt. En loopt. En loopt. Hij moet wel. Met de karavaan mee naar Egypte. Onderweg heeft hij alle tijd om na te denken. Hoe zou het met vader zijn? Hij is vast vreselijk ongerust. Nu kan hij mij nooit meer beschermen ... Wat zullen de jongens zeggen over mijn verdwijning? Van mijn dromen komt vast niets meer terecht.
Dagenlang loopt Jozef achter de kameel aan. Intens verdrietig, en zijn lichaam doet overal pijn.
Maar gaandeweg verandert er iets in hem. Ik leef nog, denkt hij, en haalt diep adem. Ik ga opnieuw beginnen, van de grond af aan. Voor mezelf zorgen. Helemaal alleen, met hulp van God.

LvD

17 Van slaaf tot onderkoning

Genesis 39-41

'Jozef, ik wil je spreken.' Potifar wenkt Jozef om mee te komen. Een half jaar geleden heeft Potifar hem als slaaf gekocht van de Ismaelieten. Potifar is de baas van de lijfwacht van de koning en hij behandelt zijn slaven goed.

Jozef doet erg zijn best en spreekt al een aardig mondje Egyptisch. Potifar en zijn vrouw mogen hem graag. Potifar heeft Jozef zelfs tot zijn persoonlijke bediende gemaakt. Jozef is er trots op. En hij is er ook dankbaar voor. God laat mij niet in de steek, schiet het soms door hem heen.

'Ja, meneer, hier ben ik.' Jozef loopt naast Potifar over de binnenplaats van het grote huis.

'Jozef, luister. Je bent nog jong, maar snel van begrip, ijverig en betrouwbaar. Vanaf nu geef ik jou de leiding over mijn huis, over alle bedienden en over alles wat ik bezit.'

Jozef voelt dat hij een kleur krijgt van alle complimenten. 'Ik sta tot uw dienst, meneer!'

'Mooi, dat wist ik wel. Morgen moet ik voor enige tijd naar de farao. Ik reken op je.'

De volgende dag gaat Jozef meteen aan het werk. Hij telt de voedselvoorraden en schrijft op wat aangevuld moet worden, hij controleert of

Thema: mannen en vrouwen, leiderschap, dromen en visioenen, bouwwerken

alle kamers van het huis schoon en netjes zijn, hij inspecteert de werkplaatsen, stallen en tuinen en geeft de bedienden instructies.
Tussen het werk door merkt hij dat de vrouw van Potifar steeds naar hem kijkt. 'Jozef, je werkt zo hard, kom toch even hier uitrusten en een beker wijn drinken.'
Jozef komt naast haar zitten en drinkt wat wijn met haar, maar het voelt niet goed. Ze is té aardig, ze komt té dichtbij.
'Dank u vriendelijk, mevrouw', zegt hij na tien minuten en buigt voor haar. 'Ik moet weer aan de slag.' Terwijl hij wegloopt, voelt hij haar ogen in zijn rug prikken.

Een paar dagen later vraagt ze opnieuw of Jozef bij haar wil komen zitten. 'Wat ben je toch een knappe jongen,' zegt ze als niemand het kan horen, 'en zo intelligent!' Ze schuift naar hem toe, legt haar hand op zijn been en drukt zich tegen hem aan.
Jozef schrikt en schuift onmiddellijk van haar weg. 'Dit kán niet, mevrouw', zegt hij. 'Uw man heeft het volste vertrouwen in mij. Hij heeft mij het beheer gegeven over alles wat hij heeft, behalve u, want u bent zijn vrouw. Als ik doe wat u wilt, zondig ik tegen God.'
Snel loopt hij weg, naar de kamer van de boekhouding. Met trillende handen schrijft hij de nieuwe voorraden op een papyrusrol: tarwe, druiven, boter, kaas, knoflook, honing.
Steeds opnieuw probeert de vrouw van Potifar hem te verleiden. Jozef krijgt het er benauwd van. Kwam Potifar maar terug, dan was het wel afgelopen!
Op een dag loopt Jozef door de binnenkamers om te kijken of die goed schoongemaakt zijn. Opeens voelt hij dat er aan zijn jas getrokken wordt. 'Kom toch bij me liggen!' Weer Potifars vrouw. Hij had niet gezien dat ze onder een kleed op de bank lag. Nu slaat ze het kleed terug en ziet hij dat ze bijna niets aan heeft.
'Nee, mevrouw!' roept Jozef en wil wegrennen. Maar Potifars vrouw houdt zijn jas stevig vast. Hij rukt zich eruit los en vlucht weg. Dan maar zonder jas!
Terwijl hij de kamers door rent, hoort hij haar schreeuwen: 'Help, help, die buitenlander wilde me aanranden!'
Nee, hè! Jozef rent nog harder. Naar de stallen. Hijgend blijft hij bij de paarden staan.
Even later komt een andere huisslaaf de stal binnen. 'Meekomen', zegt hij kortaf.
Gewillig loopt Jozef met hem mee. Waarom zou ik vluchten, denkt hij, ik heb toch niets verkeerd gedaan? De slaaf sluit hem op in een voorraadkamer. Even later ziet Jozef hem weggalopperen op zijn paard. Zou hij Potifar gaan waarschuwen?

Hoe moet hij zich verdedigen? Wie zal Potifar geloven? Zijn vrouw of hem, de slaaf ...?
Het wordt erger dan Jozef vermoedde. Potifar is razend. 'Ik had het kunnen weten!' schreeuwt hij. 'Vertrouw je zo'n buitenlander, maakt hij er misbruik van!'
Hij wil niet eens luisteren naar Jozef.
'Naar de gevangenis met hem!'
Vier soldaten binden Jozefs handen op zijn rug. Onder het lopen wordt hij geslagen en geschopt.
Door een poort in een hoge, dikke muur komen ze op een binnenplaats. In de brandende zon werken gevangenen aan weefgetouwen. Overal staan opzichters met zwepen.
Jozef wordt snel langs hen heen geleid. Krakend gaat een zware deur open. Met een snelle beweging worden de touwen van zijn handen gehaald. Dan wordt Jozef het donker in geduwd. Dreunend valt de deur achter hem dicht. De grendel wordt er piepend voor geschoven. Geratel van kettingen.
Daar ligt hij, op de grond. Alles doet zeer. Voorzichtig wrijft hij over zijn pijnlijke plekken.
Rustig worden, denkt hij. Het hoofd koel houden. Hij haalt diep adem. Bah, wat stinkt het hier. Door een klein gat hoog in de cel komt een streep licht naar binnen. Er kruipt iets over zijn arm.
Een kakkerlak. Hij slaat het beest weg, maar daar is er nog een, en nog een ...
Gekraak bij de deur. Een luik gaat open. 'Eten!' roept iemand. 'Aanpakken!'
Jozef staat op en loopt naar het luik. Er steekt een stuk brood door. 'Dank u wel!' roept Jozef.
'Sjonge,' hoort hij, 'eindelijk eens een dankbare gast. Ben jij die nieuwe?'
'Ja', zegt Jozef. 'Ik ben vandaag gekomen.'
'Wat heb je geflikt?'

‘Niets. Maar ze geloven me niet want ik ben een buitenlander.’
‘Je spreekt anders vloeiend Egyptisch.’
‘Ik ben ook al acht maanden in Egypte.’
‘Zo, dan leer je snel!’
‘Hebt u een kom water voor me?’
‘Ja, hier. Pak aan. Jij lijkt me geen crimineel.’
Voor Jozef nog iets terug kan zeggen wordt het luik dichtgeklapt.

Jozef praat steeds vaker met de aardige bewaker en al na een paar weken mag hij overdag zijn cel uit. Hij moet zich wassen, krijgt schone kleren en mag de baas van de gevangenis helpen. Dat doet hij zo goed dat hij de leiding krijgt over alle gevangenen en over het werk dat ze doen. Hij mag alleen niet de gevangenis uit.
Op een dag worden er twee nieuwe gevangenen binnengebracht. Het zijn voorname mannen, dat ziet Jozef zo. De een is de wijnschenker van de farao en de ander de broodbakker.
Steeds als Jozef hen eten en drinken brengt, maakt hij een praatje. Zo komt hij veel te weten over het leven aan het hof. Dat er tientallen kamers en zalen zijn waarin honderden hovelingen werken: kroonbewaarders, kappers, koks, masseurs, schrijvers, zangers, dansers, dokters en geleerden, kamermeisjes en naaisters ... Dat de farao een

harem vol vrouwen heeft maar dat één vrouw de belangrijkste is. Dat de moeder van de farao zijn kinderen opvoedt en les geeft in lezen en schrijven. Dat kunstenaars de muren en pilaren van het paleis beschilderen met stripverhalen over zijn leven ...
Op een ochtend vindt Jozef dat ze er slecht uitzien. 'Waarom kijkt u zo somber?' vraagt hij.
'We hebben allebei een droom gehad, maar niemand kan ze uitleggen.'
'Dat klopt', zegt Jozef. 'Dat kan God alleen. Maar wat hebt u gedroomd? Misschien vertelt God mij wat het betekent.'
De wijnschenker begint: 'Ik droomde dat er een wijnstok voor me stond met drie ranken die razendsnel groeiden. Voor mijn ogen zag ik de bloemen opengaan en veranderen in rijpe druiventrossen. Ik had de beker van de farao in mijn hand, perste de druiven uit en gaf de beker aan de farao.'
Jozef denkt even na. 'Die drie ranken zijn drie dagen', zegt hij dan. 'Over drie dagen mag u weer terugkomen bij de farao. Dan mag u de wijn weer voor hem inschenken zoals vroeger. Ik hoop dat u dan aan mij wilt denken en tegen de farao wilt zeggen dat ik hier onschuldig zit, zodat ik vrijkom.'
'Geweldig!' roept de wijnschenker blij. 'Natuurlijk zal ik aan u denken!'
'Nu mijn droom!' zegt de broodbakker. Hij wrijft zich al in zijn handen. 'Ik had drie manden vol wit brood op mijn hoofd. Bovenin lagen de mooiste broodjes, speciaal voor de farao gebakken van het fijnste meel. Maar steeds kwamen er vogels die aan de broodjes pikten.'
Oei. Jozef twijfelt. Zal hij zeggen dat hij niet weet wat dit betekent ...?
'Die drie manden betekenen ook drie dagen ...' begint hij aarzelend.
'Ja? Ga verder!' dringt de bakker aan.
'Over drie dagen ...' Jozef hapert. Dit is te erg.
'Nou, en dan?' De bakker staat te springen van nieuwsgierigheid.
'Dan ...' Jozef haalt diep adem, '... dan zal de farao u laten onthoofden en u aan een paal ophangen. En dan zullen de vogels het vlees van uw botten pikken.'

Ontzet staart de bakker hem aan. 'Nee! Zeg dat het niet waar is!' Huilend valt de bakker op zijn knieën. Dan valt hij flauw.
Drie dagen later viert de farao zijn verjaardag met een feest voor al zijn dienaren. De wijnschenker en de broodbakker worden uit de gevangenis gehaald. Die avond hoort Jozef wat er met hen is gebeurd: precies wat hij heeft voorspeld.
Vanaf dat moment hoopt Jozef vurig dat de wijnschenker een goed woordje voor hem zal doen bij de farao. Maar weken en maanden gaan voorbij en er gebeurt niets. Jozef wordt moedeloos. De wijnschenker is mij vergeten, denkt hij. Nu weet niemand buiten de gevangenis nog dat ik besta ... Even ziet hij in gedachten zijn vader voor zich. En zijn broers. Nee, niet aan denken nu!

De seizoenen komen en gaan. Overdag doet Jozef zijn werk en 's nachts slaapt hij in zijn cel. Altijd hetzelfde. Dan, na twee zomers en twee winters, komt op een dag de baas van de gevangenis naar hem toe. 'Jozef, je moet bij de farao komen!'
Jozef schrikt op. Wat? Ik? Bij de farao komen? Waarom? Word ik weer ergens van beschuldigd?
Jozef wordt geschoren en krijgt schone kleren en nieuwe sandalen. Vier soldaten brengen hem naar het paleis. Ze zijn heel beleefd, alsof hij een belangrijke bezoeker is.
Jozef kijkt zijn ogen uit: wat een schitterend paleis is dit, met overal kleurige muurschilderingen vol verhalen! Veel tijd om te kijken heeft hij niet, want daar staat hij al oog in oog met de farao op zijn hoge troon! Meteen knielt Jozef neer. 'Majesteit, u heeft mij laten roepen ...'
'Ik heb een droom gehad,' zegt de farao, 'maar geen van mijn wijzen en geleerden kan hem uitleggen. Nu vertelde mijn wijnschenker dat u dat wel kunt.'
Dat is het dus, schiet het door Jozef heen. Door die droom moest de wijnschenker opeens weer aan mij denken. 'Niet ik ben het die dromen

kan uitleggen, majesteit', zegt hij. 'Maar misschien geeft God een uitleg die gunstig is voor de farao. Vertelt u maar.'
'In mijn droom stond ik aan de Nijl', begint de farao. 'Opeens kwamen er zeven koeien uit het water, mooie vette koeien. Ze begonnen te grazen in het gras aan de oever. Toen kwamen er nóg zeven koeien uit de rivier, maar die waren afschuwelijk mager, vel over been. Nooit van mijn leven heb ik zulke lelijke scharminkels gezien. En wat gebeurde er? Die zeven magere koeien vraten de zeven vette koeien op. Maar toen ze die naar binnen gewerkt hadden, waren ze nog even mager en lelijk als daarvoor! Toen werd ik wakker.'
Jozef knikt. In zijn hoofd doemen beelden op van overvloed en gebrek.
'Het gaat nog verder', zegt de farao. 'Ik droomde opnieuw. Uit één halm schoten zeven mooie, rijpe korenaren op. Daarna kwamen er nog zeven korenaren uit, maar die waren iel en dun en verschroeid door de hete oostenwind. Die armetierige aren vraten de mooie volle aren op maar bleven even dun en dor. Ik heb deze dromen aan mijn wijzen verteld, maar niemand van hen weet wat het betekent.'
Jozef ziet het glashelder voor zich. 'Dit is wat God u laat weten', zegt hij. 'Die zeven vette koeien betekenen zeven jaren overvloed en die zeven magere koeien zijn zeven jaren hongersnood. Eerst komen er zeven jaren waarin iedereen in Egypte meer dan genoeg te eten heeft en daarna zeven jaren van droogte en te weinig voedsel. De hongersnood zal zo erg zijn dat niemand zich meer zal herinneren dat er ook jaren van overvloed waren. Uw droom over de korenaren betekent hetzelfde. Dat u de droom twee keer heeft gekregen, betekent dat Gods besluit vaststaat en dat het snel gaat gebeuren. Daarom zou het verstandig zijn, majesteit, als u een wijs man aanwijst die Egypte gaat leiden. Tijdens de jaren van rijke oogsten moet er graan en ander voedsel opgeslagen worden voor de magere jaren. Dan hoeven uw onderdanen tijdens de hongersnood niet dood te gaan van de honger.'
De farao overlegt met zijn raadgevers. Er klinkt instemmend gemompel.

‘Omdat God u dit heeft laten weten,’ zegt de farao dan tegen Jozef, ‘is er vast niemand zo wijs als u. Dus benoem ik u tot die leider van Egypte. U krijgt het gezag over heel Egypte. Ik blijf de koning, maar zonder uw toestemming zal niemand in Egypte ook maar één stap verzetten!’
Het duizelt Jozef. Vanochtend was hij nog gevangene en nu opeens onderkoning? Kan dit waar zijn? Hij knijpt in zijn arm. Au. Ja, het is echt. De farao komt naar hem toe, doet zijn zegelring af en schuift die om Jozefs vinger. Hij hangt een gouden ketting om zijn hals en geeft hem prachtige kleren van het fijnste linnen.
Even later moet hij in het op een na mooiste rijtuig van de farao stappen en wordt hij de stad door gereden. Voor het rijtuig uit lopen dienaren die roepen: ‘Respect voor de nieuwe onderkoning!’

Vanaf die dag verandert Jozefs leven totaal. In het rijtuig van de farao reist hij heel Egypte door en in elke stad laat hij graanschuren bouwen. De eerste jaren groeit er veel meer graan op de akkers dan de mensen kunnen opeten. Alles wat over is, wordt opgeslagen in die schuren. Het wordt zoveel als het zand van de zee. Niemand weet meer precies hoeveel.
De farao geeft Jozef ook een vrouw, Asnat, de dochter van een priester. Nog voor de hongersnood begint, krijgen ze samen twee zoontjes: Manasse en Efraïm.
Na de zeven goede jaren ziet Jozef de oogsten mislukken. De magere jaren komen, precies zoals hij heeft voorspeld. De hongersnood wordt zo erg dat de mensen dreigen te sterven van de honger. Dan laat Jozef de graanschuren openzetten en verkoopt hij het graan. Al gauw merkt hij dat niet alleen Egyptenaren graan komen kopen. Van heinde en verre komen de karavanen naar hem toe. Ook uit Kanaän ...

LvD

18 Jozefs droom komt uit

Genesis 42

De zon brandt en het is snikheet. Ruben zit aan een droge beek in de schaduw van een rots en tuurt de hemel af. Strakblauwe lucht, geen wolkje te zien. Weer geen regen vandaag. Mismoedig kijkt hij naar het dorre gras, de barsten in de bodem van de beek, de bruine bladeren van de boom naast hem.
Ruben sluit zijn ogen en zucht. Vroeger waren de velden vol sappig gras voor hun vee, al stonden ook toen al veel waterputten leeg. Met pijn in zijn hart herinnert hij zich hoe ze Jozef, hun een na jongste broer, in zo'n put hadden gegooid. Het was waar: hij was een klikspaan en een opschepper, maar dit ging te ver. Hij had Jozef 's avonds uit die put willen halen, maar toen hadden zijn andere broers hem al als slaaf verkocht. Zijn mooie mantel hadden ze in het bloed van een geitenbok gedoopt en naar vader laten brengen, zodat hij zou denken dat Jozef door een roofdier was verslonden. Vader had zijn kleren gescheurd en was ontroostbaar geweest. Niemand van hen had hem ooit de waarheid durven vertellen ...
Hoeveel jaar zou dat nu geleden zijn? Vast meer dan vijftien jaar! Jozef zal wel dood zijn. Slaven leven niet lang, zeker niet in tijden van hongersnood.
Veel schapen van vader hebben de droogte ook niet overleefd. Een derde is al verhongerd. Daarnet zag hij er weer een omvallen. Meenemen maar.

Thema: leiderschap, eten en drinken, dromen en visioenen, bouwwerken

Misschien is het vlees nog te eten. Hij staat op en gooit het halfdode scharminkel over zijn schouder. Het is geen zware last.
Bij elke stap die hij doet, stuift een stofwolk op.

Die avond zet Ruben zijn familie droge schapenbouten voor. 'Veel is het niet,' zegt hij, 'maar het komt uit een goed hart.'
'Taai vlees', moppert Simeon. 'Er zit geen gram vet meer aan!'
'Kom dan zelf met iets beters!' antwoordt Ruben gepikeerd.
'De druivenoogst is weer niks dit jaar', zegt Levi neerslachtig. 'En vijgen kun je ook vergeten.'
'We gaan nog dood van de honger', zucht Jakob. 'De tarwe en gerst zijn niet eens opgekomen. De olijven zijn te droog en te rimpelig om te persen. We hebben alleen nog wat amandelen.'
Op dat moment komt Juda thuis. 'Goed nieuws, jongens!' roept hij terwijl hij zijn boog en pijlen op de grond gooit. 'Nee, ik heb niks geschoten, maar we kunnen graan kopen! In Egypte!'
'Wat? Hoe kom je daarbij? Wie zegt dat?' Ruben springt overeind. Iedereen komt om Juda heen staan.
'Ik kwam een karavaan tegen,' zegt Juda, 'volgeladen met graan uit Egypte. De onderkoning daar verkoopt het zelf.'
'Waar is die karavaan?' roept Simeon. 'Misschien kunnen we die overv...'
'Geen sprake van!' valt Jakob hem in de rede. 'Wij overvallen geen karavanen. Wij zijn eerlijke mensen. Jullie gaan morgen meteen naar Egypte. Met alle ezels die we nog hebben.'
'Vader,' vraagt Ruben, 'wilt u dat we allemaal gaan?'
'Allemaal behalve Benjamin.'
'Waarom ik niet?' vraagt Benjamin. 'Ik wil ook mee!'
'Nee, jij blijft hier', zegt vader. 'Stel je voor dat jou ook een ongeluk overkomt, net als Jozef. Ik zou doodgaan van ellende.'

Even voelt Ruben een steek van jaloezie. Vader vindt het dus erger als Benjamin iets overkomt dan hem en zijn andere broers. Hij schudt zijn hoofd. Weg met die gedachte!
'Ik geef jullie geld mee', zegt vader. 'Probeer zoveel mogelijk te kopen.'

Na een zware reis door de woestijn komt Rubens kleine karavaan in Egypte aan. Ruben maakt zich zorgen. Ze zijn verzwakt door honger en dorst. En stoffig van de reis. Zo kunnen ze niet voor de onderkoning verschijnen! Maar ze zijn niet de enigen. Een lange stoet uitgehongerde mensen trekt onder de brandende zon dezelfde kant op, lopend of op ezels, paarden en kamelen.
Als ze in de stad van de onderkoning komen, kijkt Ruben zijn ogen uit. Wat een rijkdom! Allemaal huizen met twee verdiepingen! Wat een

enorme tempels, en nog prachtig versierd ook! Daarbij vergeleken is hun dorp, thuis in Kanaän, maar een armoedig gehucht ...

'De volgende!' Jozef staat op een podium bij de grote graanschuur. Naast hem staan twee tolken en zijn schrijver. Met een rietstengel noteert de schrijver de namen van de klanten op een rol papyrus, en ook hoeveel zakken graan ze kopen. Het plein voor hen is stampvol mensen die op hun beurt wachten. Velen hebben tentjes van lappen gemaakt tegen de hete zon.
Een groep sjofel geklede herders komt naar voren.
Jozef kijkt eens goed. Wat??? Zijn dat niet ...? Dat lijken wel ... Er gaat een schok door hem heen. Ja, ze zijn het, zijn broers! Even tellen ... acht, negen, tien. Wie ontbreekt? Benjamin. Jammer.
De mannen buigen zich diep voor hem neer. Op hetzelfde moment schiet hem zijn droom van vroeger te binnen. Hij slikt. Niets laten merken! 'Waar komen jullie vandaan?' vraagt hij bars in het Egyptisch. Een van de tolken buigt zich voorover. 'Taal?' vraagt hij in drie talen.
'Hebreeuws, heer', antwoordt Ruben. Wat is hij oud geworden, denkt Jozef. En mager!
De tolk vertaalt zijn vraag en Ruben vertelt wat Jozef al weet: dat ze uit Kanaän komen.
Ik zal ze krijgen, denkt Jozef. 'Jullie zijn spionnen!' roept hij. 'Jullie komen kijken wat de zwakke plekken van dit land zijn!'
'Nee, edele heer!' Ruben klinkt wanhopig. 'Wij zijn eerlijke mensen die voedsel komen kopen!'
'Leugens!' roept Jozef. 'Jullie komen spioneren waar je ons kunt aanvallen!'
'Nee, echt niet! Wij zijn broers. We waren met ons twaalven, maar een is dood en de jongste is bij onze vader gebleven.'
'Goed, ik neem de proef op de som. Een van jullie gaat die jongste broer halen en de rest hou ik hier gevangen. Als die broer niet komt opdagen, is het afgelopen met jullie!'

Jozef wenkt de commandant van de soldaten en laat zijn broers afvoeren naar de gevangenis.
'De volgende!' roept Jozef, maar hij kan zich nauwelijks op de volgende kopers concentreren. Drie dagen lang piekert hij zich suf. God, hoe moet ik hiermee omgaan? Ik wil ze een koekje van eigen deeg geven, maar het moet niet te erg worden ...
Hij laat ze uit de gevangenis halen. 'Ik zal genadig zijn', zegt hij als ze in zijn paleis voor hem staan. 'Ik houd maar een van jullie hier gevangen. De rest gaat terug met graan voor jullie gezinnen. En breng me dan die jongste broer als bewijs dat je de waarheid spreekt. Dan zal niemand van jullie gedood worden.'
Zijn broers beginnen druk te overleggen. Jozef doet alsof hij niets verstaat, maar luistert ingespannen. 'Dit is onze straf,' hoort hij Juda zeggen, 'omdat we vroeger onze broer in die put gegooid hebben en hem lieten stikken toen hij doodsbang smeekte hem vrij te laten.'
'Ik had nog zo gezegd dat jullie hem moesten sparen,' zegt Ruben, 'maar jullie wilden niet luisteren. Nu wordt het ons betaald gezet!'
De tranen springen Jozef in de ogen. Snel loopt hij de zaal uit, want dat mogen ze niet zien!

Een bediende brengt hem een kom water. Jozef drinkt een slok, wast zijn tranen weg en haalt diep adem. Zo, nu is hij weer de strenge onderkoning. Hij schrijdt de zaal weer in en laat Simeon in de boeien slaan en afvoeren.
Zonder dat zijn broers het merken, geeft hij bevel hun zakken te vullen met graan, het geld terug te leggen onderin hun zakken met ezelvoer en genoeg eten voor onderweg mee te geven. Dan stuurt hij hen terug naar huis. 'En denk erom: zonder die jongste broer van je hoef je niet terug te komen!'
Hij kijkt ze na, negen mannen met hangende schouders. Waar ben ik in vredesnaam mee bezig? denkt hij. Ben ik niet te hard? Misschien komen ze wel nooit meer terug ...

LvD

19 Twaalf broers in Egypte

Genesis 43-47

'Vader, geloof me,' zegt Ruben, 'we hebben gedaan wat we konden! Maar die onderkoning daar is streng en wantrouwig. Hij dacht dat we spionnen waren. De enige manier om te bewijzen dat we eerlijk zijn is om Benjamin mee te nemen. Dan krijgen we Simeon ook terug en dan kunnen we daar gaan en staan waar we willen.'
'Nu wil ik toch echt mee, vader', roept Benjamin.
Op dat moment komt Juda binnen. Hij kijkt verslagen. 'Ik heb al mijn geld teruggevonden, onderin de zak met voer voor mijn ezel!'
Meteen gaan Ruben en zijn andere broers ook kijken. 'Ik ook!' klinkt het. 'En ik ook!' Allemaal vinden ze hun volle geldbuidel terug.
De schrik slaat Ruben om het hart. Hij ziet zijn vader de hand voor de mond slaan. 'Nu denkt die man in Egypte natuurlijk dat jullie niet alleen spionnen zijn, maar ook nog dieven!' roept Jakob uit. 'Jullie gaan niet terug! Straks raak ik al mijn kinderen nog kwijt! Jozef is al dood, Simeon is er niet meer en nu wil je Benjamin ook nog bij me weghalen. Er blijft me ook niets bespaard!'
'Vertrouw Benjamin toch aan mij toe, vader', pleit Ruben. 'Ik breng hem bij u terug. Erewoord!'
'Je krijgt Benjamin niet mee, begrepen! Als hem iets zou overkomen, sterf ik van verdriet!'

'Vader!' roept Benjamin. 'U doet alsof ik nog een kind ben!'
Ruben zucht. Zwijgend sjokt hij weg.

Na een paar maanden is het meegebrachte graan op en vraagt vader hun opnieuw graan te kopen in Egypte.
'Akkoord, vader,' zegt Juda, 'maar u weet wat die onderkoning heeft gezegd. Benjamin moet mee.'
'Waarom heb je die man dan ook verteld dat je nog een broer had?' vraagt Jakob geërgerd. 'Hoe kon je me dat aandoen?'
'Vader,' zegt Ruben met een zucht, 'die man wilde van alles over onze familie weten. Of onze vader nog leefde, of we nog een broer hadden ... Wij hebben gewoon eerlijk antwoord gegeven!'
Juda steunt Ruben. 'Vader, geef Benjamin nu maar mee, anders komen we allemaal om van de honger. Ik sta persoonlijk borg voor hem! Als hem iets overkomt, mag u mij straffen!'
'En bovendien,' schampert Benjamin, 'ben ik niet van suiker!'
Jakob zucht en gaat op het kleed voor zijn tent zitten, zijn grijze hoofd in zijn handen.
Ruben kijkt zijn broers aan en legt zijn wijsvinger tegen zijn lippen.
Na een tijdje komt Jakob moeizaam overeind. Wat ziet hij er moe en afgeleefd uit, denkt Ruben. Vol spanning wacht hij op wat zijn vader gaat zeggen.
'Goed dan,' zegt Jakob zacht, 'neem Benjamin maar mee. Maar neem ook geschenken mee voor die man. Vul kruiken met het beste van wat ons land nog te bieden heeft: balsem, honing, gom, hars, pistachenoten en amandelen. En neem twee keer zoveel geld mee, want dat geld dat nog in jullie voerzakken zat, was natuurlijk een vergissing. Dat moet je teruggeven. Laten we bidden dat God onze Simeon vrijlaat en ook Benjamin veilig terugbrengt. Kome wat komt.'

De reis door de woestijn valt Ruben nog zwaarder dan de eerste keer. Ze moeten nu 's nachts extra uitkijken voor overvallers omdat ze zoveel

kostbaars bij zich hebben. Gelukkig komen ze ongedeerd bij de onderkoning van Egypte aan.
Tot hun schrik worden ze meteen naar zijn paleis gebracht. 'Dit komt natuurlijk door dat geld dat nog in onze voerzakken zat', zegt Levi mismoedig.
'Straks grijpen ze ons,' zucht Juda, 'en dan maken ze ons tot slaven!'
'Ik leg het wel uit', zegt Ruben. Bij de poort van Jozefs paleis spreekt hij diens hofmeester aan. 'Meneer, mogen we u iets vragen?'
'Natuurlijk', zegt de hofmeester vriendelijk.
'We hebben hier eerder graan gekocht. Maar toen we thuis waren, vonden we allemaal ons geld terug in de voerzakken voor onze ezels. We weten echt niet wie dat heeft gedaan!
We hebben dat geld weer meegenomen. Plus ander geld voor nieuw graan.'
'Maakt u zich geen zorgen', zegt de hofmeester. 'Uw God zal wel een schat in uw voerzakken gestopt hebben, want ik heb uw geld ontvangen.'
'Wat? Hoe ...?' Ruben begrijpt er niets van.
'En de onderkoning wil vanmiddag met u dineren.'
Ruben hapt naar adem.

En daar is nóg een verrassing: opeens staat Simeon voor hem, piekfijn geschoren en in schone kleren!
Ruben heeft amper tijd om zijn broer te omhelzen, want de hofmeester brengt hen Jozefs paleis binnen en geeft hun kruiken water om hun voeten te wassen.
'Jongens, snel, haal de geschenken', roept Ruben. 'Ze moeten klaarstaan als hij binnenkomt!'
Ze hebben nog maar net alles uitgestald of daar komt de onderkoning binnen, omgeven door bedienden en raadgevers. Ruben buigt diep voor hem en zijn broers ook.

'Hoe maakt u het?' vraagt de onderkoning en meteen erachteraan: 'Hoe gaat het met uw oude vader? Leeft hij nog?'
'Jazeker,' zegt Ruben en buigt weer diep, 'onze vader, uw dienaar, maakt het goed.'
De onderkoning wijst naar Benjamin en zegt: 'En is dat nu uw jongste broer?' Hij wacht het antwoord niet af en vervolgt zacht: 'God zij je genadig, jongen.' Meteen daarna slaat hij zijn handen voor zijn gezicht en holt de zaal uit, gevolgd door bedienden.
Ruben schrikt. Wat betekent dit? Hij vraagt het de tolk, maar die haalt zijn schouders op. Blijkbaar niets ernstigs, want even later komt de onderkoning terug en gaat aan tafel zitten. Alle broers krijgen een plaats tegenover hem. Eerst Ruben, dan Simeon, Levi, Juda, Dan ... 'Zie je dat?' fluistert Ruben tegen Simeon. 'We zitten precies op leeftijd, van de oudste tot de jongste!'
Een lange rij obers dient het eten op: de heerlijkste gerechten en dranken, alsof er geen hongersnood is. Iedereen krijgt genoeg, maar al snel wordt doorgefluisterd: 'Benjamin krijgt vijf keer zoveel als wij ...'

De volgende ochtend, zodra het licht wordt, vertrekt Ruben met zijn broers. Wat een geluk dat alles goed is afgelopen, denkt hij, al gebeurden er vreemde dingen. Maar Benjamin is mee terug en Simeon ook. We zijn weer compleet! Nou ja, op Jozef na dan, maar die is nu eenmaal dood ...
Ruben rijdt voorop. Als ze de stad uit zijn, kijkt hij opgelucht achterom naar de volgepakte rij ezels. Daar kunnen ze thuis weer een hele tijd van leven!
Hé, een stofwolk in de verte. Iemand te paard haalt hen in! Wat zou er aan de hand zijn? Ach, vast weer iets vreemds, denkt Ruben, dat zijn we nu wel gewend. 'Stoppen, jongens', zegt hij. 'Iemand wil ons iets vragen.'
Als de man hen heeft ingehaald, ziet Ruben dat het de hofmeester van de onderkoning is. 'Hoe gaat het met u?' begint hij, maar de hofmeester

luistert niet. 'U hebt de zilveren beker van mijn heer gestolen!' zegt hij. 'De beker waar hij altijd uit drinkt en waarmee hij de toekomst kan voorspellen! Hoe durft u!'
Ruben schrikt zich naar. 'Hoe kunt u dit van ons denken, heer! Zoiets zouden wij nooit doen! U weet toch dat we het geld van de vorige keer mee teruggebracht hebben? Als u die beker bij een van ons vindt, mag u diegene doden en de rest van ons zal u dan als slaaf dienen!'
'Zo is het!' roepen zijn broers. 'Ga uw gang!'
De hofmeester doorzoekt alle zakken. Hij begint met de zak van Ruben, dan die van Simeon, Levi ... weer op volgorde van leeftijd. Bij Zebulon, de een na jongste, heeft hij nog steeds niets gevonden. Zie je wel, denkt Ruben, weer zo'n raar misverstand.
Dan is Benjamin aan de beurt. 'Aha, kijk hier eens!' Met een triomfantelijk gebaar haalt de hofmeester de beker tevoorschijn.
'Benjamin toch!' schreeuwt Ruben terwijl hij zich voor zijn hoofd slaat. 'Wat heb je gedaan!'
'Dat heb ik niet gedaan!' roept Benjamin. 'Echt niet, erewoord!'
Maar Ruben scheurt zijn jas als teken van rouw. Zijn broers doen hetzelfde. Dan laden ze alles weer op hun ezels en rijden met hangend hoofd terug naar de stad.

'Hoe haal je het in je hoofd!' roept de onderkoning als ze in het paleis voor hem op hun knieën liggen. 'Je kunt toch wel bedenken dat iemand als ik daar achter komt!'
'We zijn s-sprakeloos, heer', stamelt Juda. 'God heeft onze misdaad aangetoond. We zijn bereid uw slaaf te worden, wij allemaal.'
'Geen denken aan', zegt de onderkoning. 'Alleen degene bij wie mijn beker gevonden is, wordt mijn slaaf. De rest kan in vrede terugreizen.'
Ruben kreunt. Dat overleeft vader niet, denkt hij. Dan ziet hij Juda overeind komen. 'Neem me niet kwalijk, majesteit', zegt Juda, 'maar mag ik u iets vertellen?'

Vreemd, Ruben ziet de onderkoning al knikken voordat de tolk zijn vraag vertaald heeft.
Juda begint te vertellen. Het wordt een meeslepend verhaal. Over vader en zijn verdriet over zijn lievelingszoon die waarschijnlijk door een leeuw verslonden is, over Benjamin en dat vader zal sterven van verdriet als Benjamin ook niet terugkomt.
De onderkoning luistert aandachtig. Soms wrijft hij in zijn ogen.
'Heer, ik heb vader beloofd dat ik persoonlijk borg sta voor Benjamin', eindigt Juda. 'Laat mij dus alstublieft uw slaaf worden in zijn plaats en laat Benjamin terugkeren naar vader.'

Ruben voelt zich warm worden. Die Juda, wat een kei van een broer! Voorzichtig komt hij overeind en slaat zijn arm om Juda's schouders. Minutenlang staart de koning voor zich uit. Dan stuurt hij al zijn dienaren weg, ook zijn tolken. Als ze allemaal vertrokken zijn, komt hij van zijn troon af. 'Ik ben Jozef, jullie broer!' zegt hij met schorre stem in het Hebreeuws. Dan begint hij te huilen, te huilen alsof hij nooit meer zal ophouden.

Geschrokken deinst Ruben achteruit en zijn broers ook. Die onderkoning is ... Jozef? Hun bloedeigen broer Jozef? Jozef die dood is?

'Kom toch dichterbij', snikt de onderkoning. 'Ik ben echt Jozef, jullie broer die jullie lang geleden verkocht hebben. Maak jezelf geen verwijten, want niet jullie hebben mij hierheen gestuurd, maar God.'

Stijf van schrik staart Ruben naar de onderkoning. Het is alsof die voor zijn ogen een masker afzet.

'Door God ben ik onderkoning geworden,' zegt Jozef, 'zodat ik jullie kon redden van de hongerdood. Ga zo snel mogelijk terug naar vader en haal hem hierheen, met onze hele familie en alles wat hij bezit, want de hongersnood zal nog vijf jaar duren. Ik zal jullie in Gosen laten wonen, het vruchtbaarste deel van Egypte, dicht bij mijn paleis. Jongens, zeg eens wat, je ziet nu toch dat ik het echt ben?'

Pas dan is het alsof Ruben wakker wordt uit zijn verstarring. Hij omhelst Jozef. 'Jozef, jongen, je leeft nog, en hoe!' Ook de anderen omhelzen hun broer. Niemand kan zijn tranen inhouden.

'Maar, maar,' stottert Benjamin, 'die zilveren beker dan ...?'

'Die heb ik zelf in jouw zak laten stoppen', zegt Jozef. 'Om jullie te testen.' Hij slaat zijn armen om Benjamin heen. 'O, broertje!' En dan: 'Jullie zijn veel aardiger geworden dan jullie vroeger waren ...'

Ruben voelt zich rood worden van schaamte. 'Wat wij jou toen aangedaan hebben,' zegt hij hoofdschuddend, 'is onvergeeflijk ...'

'Ik vergeef het jullie', zegt Jozef. 'Ik ben veel te blij jullie weer allemaal terug te zien.'

'Jij bent net zo goed veranderd', zegt Ruben zacht tegen Jozef. 'Ook vanbinnen, bedoel ik.'
'Gelukkig wel', glimlacht Jozef.

Als Ruben met zijn broers teruggaat naar Kanaän om vader Jakob op te halen, is het alsof hij op een wolk rijdt in plaats van op een ezel. De farao heeft hun een hele rij wagens meegegeven voor de verhuizing. Plus nieuwe kleren, voedsel voor onderweg en tien ezels volgepakt met cadeaus.
Eerst gelooft Jakob Ruben niet als hij vertelt dat Jozef onderkoning van Egypte is. 'Dat kan niet', zegt hij. 'Jozef is verslonden door een roofdier.'
Dan moet Ruben hem wel de waarheid over Jozefs verdwijning vertellen. Vader hapt naar adem als hij het hoort. Lange tijd is hij woedend op zijn zoons. Ruben begrijpt het wel: ze hebben hun leugen over Jozef immers al die jaren volgehouden!
Ten slotte emigreert Ruben met de hele familie naar Egypte, ook al is vader al honderddertig jaar oud!
Jozef komt hen tegemoet in zijn koninklijke rijtuig. Als Jakob zijn doodgewaande zoon omhelst, moet hij ontzettend huilen. En Jozef ook.
Jakob wordt vriendelijk ontvangen door de farao, die hem en zijn familie in Gosen laat wonen, ten oosten van de Nijldelta. Daar leeft Jakob nog zeventien jaar. Vlak voordat hij sterft, zegent hij zijn zoons en zegt: 'God zal bij jullie zijn en je uiteindelijk laten terugkeren naar het land van je voorouders.'
Als Jakob sterft, wordt zijn lichaam gebalsemd en rouwen de Egyptenaren zeventig dagen om hem. Daarna begraven Ruben en Jozef en hun broers hem in Hebron, in de grot van Machpela, het familiegraf van overgrootvader Abraham.

LvD

20 Een mandje op het water

Exodus 2

Jochebed hoopte maar dat haar baby een meisje zou zijn. Een dochter zou een toekomst hebben, zij mocht genieten van de zon, de bloemen, het gras. Geen enkele Hebreeuwse jongen mocht opgroeien. Alle jongens moesten na hun geboorte meteen de Nijl in gegooid worden. Dan zou haar volk Israël vanzelf kleiner worden en uitsterven. Dat was het bevel van de farao, de koning van Egypte. En de farao was de baas.

'Wees een meisje', fluisterde ze en wreef over haar bolle buik. Nog even en dan zou het kind geboren worden, wist ze.

Meteen na de geboorte zag Jochebed het. Een jongen, het was een jongen. Een prachtig kind, met stevige armen, een heldere blik en sterke botten.

'Je hebt een zoon', zei haar Hebreeuwse vroedvrouw. Moeizaam kwam ze overeind en keek in de ogen van haar zoon. Toen wist ze meteen wat ze moest doen. Ze legde haar vingers over haar lippen en keek de vroedvrouw smekend aan. Die gaf haar een donkere doek aan en legde als antwoord ook haar vingers over haar lippen. 'Geen woord?' fluisterde Jochebed.

'Geen woord', zei de vroedvrouw.

Gelukkig was het een stille baby. Hij was tevreden, hing lui tegen Jochebed aan en dronk goed.
Iedereen om hen heen begreep het. Als de Egyptenaren haar kind maar niet hoorden, niet zagen, dan kon ze hem houden.
Ze hielden hun adem in, net als zij.
Elke dag ging ze meer van hem houden. 'Wat heb je toch lieve vuistjes,' zei ze tegen hem, 'wat heb je toch schattige voetjes, wat zijn je wangetjes toch zacht.' Ze kon niet stoppen met naar hem te kijken en zo zag ze dat hij groter werd, sterker en meer geluid maakte.
Weer wist ze dat ze iets doen moest en weer wist ze wat.
Van papyrus maakte ze met veel zorg een mand, precies groot genoeg voor hem. Ze werkte er dagen aan en bestreek de mand uiteindelijk met pek en teer. Toen wachtte ze nog een dag. Ze wilde er zeker van zijn dat de mand niet zou zinken. En zo had ze haar zoon nog een dag langer bij zich. Die laatste dag genoot ze nog meer van hem dan anders. 'Wat zijn je wangetjes toch zacht', fluisterde ze.
Ze waste hem, kietelde hem tot hij kirde, ze borstelde zijn donkere haar en hield hem stevig tegen zich aan.

De dag erna legde ze hem in de mand. Ze riep haar dochter Mirjam erbij en zei: 'Lieverd, ga jij eens verderop staan bij de rivier, dan kun je zien of het mandje goed blijft drijven en waar het heen drijft, misschien kunnen we dan ooit ...' Haar stem wilde de laatste woorden niet uitspreken. Ze wist dat ze hem nooit meer terug zou zien, ook al wilde ze geloven van wel.
Haar dochter rende langs de Nijloever en wachtte.

Jochebed zag haar in de verte staan. Voorzichtig sloot ze de mand met haar zoon erin en legde hem op het water. Meteen dreef de mand mee met de stroom.
De mand was nog maar net voorbij haar dochter toen hij in het riet vast kwam te zitten. Ze maakte gebaren naar Mirjam, dat ze erheen moest. Maar de afstand tussen hen was te groot om duidelijk te maken wat ze wilde.
Toch liep haar dochter in de richting van de mand.
Jochebed kneep haar ogen samen om beter te kunnen kijken. Zag ze nou nog meer vrouwen bij het water? Haar hart klopte onrustig in haar borstkas.
Wat moest ze doen?
Erheen gaan? Wachten?

Ze kon niet zeggen dat het haar kind was, dan zou ze het nooit weer terugzien. De farao had niet voor niets gezegd dat de Hebreeuwse jongetjes in de Nijl moesten worden gegooid. Ze begreep opeens niet meer waar de ze moed vandaan had gehaald om haar jongen gewoon te laten leven, te verstoppen en nu in zijn mandje de Nijl op te sturen.
Haar dochter was aangekomen bij de groep vrouwen. Ze praatten. Het leek eindeloos te duren.
Zouden ze straks het mandje kapotmaken en haar zoon in het koude water gooien? Jochebed kneep haar ogen zo erg samen dat ze er hoofdpijn van kreeg.
Daarna kwamen ze haar vast halen om haar te straffen voor haar ongehoorzaamheid. Maar dat kon haar niets schelen. Ze vond zelf dat ze straf had verdiend als ze niets had gedaan om hem te redden.
Langzaam kwam de groep vrouwen aan de Nijloever in beweging. Ze gingen langs de oever zitten. Behalve Mirjam, die kwam haar richting uit. Huppelend, maar ze herstelde zich snel.
Voorzichtig liep Jochebed een paar passen het water in. Waar was haar zoon? De kou voelde ze niet, ze keek de rivier af en zag niks anders dan stromend water.
Mirjam kwam steeds dichterbij. Jochebed zag aan haar lichaam dat er geen dreiging was. Daar bewoog ze te los voor, te snel.
'Mevrouw!' riep Mirjam al van ver.
Waarom deed haar dochter of ze haar niet kende? Ze wachtte op wat er ging gebeuren.
Uiteindelijk stopte Mirjam vlak voor haar neus. 'U moet meekomen', zei ze.
Jochebed kwam meteen in beweging, volgde haar.
'Daar zit de dochter van de farao, de prinses, met haar dienaressen,' zei Mirjam een beetje buiten adem, 'ze wil dat u het kind voedt.'
'Wat?' vroeg Jochebed.
'Ze vond het kind en wil het redden,' zei haar dochter, 'ik bood aan een voedster te zoeken.'

'Wie?' vroeg Jochebed. Haar hoofd voelde alsof het vol zat met lucht.
'Wie denkt u?'

Ze naderden de groep vrouwen. Jochebed zag dat de prinses de huilende baby, haar zoon, op haar schoot had.
Dat ze zijn donkere haartjes streelde. Zijn zachte wangen.
'Buigen', siste Mirjam en ze boog zo diep als ze kon voor de dochter van de farao.
'Ik vond dit kind net in het riet', zei de dochter van de farao. 'Het lijkt me een Hebreeuws kind, een jongen.' Ze zei daarna een hele tijd niets, aaide de huilende baby en keek afwezig voor zich uit.
'Zij,' ging ze opeens verder alsof ze uit een mooie droom ontwaakte en wees op Mirjam, 'zij bood aan een voedster te zoeken voor de baby om het kind voor mij te laten voeden.'
De prinses keek Jochebed recht in de ogen. 'Wilt u de voedster van mijn kind zijn? Ik zal u ervoor betalen.'
Jochebeds gedachten schoten alle kanten op. Dat is niet haar zoon, maar de mijne, dacht Jochebed. Niet zeggen, dacht ze tegelijkertijd. Ze kon hem behouden, redden. Ze mocht niets zeggen. Door afstand van hem te doen, kon ze hem houden. Die twee gedachten pasten niet bij elkaar, vond ze. Maar het was zo. Houden door afstand te doen.
De dochter van de farao hield de huilende baby vragend in de lucht. Jochebed pakte het aan. Haar eigen zoon. Ze drukte het kind tegen zich aan en glimlachte naar de prinses.
Ze voelde hoe haar ogen zich vulden met tranen en ze slikte om het tegen te gaan. Niet opvallen nu. Ze boog haar hoofd, zakte diep door haar knieën en deed een stap achteruit. 'Dank u,' zei ze, 'ik zal het kind, uw kind, graag voor u voeden. Als het groot genoeg is, dan breng ik hem naar u toe.'
De dochter van de farao knikte.
De baby rook de vertrouwde geur van zijn moeder en werd iets rustiger.
Samen met haar dochter Mirjam en haar zoon liep ze langs de oever van de Nijl terug naar hun dorp.

Daar vertelde ze aan iedereen die het maar wilde horen haar ongelofelijke verhaal.
Ze vertelde en vertelde over hoe ze haar zoon redde, het kon haar niet vaak genoeg zijn.

Maar op een dag was haar zoon groot genoeg om naar de dochter van de farao te gaan. Hij had geen borstvoeding meer nodig. Ze nam hem mee. 'Niet verdrietig zijn', zei ze zowel tegen zichzelf als tegen het kind. 'Je krijgt een goed leven, vast.'
De prinses nam het kind vol blijdschap aan. 'Je bent nog mooier geworden', zei ze en kuste het, een natte zoen op zijn wang. Het jongetje veegde zijn wang meteen af.
Vertederd keek de dochter van de farao naar het kind. Ze glimlachte en de peuter lachte naar haar terug.
De prinses gaf Jochebed een zak vol muntstukken.
Daarna keken de vrouwen elkaar aan.
'Ik zal voor hem zorgen als was het mijn eigen zoon', zei de dochter van de farao.
Jochebed knikte.
'Ik noem hem Mozes,' zei de prinses, 'want ik heb hem uit het water gehaald.'
Jochebed knikte en draaide zich om.
Ondernam de tocht naar huis, naar haar huis, naar haar dochter Mirjam.
Ze voelde zich leeg en tegelijkertijd vol.
Af en toe kwam het woord 'Mozes' in haar hoofd en dan glimlachte ze.
Even.

MG

21 God zal er zijn

Exodus 3-4

'Kom beest, doorlopen. Ik ben moe. De hele dag voel ik me al vreemd. Misschien heb ik wat verkeerds gegeten? Of sliep ik slechter dan ik dacht? Het is moeilijk uit te leggen. Snap jij er wat van? Vast niet. Je weet niet eens dat ik Mozes heet. Terwijl ik elke dag bij je ben, met je buiten loop. Kom beest, loop nou eens door.'
Zwaar leun ik op mijn staf en kijk naar de berg Horeb recht voor me. Een machtige berg, een mooie berg, sterk en stevig. Eigenlijk precies het tegenovergestelde van hoe ik me voel. Even denk ik terug aan de tijd toen ik nog bij de prinses woonde en een goed leven had. Was ik toen maar niet bij mijn eigen volk gaan kijken, dat in slavernij hard moest werken voor de koning van Egypte. Dan was dat erge nooit gebeurd. Dan was ik geen moordenaar geworden van een Egyptische slavendrijver. Dan had ik niet hoeven vluchten naar Midjan. Het is mijn eigen schuld dat ik hier nu al jaren als schaapherder loop te zwoegen voor mijn schoonvader.
Ik probeer de rust van de berg in me op te nemen, maar dat lukt niet, want in mijn ooghoek beweegt iets. Als ik ernaar kijk, knipper ik met mijn ogen. Wat ik zie, dat kan niet. Vlak voor me staat een doornstruik in brand! Zomaar. Maar de struik verbrandt niet door het vuur. De struik lijkt in het vuur te staan, zonder er zelf last van te hebben. Ik loop ernaartoe. Nieuwsgierig.
'Mozes!' zegt een stem, 'kom niet dichterbij en trek je sandalen uit, want je staat op heilige grond.'

Ik doe geschrokken wat de stem zegt. Ik kijk omhoog, omlaag, waar komt die stem vandaan? Wie praat er tegen me?
‘Ik ben de God van je vader, de God van Abraham en ik heb een bijzondere opdracht voor je.’
Ik kijk om me heen, op zoek naar de God van Abraham en ik zie niets. Niemand. Om me heen niets anders dan de berg, mijn kudde, mijn staf, de lucht. Ik zou me willen verstoppen. Weg willen rennen. Maar waarheen? Waarom praat God tegen me?
‘Mijn volk is er in Egypte slecht aan toe. Het wordt onderdrukt,’ zegt de stem van God, ‘elke dag hoor ik de Israëlieten roepen en huilen. Daarom wil ik dat ze weggaan uit Egypte en vertrekken naar het land van melk en honing, naar Kanaän. En jij, Mozes, jij moet mijn volk, de Israëlieten, weghalen uit Egypte en ze naar Kanaän brengen.’

Ik kijk naar de dieren om me heen en naar mijn eenvoudige herderskleren. ‘Moet u niet een ander hebben?’ waag ik te zeggen. ‘In ons dorp woont een smid, hij is oud en wijs en iedereen vraagt hem om raad, misschien dat u ...’
‘Mozes, jij moet mijn volk naar Kanaän brengen en niemand anders.’
‘Maar wie ben ik dat ik dat zou kunnen? Ik ben maar een gewone man. Er zijn niet veel mensen die ik zie of spreek, ik kan ook nooit de goede woorden vinden als ik iets uit wil leggen aan mijn vrouw. Mijn kinderen luisteren lang niet altijd goed naar me en mijn dieren ook niet. Wie ben ik om een heel volk de weg te wijzen naar hun land? De Israëlieten zullen nooit met me meegaan, maar me uitlachen, wegsturen, stenen naar me gooien.’
‘Ik zal bij je zijn’, zegt de stem van God.
Ik wil gehoorzaam zijn aan God, maar ik ben ook bang.
‘Straks sta ik voor de leiders van Israël en zeg dat ik door God gestuurd ben om hen naar een ander land te brengen. Misschien beginnen ze meteen te lachen, maar stel dat ze wat vragen stellen om me te testen. Wat moet ik dan zeggen als ze vragen naar de naam van die God?’
‘Zeg maar dat “IK ZAL ER ZIJN” je heeft gestuurd. Dat is mijn naam. En zo wil ik vanaf nu altijd genoemd worden. Zeg dat maar tegen ze.’
‘IK ZAL ER ZIJN’, zeg ik zacht voor me uit en ik voel me meteen niet meer alleen.
‘Die leiders van Israël zullen je wel geloven’, zegt de stem van God. ‘Je moet samen met hen naar de koning van Egypte gaan en diep voor hem buigen. Dan vraag je of het goed is als jullie allemaal drie dagreizen de woestijn in gaan om daar een offer te brengen aan jullie God.’
‘En zal hij ons dan laten gaan?’
‘Nee,’ zegt God, ‘de koning zal ik streng moeten straffen en zijn volk ook, want hij vindt het niet goed. Hij wil je niet laten gaan.’
‘Maar toch moet ik het hem vragen?’
‘Ja.’

Mijn hoofd zit vol. Ik lik met mijn tong langs mijn lippen. Het helpt weinig, want zowel mijn tong als mijn lippen zijn opeens heel droog. 'Ik geloof niet dat het een goed plan is,' zeg ik, 'ik denk echt dat niemand me zal geloven. De leiders denken vast dat ik alles heb verzonnen. Ik ben bang voor hun gelach, voor hun stenen. En natuurlijk voor de weigering van de koning, die nu al zeker is. Ik kan dus geen wonderen verwachten?'
Het is even stil en ik hoor de schapen mekkeren. Een vertrouwd geluid.
'Wat heb je daar in je hand?' vraagt God.
'Mijn staf.'
'Gooi hem op de grond.'
Het is een vreemde opdracht, maar ik doe toch wat God tegen me zegt. Meteen verandert mijn staf in een kronkelende slang! Verschrikt stap ik achteruit.
'Pak de slang bij de staart.'
Ik wil het liever niet doen, maar ik durf God niet weer tegen te spreken. Voorzichtig beweeg ik mijn hand naar de slang. Trek mijn hand terug. Ik durf het niet! Een klein straaltje zweet loopt langs mijn rug. Ik durf ook niet te zeggen dat ik het niet durf. Weer strek ik mijn hand uit naar de slang. Mijn hand trilt. Doorgaan, denk ik. Doorzetten. Ik pak de slang bij de staart en meteen heb ik mijn staf weer vast.
Verbaasd kijk ik naar mijn staf. Hoe kan dit?
'Als ze dit zien dan geloven ze je wel.'
'Maar,' zeg ik, 'maar ... als ze het toch niet geloven?'
'Steek je hand eens in je jaszak.'
Ik doe wat God zegt.
'Haal je hand er weer uit.'
Mijn hand is sneeuwwit en er zit een rare uitslag op. Ik schrik. Dit gaat nooit meer over en zal mijn hele lichaam bedekken! Ze zullen zeggen dat ik ziek ben en dat zij niet ziek van mij willen worden. Dan sturen ze me weg uit mijn dorp. Weg bij mijn vrouw en kinderen en kudde. Ik zal moeten leven als een buitenstaander. Nooit zal ik er meer bij horen!

'Steek je hand opnieuw in je jaszak.'
Ik doe het meteen.
'Nu er weer uit.'
Mijn hand ziet er weer normaal uit. Geen enkele uitslag of witheid, gelukkig. Ik heb mijn leven terug, zomaar binnen een paar tellen nam God mijn leven en gaf het terug.
'Als ze je de eerste keer niet geloven, dan geloven ze je de tweede keer wel.'
Dat moet wel waar zijn. Maar wanneer ik me voorstel dat ik echt op pad ga, naar ze toe ga en voor ze zal staan dan ... 'Maar,' zeg ik, 'soms zijn de leiders wel heel erg moeilijk te overtuigen ... Wat ...'
'Als ze je de eerste keer niet geloven en de tweede keer ook niet, dan moet je water uit de Nijl scheppen en dat over het land gooien. Het water zal op het droge in bloed veranderen. Dan geloven ze je zeker.'
God geeft op al mijn vragen antwoord en neemt al mijn twijfels weg. Hij kan wonderen laten gebeuren en mij die wonderen laten uitvoeren. Hij heet 'ik zal bij je zijn' en ik weet dat hij dat zal zijn. Waarom blijft mijn hart dan nog steeds zo onrustig kloppen?
'Maar Heer, ik ben niet de juiste man, want ik kan nooit de goede woorden vinden. Zelfs als ik tegen mijn schapen praat, kan ik niet goed uitleggen wat ik bedoel.'
Ik kijk naar mijn schapen, ze zijn gaan liggen en hun buiken bollen dik omhoog. Ze hebben genoeg gegeten vandaag.
'Ga op pad, Mozes. Nu niet meer zeuren. Ik zal bij je zijn en je helpen om de juiste woorden te vinden.'
Ik pak mijn sandalen op, maar durf ze niet aan te trekken op de heilige grond. Langzaam zet ik een paar passen. De schapen kijken op en lopen een stukje mee.
Dan sta ik weer stil. Ik durf het gewoon niet te doen. Iedereen kan het beter dan ik.
'Heer,' zeg ik, 'stuur alstublieft iemand anders. Kies wie u maar wilt, maar niet mij.'

'Nou Mozes,' zegt God en zucht diep, 'je broer Aäron is een goede prater. Ik stuur hem naar je toe. Wat zullen jullie blij zijn als jullie elkaar weer in de armen sluiten. Jij zult hem duidelijk maken wat hij moet zeggen. Hij voert het woord. Maar ga nu!'
Meteen zet ik een paar passen en loop dan flink door. Ik mag nu niet langer twijfelen. God heeft zoveel vertrouwen in mij en geeft mij alles wat ik nodig heb om de anderen te overtuigen. Het is tijd voor mij om ook vertrouwen in hem te hebben.
'Neem wel je staf mee, die heb je nodig.'
Ik merk nu pas dat ik die niet bij me heb en ga terug om hem te pakken. Dan loop ik naar mijn schoonvader Jetro en vraag hem of het goed is dat ik terug reis naar Egypte om te zien of de mensen van mijn volk nog in leven zijn.
Mijn schoonvader laat me – zonder verdere vragen – met mijn vrouw en kinderen gaan.
Snel pakt mijn vrouw de belangrijkste dingen in. Alle spullen worden op een ezel geladen. Ik sta ernaast met de staf in mijn hand. En vlak voor we gaan, knijp ik er stevig in. Denk aan de slang, aan het pakken van de slang. Ik moet het kunnen. Ik kan het. En God zal er zijn.

MG

22 Laat mijn volk gaan!

Exodus 7-11

Het was misschien al de tiende keer dat we voor de farao stonden. Maar we bogen nog dieper voor hem dan de eerste keer.
'Wat brengt jullie hier?' blafte de farao.
Ik keek naar mijn broer Aäron. Wachtte tot hij zou gaan praten.
Hij kon het goed, hij wist wat hij moest zeggen, want ik had het hem gezegd met hulp van God.
'Een boodschap van God', zei hij duidelijk.
'Wat is die boodschap deze keer?' riep de farao. Hij hield niet van onze boodschappen.
'De Heer zegt: laat mijn volk gaan om mij te vereren', zei Aäron.
Het was eruit. Het liefst wilde ik nu weg, het paleis uit rennen, de buitenlucht in, diep ademhalen, tot rust komen, maar ik moest blijven staan. Ik dacht aan mijn gesprek met God, dat ik mijn staf weggooide en die veranderde in een slang, dat ik de slang niet durfde op te pakken en het toch deed, omdat het moest.
'En als ik dat niet doe?'
Weer zei Aäron niets. Ik keek hem aan, hij wist wat hij moest zeggen en hij zou het doen, maar hij hoopte dat het niet nodig was.
Zijn stem kwam van ver toen hij zei: 'Als u het niet doet? Dan zal er een duisternis over Egypte komen, zo dicht dat je die bijna kunt aanraken.'

Nu zei de farao lang niets. Mijn oren suisden. Mijn benen wilden rennen, weg en snel.
'Ik kan jullie niet laten gaan', zei de farao.
Mijn broer keek naar mij. Ik knikte bijna onzichtbaar. Nu moest ik het doen. En ook ik had gehoopt dat dit niet nodig was.
Toen strekte ik mijn arm uit naar de hemel en meteen was heel Egypte in diepe duisternis gehuld.
Er kwam geen enkel licht van buiten meer het paleis binnen. De enkele olielampen die eerder brandden voor de sfeer, gaven nu een helder licht. Met het donker leek ook de stilte binnen te zijn geslopen. Het was doodstil, buiten en binnen.
Aäron en ik draaiden ons om, het leek een bevroren moment en we slopen het paleis uit, naar buiten. Ook daar was het bedrukt en donker.

Na drie dagen in het donker vroeg de farao ons naar het paleis te komen.
'We moeten', zei ik tegen Aäron en hij knikte.
We raapten al onze moed bij elkaar en gingen.
'Goed,' zei de farao toen we voor hem stonden, 'ga jullie God dan maar vereren. Jullie mogen je kinderen meenemen, maar niet jullie schapen, runderen en geiten.'
Nu moest ik hem tegenspreken. Deze rijke, kwade en machtige man.
'Dat kan niet. We moeten onze dieren offeren en ze moeten allemaal met ons mee, want we weten niet welke dieren en ook niet hoeveel.'
Gelukkig hielp God mij deze woorden te zeggen. Mijn hele lichaam trilde. Ik wist dat ik de farao weer boos maakte en dat deed ik niet graag.
Mijn broer keek naar me, hij deed langzaam zijn ogen dicht, het was geruststellend bedoeld. Maar daardoor voelde ik nog meer dat het spannend was.
'Uit mijn ogen!' schreeuwde de farao. Aäron en ik doken in elkaar. 'Als je hier nog eens verschijnt, wordt dat je dood!'

‘Wat is er?’ vroeg Aäron wat later aan me. Hij had zeker de diepe rimpel tussen mijn ogen gezien. Een rimpel die vanzelf komt als ik diep nadenk.
‘Ik heb weer een boodschap van de Heer gekregen,’ zei ik, ‘hij wil dat ik weer naar de farao van Egypte ga.’

‘Alweer?’ zei mijn broer, ‘ik ga liever niet meer mee.’
‘Je moet mee,’ zei ik, ‘dat weet je, zonder jou kan ik het niet.’
‘Hoorde je wat de farao de laatste keer tegen je zei?’ vroeg hij. ‘We komen er niet levend weg!’ Hij maakte een gebaar met zijn vlakke hand langs zijn keel. Natuurlijk wist ik het nog en zuchtte. ‘Het heeft ook geen zin, want het gaat toch steeds hetzelfde. Eerst zegt God dat we naar de farao moeten gaan en dat we moeten zeggen dat we met ons volk en onze dieren het land uit willen gaan. Dan zegt God dat de farao het niet goed vindt en dat God dus een straf geeft. Als we naar de farao gaan, gaat het ook precies zo. Hij wil ons niet laten gaan en God geeft de straf die hij al had aangekondigd. Dat is al negen keer zo gegaan! Maar deze keer zal het slecht met ons aflopen. Ik ga niet en jij zou ook niet moeten gaan. Ben je niet moe? Ben je niet vreselijk moe?’
‘Weet je wel waarom God dat zo doet?’ vroeg ik aan mijn broer.
‘Geen idee’, zei Aäron.
‘Jawel, dat weet je’, zei ik.
Aäron kneep zijn lippen op elkaar en boog zijn hoofd.
‘God wil laten zien hoe machtig hij is. Hij wil heel veel tekenen geven en wonderen verrichten, want zo kan hij laten zien wie hij is. En hij zorgt ervoor dat wij en onze kinderen en kleinkinderen erover zullen blijven praten, net als dat de Egyptenaren dat zullen doen.’
‘Goed, dan snap ik het, maar God heeft toch al bepaald dat de farao weigert om ons te laten gaan. Het heeft geen zin.’
‘We hebben geen keus,’ zei ik, ‘we moeten gaan. En deze keer is het anders. God heeft gezegd dat er nog maar één plaag komt, dat we dan kunnen vertrekken. We kunnen bijna gaan. Nu moeten we volhouden. Niet voor onszelf, maar voor ons volk en omdat God het wil. Kom, ga mee, sta op.’
Mijn hart bonkte terwijl ik wachtte tot mijn broer opstond. Aäron stond op, zuchtend, maar toch.

We liepen in de richting van het paleis van de farao. Alles leek nog droger dan normaal. De struiken hingen slap, de zon scheen er ongenadig op, trillingen leken van de grond af te komen.
Aäron keek me van opzij aan. 'Wat is deze keer de straf? Welke plaag komt er deze keer over het land en zijn volk?'
Ik haalde diep adem. De straffen die God gaf waren allemaal vreselijk geweest. Het water van de Nijl dat in bloed veranderde waardoor de groenten en granen geen water meer konden krijgen, de kikkerplaag, de muggenplaag, de insectenplaag, maar deze plaag was zo erg dat ik het niet kon bevatten.
'Alle oudste zonen zullen sterven', zei ik en probeerde niet naar zijn gezicht te kijken.
'Zo', zei hij alleen.
'Rond middernacht zal God door Egypte rondgaan. Alle oudste zonen zullen sterven. Niet alleen de oudste zoon van de farao, maar ook van alle andere mensen in het land en ook van het vee.' Mijn mond was droog. Ik had net wat moeten drinken. 'Iedereen zal huilen, er zal geschreeuwd worden van verdriet. Maar de Israëlieten overkomt niets. Een ook hun vee niet. Hierdoor zal de farao begrijpen dat er verschil is tussen Egypte en Israël. De hovelingen zullen mij smeken om het land met ons hele volk te verlaten en de farao zal ons zelf het land uit jagen. Dan gaan we echt hier weg.'
'Maar eerst moeten er heel veel sterven', zei Aäron zacht.
'Ja,' zei ik, 'omdat God nog een wonder in Egypte wil laten gebeuren.'
'Na de veepest dacht ik dat God wel genoeg had laten zien.' Mijn broer houdt net als ik veel van dieren. 'Maar nee,' zei hij, 'toen kwam de puistenplaag nog en daarna die enorme hagel en onweer. En net nog die drie vreselijke dagen van duisternis, de hele dag alles donker.'
Ik wilde zeggen dat hij de sprinkhanenplaag nog vergeten was. Maar ik hield mijn mond.
'Dit is de laatste', zei ik.
In stilte liepen we het paleis van de farao binnen.

We knielden diep voor de farao. 'O grote farao en meester,' zei ik luid en duidelijk, 'de Heer zegt: laat mijn volk gaan om mij te vereren. Als u weigert dan straf ik u door al het eerste leven van u, uw volk en uw dieren te laten sterven.' Daarna vertelde ik hem alles zoals ik eerder Aäron alles had verteld.

'God heeft al heel veel straffen aangekondigd en mijn land en volk is er zwaar door getroffen,' zei de farao, 'steeds als de plaag ons trof dan beloofde ik dat jullie mochten gaan, maar als de plaag gestopt was, liet ik jullie toch niet gaan.'

'Dat is zo,' zei ik, Aäron stond vlak bij me en keek bewonderend naar me, ik durfde te praten door de hulp van God, 'maar deze keer zal het anders gaan.'

Iedereen hield zijn adem in en weer was het stil in het paleis, alsof er geen hovelingen om ons heen stonden, geen farao voor ons zat, alsof er geen mens in de buurt was. Toen kuchte de farao en we keken op.
'Toch niet,' zei de farao, 'want ik laat jullie niet gaan.'
'Dan zullen er heel veel moeten sterven', zei ik zacht maar duidelijk.
We bogen allemaal ons hoofd. Even. Toen voelde ik een golf van woede over me heen spoelen. Waarom moest het zo gaan? Waarom? Waarom?
Ik sprong op, boog naar de hovelingen die ons uit moesten laten en liep voor hen uit het paleis uit. Luid stampend. Het was niet zomaar een beetje kwaadheid, alle tien de keren dat we bij de farao waren geweest had ik mijn adem ingehouden, gewacht, gehoopt en gezwegen. Nu ik buiten stond kwam er een langgerekte schreeuw uit mijn mond. Aäron trok mij voort, weg van het paleis, naar huis.
Hij legde mij neer, liet mij rusten, gaf mij te drinken, klopte op mijn arm. En langzaam kwam ik weer wat bij.
'Nog één keer', zei ik zacht tegen hem.
'Ja, dan mogen we eindelijk met z'n allen vertrekken', zei Aäron.

MG

23 Naar het beloofde land

Exodus 11-12

Er zit iemand op een steen. Aan de buiging van zijn rug ziet ze al van ver wie het is. Zal ze naar Mozes toe gaan? Naast hem gaan zitten? Met hem praten?
Rustig loopt ze door en gaat een eindje voor hem op een steen zitten. Ze doet net alsof ze ook naar het ondergaan van de zon kijkt. Net als hij. Of kijkt hij daar niet naar? Snel kijkt ze achterom en ziet de naar binnen gekeerde blik van de man op de steen.
Toch merkt hij dat hij bekeken wordt en hij kijkt op. Ze kan zijn gezicht niet goed zien in de schemering.
'Hé, kruimel!' roept Mozes. 'Kom eens hier!'
Ze staat op en loopt naar hem toe.
'Hoe heet je?' vraagt hij.
'Johanna', zegt ze.
'Johanna', herhaalt hij en hij kijkt langs haar heen en zucht.
'Wat is er?'
'Niets', zegt hij.
'Wel', zegt zij.
Ze is al bijna tien, ze weet dat grote mensen grote problemen kunnen hebben. Soms willen ze er niet over praten met kinderen. Dan staren ze wat voor zich uit of snauwen ze je af. Of geven je een tik.
'Nee, hoor', zegt hij.

'Hoe heet jij?' vraagt ze.
'Weet je dat niet?'
'Ja,' zegt ze, 'dat wel.'
'Waarom vraag je het dan?' vraagt Mozes verbaasd.
'Ik dacht, ik stel een vraag waar hij wél antwoord op wil geven.'
Hij lacht. Gelukkig. 'Ik heet dus Mozes', zegt hij.
'En wat is er, Mozes?' vraagt ze meteen.
Weer lacht hij. 'We zullen nu gauw vertrekken uit Egypte.'
'Dat is toch fijn?'
'Ja,' zegt Mozes, 'maar voor we weg kunnen, gebeuren er nog nare dingen.'
'Zoals? Wat voor dingen?'
Mozes zucht. 'En ik moet iedereen nog heel veel regels vertellen.'
'Wat voor regels?'
Mozes kijkt haar aan. 'Voor we weg kunnen, zullen eerst alle oudste Egyptische zonen doodgaan. De oudste zoon van de farao, maar ook van gewone mensen en ook de jongen van de dieren zullen sterven. Om te zorgen dat het in ons volk niet gebeurt, moeten we allerlei dingen doen. Met bloed. Met het slachten van een dier en met het opeten ervan. Het heet een pesachoffer. En het moet vanaf nu altijd worden gedaan in deze tijd van het jaar. Dan eet iedereen net als nu ongedesemd brood. We nemen geen zuurdesem mee, we hebben geen tijd meer om het brood te laten rijzen. En ...'

Ze gaat naast hem zitten en klopt op zijn hand. 'Mijn moeder zegt dat er al heel veel nare dingen zijn gebeurd en dat er nog meer nare dingen gaan gebeuren, maar dat God bij ons is en dat alles goed komt.'
'Je hebt een verstandige moeder,' zegt Mozes, 'wat zegt ze nog meer?'
'Dat jij met God kunt praten,' zegt ze, 'dat als we naar jou luisteren we eigenlijk naar God luisteren.'
Ze hoort haar moeder roepen en staat op.
'Mijn moeder,' zegt ze, 'ze wil dat ik binnen kom.'

'Dank je Johanna, voor je gezelschap,' zegt Mozes, 'doe je moeder de groeten en denk aan je moeder als we binnenkort vertrekken, neem iets mee van hier wat haar blij zal maken in het beloofde land.'
Ze knikt en rent weg.

Die nacht hoort Johanna huilen, geschreeuw, het geroep van namen. Ze wordt er steeds wakker van.
Met haar armen om haar hoofd probeert ze verder te slapen. Maar het lukt niet. Ze ligt wakker in de nacht en hoort de Egyptenaren luid huilen. Ze begrijpt nu waarom Mozes zo moest zuchten, waarom hij zo ernstig keek. Pas als dit is gebeurd, kunnen zij weg uit Egypte.
In de hele vroege morgen hoort ze buiten roepen. 'We gaan, we gaan!'
'Dat kan niet mee', zegt haar vader tegen haar moeder en haalt een baktrog uit haar handen, 'we moeten opschieten en straks niet te veel meesjouwen.'
'Mozes zei ...'
'We moeten naar onze buren en ze vragen om ons zilveren of gouden sieraden te geven. Doe jij dat, dan maak ik het hier af.'
'Gaan we?' vraagt Johanna aan haar vader. Maar ze weet het antwoord al.
'De farao jaagt ons het land uit, eerst mochten we nooit weg en nu moeten we weg en snel ook', bromt haar vader en ondertussen werken zijn handen door.
'Waarom?'
'Johanna, dit is geen tijd voor vragen. Kijk om je heen en neem wat kleding mee, iets warms, eet snel wat en stop ook iets in een tas om mee te nemen voor onderweg, voor ons allemaal.'

‘Er zijn kinderen doodgegaan, hè? En dieren?’
Haar vader is bezig met het oprollen van een stuk touw en stopt om haar aan te kijken. ‘Hoe weet je dat?’
‘Van Mozes.’
Meteen denkt ze aan de woorden van Mozes: ‘Neem iets mee van hier wat haar blij zal maken in het beloofde land.’
Ze kijkt om zich heen. Moeders bed is te groot, haar kussen ook, die mooie mantel ook, dan ziet ze de mooie haarspeld van haar moeder, die weer van haar moeder was. Ze glimlacht en pakt hem op. Stopt hem tussen haar kleding.
‘Heb je met Mozes gepraat?’
Ze knikt trots.
‘Wat zei hij?’

'Pap,' zegt ze, 'dit is geen tijd voor vragen.' Ze houdt haar adem in, want ze weet dat ze een tik kan verwachten. Vertellen over wat Mozes zei doet haar te veel denken aan deze afgelopen nacht en de nare geluiden die ze hoorde. Maar moeder komt hun huis binnen, haar handen vol met gouden en zilveren sieraden, oorbellen, armbanden, een broche.
'Opschieten!' klinkt het buiten. 'We reizen in groepen van vijftig mensen. We gaan van Rameses naar Sukkot. De eerste groepen zijn al vertrokken en we moeten opschieten. De farao wil ons weg hebben!'
'Hebben we ongedesemd brood?' vraagt moeder.
Vader knikt.
'We hebben alles,' zegt hij, 'we gaan.'
'Ik ben bang', zegt moeder.
'Je weet wat Mozes zei,' zegt vader, 'de Heer zal ons veilig uit Egypte leiden. Hij zal deze nacht over ons waken.'
Johanna gaat tegen haar moeder aan staan. Ze denkt aan het beloofde land en aan de haarspeld en glimlacht. 'Als God bij ons is, komt alles goed', zegt ze.
'Opschieten!' klinkt het buiten.
Ze stappen hun huis uit en beginnen hun reis naar het beloofde land.

MG

24 Door de zee

Exodus 13-14

'Hoelang duurt het nog voor ze bij ons zijn en ze ons dood gaan maken?'
Mozes zegt eerst niets. Hij staart naar de zee. Dan kijkt hij haar aan.
'Dag, kruimel', zegt hij en als hij haar beledigde gezicht ziet, zegt hij snel: 'Dag, Johanna.' Hij geeft geen antwoord op haar vraag, maar kijkt naar de opwaaiende stofwolk in de verte die steeds dichterbij komt.
'Ik ben al tien jaar,' zegt Johanna, 'ik mag de waarheid best horen.'
'Je hebt gelijk', antwoordt Mozes. 'Ik denk dat de Egyptenaren binnen een uur bij ons zijn. Maar de mannen van de farao gaan ons niet vermoorden.'
'Gaan ze ons mee terug nemen als slaven?'
'Ook niet,' zegt Mozes, 'God heeft tegen mij gezegd dat ik hier naartoe moest gaan. Maar de mensen zeggen dat dit geen goede plek is, omdat we als ratten in de val zitten. Met de zee voor ons en de Egyptenaren achter ons. Ze denken dat ze doodgaan, net als jij. Maar ik doe alleen wat God ons heeft opgedragen. En ik vertrouw op hem. Hij beloofde me dat hij de farao en zijn leger ...' Mozes maakt een wegwerpgebaar.
'Dus ze doen ons niks?' vraagt Johanna.
'Nee,' zegt Mozes, 'we zijn veilig, al weet ik niet precies hoe. Maar ik geloof God, en wat hij belooft doet hij altijd. Dus waarom nu niet?' Hij kijkt naar de wolk die voor hen uit gaat om de weg te wijzen. Ook door God gestuurd.

Thema: leiderschap, reizen

‘Wat staan jullie toch te praten?’ roept haar vader. Zijn schouders hangen naar beneden.
‘Ik zeg net tegen Johanna dat God altijd doet wat hij belooft’, zegt Mozes tegen hem.
‘Straks zijn we allemaal dood of gevangengenomen’, zegt vader.
‘Nee!’ zegt Johanna. ‘God heeft gezegd dat we moeten doen wat hij vraagt. Dan komen we allemaal veilig aan in Kanaän. Dat geloven we toch?’
‘Je ziet toch dat we verloren zijn hier!’ zegt haar vader. ‘We gaan allemaal dood! We zullen nooit een eigen land hebben!’
Er zijn een paar mensen om hen heen komen staan. Moeder, oom Elias, neef Ezra en Ruben.
Ezra wijst naar de zee. ‘We hebben geen boten.’
Haar moeder kijkt achterom, naar de stofwolk die nu snel dichterbij komt. Johanna volgt haar blik. De soldaten van de farao zijn bijna bij ze!
‘Ik wil niet weer een slaaf worden!’ roept moeder.
Overal om hen heen staan mensen. Groepjes mensen, met al hun spullen om hen heen. Wat moeten ze doen? Hier blijven? Vluchten?
Mozes wacht tot de ergste onrust weg is geëbd en zegt dan: ‘Laten we snel ons kamp opslaan, we moeten vannacht slapen en nog wat koken voor het te donker is.’
Oom Elias’ gezicht vertrekt van angst. ‘Moet je zien hoe dicht ze al bij ons zijn!’ schreeuwt hij. ‘Hoezo, gaan slapen?’
‘De Heer zei dat we ons ook deze nacht geen zorgen hoeven te maken. Morgen trekken we verder.’ Mozes klinkt vermoeid, maar zeker van zijn zaak. Hij geeft zelf het goede voorbeeld, loopt naar zijn tassen en begint zijn zware tent van geitenhaar open te vouwen.
Johanna loopt naar hem toe en helpt hem.
Dan roept Ruben: ‘Ik ga liever dood met een volle maag dan met een lege. Ik ga koken.’
Moeder draait zich om en loopt met een strak gezicht naar hun spullen. Morrend gaat iedereen aan de slag.

Johanna heeft de hele dag gelopen en met haar tien jaar hoeft ze niet te helpen bij het opbouwen van hun kamp. Vader doet het zware werk met de tenthuiden en de stokken, en maakt de grond gelijk. Moeder zorgt voor de inrichting van de tent, met de andere dierenhuiden en warme doeken. Voor de tent maakt ze een bouwwerkje van hout om op te koken.
Johanna heeft tijd om weer even op de enorme steen uit te rusten. Ze kijkt de woestijn in en ziet dat het leger van de farao nu dichterbij is. Ze hoort het gesnuif en gehijg van de paarden al, de stemmen van de mannen, het rammelen van de karren. Er is een kriebel in haar buik voelbaar, een onrust, alsof ze wil springen maar tegelijkertijd heel stil wil blijven zitten, onzichtbaar wil zijn.
Dan ziet Johanna dat de wolk die altijd overdag voor hun volk uitgaat, wegzweeft bij de zee en zich tussen hun tentenkamp en de woestijn laat zakken. Het lijkt wel of de wolk in brand staat! Ze kan de aanstormende Egyptenaren niet meer zien. Achter de vuurzuil is het erg donker. Alsof de aarde ophoudt. Zelfs de geluiden die dichterbij kwamen zijn nu zachter. De Egyptenaren kunnen er vast niet langs of doorheen. Dat weet ze gewoon. Zolang de wolk daar is, zijn ze veilig! Ze zucht diep en loopt snel naar Mozes.
Hij zit weer diep na te denken en schrikt als ze hem op de rug tikt. 'Wat is er, Johanna?' vraagt hij.
Ze wijst en hij volgt haar vinger.
Dan verschijnt er langzaam een brede glimlach op zijn gezicht. 'Dank je', zegt hij.
'Ik heb dat niet gedaan', zegt ze verlegen.
'Nee,' zegt hij, 'ik bedoel voor je geloof.'
Weer wil ze zeggen dat ze dat niet gedaan heeft, dat God daarvoor heeft gezorgd. Maar ze laat Mozes alleen.
Ze ziet vanaf haar steen dat Mozes naar de zee loopt en over het water tuurt.

Moeder roept haar. Het is nu al echt donker, tijd om hun snel opgezette tent binnen te gaan.
Ze krijgt eten en zoekt een slaapmat uit. Haar moeder aait haar even over haar arm. Ze slaapt al snel in bij het geluid van de stevige wind en wordt 's morgens vroeg wakker door de stem van Mozes. Hij roept iedereen op om naar buiten te komen.
Ze kleedt zich snel aan en gaat naar buiten.
De vuurzuil is er nog steeds.
'We moeten gaan', zegt Mozes. 'God heeft ons vannacht beschermd, maar nu moeten we verder trekken. Pak allemaal je spullen bij elkaar en laten we zo snel mogelijk gaan.'
'Waarheen?' roept neef Ezra.
'Naar waar God ons wil hebben', antwoordt Mozes en hij loopt naar de zee.
Zenuwachtig lopen de mensen terug naar hun tenten en beginnen met opruimen. Johanna hoort haar moeder zeggen dat Mozes tot nu toe steeds gelijk heeft gekregen. Ook al hebben ze er nu niet zoveel vertrouwen in, ze kunnen hier ook niet blijven. De vrouwen halen de tenten leeg en de mannen zorgen voor de huiden, zodat die zo droog mogelijk worden opgevouwen. Ze werken naast elkaar, in een snel tempo.
Johanna zit op de steen en staart naar de zee. De zee is donker, zwart bijna en ziet er gevaarlijk uit. Door de wind zijn de golven stevig.

'Zijn jullie klaar?' roept Mozes na een tijdje en hij hoort steeds meer mensen 'ja' antwoorden. Het volk verzamelt zich. Mozes wacht tot hun kampplaats helemaal leeg is en de laatsten zich aansluiten. Dan loopt hij naar de zee en strekt zijn arm uit boven het water.
Johanna kan het niet goed zien en wringt zich onder de arm van haar moeder uit, naar voren, net zo lang tot ze naast Mozes staat.
Het gaat nog harder waaien en het water danst heen en weer. Omhoog en omlaag. En opeens als het omlaag valt, splitst het water zich, het

valt in twee stukken uit elkaar. Een linker en een rechter deel en ertussen is niets. Een weg, denkt Johanna, daartussen is een weg!
Er is een pad ontstaan met links en rechts een muur van wild water. Hier kunnen ze tussendoor!
'Wat gebeurt hier?' roept haar vader.
'Een wonder!' schreeuwt haar moeder.
Sommige mensen klappen in hun handen en anderen stappen terug, van schrik.

Johanna staart naar de zee, naar de weg tussen het water. Naar de grond ertussen, die er drassig uitziet. Door onzichtbare handen wordt ze naar het water geduwd. Naar de weg tussen het water. Ze gaat er vlak voor staan en kijkt. Daar hoort ze het ruisen van de zee om zich heen. Een geruststellend lied. Ze weet dat wat ze doet gevaarlijk kan zijn. Maar ze is niet bang. Voorzichtig zet ze een stap en staat tussen de twee muren van water. Daarna zet ze nog een stap en nog een en staat stil en kijkt om zich heen. Ze ziet het water aan twee kanten naast zich, hoog en stil. Ze wil haar vinger er wel insteken, maar durft het niet te doen en voor en achter haar is de weg, de droge weg. Haar voeten zakken wel een beetje in de bodem, het is vochtige, maar stevige grond.
Ze draait zich om en ziet Mozes staan, haar vader, haar moeder, haar oom, haar neef en alle andere mensen. 'Komen jullie?'

'Maar als wij er doorheen kunnen, dan kunnen de mannen van de farao er ook doorheen', zegt oom Elias.
'Mozes?' vraagt haar moeder.
'Mozes!' roept haar neef.
'Ja,' zegt Mozes, 'ze komen ons ook achterna, maar de Heer zal voor ons zorgen.'
'Hoe dan?' vraagt haar neef.
'Hij laat ons door het water en als ik mijn arm strek, zal het water achter ons volk weer gaan stromen,' zegt Mozes, 'zoals het altijd deed.'

‘Dus ze verdrinken, die Egyptenaren!’ zegt haar neef.
‘Met karren en paarden. Alle mannen?’ vraagt haar oom Elias.
Mozes knikt.
‘En wij niet!’ roept haar vader verbaasd. ‘Dus wij worden gered! Dan zijn we echt bevrijd van de Egyptenaren! We zijn geen slaven meer!’ Er klinken tranen in zijn stem.
Mozes knikt alleen.
En al die tijd staat Johanna op de weg tussen het water. Alleen.
‘Zullen we dan eindelijk gaan?’ vraagt Johanna. Ze draait zich om en zet een paar stappen, stopt dan en ziet dat haar vader en Mozes al bijna bij haar zijn en dat de rest volgt. Tevreden loopt ze verder. Het beloofde land komt met elke stap dichterbij.

MG

25 Alles wat de Heer wil

Exodus 20-24

'Opstaan, Simeon.'
Papa trekt aan mijn arm. Hij staat al uren. Sterk en stevig als een berg staat hij naast me te wachten op Mozes. Ik zit op de stoffige grond en speel met steentjes. Papa zegt dat Mozes een belangrijke man is. Een man die belangrijke dingen zegt, omdat hij met God kan praten. Ik ken Mozes niet zo goed, maar ik ken papa wel heel goed. Hij heeft dik zwart haar op zijn armen en benen. En hij ruikt heel lekker. Hij is erg sterk. Als hij zijn spierballen spant, maken die een berg op zijn bovenarm. Soms doe ik hem na, maar bij mij zie je geen berg ontstaan, maar een steentje.
Mijn benen zijn heel moe van het lange wachten, maar ik ga toch weer staan.
'Goed zo, Simeon.' Papa geeft me een knuffel. 'Ik denk dat Mozes bijna komt en dan is het netjes als we voor hem staan.' Papa wrijft over zijn pijnlijke kuiten en gaat even op zijn tenen staan om over alle mensen die om ons heen staan te kijken. Het wordt steeds drukker om ons heen. Er zijn steeds meer harige benen vlak bij me.
Ik druk me tegen papa aan. Hij tilt me op. Ik sla mijn armen om zijn nek en ruik zijn vertrouwde geur. Er zitten diepe lijnen op zijn gezicht, ze lijken wel vuil. Andere mannen hebben dat ook. Mama niet, maar vroeger was ze overal zacht en nu niet meer.

'Daar is hij', zegt papa en hij wijst naar voren. Ik volg zijn vinger en zie in de verte een man staan, hij ziet er niet groot of bijzonder uit. Maar iedereen kijkt naar hem en ziet hoe hij bloed gooit over een altaar. Dan pakt hij twee platte stenen en kucht. Wacht. Schraapt zijn keel. Kijkt op.
'Ssssst!' roept papa hard tegen een paar mannen naast ons die nog zacht staan te praten.
'Lieve mensen', zegt Mozes. Zijn stem is helder en krachtig als water uit een rivier.
'Lieve mensen,' zegt hij, 'ik heb al de regels van de Heer opgeschreven. Als jullie beloven dat jullie volgens deze regels zullen leven, zal God jullie nooit in de steek laten en jullie altijd beschermen. Ik ga nu alle regels voorlezen.'
Papa zet mij neer en ik zie Mozes niet meer. Alleen maar benen en nog meer benen. Ik trek aan papa's omslagdoek. 'Pap? Pap!'
'Ssssst!' zegt hij streng tegen me. 'Ik wil alles horen!'
Ik klem me vast aan zijn been en luister ook.
De stem van Mozes zegt: 'Vereer geen andere goden, en maak ook geen beelden van goden. Zeg geen slechte dingen over God of in zijn naam. Werk zes dagen, maar neem de zevende dag rust. Luister altijd naar je vader en je moeder. Pleeg geen moord. Pleeg geen overspel.'
'Wat is dat?' vraag ik.
Papa tilt me weer op. Ik druk me dicht tegen hem aan. 'Ssst', blaast hij in mijn oor. Het kriebelt en ik lach, maar meteen roepen er meer mensen om ons heen: 'Ssst!'
'Steel niet', zegt Mozes. 'Vertel over een ander geen dingen die niet waar zijn. Wees niet jaloers op wat een ander heeft.'
Mozes kijkt op. Het wordt nog stiller. Heel in de verte roept een vogel.
'God heeft nog veel meer regels gegeven, ze staan allemaal hier. Maar dit zijn de belangrijkste.'
Hij kijkt weer op de platte stenen en leest verder.
'Er staat hier ook nog iets over wat je moet doen als twee mannen heel erg ruzie hebben en de een de ander met een steen of vuist heel erg

slaat, zo erg dat hij in bed moet blijven. Er staat ook hoe je een put moet graven. En nog veel meer. Maar ik weet dat jullie al lang wachten en ik heb het belangrijkste verteld. Het is nu tijd om te beslissen. Nu wordt het spannend. Weet iedereen waar het om gaat?'

Het blijft stil. Weer horen we de vogel in de verte roepen. Een lokroep. 'Kom hier! Kom hier!' zegt de vogel.

Papa wil me weer neerzetten, maar ik klem mijn benen om zijn warme lijf en klem mijn armen nog strakker om zijn nek. 'Optillen!' zeg ik. 'Alsjeblieft, pap?'

'Zal ik het nog één keer vertellen?'

En ik schrik heel erg als papa keihard met zijn donkere, lieve, maar nu harde stem roept: 'Vertel!'

Ik druk me nog dichter tegen hem aan.

'Ja, vertel', zeggen een paar mensen om ons heen en ik voel me gloeien van trots dat mensen de woorden van papa herhalen.

‘God wil altijd bij ons zijn en ons altijd beschermen. Wij hoeven ons alleen aan zijn regels te houden. Regels die goed voor ons zijn. Elk mens wordt er beter van. Iedere man, iedere vrouw en elk kind. Maar we moeten het allemaal eens zijn. We moeten als één man “ja” zeggen tegen dit voorstel.’
Mozes legt de stenen weg en kijkt naar ons.
‘Wat is daarop jullie antwoord?’
Er valt weer een diepe stilte. Ik voel dat het stormt in mijn hart. Blijft het stil? Weet niemand het? Ik zou wel ‘ja’ willen schreeuwen, gewoon omdat het Mozes blij zou maken en als het Mozes blij maakt dan maakt het papa blij. Maar ik durf niets te zeggen. Ik moet ook niets zeggen, dat moeten de grote mensen doen. Maar waarom zijn ze zo lang stil?
Dan schreeuwt mijn vader zo hard hij kan en weer schrik ik: ‘Alles wat de Heer wil, dat willen wij ook. Ja toch?’ Papa kijkt om zich heen. ‘Dat willen we.’
En mensen knikken. Ze vertellen het elkaar door. Het lijkt wel een vuurtje dat zich verspreidt. Alle mensen herhalen de zin van papa. ‘Alles wat de Heer wil, dat willen wij ook.’
Het gonst ervan. Als bijen in een korf.
Het liefst wil ik op de schouders van papa klimmen om te zien hoe ver zijn woorden al zijn verspreid. Maar ik ben bang dat papa dat niet wil en dat hij me weer op de grond zet. Dus ik klem me weer stevig aan hem vast. Snuif diep in. Mijn vader, denk ik, helemaal van mij.
Mozes heft zijn arm op en het wordt weer stil.
‘Ik wil graag jullie antwoord’, zegt hij, ‘de Heer wil graag jullie antwoord.’
En als één man zegt het volk: ‘Alles wat de Heer wil, willen wij ook.’
Ik buig mijn hoofd. Mijn wangen worden nat, mijn borst wordt nat.
Het zijn geen tranen van verdriet, maar van blijdschap.
En als ik opkijk, zie ik in de ogen van mijn vader ook twee glinsteringen zitten. Ik druk hem tegen mijn hart en hij drukt mij tegen zijn hart.

MG

26 God beschermt

Numeri 22-24

Levi kijkt om zich heen. Alle kinderen zitten rond het vuur en wachten op Mozes. Sommige kinderen zijn net als hij al wat ouder, anderen nog klein. 'Komt hij al snel?' vraagt Levi aan het meisje naast hem.
'Vast wel', antwoordt het meisje.
Levi hoopt het, hij is zo benieuwd naar zijn verhaal.
De zon staat al laag aan de hemel. Het wordt snel kouder. Levi trekt zijn omslagdoek wat dichter om zich heen.
Gelukkig komt Mozes er al aan, met grote stappen loopt hij op het vuur af waar ze allemaal omheen zitten.
'Daar ben ik dan', zegt hij en ploft neer en lacht breed. 'De meesten van jullie reizen al jullie hele leven. Jullie weten niet waar we vandaan komen en weten niet waar we heen gaan. Alles wat jullie weten is het oppakken, inpakken en lopen in deze mooie maar best saaie omgeving. We hebben net de Amorieten verslagen en we hebben al wat steden van de Moabieten ingenomen. De koning van de Moabieten heet Balak en hij is bang voor ons. Weten jullie waarom?'
Niemand zegt iets. Meestal praat Mozes alleen met de volwassenen.
'Dat ga ik jullie vertellen', zegt Mozes. 'Zijn jullie er klaar voor?'
Mozes kijkt opgewekt de kring rond. Levi kijkt hem aan en knikt en Mozes knikt terug. Vriendelijk.

‘Koning Balak heeft een paar leiders van zijn land naar Bileam gestuurd, een waarzegger die woont bij de rivier de Eufraat. Toen ze voor de waarzegger stonden, zeiden ze tegen hem: “Er is een volk uit Egypte gekomen. Ze willen ons land innemen. Kom met ons mee en vervloek dat volk, dan kan het ons lukken om ze te verslaan en te verjagen.” En ze gaven hem een beloning.
Bileam nam het aan en zei: “Blijf vannacht hier, dan zeg ik morgen tegen jullie wat de Heer tegen mij zei.” De volgende dag vertelde Bileam wat God had gezegd: “Ga niet met hen mee en vervloek dat volk niet, want ik heb het volk gezegend en zal ze beschermen.”
De leiders gingen terug naar hun koning en vertelden Balak wat ze hadden gehoord.
Koning Balak werd kwaad en schreeuwde: “Ik zal meteen wat belangrijkere mensen naar Bileam sturen, mensen die hem wél kunnen overtuigen. Ga uit mijn ogen, sufferds!”
Toen de belangrijke mensen voor Bileam stonden, vroegen ze hetzelfde als de anderen en ze zeiden: “Als je meegaat dan krijg je een grote beloning van koning Balak.”
Bileam zei: “Al kreeg ik al het goud en zilver uit het paleis van Balak, ik zou niets, maar dan ook niets, kunnen doen tegen de zin in van de Heer, mijn God. Maar blijf vannacht maar hier, dan kan ik horen wat de Heer mij deze keer zal zeggen.” En deze keer kwam de Heer weer ’s nachts bij Bileam en deze keer zei de Heer: “Ga maar met ze mee, maar doe steeds alleen wat ik zeg.”
De volgende morgen zadelde hij zijn ezelin en ging mee met de Moabitische leiders. Hij was nog maar net op weg toen er een engel van de Heer op de weg ging staan om Bileam tegen te houden.
De ezelin zag de engel van de Heer met getrokken zwaard in de hand op de weg staan. Ze werd bang en stapte van de weg af, het veld in.
Bileam sloeg zijn ezelin om haar weer op de weg te krijgen. Toen ging de engel op de smalle weg tussen de wijngaarden staan. Aan beide kanten was een muur. Toen de ezelin de engel zag, drukte ze zich tegen de

muur en de voet van Bileam raakte bekneld. Weer sloeg hij de ezelin. Daarna ging de engel van de Heer op het smalste deel van de weg voor hen staan. De ezelin kon niet naar links en niet naar rechts. De ezelin ging liggen met Bileam nog op haar rug. Bileam werd heel erg boos en sloeg de ezelin met een stok. Toen liet de Heer de ezelin spreken: “Wat heb ik verkeerd gedaan, Bileam, dat ik al drie keer geslagen ben?”
“Als ik een zwaard had gehad, dan had ik je gedood,” zei Bileam, “je luistert niet naar me.” Het pad leek nog iets smaller dan ervoor.
“U rijdt al uw hele leven op me. Heb ik ooit zoiets gedaan als vandaag?”
“Nee,” zei Bileam, “waarom doe je dit eigenlijk?” En opeens begreep Bileam het, hij zag de engel van de Heer nu zelf ook met getrokken zwaard op de weg staan.

De engel zag hem kijken en vroeg hem: “Waarom sloeg je je ezelin drie keer? Ik sta hier om je tegen te houden, je moet niet meegaan, deze reis is slecht. Door je ezelin leef je nu nog, zij is drie keer voor me opzij gegaan, anders had ik je gedood.”
Bileam knielde en boog diep voorover: “Ik had naar u moeten luisteren en ook naar mijn trouwe ezelin. Maar ik ga meteen naar huis als u dat wilt.”
De engel dacht even na en zei toen: “Ga toch maar met die mannen mee. Maar doe en zeg vanaf nu echt alleen wat ik je opdraag.” De reis ging goed en ze kwamen in het paleis van Balak aan.
De volgende morgen nam koning Balak Bileam mee naar een hooggelegen plaats met een mooi uitzicht. Ze bewonderden de kronkeling van de rivier, de ruimte, de wind die om hun oren suisde en ze keken naar een deel van ons volk.
“Balak,” zei Bileam, “bouw zeven altaren en offer zeven stieren en zeven rammen.” En dat deed Balak. Toen zei Bileam: “Ik ga nu even weg, misschien wil de Heer naar mij toe komen.” En dat gebeurde. De Heer zei dat hij terug moest gaan naar Balak en legde hem daar de woorden in de mond.
“Hoe kan ik vervloeken wie door God niet is vervloekt?
Hoe kan ik verwensen wie door God niet is verwenst?
Ik zie een volk vanaf de heuvels,
een goed volk dat afgezonderd leeft,
ik hoop dat ik mag sterven als zij,
als een rechtvaardig mens.”
Toen hij klaar was met praten, was koning Balak boos: “Wat heb je nu gedaan! Ik vraag je om dat volk te vervloeken en je zegent het!”
“Ja,” zei Bileam, “ik kan alleen zeggen wat de Heer mij in de mond legt.”
“Kom anders maar mee naar een andere plek,” zei koning Balak, “vanaf daar zie je ook niet het hele volk, maar een deel ervan, spreek anders vanaf daar een vloek over ze uit.”

En ze gingen naar een andere bergtop en bouwden weer altaren en offerden weer stieren en rammen en Bileam ging een tweede keer proberen een vloek uit te spreken. Hij zei wat God hem in de mond legde.
"God zou zijn woord nooit breken.
Hij zou nooit terugkomen op zijn besluit.
Hij heeft dit volk gezegend.
Ik kan dat niet veranderen.
Voor Israël zal alles goed verlopen.
Hun God is bij ze en helpt ze.
Het volk is zo sterk als een leeuw.
Er zal hun niets gebeuren."
Deze keer was Balak nog kwader. "Als het u niet lukt om ze te vervloeken, zoals ik vraag, zegen ze dan in ieder geval niet!" En toen zei Balak: "Ik zal u ergens anders naartoe brengen. Misschien mag u van God vanaf daar een vloek uitspreken over dat volk." En weer herhaalde alles zich. Ze gingen naar een bergtop, maakten altaren, offerden stieren en rammen.
"Hier spreekt Bileam, de zoon van Beor.
Ik heb de waarheid gezien,
mijn ogen zijn geopend.
Ik zie hoe mooi jullie tenten zijn en hoe mooi jullie huizen zullen zijn die als palmbomen overal over de wereld verspreid zullen staan.
Jullie zullen een machtig en groot volk zijn en al jullie vijanden verslaan."
Balak schreeuwde nu: "Je hebt ze nu drie keer gezegend, ga weg, ga terug naar waar je vandaan kwam! Ik had beloofd je te belonen. Maar dat doe ik niet. Niet voor deze zegeningen."
"Goed," zei Bileam, "ik ga naar huis terug, naar mijn land, naar mijn rivier, ik heb niet gedaan wat u vroeg, ik heb wel gedaan wat ik kon. Ik kan niet anders."'

Mozes kijkt de kring rond. Het vuur brandt niet meer zo hoog. De gloed verwarmt de gezichten eromheen. 'Weet je, zo gaat het ook met mij. Ik moet zeggen wat God me in de mond legt.' Hij kijkt naar Levi. 'Hoe vind je dit verhaal?' vraagt Mozes.
'Mooi', antwoordt Levi. Hij is trots dat Mozes hem ziet en met hem praat.
'Wat vind je er mooi aan?'
'Alles', zegt Levi en hij weet dat dit waar is. Hij zal er nog vaak aan denken.
'Ik vind het ook een mooi verhaal, want het laat zien dat God altijd bij ons is', zegt Mozes. 'Hij beschermt ons. Dus als iemand het moeilijk heeft, of twijfelt, of terug wil naar Egypte, dan weet je hoe Bileam erover denkt en hoe ik erover denk en hoe God erover denkt. Houd vol.' Mozes springt op en verdwijnt in de donkerte van de avond. Levi staart nog lang in het vuur.

MG

27 Geen woord

Jozua 5-6

Jozua kwam aan bij de priesters, hij haalde diep adem en zei luid en duidelijk: 'Neem de ark van het verbond op. En laat zeven priesters met zeven ramshoorns voor de ark lopen.'
'Waarom?' vroeg een van de priesters.
Jozua wilde niet uitleggen dat hij vlak bij Jericho een man met een getrokken zwaard was tegengekomen, dat die man tegen hem zei dat hij aanvoerder was van het leger van de Heer en dat het volk Israël de stad Jericho mocht gaan innemen.
'We gaan Jericho innemen.'
Er viel een stilte. Een stilte stekelig als een cactus. Hun kamp was sinds enkele dagen opgeslagen in de vlakte van Jericho. Ze moesten de stad innemen voor ze verder konden. Al dagen keken ze naar de stevige toegangspoort waar nog nooit een vijand doorheen was gekomen. Vijf verkenners waren al rond de stad gelopen en hadden gezegd dat de muren overal hoog en sterk waren. Nergens zat een barst of een beschadiging en overal zag je bewakers.
Jozua keek de priesters één voor één in de ogen. Soms zag hij vragen in die ogen, soms een spoortje van twijfel, maar niemand zei meer wat, niemand vroeg meer wat na zijn blik. Allemaal sloegen ze hun ogen neer.
'Als iedereen precies doet wat de Heer vraagt,' zei Jozua, 'dan sterft er niemand van ons. We gaan niet eens vechten.'
'Niet eens vechten?' vroeg een priester.

Thema: oorlog, bouwwerken

Jozua keek de priester aan, rustig, en hij herhaalde: 'Niet eens vechten. Dat is niet nodig om Jericho in te nemen.'

Hij liep met stevige pas naar het volk. Het zand onder zijn voeten stoof weg, alsof het voelde dat het in de weg lag. Hem tegenhield. Er stonden al wat mensen bij elkaar. Kleine groepjes praatten met elkaar. Ze wisten al iets. Maar nog niet genoeg. Hij had voorbereidingen getroffen. Zijn verkenners waren weer naar de stad geweest en hadden daar hulp gehad. Niet van een rijk man of wijs persoon, maar van een hoer. Rachab. Ze had alle hulp gegeven die ze kon. Precies op tijd zag ze dat ze moest kiezen voor Israël en voor God. Zijn verkenners hadden er met mensen over gepraat. Die hadden weer met anderen gesproken. Jozua wist hoe het ging. En nu stonden ze hier op hem te wachten, zodat hij kon vertellen wat er echt aan de hand was en wat er zou gaan gebeuren. Zoals Mozes ook altijd Gods woorden aan hen had doorgegeven. Maar nu verwachtte het volk het van hem, hun nieuwe leider, want Mozes leefde niet meer. Jozua zuchtte diep. Het was niet makkelijk om het volk leiding te geven. Maar God had hem gevraagd standvastig te zijn, zeker van zijn zaak, en dat was hij. God hielp hem daarbij.

Hij hief zijn hand op en iedereen werd stil doordat hij het met kracht deed en zelfverzekerd was. 'We gaan Jericho innemen', riep hij en hij strekte zijn arm met vuist de lucht in. Sommige mensen uit zijn volk deden zijn gebaar na. Anderen begonnen te klappen.
'Wat ik nu ga zeggen is belangrijk. Als we precies doen wat ik nu zeg, gaat er niemand van ons dood. We doen dan precies wat de Heer ons vraagt. We gaan lopen in een lange rij. Eerst komt het leger. Dan zeven priesters met ieder een ramshoorn. Die moeten ze de hele tijd dat we lopen laten klinken. Dan de ark met het verbond en dan jullie. We gaan naar de stad Jericho en lopen eromheen. Eén keer. Zonder dat we iets zeggen. Niemand praat. Geen woord. Pas als we in het kamp zijn, mag er worden gesproken. Is dat duidelijk?'

Sommige mannen staken hun vuist als antwoord in de lucht. Anderen schreeuwden: 'Ja!' Jozua vroeg het volk met een handgebaar om stilte. 'Ik wil horen dat jullie stil kunnen zijn. Voor we weggaan, wil ik zeker weten dat we dat kunnen.'
Hij deed zijn hand achter zijn oor en wachtte. Vooraan zweeg men meteen en keek gespannen naar Jozua. Meer achteraan in de mensenmassa praatten er mensen, soms zacht achter hun hand en anderen nog luid. Ze werden kwaad aangetikt, er werd op Jozua gewezen. Mensen riepen: 'Sssst.'
Het duurde een hele tijd voordat iedereen stil was, voordat iedereen doorhad wat ze aan het doen waren.
Maar opeens was de stilte er. Een heel andere stilte dan eerder die dag toen Jozua bij de priesters was. Dit was een zoete stilte, een stilte met beloften. En Jozua liet deze stilte duren. Iedereen hoorde dezelfde vogels, dezelfde kuch, de krekels, de wind.
'Laten we ons voorbereiden', zei Jozua uiteindelijk heel zacht.

De verkenners hielpen de mensen om in de juiste volgorde te staan. Ze wezen het leger hun plaats vooraan. De priesters werden gehaald. Toen het volk aan de beurt was om aan te sluiten, werd er weer volop gepraat, gelachen, gekibbeld. Zouden ze echt naar het beloofde land door kunnen reizen? Lukte het echt om Jericho zonder gevecht in te nemen, zonder dat één van hen zou sterven in de strijd om de stad? Ze hadden al zoveel gereisd, al zulke lange afstanden met elkaar afgelegd, dat de mensen die sterk waren en sneller liepen als vanzelf voorop gingen, en de mensen die minder snel gingen daarachteraan kwamen. Net zo lang tot de achterste rij mensen aansloot, de zieken en zwakken die maar langzaam vooruit konden.
Uiteindelijk stond iedereen zoals de bedoeling was.
Jozua klom op een helling en vroeg de aandacht. 'Mensen,' riep hij, 'kijk naar mij. Luister naar mij. Dan zal ons niets gebeuren.' En weer werd het langzaam steeds stiller, tot het helemaal stil was. Deze keer

was de stilte weer anders dan de vorige twee keer. Hij was geladen met spanning, een bloemknop die ieder moment open kon springen.
'Een hele ronde en geen woord', zei Jozua.
Zo gebeurde het. Ze liepen in totale stilte één ronde om Jericho terwijl ze luisterden naar het geluid van de ramshoorn en gingen toen terug naar het kamp waar ze lang napraatten. Tijdens het lopen in stilte hadden ze elkaar beter gezien. De stadsmuur van Jericho beter gezien. Die was groot en stevig. En vooral: ze hadden zich sterk gevoeld en verbonden.

De volgende dag sprak Jozua het volk weer toe. 'We gaan Jericho innemen', riep hij en hij strekte zijn arm met vuist de lucht in. Sommige mensen uit zijn volk deden zijn gebaar na. Anderen begonnen te klappen. 'We doen precies hetzelfde als gisteren. Eén ronde ...' Hij wachtte en het volk riep: 'Geen woord!'
Ze gingen opnieuw op pad en Jozua vroeg ze om de vier dagen erna precies hetzelfde te doen.

Op weg naar de zevende dag sliepen veel mensen van het volk niet. Iedereen voelde dat er iets bijzonders zou gaan gebeuren. Niemand was verbaasd toen ze heel vroeg, nog voor de dag was begonnen, wakker werden gemaakt. 'Verzamelen,' riep de verkenner, 'opschieten!'
'We gaan Jericho innemen vandaag!' riep Jozua en hij strekte zijn arm met vuist de lucht in. Sommige mensen uit zijn volk deden zijn gebaar na. Anderen begonnen te klappen. 'Deze keer gaan we niet één keer in stilte om de stad lopen. Maar zeven keer! We horen alleen het geluid van de ramshoorn. Dan zal de stad van ons zijn. Maar op Jericho en alles wat erin is rust een vloek. Alles moet daarom vernietigd worden. De hele stad, alle mensen en alle dieren. Er is één uitzondering. Rachab mag in leven blijven en ook haar directe familie die bij haar in huis is. Zij heeft onze verkenners geholpen en zal gespaard worden. Neem niets mee, want het brengt het volk Israël ongeluk. Al het zilver, goud en brons, alle voorwerpen van koper of ijzer zijn niet van ons, maar van de Heer.'

Jozua klom op een helling en keek naar zijn volk. Het leek wel een mierennest. En net als in een mierennest wist iedereen precies wat hij of zij moest doen. Omdat ze vandaag voor de zevende keer naar Jericho liepen, ging het nog sneller dan de vorige keren. Het leger eerst, de priesters, de ark, het volk, ze waren al snel klaar voor vertrek.
'Mensen,' riep Jozua, 'luister nog even naar mij. Vandaag lopen we zeven maal om de stad heen en spreken we geen woord. Kunnen jullie

dat herhalen? Willen jullie dat herhalen!' Hij deed zijn beide handen achter zijn oren en boog wat naar voren.
Het volk schreeuwde: 'Zeven ronden! Geen woord!' En Jozua verliet tevreden de helling en sloot aan bij het volk, vooraan, bij de sterke, snelle lopers.

Ze liepen in stilte zes keer om Jericho. Toen ze aan de zevende ronde begonnen en de priesters op de ramshoorn bliezen, riep Jozua zo hard hij kon tegen het volk, tegen de mensen naast hem, dat ze moesten schreeuwen. 'Schreeuw!' riep Jozua. 'De Heer heeft jullie Jericho in handen gegeven. Het is van jullie! Schreeuw: "Jericho is van ons!"'
Mensen naast hem begonnen te roepen, te schreeuwen, ze herhaalden de woorden van Jozua. Steeds meer mensen zeiden de vier woorden die ze waren voorgezegd. Steeds sneller kwamen ze eruit. 'Jericho is van ons! Jericho is van ons!' Een golf van woorden trok over de mensen heen. Het werd een meerstemmig koor van honderden, duizenden stemmen en terwijl het klonk, stortte de muur rond Jericho zomaar in en klom iedereen de stad binnen. Niemand was gewond, niemand had gevochten en niemand had gesproken, tot nu.
Jericho is van ons, schreeuwde iedereen en ze doodden alles en iedereen in Jericho. Mannen, vrouwen, kinderen, bejaarden en alle dieren.

Jozua stond op de ingestorte muur en keek naar de stad, naar zijn mensen, en liep naar twee verkenners. 'Ga naar Rachab en breng haar en haar familie veilig naar buiten zoals jullie haar hebben beloofd.'
'Ja, we gaan al', zeiden de verkenners en ze kwamen al snel terug met Rachab, haar vader en moeder, broers en verdere familie die in haar huis waren. Ze zagen wit en Rachab liep naar Jozua en boog haar hoofd. Ze wilde iets zeggen, maar ze wist niet wat en Jozua klopte op haar rug. 'Je hebt het juiste gedaan,' zei hij, 'daarom mag je blijven leven en de mensen waar je van houdt ook.' Hij keek op naar zijn verkenners.
'Zorg dat ze ergens rustig kunnen gaan wonen', zei hij.

Jozua liep Jericho in. Hij voelde nu pas hoe moe hij was. Zijn armen en benen waren zwaar, zijn lijf bezweet. Maar hij liep gewoon door, stevig. Het zand onder zijn sandalen stoof weg. Hij zag de sterke mannen van Israël aan het werk. Ze staken de stad in brand. Ze pakten goud en zilver, brons en ijzer en legden het op een hoop. Jozua had ze verteld dat het niet van hen was, dat het van de Heer was. En daarom namen ze het niet mee.

Iedereen had de hele week precies gedaan wat God wilde. Rond de stad gelopen, geen woord gezegd, en nu was Jericho van hen. Zonder dat er mensen van hun volk waren gestorven.

Een kind leunde tegen zijn moeder aan en keek naar Jozua. Jozua voelde zich even dat kind, moe en tevreden. Hij glimlachte.

MG

28 Voor God en voor Gideon!

Rechters 6-7

Ziezo, dit pakken ze ons niet meer af, denkt Gideon. Samen met vader heeft hij nog net twee schoven gerst kunnen oogsten. Zo snel mogelijk rijden ze de kar vol graan langs de heuvel naar hun geheime plek. Vader trekt, Gideon duwt. Boven op de heuvel ligt de dorsvloer van het dorp, maar daar gaan ze al lang niet meer heen. Veel te gevaarlijk, want daar zouden de Midjanitische roversbenden hen meteen zien. Voor Gideons gevoel is het eeuwen geleden dat hij daar heeft staan dorsen en wannen. Hij was toen nog een kind. Het wannen vond hij altijd het leukst. Dan mocht hij met zijn vriendjes de gerst in de lucht gooien. Ze maakten er een spelletje van wie het hoogst gooide. Stro en kaf woeien weg. De zwaardere korrels vielen terug.

Ze moeten opschieten, want het is oogsttijd en de rovers op hun kamelen zijn alweer gesignaleerd. Ze lijken wel een zwerm sprinkhanen, zo'n puinhoop laten ze achter. Wat ze niet platbranden, stelen ze, elk jaar weer. Slim als vader is, heeft hij een dorsvloertje gemaakt op een plek waar niemand dat verwacht: in een dichtbegroeid bosje, beneden in het dal. Daar, half onder een terpentijnboom, heeft hij een wijnpers gemetseld waarin je ook kunt dorsen.
Opeens blijft de kar steken in een ondiepe kuil. Schichtig kijkt Gideon achterom. In de verte wolkt zwarte rook omhoog. 'Trekken, vader!'

schreeuwt hij. 'Het graan van de buren staat al in brand!' Hij duwt uit alle macht. Zweet druipt van zijn gezicht. Zijn onderkleed plakt aan zijn lijf.
Krakend schiet de kar uit het gat. Een bos aren valt uit een schoof. 'Wacht, vader!' Snel graait Gideon de aren bij elkaar en gooit ze terug. Geen sporen achterlaten! Nog even en ze zijn bij het bosje. Op tijd? Als ze het bosje in rijden, kijkt hij nog even achterom. Rook en vlammen in de verte, maar nog geen kamelen. Ze hebben het gehaald!
Als ze de aren in de wijnpers gekiept hebben, gaat vader naar huis. Gideon pakt zijn dorsvlegel en begint op de aren te slaan zodat de korrels eruit vliegen.
Plotseling hoort hij iets achter zich. Bliksemsnel draait hij zich om, zijn dorsvlegel in de aanslag.
Er zit iemand die hij niet kent op de steen onder de terpentijnboom. 'God staat achter je, dappere held!' zegt de man. Er is iets vreemds met hem. De lucht om hem heen lijkt te trillen.
Gideon laat zijn dorsvlegel zakken. 'Nou, daar merk ik niet veel van', schampert hij. 'God laat niks van zich horen. Volgens de oude verhalen heeft hij ons volk vroeger uit de slavernij van Egypte bevrijd en deed hij allemaal wonderen. Maar nu laat hij ons in de steek. De Midjanieten verwoesten ons land, wij lijden honger en God doet niks!'
De man wijst naar Gideon. 'Jíj moet Israël bevrijden', zegt hij doodkalm. 'Opdracht van God.'
Gideon schrikt. 'Ik? Dat kan ik niet! Ik kom uit een arme familie en ben nog de jongste ook.'
'Dat kun je wel', zegt de man. 'Want ik help je. Jij gaat de Midjanieten verslaan. Met gemak.'
Wat zegt die vreemdeling nu? Dat hij mij helpt? Wie ís hij dan in vredesnaam? Gideon bekijkt hem eens goed. Hij heeft iets lichts, iets stralends. Zou hij soms ...
Gideons hart gaat sneller kloppen. 'Heer,' zegt hij, 'als u van God komt, geef me dan een bewijs. Want ik heb nog nooit een boodschapper van

God gezien. Maar wacht, eerst zal ik iets te eten halen voor u. Blijft u alstublieft hier tot ik terug ben.'
'Goed,' zegt de man, 'ik wacht op je.'

Gideon rent naar huis, legt geitenvlees en gerstebrood in een mand en giet jus in een pot.
'Wat een haast!' zegt zijn knecht Pura. 'Wat is er ...?'
'Kan ik niet zeggen', fluistert Gideon terwijl hij rondkijkt of de kust veilig is. Nergens kamelen te zien. Snel nu!
Gelukkig, de vreemdeling zit er nog. 'Alstublieft', hijgt Gideon. 'Voor u. Eet smakelijk!'
De man staat op, wijst naar de steen en zegt: 'Leg hier maar neer.' Gideon doet wat hij zegt.
'Nu de jus erover gieten, ja, ook over het brood.'
Wat raar, denkt Gideon, maar weer doet hij wat de man vraagt. Brood en vlees worden kletsnat.
De man pakt zijn staf en raakt met de punt het eten aan.
Een grote steekvlam laait op uit de steen. In een oogwenk zijn brood en vlees verkoold.
Gideon slaat zijn handen voor zijn gezicht. 'Heer, wat ...?'
Hè, waar is-ie nu opeens? Gideon kijkt om zich heen. De man is weg, opgelost in het niets.
Gideon wankelt achteruit. Die vreemdeling was dus echt een boodschapper van God, een engel!
Met zijn rug tegen een boom zakt Gideon op de grond, hoofd in de handen, ogen dicht. Zijn hart gaat tekeer. Als die engel echt is, is zijn opdracht dat ook, beseft hij. Hij, Gideon, moet de Midjanieten verslaan!

Gideon is met Pura een schapenvel aan het schoonschrapen als vader laat in de middag terugkomt van de markt. Aan zijn hangende schouders ziet Gideon het al: slecht nieuws.

Met een zucht valt vader op de bank voor het huis. 'De Midjanieten zijn de Jordaan weer overgestoken. Ze hebben hun tenten opgezet in de vallei van Jizreël. Amalekieten en andere woestijnvolken doen nu ook mee. Meer dan honderdduizend man! We gaan eraan, allemaal!'

Gideon voelt een enorme woede in zich opkomen. Woede, maar ook kracht. Nu! weet hij. Nu is het mijn tijd. 'Dat mochten ze willen, vader', zegt hij. 'We gaan die rovers een lesje leren!' Hij staat op en haalt zijn ramshoorn van de haak aan de muur.

'Wat ga je doen, jongen?' Vader klinkt ongerust.

'Een leger bij elkaar roepen!'

'Daar komt niks van in!' Vader springt op van de bank. 'Je hebt geen schijn van kans!'

'Met Gods hulp wel!' Gideon zet de ramshoorn aan zijn mond.

'Stop!' zegt vader. 'God heeft ons in de steek gelaten. Omdat we andere goden hebben vereerd, Baäl en Asjera. Nu neemt hij wraak!'

'Nee, vader', zegt Gideon, weer kalm. 'Die altaren voor Baäl en Asjera heb ik al lang kapotgeslagen. Dat werd nog een hele rel in de stad, weet u nog. Toen die kerels mij wilden doden ...'

'En óf ik dat nog weet! Ik heb toen gezegd dat Baäl wel voor zichzelf kon opkomen.'

'Dat was een goeie zet, vader,' grinnikt Gideon, 'want toen lieten ze me mooi met rust!'

Gideon blaast op de ramshoorn. En nog eens. En nog eens. Tot er een grote kring mannen om hem heen staat. Hij houdt een gloedvolle toespraak. Over onderdrukking en verzet. Over dat ze het niet langer pikken. De woorden lijken als vanzelf uit zijn mond te komen.

De mannen klappen en juichen. 'We steken ze overhoop!' 'We voeren ze aan de gieren!'

'Jij bent onze generaal, Gideon', zegt Pura. 'Wij gehoorzamen je.'

'Goed', zegt Gideon. 'Ga dan het land in en roep alle mannen en jongens van vijftien jaar en ouder op om mee te vechten!'

Geweldig, wat een leger! denkt Gideon als hij ziet hoeveel soldaten er in het dal en op de heuvels klaarstaan. Volgens Pura zijn het er meer dan dertigduizend! Maar als hij tussen hen door loopt en hun wapens ziet, twijfelt hij. Zouden zij met hun bijlen, messen, sikkels en dorsvlegels de veel beter bewapende Midjanieten wel aankunnen? Zou God hen echt helpen? Stel dat het niet waar is ...

Met een opgerolde schapenvacht onder zijn arm glipt Gideon tegen de avond het bosje in. Bij de schuilplaats van zijn vader is het doodstil. Alleen een vogel zingt, hoog in een boom.
Gideon legt de vacht in de wijnpersbak en gaat op de rand zitten. Even verderop ligt de steen waar eens die engel zat. 'God', zegt hij zacht, 'ik moet zeker weten dat u me helpt. Anders durf ik niet. Als morgenochtend de schapenvacht nat van de dauw is en de grond eromheen droog, dan weet ik het zeker!'
De volgende ochtend rent Gideon met kloppend hart het bosje in. De grond in de bak is droog! En de schapenvacht? Kletsnat! Gideon wringt er een hele kom water uit. Wat nu? Betekent dit dat God hem zal helpen of ... is dit toeval?
Gideon valt op zijn knieën en knijpt zijn ogen dicht. 'God,' smeekt hij, 'nog één keer alstublieft, nog één bewijs! Laat morgenvroeg de grond nat zijn en de schapenvacht droog! Alstublieft!'
Als God nu maar niet kwaad op me wordt, denkt Gideon terwijl hij opstaat.
De volgende ochtend durft Gideon haast niet te gaan kijken. Maar als hij bij de wijnpers aankomt, ziet hij dat de grond nat is alsof het pas heeft geregend. Snel pakt hij de vacht op. Kurkdroog! Gideon ademt diep in en uit. Dan drukt hij de vacht tegen zijn borst alsof het een knuffeldier is. 'Dank u, God!' schreeuwt hij naar de boomtoppen. 'Dank u, ook voor uw geduld met mij!'

Het is nacht. Geen maan, geen sterren, geen kampvuren. Gideon zit met Pura tegen een rotswand. Zijn strijders liggen te slapen, op wat bewakers na. Een halfuur lopen naar het noorden begint het enorme legerkamp van de Midjanieten en Amalekieten.
'Ben je niet bang,' fluistert Pura, 'na alles wat er vandaag is gebeurd?'
'Nee', fluistert Gideon.
'Met die paar honderd man die we over hebben zijn we als een muis tegen een kameel!'
'De muis is slim. En God zal ons helpen.'
In gedachten ziet Gideon de hele dag weer aan zich voorbijgaan. 'Je leger is veel te groot', had God 's ochtends gezegd. 'Zo laat ik jullie niet winnen, want dan verbeelden je mannen zich achteraf dat ze zelf zo sterk waren. Laat iedereen die bang is naar huis gaan.'
Gideon had de boodschap nog niet overgebracht of de mannen liepen met duizenden tegelijk weg. Hij hield er maar tienduizend over. Ook dat vond God nog te veel. Gideon moest ze laten drinken uit de beek. Wie op z'n knieën van het water ging drinken, moest weg. Wie op z'n buik ging liggen en het water opslurpte als een hond mocht blijven. Zo hield hij maar driehonderd man over. De rest had hij naar huis gestuurd. Alleen hun ramshoorns en waterkruiken had hij achtergehouden. Want daar heeft hij een plannetje mee.
Het is doodstil, op het ruisen van de bergbeek na. Opeens klinkt er een gedempte stem: 'Het is zover. Val het kamp aan!'
'Huh! Wat? Zei jij dat?' Aan Pura's schokkerige ademhaling hoort Gideon dat zijn knecht bang is.
'Nee,' zegt hij, 'dat was de stem van God.'
'Sluip naar hun kamp,' vervolgt de stem, 'en luister ze af. Wees niet bang. Alles komt goed.'
'Kom op', zegt Gideon. 'We gaan.' Meteen ziet hij de maan achter de wolken tevoorschijn komen. 'Kijk, God licht ons bij!'
Aan de rand van het vijandelijke legerkamp hoort Gideon stemmen. Hij houdt Pura tegen.

'Ach man, ik heb zo raar gedroomd', hoort hij. 'Een gerstebrood rolde keihard door ons kamp en botste tegen een legertent aan zodat die instortte.'

'O wee!' klinkt een andere stem. 'Dat gerstebrood is natuurlijk het leger van Gideon dat ons komt overrompelen. God geeft hem de overwinning!'

Als Gideon dat hoort, knijpt hij Pura in zijn hand. Hij krijgt een enthousiaste kneep terug.

Terug in hun eigen kamp maken ze iedereen wakker. 'Opstaan! We gaan aanvallen!'

Tevreden ziet Gideon hoe de mannen overeind springen en gretig naar hun bijlen en messen grijpen. Hij laat Pura de ramshoorns uitdelen en zelf geeft hij iedereen een waterkruik met een brandende fakkel erin. Dan verdeelt hij ze in drie groepen en vertelt ze precies wat ze moeten doen.

Een enkeling protesteert: 'Maar Gideon, dat is toch geen vechten!'
'Je hebt me gehoord', zegt Gideon. 'Zo doen we het en niet anders. Vechten kun je nog genoeg!'
Als Gideon met zijn bende bij het vijandelijke kamp aankomt, ziet hij dat de wachtposten net afgelost worden. 'Nog even', fluistert hij tegen Pura.
Zodra de wacht gewisseld is, blaast hij op zijn ramshoorn en slaat hij zijn waterkruik aan stukken. Meteen klinkt er van alle kanten een oorverdovend lawaai van honderden ramshoorns, en van honderden kruiken die stukgeslagen worden. 'Voor God en voor Gideon!' klinkt het uit honderden kelen en overal rond het kamp zwaaien flakkerende fakkels.
Gideon ziet weinig in het donker, maar hij hoort des te meer. Een verschrikkelijk gebrul en gekletter van zwaarden klinkt op uit het kamp. Verstoord kijkt Gideon opzij: hebben zijn mannen de aanval ingezet zonder op zijn bevel te wachten? Opeens begrijpt hij het. God laat de Midjanieten en Amalekieten in hun verwarring tegen elkaar vechten! Dan ziet Gideon mannen in paniek wegvluchten uit het kamp, in de richting van de Jordaan. 'Erachteraan!' roept hij tegen zijn bende. 'Nu mag je vechten!'

Zo verslaat Gideon de Midjanieten en hun bondgenoten.
Eindelijk kan hij weer graan dorsen op de heuvel bij zijn dorp. En de kinderen kunnen weer gerstekorrels in de wind gooien en doen wie het hoogste komt!

LvD

29 Delila's sterke man

Rechters 13-16

Ik buig me over de rand van de vijver. Met één hand houd ik mijn lange haren tegen. Met een vinger van mijn andere hand veeg ik langzaam langs mijn ogen. Het water is zo glad als een spiegel. Ik ben mooi. Nog mooier dan gisteren. Door die zwarte mascara lijken m'n ogen groter. Daar valt hij op, Simson. Stoere kerel. De schrik van de Filistijnen en de held van de Israëlieten, maar zo mak als een lammetje bij mij!

Alleen ... hij liegt tegen me en dat zit me niet lekker. Drie keer heb ik hem nu al gevraagd wat het geheim van zijn bovennatuurlijke kracht is. Ik móét het te weten komen. Want dan krijg ik van elk van de Filistijnse stadsvorsten 1100 sjekel zilver, dat is 55 kilo zilver! Dan ben ik steenrijk! Dan koop ik een groot huis en zijden jurken en gouden halskettingen en armbanden.

Maar alle drie de keren heeft hij me voor gek gezet. Hij maakte er gewoon een spelletje van! Eerst moest ik hem vastbinden met zeven nieuwe touwen. Dan zou hij machteloos zijn, zei hij. Niet dus! In m'n gastenkamer stonden Filistijnse krijgers klaar. Toen ik riep: 'Hé Simson, daar zijn de Filistijnen!' sprong hij op en rukte die touwen kapot alsof het draadjes waren. De tweede keer beweerde hij dat hij machteloos zou zijn als ik hem zou vastbinden met leren riemen. Ook die brak hij met gemak. En de derde keer zei hij dat hij zijn kracht kwijt zou zijn als

ik zijn zeven lange vlechten in mijn weefgetouw zou weven en dat dan vast zou timmeren aan de muur. Maar toen ik de Filistijnen liet komen, trok hij alles los, met weefgetouw en al!
Ik moet het anders aanpakken ...

'Hallo Delila, ja hoor, je bent mooi!'
O, daar heb je Susanna met haar kroeskop. Komt water halen. Nu moet ik op m'n woorden passen, want ze is Israëlitische. 'Hé Susan, lang niet gezien! Hoe gaat met jou?'
'Je bent tegenwoordig met onze Simson, hè.'
'Nou en? Jaloers?' Ik kijk haar onderzoekend aan.
Susanna schudt haar hoofd. 'Mocht je willen! Hij mag dan onze leider zijn, en al twintig jaar beroemd omdat hij die vreselijke Filistijnse baasspelers aan durft te pakken, mij is-ie te ruig.'
'Hij kan ook lief zijn. Hij heeft alleen abnormaal lang haar. Veel langer dan dat van mij ...' Ik zucht diep.
'Dat komt doordat hij aan God gewijd is', zegt Susanna. 'Bij ons mag je dan nooit van je leven je haar afknippen.'
'Nooit van gehoord. Rare gewoonten hebben jullie Israëlieten.'
'De Filistijnen zeker niet! Of ben jij soms voor de Filistijnen?' Ze kijkt me wantrouwend aan.
'Ben je mal', zeg ik snel. 'Ik ben niet Israëlitisch en niet Filistijns en dus onpartijdig. Ik bemoei me niet met jullie oorlog. Simson is trouwens ook grappig. Hij vertelde dat hij een keer driehonderd vossen twee aan twee met hun staarten aan elkaar heeft gebonden met een brandende fakkel ertussen. Zo heeft-ie ze de akkers van de Filistijnen in gejaagd. Dat was lachen.'
'Ja hè? Niet alleen hun graan is toen afgebrand, en hun korenschoven, maar ook hun wijngaarden en olijftuinen.'
'En hij houdt van raadsels en spelletjes.' Oei, ik moet niet te veel zeggen ...
'Weet ik. Ken je dat verhaal over het raadsel op zijn bruiloft?'

‘Bruiloft? Is hij getr...’
‘Hij wás getrouwd’, zegt Susanna. ‘Lang geleden, met een Filistijns meisje uit Timna. Er waren dertig bruiloftsgasten en die gaf hij een heel moeilijk raadsel op.’
‘Wat dan?’
Susanna zet haar waterkruik op de grond en gaat er echt voor zitten. ‘Het ging over een leeuw die hij had doodgeslagen. Toen hij later ging kijken bij die dode leeuw hadden bijen er een nest in gemaakt, compleet met honing. Daardoor verzon Simson dat raadsel voor die Filistijnse familie. Hij zei: “Vroeger was hij oersterk en maakte iedereen bang, maar nu trakteert hij op zoete lekkernij. Rara, wat is dat?”
Als ze het binnen de zeven dagen van het feest zouden raden, zou Simson hen elk een stel onder- en bovenkleren geven. Maar als ze het niet raadden, moest elk van hen hem een stel onder- en bovenkleren geven. Nou, hoe ze hun hersens ook pijnigden, ze konden er niet achter komen.’
‘Logisch’, zeg ik. ‘Hoe is het afgelopen?’
‘De Filistijnse gasten dwongen Simsons vrouw om de oplossing aan hem te vragen en het aan hen te verklappen; deed ze dat niet, dan zouden ze het huis van haar ouders in brand steken. Toen heeft ze net zo lang gezeurd tot Simson het haar vertelde. Net op tijd gaven de gasten hem de oplossing: “Wat is er sterker dan een leeuw? En wat is er zoeter dan honing?” Maar Simson had hen door. Hij werd zó woest dat hij op straat dertig Filistijnen doodsloeg, hun kleren afpakte en die aan de bruiloftsgasten gaf. Dat was het begin van zijn strijd tegen de Filistijnen. Daarna heeft hij er nog veel meer gedood.’
‘Dat weet ik. Hij vertelde me dat hij een keer duizend Filistijnen heeft doodgeslagen met een ezelskaak. Ik dacht dat het opschepperij was.’
‘Simson is geen opschepper, alleen een rouwdouwer ...’

Zo, nu nog wat nardusolie achter m’n oren. En die vaas met rozen zet ik in de nis. Ik ga het Simson helemaal naar de zin maken. Jammer dat-ie geen wijn drinkt ... Aha, daar hoor ik zijn voetstappen ...

'Delila, m'n schat, waar zit je?'
Simson stormt binnen met z'n glanzende spierbundels en wapperende vlechten. Hij slaat z'n armen om me heen en zoent me onstuimig. Maar ik laat me er niet door meeslepen.
'Wat ruik je lekker!' Hij zet een stap achteruit en bekijkt me.
'En wat zie je er geweldig uit!'
Mooi, dit gaat goed. 'Lieverd, wil je iets drinken?' vraag ik terwijl ik bevallig een haarlok achter m'n oor strijk.
'En in de schaal heb ik vijgen en granaatappels voor je.'
'Mmm, heerlijk.'
Hij gaat liggen en strekt zijn armen naar me uit. Hij is niet eens zo abnormaal groot. Maar wel abnormaal sterk en ik zál erachter komen waardoor!
'Kom 's bij me', zegt hij.
Ik blijf staan. Nu m'n hersens erbij houden.
'Alleen als je echt van me houdt.'
'Ik hou echt van je!' Het klinkt bijna wanhopig.
'Ik geloof er niks van,' pruil ik, 'want je liegt tegen me. Je vertrouwt me niet.'
Hij schiet overeind. 'Ik vertrouw je wel!' roept hij.
'Hoe kan ik het bewijzen?'
'Door nu eindelijk eens eerlijk te zeggen wat het geheim van je kracht is!'
'Waarom moet je dat toch zo nodig weten?'
Zijn handen gaan hulpeloos omhoog.
'Gewoon. Als je van elkaar houdt, vertel je elkaar toch alles!' Ik zet mijn onschuldigste gezicht op.
'Hm.' Hij zakt weer neer, staart naar het plafond en zucht. Het duurt lang.
'Goed dan', zegt hij tenslotte langzaam.
'Ik ben aan God gewijd en daarom mag

mijn haar nooit afgeschoren worden. Als dat wél gebeurt, ben ik al m'n kracht kwijt ...'

Ik voel dat het dit keer raak is. 'Lieve Simson', zeg ik zacht. 'Ik hou van je.' Ik ga bij hem op de bank zitten, leg zijn hoofd in mijn schoot en zoen hem terwijl ik kijk waar m'n scheermes ligt. Mooi, ik kan er zó bij. 'Hier, schat, neem nog wat druivensap.'

Hopelijk werkt het slaapmiddel dat erin zit snel ...

Sjonge, wat een dikke vlechten! Ik kom er met moeite doorheen met m'n scheermes. Soms geef ik per ongeluk een rukje aan zijn hoofd. 't Is maar goed dat-ie zo diep slaapt. Nu de andere kant nog. Voorzichtig z'n hoofd omdraaien ... Als die boodschappers die ik gestuurd heb nu maar opschieten! Ze hoeven alleen de vijf Filistijnse stadsvorsten halen. Die kunnen 'm nu makkelijk zelf aan.

Eindelijk, daar zijn ze. Hun knechten dragen dikke rollen touw over hun schouders. 'Ssst', fluister ik. 'Hij slaapt nog. Waar is het geld?' Ik ben namelijk wel goed, maar niet gek. Dus eerst zien of die vijf zakken zilver wel elk 1100 sjekel wegen. Het klopt zowaar. 'Goed, zet hier maar tegen de muur. Klaar?'

Stom dat m'n hart zo tekeer gaat. Niet op letten, want het gaat gesmeerd. Ik haal diep adem en schreeuw dan: 'Simson, daar zijn de Filistijnen!'

'Wat, waar?' Simson springt op en begint meteen te knokken, net als de vorige keren. Maar dit keer slaan de stadsvorsten hem met gemak

tegen de grond, draaien z'n armen op zijn rug en boeien hem. Hij ligt met z'n gezicht in z'n eigen haren.
'M'n haar!' schreeuwt hij. 'Delila, wat heb je gedaan, wat heb je gedaan?'
Ze trekken Simson overeind. Z'n ogen flikkeren. 'Ik vertrouwde je, maar je hebt me bedrogen!' Woedend kijkt hij me aan. Het laat me koud.
De mannen schoppen Simson naar buiten. Geen idee wat ze met 'm uitvreten, maar ik hoor hem brullen als een gewonde leeuw.

'Hé, Delila, heb je 't al gehoord? Simson is naar de Filistijnen!'
O, Susanna weer. Oppassen dus. 'Ik weet alleen dat ze hem een tijd geleden gearresteerd hebben', zeg ik voorzichtig. 'Dat was in m'n oude huis, dus dat moet minstens vijf jaar geleden zijn. Iemand moet 'm toen verraden hebben.'
'Vreselijk voor je. En voor ons ook. Heel Israël is in de rouw. Weet je wat ze geflikt hebben, die onbesneden honden?'
'Nee ...'
'Ze hebben hem z'n ogen uitgestoken en ...'
'O, wat erg!' Ik probeer tranen uit m'n ogen te persen.
'Meisje toch,' zegt Susanna, 'je hield echt van hem, hè?'
'Ja ...'
We gaan op het lage muurtje om de vijver zitten en Susanna slaat haar arm om me heen. 'Delila', zegt ze zacht. 'Ik moet je iets zeggen: Simson is dood.'
'Dood? Hoe ...?'
'Ze hebben hem in Gaza in de gevangenis gegooid. Daar lieten ze hem vrouwenwerk doen: hij moest meel malen. Omdat ze hem eindelijk in hun macht hadden, hebben ze toen een groot offerfeest gevierd voor hun oorlogsgod Dagon. Ze hebben Simson in hun tempel te kijk gezet. Duizenden mensen stonden 'm uit te lachen en te pesten. Iemand vertelde me dat er op het tempeldak ook nog eens drieduizend mensen zaten. Simson stond in het midden tussen de twee grootste pilaren van de tempel. Maar z'n haar was weer een stuk aangegroeid en dus was

zijn kracht ook teruggekomen! Hij heeft die pilaren toen omver geduwd zodat de hele tempel met mensen en al instortte. Zoveel Filistijnen had hij tijdens zijn hele leven niet gedood. Maar zelf lag hij ook onder het puin ...'
'Nee toch! Verschrikkelijk!' Ik sla m'n handen voor m'n gezicht om geschokt over te komen.
We staan op en praten nog wat na. Susanna is er vol van. Ik doe alsof. Dan loop ik naar mijn mooie nieuwe huis. Dat heb ik toch maar mooi aan die Simson overgehouden!

LvD

30 Door God geroepen

1 Samuel 1-3

Alweer is er zand voor de tempel in Silo gewaaid. Samuel pakt de bezem en begint te vegen. Daar komt Chofni, de oudste zoon van priester Eli, de voorhof in. Voor Samuel is hij een soort grote stiefbroer. 'Hé Sam, je familie komt eraan!'
Meteen laat Samuel zijn bezem vallen en rent naar hem toe. 'Waar, Chofni? Waar zijn ze?'
'Kijk, daar.' Chofni wijst naar een gelige stofwolk op de weg naar Rama. 'Dat moeten ze zijn.'
Samuel gooit zijn linnen priesterkleed af en rent het hek door, de zandweg naar Rama op. De zon brandt, maar hij voelt het niet. 'Mama! Papa!' schreeuwt hij.
Hij ziet zijn ouders maar één keer per jaar, als ze naar de tempel in Silo komen om God te eren en hem offers te brengen. Hij is nu elf, maar al vanaf zijn derde jaar, toen zijn moeder hem bij Eli bracht, woont hij bij het heiligdom. Zijn moeder heeft altijd gezegd dat hij een bijzonder kind is, voorbestemd om God te dienen. Hij mag dan ook in het heiligdom slapen, bij de ark van God. Eli is als een tweede vader voor hem, maar soms mist hij zijn echte vader en moeder vreselijk, vooral als zijn stiefbroers Chofni en Pinechas hem plagen. Dan denkt hij: was ik maar een gewoon kind dat bij zijn vader en moeder woont, net als mijn broertjes en zusjes!

Thema: mannen en vrouwen, leiderschap, eten en drinken

Samuel rent de groep mensen en ezels tegemoet. Ja, ze zijn het! Hij ziet zijn moeder van haar ezel glijden. Met fladderend overkleed en gespreide armen loopt ze naar hem toe.
'Mam!' Samuel springt in haar open armen. Wat is haar hals zacht en wat ruikt ze lekker. Hij zucht diep. Kon hij maar altijd bij haar blijven!
Dan begroet hij ook zijn vader. En zijn vijf broers en zusjes. Wat zijn ze gegroeid! Zijn zusje Anna kan al lopen en Samuel ziet Micha van acht bewonderend naar hem opkijken. Tante Peninna, zijn vaders andere vrouw, is ook meegekomen met haar kinderen.
Samuel brengt hen naar Eli die bij de ingang van het heiligdom op zijn bankje zit. De oude priester kan niet goed meer zien, maar begroet Samuels familie hartelijk.
'Mama,' vraagt Samuel, 'mijn priesterkleed van vorig jaar is te klein geworden. Hebt u weer ...'
'Natuurlijk, jongen!' zegt zijn moeder, terwijl ze een mooie mantel uit haar bagage haalt.
'Zelfgemaakt!' Samuel trekt hem aan. 'Lekker groot', lacht hij en hij slaat zijn armen om zijn moeder heen.
Tenten worden opgezet, ezels krijgen water en Samuel geeft de kleintjes alvast een stuk brood.
Dan begint het offeren. Nu Eli oud is, doen zijn zoons het priesterwerk.

Chofni en Pinechas slachten het schaap en hakken het in stukken. Hun knecht steekt het brandhout op het altaar aan, zet er een grote kookpot op en legt de stukken vlees in de pot.
Even later haalt de knecht met een enorme vork de mooiste stukken uit de pot. 'Ziezo, dit is voor de priesters.'
Samuel stoot zijn vader aan. 'Veel te veel', fluistert hij.
Zijn vader knikt en loopt naar de knecht. 'Is dat niet wat veel voor de priesters? Bovendien zit er nog vet aan en dat horen we aan God te offeren door het te verbranden. Als u even wacht tot er rook van het vet komt, kunt u daarna nemen wat u wilt.'
De knecht kijkt hem dreigend aan van onder zijn dikke wenkbrauwen. 'Orders van de priesters', zegt hij kortaf, terwijl hij naar Chofni en Pinechas knikt. Dan gaat hij door met vlees stelen. Iedereen ziet het, maar niemand durft er wat van te zeggen, vooral als de knecht zogenaamd achteloos met het slachtmes begint te spelen zodat het blikkert in de zon. Samuel ziet dat zijn vader zich verbijt van ergernis.
Eli moet dit weten, denkt Samuel. Want dit gebeurt elke keer. Maar mij gelooft hij vast niet, want ik ben nog maar een kind ...
De kleine kinderen spelen en lachen gewoon door. En tijdens het offermaal beginnen ook de groten weer te praten. Gelukkig, de spanning is eraf.

'Mam,' zegt Samuel na de maaltijd, 'ik wil zo graag weer bij jullie wonen. Eli is heel goed voor me, maar Chofni en Pinechas niet.'
Zijn moeder zucht. 'Dat zou ik ook wel willen ...' Ze pakt hem bij zijn arm. 'Kom, ik moet je iets zeggen.'
Samen lopen ze de binnenhof uit. Dan begint zijn moeder te vertellen. 'Vroeger, toen jij er nog niet was, dacht ik dat ik geen kinderen kon krijgen. Tante Peninna, die wel kinderen had, pestte mij daarom. Ik was niets waard, zei ze, geen echte vrouw. Dan moest ik huilen en kon ik geen hap door mijn keel krijgen, ook al wist ik dat je vader me nooit weg zou doen. Op een keer waren we hier en tijdens het offermaal was

het weer raak. Ik weet nog hoe je vader me troostte: "Ben ik niet meer waard voor je dan tien kinderen?" Goed bedoeld natuurlijk, maar zelfs de liefste man kan geen kinderen vervangen. Na de maaltijd ging ik het heiligdom in en begon te bidden. "O God van de hemelse machten," smeekte ik, "ik voel me zo ellendig. Geef me toch een zoon, dan schenk ik hem voor zijn hele leven aan u." Eli dacht dat ik dronken was omdat hij wel mijn lippen zag bewegen, maar niets hoorde. Maar toen ik hem vertelde dat ik mijn hart bij God had uitgestort, zei hij: "Ga in vrede. God zal je geven waar je om gevraagd hebt." Ik was zó blij! Vlak daarna werd ik zwanger. Van jou.'

Ze zwijgt.

Samuel blijft staan. Zijn hart bonkt en zijn hoofd lijkt te knappen, zoveel gedachten schieten door hem heen. Hij kijkt zijn moeder aan en haalt diep adem. 'Daarom ben ik dus hier, mama, omdat u mij al aan God heeft beloofd nog vóór ik bestond. Als u niet zo gesmeekt had, was ik er nooit geweest. Ik ben een geschenk van God ...'

'Ja, jongen', zegt zijn moeder zacht. 'Daarom ...' Ze trekt hem tegen zich aan. Hij voelt haar tranen in zijn nek druppen.

Nu begrijpt Samuel wat hij vroeger nooit begreep. Hij wíst altijd wel dat hij bijzonder was, maar hij vóélde zich nooit bijzonder. Hij was liever gewoon, net als andere kinderen. Nu pas voelt hij dat dat niet kan en dat hij het ook niet meer wil. Het is alsof hij in een halfuur tijd jaren ouder en wijzer is geworden.

'Mama,' zegt hij terwijl hij zich van haar losmaakt, 'het is goed zo. U hebt mij van God gekregen. Ik hoor bij God. Ik hoef niet meer bij jullie te wonen. Mijn thuis is het heiligdom hier, ook al is het soms moeilijk.'

Als zijn familie weer terug naar huis is, hoort Samuel dat Eli zijn zoons streng toespreekt. 'Waarom misdragen jullie je zo? Van alle kanten hoor ik slechte dingen over jullie. Jullie zondigen tegen God. Dat moet afgelopen zijn!'

Eindelijk, denkt Samuel. Eindelijk hebben volwassenen het tegen Eli gezegd. Niet een paar mensen, maar een heleboel. Nu zullen Chofni en Pinechas wel eerlijker worden.
De volgende dag komt er weer een familie offeren. 'Zal ik jullie helpen?' vraagt Samuel opgewekt aan Chofni, in de hoop dat het nu eerbiediger toegaat.
'Nee, Sam', zegt Chofni. 'Wegwezen. Ga spelen of water halen, maar loop ons niet voor de voeten.'
Gekwetst druipt Samuel af naar de ingang van het heiligdom. Hier sta ik tenminste niemand in de weg, mokt hij. Gespannen volgt hij hoe het offeren gaat.
Tot zijn teleurstelling pakken Chofni en Pinechas wéér te veel vlees. Merkt Eli dit nu niet? vraagt Samuel zich af. Of denkt hij dat één waarschuwing wel genoeg is?

Op een nacht ligt Samuel te slapen in het heiligdom. Opeens schrikt hij wakker. Hij wordt geroepen. Eli natuurlijk. 'Ja, ik kom', zegt hij terwijl hij snel van zijn slaapmat opstaat. Hij ziet niet veel in het donker, want de olielamp die hij elke avond moet aansteken is al bijna uitgedoofd. Op de tast loopt hij naar Eli. 'Hier ben ik', zegt hij. 'U hebt mij toch geroepen?'
'Nee hoor', zegt Eli. 'Ik heb je niet geroepen. Je hebt vast gedroomd. Ga maar weer slapen.'
Samuel gaat terug naar zijn slaapmat, maar hij slaapt nog niet of hij hoort opnieuw zijn naam roepen. Het is wél Eli, denkt hij en gaat naar hem toe. Maar weer zegt Eli dat hij het niet was en weer gaat Samuel slapen. Dan hoort hij voor de derde keer zijn naam roepen. Glashelder. Nu weet ik het zeker, denkt Samuel. 'Ik hoorde u nu toch echt, hoor', zegt hij tegen Eli.
Moeizaam gaat Eli rechtop zitten. 'Ik begrijp het al', zegt hij tegen Samuel. 'Het is God die jou roept. Dat is je nog nooit overkomen en

daarom heb je zijn stem niet herkend. Als je nu weer geroepen wordt, moet je zeggen: "Spreek, Heer, uw dienaar luistert."'

Met bonzend hart loopt Samuel terug naar zijn slaapmat. Hij probeert te slapen, maar dat lukt niet meer. Stel je voor dat hij door Gods stem heen slaapt!

'Samuel! Samuel!'

Daar is hij! Samuel beeft van opwinding. 'Spreek, Heer', zegt hij schor. 'Uw dienaar luistert.'

'Let op, Samuel, ik ga iets doen waarvan iedereen versteld zal staan. Ik heb Eli gezegd dat het slecht met zijn familie zal aflopen door het ongehoorzame gedrag van zijn zoons. Niemand uit zijn familie zal nog priester mogen worden en alle mannen van zijn familie zullen sterven in de kracht van hun leven. Eli weet best dat zijn zoons geen respect voor God hebben, maar hij pakt ze niet hard genoeg aan. Daarom ga ik

ze zelf aanpakken. Onherroepelijk. Met geen enkel offer kunnen ze dit nog goedmaken.'
De stem zwijgt.
Het duizelt Samuel. Wat een vreselijk bericht! Wat een erge straf! Met open ogen ligt hij op zijn slaapmat. Waarom vertelt God hem dit? Moet hij het tegen Eli zeggen? Dat durft hij niet!
Langzaam wordt het licht. Hanen kraaien alsof er niets aan de hand is. Eindelijk staat Samuel op, doet de deuren van het heiligdom open en knippert tegen het felle zonlicht. Hoe kan hij Eli ontwijken? Daar, een lege kruik. Hij pakt hem en wil wegglippen om water te halen bij de bron. Maar hij is de voorhof nog niet uit of hij hoort Eli's stem: 'Samuel, mijn jongen, kom eens hier.'
'Eh, natuurlijk, vader Eli, hier ben ik.' Met tegenzin loopt hij naar Eli die op zijn vaste plek voor het heiligdom zit.
'Wat heeft God tegen je gezegd? Eerlijk zeggen!'
Ik kom er niet onderuit, denkt Samuel. Haperend vertelt hij alles wat God hem gezegd heeft.
Eli's hoofd zakt op zijn borst. 'Een andere profeet had het me ook al voorzegd', zegt hij zacht. 'Wat God doet, is goed.'
Samuel gaat naast Eli zitten. Aarzelend legt hij zijn hand op Eli's schouder. Het voelt onwennig, maar hij móét de oude man die altijd zo goed voor hem geweest is, troosten.
'Jongen,' zegt Eli zonder hem aan te kijken, 'jij gaat de nieuwe profeet van God worden.'
'Ik weet het', fluistert Samuel. 'Ik ben er klaar voor.'

LvD

31 Wij willen ook een koning!

1 Samuel 8-10

Het is heet in de stad Rama. Samuel loopt zijn koele huis in voor een dutje op zijn slaapmat. Zijn ogen vallen dicht. In zijn droom ziet hij zichzelf weer als het kind dat in het heiligdom van God woonde, bij Eli, die goede oude priester van lang geleden. Hij ziet zichzelf vegen en glimlacht in zijn slaap. Wat was hij toen nog jong! Toch kreeg hij ook toen al berichten door van God, net zoals nu. En de mensen luisterden naar hem. Hij ziet zichzelf ook als de jonge profeet die ervoor zorgde dat God geëerd werd in Israël. Jaren van vrede en geluk waren dat!
Dan verschijnen zijn twee zoons in zijn droom, als volwassen mannen. Er schiet een pijnlijke trek over zijn oude gezicht. Hij heeft ze benoemd tot zijn opvolgers, tot rechters over Israël. Ze leiden het volk vanuit Berseba, ver weg in het zuiden. Maar wat hij over hen hoort, maakt hem ongerust. Ze denken meer aan zichzelf dan aan God en aan het volk. En als ze rechtspreken, geven ze diegene gelijk die hen het meeste geld betaalt ... Hoe kúnnen ze! Hij heeft ze toch goed opgevoed! Onrustig draait hij zich om en om op zijn slaapmat.
'Samuel!'
Met een schok wordt Samuel wakker. Wie riep hem daar? Gods stem was het niet ...
'Samuel, waar bent u?'
Twee mannen met kale hoofden en grijze baarden komen binnen. Stam-

oudsten, ziet Samuel, leiders van grote families. Meteen staat hij op van zijn mat en begroet hen.
Buiten staan nog veel meer oudsten te wachten. Er is iets aan de hand, voelt Samuel. Iets belangrijks. Snel laat hij de huisknecht brood en geitenmelk voor zijn gasten halen.
Ze zitten nog maar net onder de grote vijgenboom naast zijn huis of de leider van de oudsten schraapt zijn keel. 'U bent oud geworden, Samuel,' begint hij, 'en uw zoons volgen uw voorbeeld niet na. Ze doen slechte dingen!'
Er klinkt instemmend gemompel. 'Het moet afgelopen zijn met dat onrecht!'
Verontwaardigd geroezemoes. 'We zijn die leiders die zichzelf verrijken spuugzat!'
Samuel is het met hen eens, al doet het hem pijn.
'U moet een koning benoemen, net zoals alle andere volken hebben!'
Luid geroep. 'Ja, een koning! We willen een koning!'
Onmogelijk, schiet het door Samuel heen. 'Dat kan niet!' zegt hij. 'Wij zijn anders dan andere volken. God is onze koning!'
Hij gaat op een grote steen staan en gebaart dat het stil moet zijn. Dat stil zijn is lastig, er komen steeds meer mensen bij. 'Ik zal God vragen wat hij ervan vindt.'
Samuel trekt zich terug achter zijn huis, valt op zijn knieën en wacht op de stem die hij zo goed kent. Maar als die stem komt, hoort hij iets heel anders dan hij verwacht. 'Geef ze hun zin', klinkt het. 'Ze zijn niet tegen jou, maar tegen mij. Dat is al zo sinds ik hen heb bevrijd uit Egypte. Geef ze hun koning, maar waarschuw ze ook: voor een koning moeten ze kromliggen!'
De stem zwijgt en Samuel gaat terug naar de oudsten. Het krioelt nu van de mensen.
Moeizaam klimt hij weer op de grote steen en vertelt wat God gezegd heeft. De mensen beginnen te juichen. Met de grootste moeite kan Samuel de menigte tot bedaren brengen. 'Weet waar je aan begint', roept

hij. 'Een koning pakt je zonen af om te vechten in de oorlog. Hij dwingt ze om te zwoegen op zijn akkers. Hij eist van je dochters dat ze zijn was doen, voor hem koken en geurige crèmes maken die ze zelf niet mogen gebruiken. Je mooiste wijngaarden en olijftuinen zal hij afpakken en aan zijn hovelingen geven. Hij neemt je beste slaven en slavinnen om voor hem te werken. Van de opbrengst van je wijngaarden en akkers moet je hem een tiende deel geven en ook van je schapen, geiten en ezels. Zelf zul je ook voor hem moeten werken. En als je God om hulp vraagt tegen die veeleisende koning, dan zal hij niet naar je luisteren. Amen. God heeft gesproken!'

Oorverdovend geschreeuw.

'Een koning! Geef ons een koning!'

Ontdaan schudt Samuel zijn hoofd. Hebben ze dan niet gehoord wat hij zei?

De leider van de oudsten pakt zijn hand en helpt hem van de steen af. 'Samuel, we kunnen niet achterblijven', zegt hij fel. 'Andere volken hebben al lang een koning. Dat willen wij ook. Een koning die rechtspreekt, die ons regeert en die ons voorgaat in de oorlog!'

Samuel zucht, maakt zich van hem los en loopt naar een stille plek. 'God,' zegt hij moedeloos, 'wat vindt u hier nu van?'

Het antwoord is kort en krachtig: 'Stel een koning over hen aan.'

Samuel slikt, sluit zijn ogen en haalt diep adem. Ik zal wel moeten, denkt hij terwijl hij terug sloft naar zijn steen. Twee oudsten helpen hem erop. Nu wordt het zomaar vanzelf stil. Alsof ieder-

een zijn adem inhoudt. Meer dan duizend paar ogen kijken hem vol verwachting aan.
'God heeft gesproken', roept Samuel dan met luide stem. 'Jullie zullen je koning krijgen ...'
Minutenlang gejuich. Samuel steekt zijn armen bezwerend omhoog, maar het duurt lang voor hij zijn zin kan afmaken. '... maar ga nu terug naar huis. Als de tijd rijp is, zal God het laten weten.'
Langzaam verspreiden de mensen zich. Samuel veegt zich het zweet van zijn voorhoofd, groet de oudsten en loopt naar zijn huis. Hij schudt zijn oude hoofd. Soms begrijp ik God niet, denkt hij.

Een eind bij Rama vandaan loopt een lange jongen met zijn knecht. Ze zijn op zoek naar de ezelinnen van zijn vader. De jongen heet Saul en zijn knecht heet Nadab. Ze zoeken al drie dagen.
'Ik kap ermee', zegt Saul moedeloos tegen Nadab. 'We gaan terug. Straks is vader nog ongeruster over ons dan over zijn ezelinnen.'
'Wacht nog even', zegt Nadab. 'Zie je die stad daar?' Hij wijst naar een stadsmuur op een heuvel. 'Daar woont een ziener, een beroemde profeet. Misschien weet hij waar we moeten zoeken.'
'Zou kunnen,' zegt Saul, 'maar we hebben niets om hem te geven. Al ons eten is op.'
'Even kijken of ik nog ...' Nadab zoekt in zijn zakken. 'Ja, hier, een stukje zilver.'
'Goed', zegt Saul. 'Daar doen we het mee. Die man is onze laatste kans.'
Onderweg naar de stad komen ze een paar meisjes tegen. Ze gaan zeker water halen beneden, want ze dragen kruiken op hun schouder.
'Hallo,' vraagt Nadab, 'is de ziener ook in de stad?'
De meisjes zetten hun kruiken neer. 'Nu nog wel', zegt een van hen. 'Maar hij kan elk moment de poort uit komen voor het offerfeest daarginds op de offerhoogte.' Ze wijst naar een heuvel buiten de stad waar Saul mensen heen en weer ziet lopen. 'De gasten wachten op hem want hij moet het offer eerst zegenen voordat ze aan de maaltijd beginnen.

Als je opschiet, kom je 'm misschien nog tegen. Dág!' De meisjes zetten de kruiken weer op hun schouder en lopen de weg af, naar de beek.
'Bedankt!' roepen Saul en Nadab hen na. Dan rennen ze omhoog naar de stad.
Als ze de stadspoort in lopen, ziet Saul een oude man met ernstige ogen onder dikke wenkbrauwen. 'Weet u waar de ziener woont?' hijgt hij.
'De ziener?' herhaalt de oude man terwijl hij Saul oplettend aankijkt. Heel even is het net alsof hij Saul herkent. 'Ik ben de ziener. Aangenaam. Mijn naam is Samuel en ik ben op weg naar het offerfeest. Wees mijn gast, eet mee en blijf vannacht bij mij logeren. Dan vertel ik je wat je te wachten staat.'
Wat me te wachten staat? vraagt Saul zich af. Geen idee ...
'Die ezelinnen waar je al drie dagen naar zoekt, zijn terecht', zegt Samuel. Nadab port Saul in zijn zij. 'Zie je wel,' fluistert hij, 'die man weet alles!' Samuel praat door. 'Weet je naar wie heel Israël op zoek is? Naar jou en je familie!'
'Wat z-zegt u nu? Naar m-mij en mijn familie?' Saul begrijpt er niets van. 'Ik hoor bij Benjamin, de kleinste stam van Israël. En in die stam is mijn familie weer de onbelangrijkste.'
Hij krijgt geen antwoord, maar als ze bij de offerplaats aankomen, zet Samuel hem en Nadab aan het hoofd van de tafel. En hij krijgt het beste stuk vlees, dat gewoonlijk voor de priester bedoeld is. 'Dit is voor u apart gehouden', zegt de bediende. 'Eet u smakelijk!'
Saul is in de war. Steels kijkt hij de tafel rond naar de andere dertig gasten, maar die zeggen er niets van. 'Eet nou maar, joh', zegt Nadab. Pas dan begint Saul van de heerlijke schapenbout te eten.

De volgende ochtend brengt Samuel Saul en Nadab een eind weg. Saul zegt niet veel. Hij heeft slecht geslapen, al was het prettig logeren onder het afdak op het platte dak van Samuels huis. Voordat hij naar zijn slaapmat ging, heeft Samuel urenlang met hem gepraat. De profeet vertelde dat God grote plannen met hem heeft ...

Als ze de poort uit zijn en naar het dal lopen, zegt Samuel opeens: 'Saul, ik moet iets met je bespreken. Onder vier ogen, dus stuur je knecht maar vast vooruit.'
Tien minuten later is Nadab uit het zicht verdwenen. Ook verder is er geen mens te zien.
'Kom,' zegt Samuel, 'dan vertel ik je wat God met je van plan is.'
Saul loopt achter hem aan het veld in, tot onder een grote vijgenboom.
'Kniel nu neer.' Saul gaat op zijn knieën zitten en ziet Samuel een kruikje met olie vanonder zijn mantel tevoorschijn halen. Dan giet Samuel het kruikje leeg over zijn hoofd. De olie druipt over zijn gezicht en schouders. Wat ruikt dat heerlijk!
'Hierbij zalf ik je namens God tot koning over Israël', hoort Saul Samuel zeggen en hij voelt een kus op zijn voorhoofd.
Wat? Ik koning over Israël? denkt Saul. Kan ik dat wel? Wat moet ik dan doen? En willen de mensen dat ook? We hebben nog nooit een koning gehad! Saul zit vol vragen, maar krijgt geen antwoord. Gisteravond was Samuel ook al zo vaag over die grote plannen van God met hem.
Samuel vertelt hem niet hoe dat moet, koning zijn.
Alleen dat hij nu naar huis moet gaan en dat hij binnenkort meer zal horen.

Thuisgekomen vraagt zijn oom waar hij en Nadab al die tijd waren.
'De ezelinnen zoeken', zegt Saul.
'En toen we ze niet konden vinden, zijn we naar Samuel gegaan.'
'En? Wat zei de profeet?'
'Dat de ezelinnen terecht waren.'
Over het andere zegt Saul geen woord.

LvD

32 Loten om een koning

1 Samuel 10 en 15

'Wat een mensen!' Saul heeft na een flinke klim de top van de heuvel bereikt. Beneden hem ligt Mispa, met buiten de stadswallen duizenden mensen, tenten en kampvuurtjes. 'Veel meer dan van onze stam alleen!'
'Natuurlijk', zegt vader terwijl hij van zijn ezel afstijgt. 'Als Samuel een volksvergadering bij elkaar roept, moet íédereen komen, alle twaalf stammen.' Vader wijst naar links in het dal. 'Kijk, de vlag van Benjamin, onze stam. Daar moeten we heen. Kom!'
Langs een steil, rotsachtig paadje leidt vader de ezel voorzichtig naar beneden, voor Saul uit. Eenmaal in het dal tussen de mensen blijft hij zoekend staan. 'Zie jij onze vlag nog?' vraagt hij aan Saul.
'Ja,' zegt Saul, 'hierheen, vader!' Toch handig dat hij zo lang is, hij kijkt over iedereen heen.
Even later ontmoet hij ooms, neven en verre familieleden die hij in geen jaren gezien heeft. Abia, Set, de zonen van Josia ... De laatste keer dat hij ze zag, waren het kinderen. Nu zijn ze opeens volwassen, net als hijzelf!
'Ssst! Ssst!' klinkt het opeens. 'Samuel gaat spreken.'
Saul kijkt om zich heen. Iedereen gaat zitten, hij zelf ook. In de verte staat een man met een witte baard op een verhoging. Het is Samuel. Wat zou hij te vertellen hebben?

Thema: leiderschap, oorlog

Langzaam verstomt het geroezemoes. Dan klinkt Samuels stem: 'Luister! Dit is wat God jullie wil zeggen: "Ik heb jullie uit Egypte geleid, jullie bevrijd van onderdrukkers en gered uit ellende. Maar nu willen jullie mij niet meer. Jullie willen een aardse koning. Goed, dan gaan we loten wie er koning wordt. Ga stam bij stam zitten en familie bij familie."'

Saul schrikt. Wat? Loten om een koning? Waarom? Samuel heeft hem toch ...?

Gespannen wacht hij op wat komen gaat. Het lot valt op de stam Benjamin. Gejuich om hem heen, maar Saul kan niet meejuichen. Stel dat het lot ... Zijn hoofd voelt als een blok hout.

Nu moeten de families van Benjamin loten. Het lot valt op het gezin van Kis. Dat is zijn vader! Dus toch? Saul krijgt het benauwd. Dit gaat te snel! Wegwezen! Paniekerig kijkt hij om zich heen. Waarheen? Naar die stapel bagage daar, achter de ezels en kamelen! Snel kruipt hij ertussen en trekt een stuk tentdoek over zich heen. Met ingehouden adem wacht hij af.

'Waar is die zoon van Kis?' hoort hij. Het geschreeuw komt recht op hem af. Alsof ze weten waar hij zit. Het doek wordt van hem afgegooid. 'Hier heb je 'm, die lange!'

Iemand trekt hem overeind. Een ander plukt de strootjes van zijn overkleed. Weer een ander duwt hem in zijn rug. 'Vooruit, naar Samuel!'

Voor Saul weet wat er gebeurt, staat hij voor de profeet. Meteen pakt Samuel zijn hand en houdt die omhoog. 'Hier is hij', roept Samuel. 'Jullie koning! Kijk wat een grote man God uitgekozen heeft! In heel Israël is er geen tweede zoals hij!'

Een daverend gejuich barst los. 'Leve de koning! Leve de koning!'

Sauls maag trekt samen. Zenuwachtig kijkt hij naar de menigte voor hem. Al die mensen die zoveel van hem verwachten. Kan hij dat wel waarmaken?

Dan vermant hij zich. Kom op, niets laten merken. Hij haalt diep adem en recht zijn rug. Hij steekt in ieder geval met kop en schouders boven

iedereen uit. Boven heel zijn volk. Mooi meegenomen voor een koning, schiet het door hem heen.
Samuel gebaart weer dat het stil moet worden. 'Ik heb jullie eerder al verteld wat de rechten van een koning zijn', hoort Saul hem zeggen. 'Maar ik zal het nog eens zeggen.'
Saul hoort het voor het eerst. Het klinkt veelbelovend. 'Jullie koning zal je zonen oproepen als soldaten in de oorlog', roept Samuel. 'Ze moeten een paleis voor hem bouwen. Ze moeten werken op zijn akkers en jullie zelf ook. Je dochters moeten de was voor hem doen, voor hem koken en zalfjes maken. Je mooiste wijngaarden en olijftuinen moet je aan hem afstaan, je beste slaven en slavinnen moeten in zijn paleis werken. En van de opbrengst van je wijngaarden, akkers en vee moet je hem een tiende deel geven ...'
Aha, denkt Saul, dus zó hoort een koning te leven. Dat staat me wel aan!

Daar klinkt een stem uit de menigte: 'Heeft een koning dan alleen rechten en geen plichten?'
'Natuurlijk heeft een koning ook plichten', antwoordt Samuel. 'Hij moet God en zijn volk dienen, hij zal over jullie rechtspreken en je beschermen tegen vijanden ...'
Opnieuw gejuich, terwijl Samuel de rechten en plichten van de koning opschrijft in een boekrol.
Ten slotte vertelt Samuel dat koning Saul binnenkort officieel ingehuldigd zal worden en dat iedereen nu eerst gewoon naar huis moet gaan, Saul zelf ook.
De volksvergadering is afgelopen. Als Saul zich klaarmaakt voor de terugreis komen er mannen op hem af. Honderden! Ze zien er beresterk uit. 'Wij gaan met u mee, Saul', roepen ze. 'Wij zullen voor u vechten!'
Met al die sterke mannen die vertrouwen in hem hebben, voelt Saul opeens dat het hem zal lukken: hun aanvoerder zijn, koning zijn! Hij hoort ook schampere woorden om zich heen: 'Mooie koning, die zich verstopt. Moet die ons soms beschermen?'
Het kan hem niets schelen. Hij doet alsof hij het niet hoort.

Het is een paar maanden later. Saul komt met zijn ossen van het land. Al van ver ziet hij dat er iets mis is in zijn dorp. Druk gebarend staan de bewoners te praten en te jammeren. 'Die arme mensen van Jabes!' roept iemand. 'Wat vreselijk!'
Saul laat zijn span ossen staan en loopt naar een groep die om een lange man heen staat. 'Wat is er met Jabes?' vraagt hij.

'Dat is mijn stad', zegt de lange man. 'Ik kom er net vandaan.' Hij veegt zich het zweet van zijn voorhoofd. 'Koning Nachas van Ammon heeft ons omsingeld met zijn leger. Hij wil de stad veroveren en ...'
'... en nu komt u natuurlijk hulp halen', zegt Saul. 'Groot gelijk!'
'Ja, maar dat is nog niet eens het ergste', zegt de boodschapper. 'Wij willen vrede, dus van ons mag hij de stad best hebben. Als hij ons maar met rust laat. Maar koning Nachas eist dat hij van ons allemaal dan het rechteroog mag uitsteken!'
'Nee toch!' Saul voelt een geweldige razernij over zich komen. Woedend is hij op die wrede koning Nachas en die woede geeft hem een ongelooflijke kracht. Hij haalt thuis zijn bijl op, loopt terug naar zijn ossen en hakt de dieren in stukken. 'Hier!' schreeuwt hij naar de toegestroomde mensen en begint stukken vlees uit te delen. 'Ga heel Israël door en laat deze stukken vlees zien. Zeg dat iedereen mee moet vechten om die vreselijke Nachas weg te jagen. Samen met Saul en Samuel. Als je niet meedoet, worden je ossen net zo in stukken gehakt als deze!'
Nooit eerder in zijn leven heeft Saul zich zo sterk gevoeld. Hij is er zelf verbaasd over. Het is alsof nu alles vanzelf gaat, alsof hij de wind mee heeft. Het is Gods geest, voelt hij, en dat maakt dat hij, de verlegen boerenzoon, opeens alles aankan!

Het duurt niet lang of Saul heeft een leger van meer dan driehonderdduizend mannen.

Hij verdeelt ze in drie groepen en stuurt boodschappers naar Jabes om te zeggen dat de stad nu snel bevrijd zal worden. Op een vroege ochtend, het is nog donker, geeft hij het sein om het legerkamp van koning Nachas van drie kanten aan te vallen. Sauls mannen hebben geen goede wapens, alleen bijlen en messen van thuis. Toch bestormen ze het legerkamp. En ze winnen! Bijna alle Ammonieten worden gedood.

Saul en zijn leger voeren daarna ook oorlog tegen de Filistijnen. Maar die strijd loopt heel anders dan tegen de Ammonieten. De Filistijnen lijken veel sterker dan Saul. Saul is bang. Hij durft niet aan te vallen omdat hij Samuel niet heeft gesproken. Hij heeft een soldaat op pad gestuurd om Samuel te halen. Saul loopt zijn legertent uit, gaat naar de top van de heuvel en tuurt het pad af. Waar blijft Samuel toch! De profeet moet een offer brengen om Gods hulp te vragen voordat hij de strijd begint. De Filistijnen komen steeds dichterbij, met hun duizenden paarden, ijzeren strijdwagens, zwaarden en speren! In Sauls leger heeft bijna niemand wapens van ijzer, alleen van brons en dat is lang zo sterk niet ...
Saul heeft bijna geen geduld meer. Hij wacht al twee dagen!
Er komen verkenners aanrennen. 'De Filistijnen,' hijgen ze, 'kunnen met een paar uur hier zijn!'
Het zweet breekt Saul uit. Samuel moet komen, nu! Maar als Samuel nu eens een ongeluk heeft gehad onderweg? Misschien is hij in een ravijn gestort. Of misschien is hij gedood door de Filistijnen. En er moet nú geofferd worden! Hij kan het niet meer uitstellen. Zijn soldaten vluchten al weg! Zal hij, Saul, zelf offeren? Eigenlijk mag alleen een priester of profeet dat ...
Resoluut beent Saul naar het altaar. Een geslachte os ligt al op de takkenbos. Hij hoeft het offer alleen maar aan te steken. 'Haal een fakkel!' roept hij. Zijn wapendrager reikt hem een brandend stuk hout aan en Saul steekt die in de droge takkenbos. Al snel laaien de vlammen hoog op.

Dan ziet hij in het schijnsel van het vuur een man aankomen. Het is Samuel! Heftig zwaaiend met zijn staf. Zijn lange witte baard wappert in de wind. 'Koning Saul, wat hebt u nu gedaan!' roept hij. 'U had op mij moeten wachten!'
Saul staat stijf van schrik. 'U kwam niet op de afgesproken tijd en de Filistijnen zitten ons op de hielen en mijn soldaten beginnen me in de steek te laten ... Ik kan niet vechten zonder Gods hulp!'
Het is alsof Samuel dwars door Saul heen kijkt. 'U had u aan Gods gebod moeten houden!' zegt hij. 'Voor straf zal God het koningschap van u afpakken en aan iemand anders geven, aan een man naar zijn hart!'
Zonder te groeten draait Samuel zich om en loopt weg.
Als versteend blijft Saul bij het offer staan. Hij voelt zich in de steek gelaten, door Samuel en door God. Maar er is nu geen tijd voor gepieker. 'Hoeveel soldaten hebben we nog?' vraagt hij terwijl hij probeert zijn stem krachtig te laten klinken.
'Zeshonderd, majesteit,' is het antwoord, 'uw zoon Jonatan en zijn mannen meegerekend.'
Jonatan laat me tenminste niet in de steek, schiet het door Saul heen. Die is gelukkig slim en dapper ...
'Goed. Laat iedereen zich klaarmaken voor de strijd!'
Met knikkende knieën loopt hij zijn tent in. 'Geef mijn harnas!' snauwt hij tegen zijn wapendrager. 'En mijn helm. Snel!'

LvD

33 Van schaapherder tot hofmuzikant

1 Samuel 16

David veegt het zweet van zijn gezicht terwijl hij de heuvel op loopt. Hij is op zoek naar de plek waar hij het beste uitzicht over zijn kudde heeft.
In de schaduw van een boom ligt een rotsblok. David gaat op de steen zitten, legt zijn lier, herdersstaf en slinger naast zich neer en neemt een slok uit zijn leren waterzak.
Het gonst van de bijen om hem heen. Zou er een nest in de boom zitten? Acaciahoning is heerlijk!
Nee, straks. Eerst schapen en geiten tellen. Ze zijn rustig aan het grazen of liggen in de schaduw onder een struik. Zo te zien geen onraad op dit moment. Logisch, want het is midden op de dag en bloedheet en dan liggen leeuwen, wolven en beren te rusten. Ze gaan pas tegen de avond op jacht. Behalve dan die leeuw die vorige maand onverwacht overdag kwam aansluipen ...
David ziet het nog voor zich. De leeuw had alleen oog voor dat ene schaap dat van de kudde wegliep ... Snel had hij een steen in zijn slinger gelegd. Op het moment dat de leeuw zich spande voor de sprong, zoefde de steen al door de lucht. Raak, precies in het linkeroog. Het beest brulde van pijn, zijn sprong mislukte en het schaap ontsnapte. Dat was nog 's een perfecte timing! Hij is nog steeds verbaasd dat het hem daarna gelukt is het ondier te doden, met zijn blote handen nog wel!

Thema: liefde en vriendschap, leiderschap

Even tellen ... 85, 86, 87 ... waar is dat eigenwijze kleintje van die gespikkelde? O, die staat te drinken bij z'n moeder. Goed, dan zijn we compleet.
David ontspant zich. Voorlopig is alles onder controle. Kan hij mooi even z'n nieuwe lied oefenen.
Hij pakt zijn lier en begint te tokkelen:

'God is mijn herder, hij waakt over mij.
Hij brengt mij naar geurig gras en helder water.
Ik ben niet bang voor wolf, beer of leeuw,
want hij beschermt mij met slinger en staf.
Mijn herder is God, bij hem wil ik wonen ...'

Nog een keer. En nu met die nieuwe regels erbij die hij vannacht heeft bedacht. David is met zijn aandacht zó bij het zingen en spelen dat hij niet merkt dat er iemand achter hem staat. Tot hij een tik op zijn schouder voelt.
Bliksemsnel laat hij zijn lier vallen, grijpt zijn mes en draait zich om, klaar om te vechten. Maar als hij ziet wie het is, moet hij lachen. 'Ittai, jij hier!'
'Wah, man, je speelt écht mooi!' verzucht Ittai. Hij is samen met David opgegroeid; zijn moeder is een slavin van Davids vader Isaï. 'Speel nog eens wat.'
'Eerst zeggen waarvoor je komt.'
'Je moet thuiskomen. De profeet is in Betlehem. Hij houdt een offermaal en hij wil jou er ook bij hebben.'
'Mij? Ik ben de kleinste en de jongste!'
'Ik snap het ook niet.' Ittai haalt zijn schouders op. 'Toch moet je komen, nu meteen!'
'Sjonge, ik voel me vereerd. Maar ik kan de dieren niet alleen laten.'
'Die moet ik van je overnemen.'

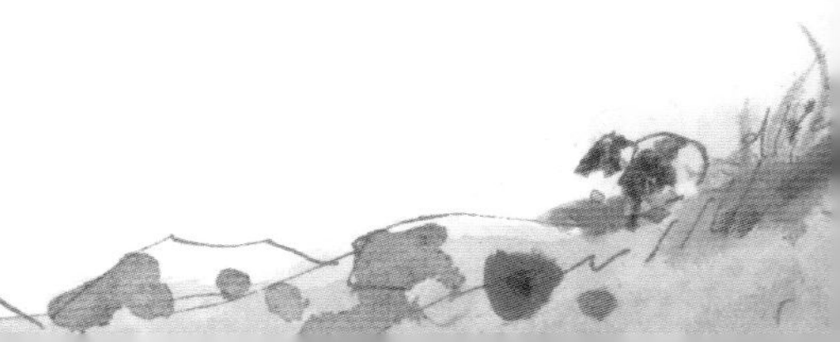

‘Maar als het zo’n haast heeft, kan ik nu niet voor je spelen.
Doe ik vanavond, goed?’
Ittai knikt en David gaat op pad. Zijn herdersstaf en waterzak laat hij bij Ittai.
Twee uur later is hij thuis. Een bak water staat al klaar, want hij moet zich meteen wassen voor het offermaal. En hij moet schone kleren aan. David is opgewonden: nog nooit heeft hij de beroemde profeet Samuel gezien, maar nu gaat hij hem toch echt ontmoeten!
‘De profeet wilde één van je broers zalven’, zegt de knecht die met David meeloopt naar de offerhoogte waar iedereen op hem wacht. ‘Natuurlijk stelde je vader Eliab voor.’
‘Logisch’, zegt David. ‘Hij is de oudste. En bijna net zo groot als de koning. Iedereen luistert naar hem.’
‘Maar het vreemde is,’ gaat de knecht verder, ‘dat Samuel zei:
“Nee, deze bedoelt God niet. God kijkt niet naar het uiterlijk.”
Toen stelde je vader de een na oudste voor,
maar die was het ook niet.
En de derde ook niet.

Je vader ging het hele rijtje af, maar steeds zei Samuel: "Nee, deze heeft God niet gekozen." Na de zevende vroeg hij aan je vader of dit ál zijn zoons waren. Toen zei je vader dat hij er nog een had, maar dat die nog te jong was om mee te doen. Samuel vond toen dat je toch moest komen ...'
Op de offerhoogte staat de oude profeet Samuel, met zijn kale hoofd en lange witte baard. Vanonder borstelige wenkbrauwen kijken ernstige ogen David doordringend aan. David groet hem beleefd, maar durft niet terug te kijken. Samuel laat de hele familie in een kring om hen tweeën heen staan en haalt een kruikje onder zijn overkleed vandaan. Zodra hij de kurk eraf haalt, snuift David een heerlijke geur op.
'Kniel hier neer', gebiedt Samuel terwijl hij naar de grond wijst.
David gaat op zijn knieën voor hem zitten en buigt zijn hoofd. Dan voelt en ruikt hij dat Samuel het kruikje leeggiet over zijn hoofd. 'David, zoon van Isaï,' hoort hij, 'hierbij zalf ik jou in de naam van God. Als de tijd rijp is, zal God je laten weten wat je moet doen.'
De olie druipt uit Davids haar, over zijn gezicht en kleren. De geur bedwelmt hem bijna. Hij is er beduusd van. Wat heeft dit te betekenen? Alleen profeten en koningen worden gezalfd. Toch?
'Wie had dat gedacht', zegt vader Isaï ontroerd. 'Onze David gezalfd. Dat betekent iets, maar wat ...?'
'Ach ja,' hoort David Eliab zeggen, 'we merken het wel.' Klinkt er nu spot door in zijn stem? Of jaloezie? Het maakt David niet uit. Hij voelt zich een ander mens: gezegend en geliefd. God is met mij, voelt hij. Nu kan ik alles aan! Hij pakt zijn lier en speelt zo'n vrolijk lied dat iedereen wel móét dansen.

Niet lang daarna gaat David op weg naar de koning. Hij is opgehaald door een bode van het paleis.
Zijn lier draagt hij onder zijn arm. Vader Isaï heeft hem een ezel meegegeven, beladen met heerlijk verse broden voor de koning. Plus een zak vol wijn en een geitenbokje.

‘Het gaat niet zo goed met de koning’, vertelt de bode onderweg. ‘Hij is depressief en wordt geplaagd door boze geesten. Hij heeft nachtmerries en denkt dat iemand hem van de troon wil stoten. Zelfs de beste dokters van het land kunnen hem niet helpen. Soms kan hij zomaar verschrikkelijk kwaad op iemand worden, zelfs op Jonatan, zijn eigen zoon! Toen stelde een hoveling voor om iemand te zoeken die kalmerende muziek kan maken voor de koning. En ik wist dat jij goed op de lier kunt spelen ...’

David krijgt het warm van dat compliment. ‘Ik heb nooit les gehad, hoor. Ik speel maar wat.’

‘Kom kom, David’, zegt de bode. ‘Je begint echt bekend te worden. Dat weet je best!’

David zwijgt. Bekend of niet, het is heel bijzonder dat hij voor de koning mag spelen!

Als ze bij het paleis komen, kijkt David zijn ogen uit. Zo'n groot en mooi gebouw heeft hij nog nooit gezien! Eerst brengt de bode hem water en een stel schone paleiskleren. Als hij zich gewassen en omgekleed heeft, wordt zijn haar geknipt. Dikke plukken rossige krullen vallen op de grond. Dan wordt hij naar de koning gebracht. Die zit onderuitgezakt op zijn troon in de grote zaal en kijkt stuurs voor zich uit.
David trekt een krukje onder zich, stemt zijn lier en begint zacht te spelen. Ondertussen kijkt hij steeds even naar de koning. Na tien minuten heeft de koning zijn ogen dicht. Na een halfuur is zijn boze gezicht zacht en ontspannen. En na een uur vraagt hij vriendelijk waar David woont, wie zijn vader is en wat hij doet voor de kost.

David mag vaker voor de koning komen spelen. Al snel is koning Saul dol op hem en vraagt hij of David voorgoed bij hem in dienst wil komen als hofmuzikant.
'Als het van mijn vader mag', zegt David verlegen.
Nog dezelfde dag stuurt Saul een boodschapper naar vader Isaï om het te vragen. De boodschapper komt terug met het bericht dat Isaï het goed vindt en dat hij David én de koning alle goeds wenst.
David krijgt een eigen kamer in het paleis en mag eten van dezelfde tafel als de koning, de koningin en de kinderen van Saul, prins Jonatan en de prinsessen Merab en Michal.
Met Jonatan heeft hij vanaf het eerste moment iets heel speciaals. Een gevoel van herkenning, alsof ze bij elkaar horen. Alsof we al ons hele leven beste vrienden zijn, denkt David. Wat ben ik toch een gezegend mens dat God mij zoveel geeft, niet alleen talenten maar ook zo'n bijzondere vriend!

LvD

34 David en de reus Goliat

1 Samuel 17

Ittai is met zijn vriend Aron en een paar andere slaven van Isaï een nieuwe stal aan het bouwen. Zwaar werk is dat! Het zweet gutst van zijn gebronsde bovenlijf. Ittai is blij als ze even mogen stoppen om te eten. Hij haalt een homp brood uit zijn tas en neemt een hap. Dan gaat hij met een zucht naast Aron op de grond tegen de lemen stalmuur zitten, pakt zijn waterzak en drinkt eruit. Hè, het water is lauw geworden!

'Hé Ittai,' zegt een van de slaven met volle mond, 'hoe heeft David dat toen precies geflikt tegen die reus? Jij was er toch bij? Vertel eens!'

'Ja, man, het was te gek!' Ittai verslikt zich bijna, zo graag wil hij het verhaal vertellen.

'Davids drie oudste broers, Eliab, Abinadab en Samma, zaten al weken in het leger en baas Isaï wilde weten hoe het met ze ging. Daarom stuurde hij mij en David naar ze toe. Met graan en brood voor henzelf en kaas voor hun bevelhebber. Wij gingen dus op pad ...'

'Ja, jij mocht mee,' moppert een andere slaaf, 'terwijl ik voor Davids schapen moest zorgen!'

Ittai negeert hem.

'Nou, komen we daar aan in die Terebintenvallei, zien we meteen de twee legers tegenover elkaar opgesteld staan. We geven het meegebrachte eten snel aan de kok en rennen erheen. Terwijl David zijn broers

Thema: liefde en vriendschap, oorlog, eten en drinken

vraagt hoe het met ze gaat, komt die Filistijn eraan. Goliat heet-ie. Man, je hebt nog nooit zo'n reus gezien! Ik schrok me kapot! Bijna drie meter lang, echt waar! Met een bronzen helm op zijn kop en een enorm schubbenpantser om zijn lijf. Met een kromzwaard dat ik niet eens kan tillen en een lans zo dik als een boomstam. "Jullie zijn maar slaven van Saul, maar ik ben een vrije Filistijn!" brult-ie. "Kom maar op! Wie durft tegen mij? Als hij wint, zijn wij jullie slaven, maar als ik win, zijn jullie onze slaven."

Dat blijkt hij dan al veertig dagen te doen en alle soldaten aan onze kant zijn doodsbang voor hem. Behalve David. Die is kwaad. "Wat denkt die Filistijn wel," roept hij, "dat-ie het leger van de levende God zomaar kan vernederen! Wat krijg je als je die kerel verslaat?"

"Dan mag je met de dochter van de koning trouwen", zegt een soldaat. "En de koning beloont je vorstelijk en je familie hoeft nooit meer belasting te betalen."'

'Hoei-oei-oei!' De slaven om Ittai en Aron heen beginnen te fluiten en te joelen. Ze schuiven dichterbij.

'Maar dan begint Davids oudste broer vervelend te doen. "Waar bemoei je je eigenlijk mee, broertje?" zegt hij. "Was toch bij je schapen gebleven. Echt iets voor jou om met je brutale mond vooraan te willen staan als er gevochten gaat worden."

Maar David laat zich niet klein krijgen. "Wind je niet zo op", zegt-ie. "Ik vraag het alleen maar!"

Hoe dan ook, David moet bij de koning komen. En ik mee, hè! Door een kier van de legertent zie ik alles wat daarbinnen gebeurt. Ik sta op nog geen twee manlengtes van de koning vandaan! Ik zie David buigen voor de koning. "Majesteit," zegt hij, "ik vecht wel tegen die Filistijn."

"Hoe kun jij dat nou?" vraagt de koning. "Je bent nog maar een jongen."

"Ik heb altijd de kudde van mijn vader gehoed," zegt David, "en als er een leeuw of een beer kwam om een schaap te roven, ging ik erachteraan en redde ik het dier uit zijn muil. En als hij me aanviel, greep ik

hem bij zijn kaken en sloeg ik hem dood. Dat ga ik met die Filistijn ook doen!"
Ik zie de koning aarzelen. "Goed, probeer het maar", zegt hij dan. "Moge de Eeuwige met je zijn."
En dan, geloof het of niet, helpt de koning David om zijn eigen koninklijke harnas aan te trekken en zijn eigen bronzen helm op te zetten. En hij geeft David zijn eigen zwaard. Maar de koning is meer dan een kop groter dan onze David, dus die spullen zijn veel te groot en te zwaar voor hem. David strompelt zo'n beetje die tent door en zegt dan: "Majesteit, hier kan ik niet in lopen, ik ben dat niet gewend. Ik doe het wel op m'n eigen manier."'
Ittai neemt vlug een slok uit zijn waterzak.
'Zo hé, ik wist dat onze David niet bang is,' zegt een magere slaaf, 'maar dit ...?!'
'Zeg dat wel!' roept Ittai.
'Nou, David gaat in z'n gewone plunje de tent uit, zoekt vijf platte stenen met scherpe randen uit de rivierbedding en stopt die in zijn herderstas. Ik zie aan hem dat hij een plan heeft, zo kalm en precies doet hij alles. Hij pakt zijn slinger, draait er een oefenrondje mee en loopt naar Goliat toe. Die komt op hem af denderen en buldert: "Ben ik soms een hond, dat je met een stok op me afkomt? Kom hier, dan breek ik je al botten en voer je aan de gieren! D'r blijft niks van je over!"'
'Brrr', zegt de magere slaaf. 'Ik zou het in m'n broek doen van angst.'
'Maar David niet! Hij laat zich niet bang maken. "Jij daagt me uit met je zwaard en lans," zegt hij, "maar ik daag jou uit in de naam van de God van Israël die jij bespot. Hij zal jou aan mij uitleveren en dan zal de hele wereld weten dat Israël een God heeft met wie niet te spotten valt. Die God heeft geen zwaard of lans nodig om te winnen."'
Aron knikt. 'Mooi gezegd!' Er klinkt instemmend gemompel uit de kring.
'Dan wil de reus aanvallen, maar David is hem mooi te snel af. Bliksemsnel haalt hij een steen uit zijn tas en slingert die naar Goliats hoofd.

Hij moet de reus goed geraakt hebben, want die stort met een dreun voorover. David rent naar 'm toe, trekt dat enorme zwaard uit de schede en slaat 'm zó z'n kop af. Echt waar!'

'Wah! Wat een kanjer!' Een paar slaven springen overeind.

'Precies! En vanaf dat moment gaat het van een leien dakje. De Filistijnen vluchten halsoverkop weg en wij erachteraan, tot aan de poorten van hun stad Ekron!'

'Jij ook?' Aron kijkt hem verbaasd aan.

'Nee joh, ons leger natuurlijk. En David. Ze zijn nog niet terug of David moet weer bij de koning komen. Ik zie alles weer door de kier in het tentdoek. Dan doet die prins Jonatan, die erbij is, opeens alsof David z'n beste vriend is. Hij geeft hem z'n prinsenmantel en zelfs zijn zwaard, boog en koppelriem! Alsof ík niet David z'n beste vriend ben! Ik ken hem al vanaf zijn geboorte!'

'Ach,' zegt Aron schouderophalend, 'je weet toch hoe dat gaat bij die rijkelui ...'

'Ja, die Jonatan is een prins en ik ben maar een slaaf ...' Ittai zucht.

'Nou, David stuurt mij naar huis om z'n lier op te halen, want hij moet spelen voor de koning. Ik wist toen nog niet dat dat een speciale reden had ... Hoe het nu met David is, weet ik niet, want hij woont nu voorgoed in het paleis en ik moest terug hierheen.'

'Ik heb gehoord dat hij de ene veldslag na de andere wint voor de koning', zegt de magere man.

'Ik hoorde zelfs dat de koning hem tot legeraanvoerder heeft benoemd', zegt een andere slaaf.

'Tjonge, David als generaal!' roept Aron uit. 'Maar hij blijft ónze David uit Betlehem.'

'Gelijk heb je', zegt de werkbaas. 'Hij is ónze man!'

‘Hm, als het maar goed blijft gaan’, zegt een oudere slaaf die buiten de kring is blijven staan en tot nu toe nog niets gezegd heeft.
‘Hoezo? Het gaat toch geweldig?’ vraagt Ittai.
‘Dat vraag ik me af. Gisteren stuurde baas Isaï me naar de stad om olijven te verkopen. Hoe dichter ik bij het paleis kwam, hoe drukker het werd. Honderden vrouwen dansten en zongen op straat, op muziek van tamboerijnen en rinkelbellen. Even later hoorde ik waar dat voor was: de koning maakte een rijtoer door de stad. Iemand zei ook dat David alweer een overwinning had behaald op de Filistijnen. Ik drong me door de menigte naar voren en de koets reed vlak langs me heen, heel langzaam. Ik had de koning zomaar kunnen aanraken! Tegenover hem zat David met Jonatan. Ze zwaaiden vrolijk naar ons en deelden kushandjes uit. Maar de koning niet, die staarde kwaad voor zich uit. Dat vond ik raar. Maar toen ik verstond wat de vrouwen zongen, begon ik er iets van te snappen: “*Saul heeft duizenden vijanden verslagen, maar David wel tien keer zoveel ...*” Ik maak me ongerust. Als de koning maar niet jaloers wordt op David ...’
‘Waarom zou hij?’ roept Aron. ‘Hij boft juist met zo’n goeie generaal!’
‘Maar de mensen zeggen dat hij tegenwoordig van die onberekenbare woedeaanvallen heeft ...’
‘Ach, man, je ziet spoken!’ Ittai knijpt zijn ogen tot spleetjes en kijkt omhoog. De zon zakt al naar het westen. Hij komt overeind. ‘Ik heb m’n brood op. Zullen we maar weer?’
‘Ja, mannen’, zegt de werkbaas. ‘Aan de slag. Vandaag moeten de muren klaar zijn. Dan kan morgen het dak erop.’

LvD

35 Vrienden voor altijd

1 Samuel 18-20

Vroeger dacht ik dat mijn vader de beste vader van de wereld was. En de sterkste. Hij was mijn grote voorbeeld. Zo'n koning wilde ik ook worden. Een man zonder kapsones die vecht tegen onrecht, die opkomt voor de zwakken. Een koning die niet bang is om zelf mee te vechten tegen de Filistijnen.
Maar mijn vader is veranderd de laatste jaren. Ik weet niet waarom, maar hij is niet meer vrolijk, zoals vroeger. Hij is somber en hij kan om het minste of geringste in woede uitbarsten. Als hij zo'n bui heeft, zorgen we allemaal dat we uit zijn buurt blijven en hem niet ergeren. Het kan dagenlang duren en mijn zwager David is de enige die hem er weer uit kan krijgen. David kan fantastisch lierspelen, op de een of andere manier wordt mijn vader daar weer rustig van.
Maar vanavond schrok ik me rot. Mijn vader zei na het eten zomaar, zonder aanleiding, waar iedereen bij was: 'En die schoft van een David, die vermoord ik, morgenochtend.'
David – mijn zwager en bovendien de beste vriend die ik ooit gehad heb. Ik had geen idee waarom mijn vader dat zei. Maar ik wist dat het geen loos dreigement was. Mijn vader had hem al eerder geprobeerd te doden toen hij een van zijn buien had. David was op de lier aan het spelen, en ineens slingerde mijn vader een speer naar hem toe. Als David niet zo snel was weggedoken, was hij dood geweest.

Ik ben meteen naar David toegerend om hem te waarschuwen dat hij uit de buurt moest blijven. Dat hij voorlopig ergens anders moest gaan wonen. En daarna ben ik teruggegaan naar mijn vader. Ik gaf hem een beker wijn en ik ging naast hem zitten.
'Alstublieft,' zei ik, 'doe David niets aan.'
Ik zag hoe mijn vader verstrakte, maar ik ging verder alsof ik het niet merkte. 'Hij heeft niets verkeerd gedaan. Hij is juist altijd voor u bezig. Hij heeft zijn leven voor u op het spel gezet toen hij het tegen die reus opnam, weet u nog? En weet u nog hoe de Heer ons toen de overwinning gaf? U was zo blij met hem. U zou toch geen onschuldig man willen doden?'
Mijn vader sloot zijn ogen en liet zijn adem met een zucht ontsnappen. Hij was een poos stil. Toen zei hij: 'Je hebt gelijk, Jonatan. Je hebt helemaal gelijk. Zo waar de Heer leeft, ik zal hem niets aandoen.'

Hij meende het echt, maar een paar dagen later, vlak nadat we een verschrikkelijk gevecht met de Filistijnen gewonnen hadden, gebeurde het weer. Terwijl David in de hoek van de eetzaal op de lier zat te tokkelen, gooide mijn vader een speer naar hem toe. David dook weg en vluchtte het paleis uit. Mijn vader stuurde mannen achter hem aan om hem op te pakken en te doden. Gelukkig hoorde mijn zus Michal, die met David getrouwd is, net op tijd wat er aan de hand was. Ze hielp David om via het raam te ontsnappen en ze legde een beeld in zijn bed. Ze stopte het in met een deken en vlocht geitenhaar om de kop van het beeld. Van een afstandje leek het net of David gewoon lag te slapen. Toen de soldaten kwamen om David te halen, zei ze dat hij ziek was. Ze gingen terug naar mijn vader, maar die liet zich niet afschepen en zei dat ze hem dan maar met bed en al moesten gaan halen. Tegen de tijd dat ze doorhadden dat er een beeld in dat bed lag, was David natuurlijk al lang verdwenen. Mijn vader was woedend omdat mijn zus hem bedrogen had. Michal zei dat ze wel moest omdat David had gedreigd haar te doden als ze hem niet hielp ontsnappen. Onzin natuurlijk, maar we hadden allang geleerd dat we mijn vader maar beter niet nog bozer konden maken.

Een paar weken later, toen ik op de binnenplaats was, hoorde ik een fluitje. Ik herkende het. Dat was het signaal van David. Ik bleef staan en keek om me heen. Opnieuw dat fluitje. Ik ging de poort door, de burcht uit, en ineens stond hij achter me. Hij zag er moe en vermagerd uit.
'David!' zei ik en ik omhelsde hem. 'Hoe is het met je! Wat goed om je weer ...'
'Ik snap het niet', viel David me in de rede. 'Wat heb ik verkeerd gedaan? Waarom wil je vader me dood hebben?'
'Dat wil hij helemaal niet', zei ik. 'Dat zei hij toen alleen maar. Je weet toch hoe hij is als hij weer in zo'n bui is. En zodra het over is, heeft hij er spijt van. En trouwens, hij zou nooit iets doen zonder het tegen mij te zeggen.'
'Dat vraag ik me af', zei David. 'Je vader weet dat we vrienden zijn. Hij gaat het je echt niet vertellen als hij mij wil doden. Niet na wat je zus gedaan heeft. Ik zweer het je, Jonatan, ik kan elk moment vermoord worden.'
Hij had gelijk. Ik vond het verschrikkelijk. 'Zeg me hoe ik je kan helpen', zei ik.
David pakte me bij mijn arm. 'Morgenavond is het nieuwemaansfeest, dan zou ik met jullie mee moeten eten. Geef me toestemming om weg te blijven. Ik verstop me ergens buiten de stad. Als je vader vraagt waar ik ben, zeg dan dat ik naar Betlehem ben, voor een offerfeest. Als hij er geen probleem van maakt, weet ik dat ik gewoon terug kan komen. Maar als hij boos wordt, dan weten we allebei dat hij echt van plan is om me te doden. Luister, Jonatan, als ik echt iets verkeerd heb gedaan, dood jij me dan. Dat heb ik liever dan dat ik in de handen van je vader zou vallen.'

'David!' zei ik geschokt. 'Dat nooit!' Er kwamen een paar soldaten de poort uit en ik trok David mee, de schaduw in. Ik wilde niet dat ze hem zagen. Diep in mijn hart wist ik dat hij gelijk had, dat mijn vader hem inderdaad het liefst dood zou hebben.
'Kom mee', zei ik toen de soldaten verdwenen waren. 'We gaan de stad uit. We gaan naar een plek waar we kunnen praten. Laten we naar de rots gaan.'
De Haëzelrots ligt buiten de stad in een afgelegen gebied waar bijna nooit iemand komt. Ik heb David er leren boogschieten, hij heeft mij leren steenslingeren. Het is de plek waar we naartoe gingen als we even samen wilden zijn. Even weg van de problemen, weg van de strijd, weg van het hof. De plek waar we weer jongens waren.

We spraken af dat ik zou proberen uit te vinden wat mijn vaders plannen waren en dat David zich zolang hier zou schuilhouden. Zodra ik iets wist, zou ik terugkomen om het hem te vertellen. Ik zwoer dat ik ervoor zou zorgen dat hij zou kunnen ontsnappen. Hij zwoer dat hij mijn kinderen en kleinkinderen zou sparen, ook als ik er op een dag niet meer zou zijn. We spraken een geheime code af. Ik zou over een of twee dagen terugkomen met Gerson, mijn wapenjongen, zogenaamd om te gaan boogschieten. Ik zou richten op de rots. Als alles goed was, zou ik 'dichtbij!' roepen tegen Gerson. Als het mis was, zou ik de pijl naast schieten, zo ver mogelijk weg. 'Verder weg!' zou ik tegen Gerson roepen. En dan zou David weten dat hij zou moeten vluchten.
De eerste avond was er nog niets aan de hand. We zaten met z'n allen aan tafel. Iedereen was er, behalve David, maar mijn vader zei er niets over. Maar de tweede avond, nog voor iemand een hap had kunnen nemen, vroeg hij aan mij: 'Waar is de zoon van Isaï? Waarom is hij er niet? Gisteren was hij er niet en vandaag alweer niet.'
'Hij heeft mij toestemming gevraagd om naar zijn familie te gaan', zei ik. 'Ze hebben daar een offerfeest. Ik heb gezegd dat het goed was.'

Mijn vader sloeg zo hard met zijn vuist op tafel dat zijn beker omviel en de wijn op de grond stroomde. 'Jij hoerenjong!' riep hij tegen me. 'Je bent zo stom als het achtereind van een varken! Heb je niet door dat jij je leven niet zeker bent zolang die zoon van Isaï leeft? Heb je niet door dat *hij* koning wil worden? Ga hem halen en breng hem bij me. Ik vermoord hem.'
'Maar waarom!' riep ik. 'Wat heeft hij gedaan?'
Mijn vader greep in één beweging de speer die naast hem stond en slingerde hem naar me toe. Ik sprong weg en de speer bleef trillend in de muur staan. Ik rende weg. Als ik het nog niet had geweten, wist ik het nu. David had gelijk.

Ik haalde Gerson de volgende ochtend vroeg op uit de wapenkamer en nam hem mee de stad uit, naar de plek die ik met David afgesproken had. Ik legde de boog aan en schoot mijn pijlen achter elkaar af. Gerson rende weg om ze te zoeken. 'Verder', riep ik. 'Volgens mij moet je verder weg zoeken!'
Toen hij de pijlen gevonden had, gaf ik hem mijn boog en stuurde hem terug naar de stad. Ik weet dat ik zelf mee had moeten gaan, maar ik kon het niet. Ik moest David nog een keer zien.
Zodra Gerson weg was, hoorde ik geritsel in het struikgewas. David kwam tevoorschijn. Hij viel voor me op zijn knieën en boog voor me. Voor mij – alsof ik koning was, in plaats van zijn vriend. Ik trok hem overeind, omhelsde hem en kuste hem op de wangen. 'Het spijt me zo', zei ik. 'Het spijt me zo verschrikkelijk. Ik wou dat ik er iets aan kon veranderen.'
'Niet huilen', zei hij. 'Niet huilen, Jonatan, mijn broer.'
'Ik huil niet', zei ik en ik zag dat hij ook huilde. 'Ik zal je zo missen. Je bent de beste vriend die ik ooit gehad heb.'

Ik weet niet hoelang we daar stonden, onze armen om elkaar heen. Eindelijk lukte het me om me te vermannen. Ik deed een stap achteruit. 'Vaarwel', zei ik. 'Vergeet het niet. Wij blijven vrienden voor altijd.'
Hij pakte mijn hand. 'Vrienden voor altijd', zei hij. 'Bloedbroeders.'
'Onze zoons en kleinzoons zullen vrienden zijn, zoals wij. Ga met God, mijn vriend.'
Hij omhelsde me nog een laatste keer. En toen was hij verdwenen.

CO

36 Saul in de spelonk

1 Samuel 24

'Snel, Abjatar', roept David. 'Kom naar boven. Hier is een spelonk.' Abjatar blijft hijgend tegen de steile bergwand staan, zijn voeten op een uitstekende punt. Met één hand houdt hij zich vast aan een verdorde struik en hij kijkt omhoog naar de rotswand waar David en de andere mannen als steenbokken tegenop geklauterd zijn. Hij begrijpt niet hoe ze het doen. Hij grijpt een rotsblok en probeert zich op te trekken, maar het lukt hem niet. Hij heeft er gewoon de kracht niet voor in zijn armen. Hij is geen soldaat, geen boer of herder, geen man van het buitenleven, maar een priesterzoon, gewend om te vegen en schoon te maken, om wierook aan te steken, om schapen en geiten te slachten, om te bidden. Tot die vreselijke dag, drie weken geleden, had hij niet kunnen denken dat hij zijn dorp ooit zou verlaten, dat hij op de vlucht zou moeten gaan om zijn leven te redden.

'Abjatar! Waar blijf je?'

Abjatar pakt de rots boven zijn hoofd vast en probeert zich opnieuw op te trekken. Het moet, houdt hij zichzelf voor terwijl zijn benen boven de afgrond bungelen. Saul en zijn soldaten zijn in de buurt. Als ze hem zien, is hij er geweest. Dan zijn David en de andere mannen er geweest. Ineens steekt Davids hoofd over de rand heen. 'Geef me een hand', zegt hij. 'Ik help je.'

Abjatar steekt zijn hand uit, voelt de stevige greep om zijn pols en grijpt Davids pols vast. Hij wordt omhoog gehesen en een paar tellen later staat hij op het kleine plateau waar de anderen ook naartoe geklommen zijn. Elazar, Davids lijfwacht, staat op hen te wachten.
'Ze zijn vlakbij', waarschuwt hij. 'Ze komen zo achter de top vandaan. Snel. Naar binnen.'
Abjatar duikt achter David aan, het donkere hol achter het stenen muurtje in. Gebukt loopt hij door de nauwe gang die snel breder wordt en uitloopt in een holle ruimte waar het stinkt naar geitenpoep. Ze zijn duidelijk niet de eersten die deze grot gevonden hebben.
Als zijn ogen wat aan het duister gewend zijn, ziet hij de gestaltes van de andere mannen die tegen de wand zitten. Hij laat zich vlak naast David en Elazar op de grond neerzakken en maakt zich zo klein mogelijk.
Net op tijd. Een rotsblok klettert neer. Gedreun van laarzen. Stemmen die zachtjes praten. En dan verschijnt er een silhouet in de uitgang van de grot. Zijn ze gevolgd? Heeft iemand hen gezien? Abjatars hart begint te bonzen. 'Machtige God', fluistert hij. 'Bescherm David. Bescherm ons. Maak de ogen van de mensen die ons zoeken blind. Zorg dat ze ons niet vinden.'
'Kan iemand even op wacht staan?' klinkt een stem. 'Ik moet nogal nodig. Ik ga even in die grot.'
Er gaat een schok door Abjatar heen en hij slaat een hand voor zijn mond. Hij kent deze stem. Dit is de stem van de man die zijn vader en moeder en zijn broers, zijn zwager en zijn zus heeft laten neersteken. En het meisje met wie hij volgende maand zou trouwen.
Hij stoot David aan. 'Dood hem!' fluistert hij dringend.
'Dit is je kans', fluistert Elazar nu ook. 'Kom op, David. Dit is geen toeval. Dit is het moment waarop we gewacht hebben. Dit is het moment waarop de Heer Saul aan je uitlevert.'
Abjatar houdt zijn adem in als hij David overeind ziet komen en naar voren ziet sluipen en neerhurken, zijn mes in zijn hand. Hij balt zijn

vuisten. Eindelijk gerechtigheid. Eindelijk zal hij sterven, de moordenaar.
Maar David stoot niet toe. Hij komt overeind en sluipt terug. Saul staat op alsof er niets gebeurd is, trekt zijn kleed recht en verdwijnt in het zonlicht.

‘Waarom?’ vraagt Abjatar als Saul verdwenen is. Hij is woedend. Wanhopig. ‘Ik snap het niet! Waarom heb je hem niet gedood!’

Ook de andere mannen zijn boos. 'Wat krijgen we nou!'
'Dit was de kans, man! Dit was de kans!'
'Je had hem moeten doden, die moordenaar!'
'Weet je niet meer wat hij met Abjatars familie gedaan heeft? Hoe hij Abjatars vader en de andere priesters heeft laten vermoorden, alleen maar omdat ze ons te eten gegeven hadden? Omdat ze ons niet verraden hadden. Een heel dorp heeft hij laten uitmoorden, de schoft. Die man verdient het niet om nog langer te leven!'
David heft zijn hand op. Abjatar ziet dat zijn vingers trillen en dat zijn jas nat is van het zweet. 'Rustig', zegt hij en hij veegt met zijn mouw over zijn voorhoofd. 'Word niet boos. Ik kon het niet. Saul is de man die door God aangewezen is. De man die God heeft aangesteld als koning over ons volk. Hoe zou ik hem iets aan kunnen doen?'
Hij komt overeind en is met een paar stappen weg uit de grot. Abjatar gaat achter hem aan. Hij moet weten wat David van plan is.
'Majesteit!' Davids stem schalt over de heuvels en Abjatar krimpt ineen als hij de enorme groep soldaten ziet die op de andere heuvel staat.
Een lange figuur maakt zich uit het leger los. Een man met een paarse mantel om. Dezelfde mantel die hij droeg toen hij de priesters en al hun familie liet uitmoorden. Abjatar spuugt op de grond. Maar David knielt neer en buigt diep voorover. 'Mijn koning', roept hij. 'Waarom gelooft u de mensen die zeggen dat ik u kwaad wil doen? Vandaag had ik het kunnen doen. Mijn mannen en ik waren zonet in de spelonk waar u was. Ze zeiden dat ik u moest doden, maar ik had medelijden met u. Ik wil de koning die door de Heer aangewezen is niets aandoen.'
David komt overeind en gaat weer staan. Abjatar ziet nu dat hij iets in zijn hand heeft. Een reep paarse stof. 'Kijk, majesteit. Ik heb hier een stuk van uw jas. Ik heb het afgesneden, zonet, in de spelonk. Ik had de kans. Ik had u kunnen vermoorden, maar ik heb het niet gedaan. Waarom wilt u mij vermoorden? Wat heb ik verkeerd gedaan? En wie ben ik nou helemaal? Een dode hond ben ik, een kleine vlo. Ik ben helemaal niemand. Waarom zou u op mij jagen? Laat de Heer onze

rechter zijn. Laat hij beslissen wie van ons het bij het rechte eind heeft.'
Het duurt even. Dan klinkt er vanaf de andere heuvel: 'Is het jouw stem die ik daar hoor, David, mijn zoon?'
'Ik ben het, majesteit.'
De oude koning grijpt met beide handen naar zijn hoofd en barst in tranen uit. 'Mijn jongen. Jij staat in je recht. Ik heb jou kwaad gedaan en jij hebt alleen maar goed gedaan. De Heer had mij aan jou overgeleverd en toch heb je me niet gedood. Moge de Heer je belonen. Ik weet dat jij op een dag koning van Israël zult worden. En je zult een goede koning zijn, mijn jongen.' De stem van de koning stokt, maar dan gaat hij verder: 'Zweer me alleen dat je mijn kinderen en kleinkinderen in leven zult laten. Zweer me dat je geen wraak op ze zult nemen.'
'Bij de levende Heer', roept David en zijn stem galmt door het dal. 'Dat zweer ik. U kunt op me rekenen, majesteit.'
Hij vouwt zijn armen over elkaar en wacht tot Saul en zijn soldaten achter de heuvels verdwenen zijn.
Dan kijkt hij naar Abjatar en naar de andere mannen, en ineens ziet hij er moe uit. 'Bedankt, mannen', zegt hij. 'Bedankt dat jullie hem niets gedaan hebben.'
Abjatar kijkt naar de grond.

Die avond zitten ze in het donker bij het vuur. Abjatar staart in de vlammen, zijn armen om zijn knieën.

Hij luistert naar het geknetter van de brandende takken, het getokkel van de lier. Zijn mond vertrekt. Hij had Saul dat mes zo in zijn rug gestoken. Om zijn familie te wreken, zijn verloofde, al die priesters, de onschuldige kinderen die vermoord zijn. Hoe heeft David hem kunnen laten gaan? Hoe is het mogelijk dat hij voor hem neerknielde, met hem praatte alsof hij diep respect voor hem had?
David stopt met spelen. Hij laat zijn lier pakken en kijkt opzij. 'Ik weet hoe zwaar het voor je is', zegt hij tegen Abjatar. 'Maar ik kon niets doen.'
'Hij heeft mijn vader vermoord. De priesters ...'
David knikt. 'Hij heeft priesters vermoord die door God aangesteld waren. Als ik Saul vandaag had gedood, had ik precies hetzelfde gedaan. Dan had ik een man vermoord die door God was aangesteld. Dat kon ik niet. Ik moest dit aan God overlaten. God zelf zal ingrijpen. Op het moment dat hij het wil. Hij zal ervoor zorgen dat er recht wordt gedaan.'
David pakt de lier van zijn schoot en begint weer te spelen. Hij zingt zacht voor zich uit.

'Bij u is mijn leven geborgen,
bij u, mijn God, ben ik veilig,
ik schuil in uw schaduw,
u laat me niet vallen.
Laat uw liefde de aarde vervullen,
als de zon die de dageraad kleurt.'

CO

37 Een mooie vrouw

2 Samuel 1 en 11-12

De palmbladeren klapperen in de middagwind. David rekt zich uit en staat op van zijn rustbed in de schaduw. De zon begint langzaam te zakken, de hitte is verdwenen. Tijd om weer aan het werk te gaan.

David neemt een slok wijn, pakt een paar dadels en slentert over het dakterras. Hij kijkt uit over de stad en over de velden achter de stadsmuren. Hij kan nog altijd niet geloven dat hij koning is over zo'n prachtig land. Jarenlang heeft hij moeten zwerven, op de vlucht voor Saul en zijn leger. Maar toen, op een dag, kwam het bericht dat Saul was gestorven in een gevecht. Niet alleen Saul, maar ook Jonatan, zijn beste vriend. Ach, Jonatan ... Toen hij het hoorde, was het of hij zelf een beetje doodging. Hij sluit zijn ogen, denkt aan Jonatan en neuriet het lied dat hij maakte die nacht.

Ik kan het niet geloven.
Hij is dood.
Mijn vriend, mijn broer,
die mij de liefste was
is niet meer hier.
Nooit zal ik hem meer zien.

Stop, dauw en regen,
zon, verdwijn

Thema: liefde en vriendschap, leiderschap

en laat het duister zijn,
een eindeloze nacht.
Mijn vriend is dood,
het licht is uitgegaan.

Ach Jonatan,
jij die geen doel ooit miste,
nu zelf het doelwit.
Was ik erbij geweest,
ik had de pijlen voor je
opgevangen,
ik had voor je gevochten
tot het eind.
Waar moet ik heen,
nu jij er niet meer bent?

Die mij de liefste was
is mij vooruitgegaan,
ik zie je weer.
Vaarwel, mijn vriend,
vaarwel.

Davids gedachten gaan terug naar de eerste jaren waarin hij koning was. Hij regeerde over een klein deel van het land, het was een zware tijd. Er waren rivalen die uitgeschakeld moesten worden, er waren vijandige stammen die overwonnen moesten worden. Maar langzamerhand is de rust teruggekeerd in het land.
De tijd dat hij maanden achter elkaar van huis was en in de open lucht sliep is voorbij. Als er gevochten moet worden, kan hij het leger toevertrouwen aan Joab en de andere aanvoerders. Ze zijn net een week geleden weer vertrokken met de opdracht een stad te veroveren.

Beneden hem op de binnenplaats zijn de knechten bezig met een van de muilezels, een oude vrouw sjouwt twee kruiken water. Absalom en Tamar zijn verstoppertje aan het spelen, de kleine Sefatja rent rond met pijl en boog. David glimlacht. Wie had ooit gedacht dat hij, een boerenzoon, de jongste uit een groot gezin, op een dag in een paleis zou wonen?
Zijn oog valt op de binnenplaats van een huis dat vlak achter de muren staat. Normaal is het door bomen aan het zicht onttrokken, maar er

moeten een paar palmtakken afgebroken zijn, want hij heeft vol zicht op het waterbassin in het midden van de binnenplaats en op de weelderige vrouw die net in bad stapt.
De mooiste vrouw die hij ooit heeft gezien.
Hij weet het, hij zou de andere kant op moeten kijken. Maar hij kan zijn ogen niet van haar afhouden. Hij blijft naar haar kijken, naar hoe ze daar in het water staat en zichzelf wast. Wie is het? Waarom kent hij haar niet?
Een kuchje achter hem. Hij schrikt op en kijkt om. Zijn oude knecht Achim staat achter hem. ‘Majesteit? Wilt u nog iets eten of drinken?’
‘Achim. Wie is die vrouw?’
Achim kijkt in de richting die hij aanwijst. Hij vertrekt geen spier. ‘Mijn ogen zijn niet goed genoeg meer om een vrouw te herkennen, majesteit. Maar ik zal het voor u navragen.’
‘Kom niet terug voor je het antwoord weet.’

David loopt heen en weer over het dak, zijn handen op zijn rug. Die vrouw. Het lukt hem niet haar uit zijn gedachten te zetten. Hoe mooi ze is, hoe jong, hoe elegant. Zo anders dan zijn andere vrouwen. Wie is ze? Hij moet haar leren kennen.
Eindelijk komt Achim het dakterras weer op. De oude man blijft hijgend staan.
‘En?’ zegt David.
‘Haar naam is Batseba, majesteit. Ze is de dochter van Eliam. Ze is getrouwd met Uria.’
Getrouwd. En dan nog wel met Uria, een van zijn soldaten. Maar wel een soldaat die aan het front is.
David aarzelt een moment. Dan zegt hij: ‘Laat haar bij me komen.’
Achim verdwijnt zonder iets te zeggen. Een halfuur later komt de vrouw die hij zonet vanaf het dak gezien heeft zijn kamer binnen. Ze knielt voor hem neer. ‘U hebt naar mij gevraagd, majesteit?’

David glimlacht en steekt zijn hand naar haar uit. 'Kom toch naast me zitten, Batseba. Wees niet bang. Wil je wat drinken?'

'Wat zeg je?' David kijkt zijn knecht geschrokken aan.
'Zwanger, majesteit', zegt Achim met nadruk. 'Ik moest u doorgeven dat ze zwanger is.'
'Maar dat kan niet!'
'Werkelijk niet?' De oude man trekt zijn wenkbrauwen op.
David zakt terug op zijn bed en bergt zijn gezicht in zijn handen. Hij heeft Batseba sinds die ene avond, twee maanden geleden, niet meer gezien. Zou ze werkelijk zwanger zijn? Dat zou niet best zijn. Dat hij er een vrouw bijneemt, is geen probleem, al zullen zijn andere vrouwen erover mopperen. Maar dat het de vrouw van een van zijn beste soldaten is, een man die nu voor hem aan het vechten is, terwijl hij met haar ...
Nee. Dit mag niet uitkomen. Dit kan niet. Hij moet iets doen.
'Vlug', zegt hij. 'Haal papier en een pen voor me. En zorg dat er iemand klaarstaat om naar het slagveld te gaan. Ik wil Uria hier hebben. Hij moet me verslag uitbrengen over de oorlog. En dan ...' Er trekt een glimlach over zijn gezicht. '... dan mag hij als dank een nacht in zijn eigen huis slapen.'

Een paar dagen later komt Uria in het paleis aan, mager en vuil, bezweet. Hij knielt neer en buigt voor David.
'Uria', zegt David.
'Majesteit', zegt Uria. Hij slaat zijn ogen op. Er kan geen lachje af.
'Ga staan. Je zult je wel afvragen waarom ik je heb laten komen.'
Uria komt overeind.
'Ik wil graag een verslag van je. Hoe is het met generaal Joab? Hoe gaat het met mijn mannen? Hoe zit het met het verzet van de Ammonieten? Wat zijn hun zwakke plekken? Zijn er dingen die we kunnen verbeteren? Tactieken? Enig idee hoe lang het gaat duren voor we die stad in handen hebben?'

Uria schraapt zijn keel, maar David gaat snel verder. 'Het hoeft niet nu, natuurlijk. Je hebt een lange reis achter de rug. Je zult wel moe zijn. Laten we afspreken dat je me morgen verslag uitbrengt. Vanavond heb je vrij. Ga naar huis, neem een bad, ga vroeg naar bed. We zien elkaar morgenochtend. Trouwens ...' David staat op. 'Ik heb nog iets voor je.' Hij pakt de kruik wijn en de honingkoek die hij heeft laten brengen en overhandigt ze aan zijn soldaat. 'Dit is voor jou. En bij de keuken ligt een stuk vlees voor je klaar. Als beloning voor je trouwe dienst. Ga naar je vrouw. Geniet van je vrije avond.'

David wordt de volgende ochtend opgelucht wakker. Dit komt helemaal goed. Uria heeft de nacht met zijn vrouw doorgebracht. Hij zal vast niet verbaasd zijn als hij binnenkort te horen krijgt dat ze zwanger is. De baby zal twee maanden te vroeg geboren worden, maar dat kan gebeuren.
'Majesteit?' Achim komt de slaapzaal binnen. 'Ik dacht dat het de bedoeling was dat Uria thuis zou overnachten?'
'Dat is het ook. Zeker. Hoezo?'
'Hij heeft de nacht doorgebracht in het poortgebouw.'
David komt overeind. 'In het poortgebouw? Hier? In het paleis? Waarom?'
'U kunt het hem zelf vragen. Hij zit in de troonzaal op u te wachten.'
David springt uit bed, kleedt zich aan en loopt met snelle passen naar de troonzaal. 'Uria!' roept hij. 'Wat krijgen we nou? Ik hoor dat je vannacht in het poortgebouw bij de knechten geslapen hebt. Waarom? Je hebt een lange reis achter de rug! Waarom ben je niet naar huis gegaan?'
Uria komt overeind. Zijn gezicht staat strak. 'Mijn generaal en mijn maten slapen buiten op het veld. Hoe zou ik dan naar huis kunnen gaan om te eten en te drinken en met mijn vrouw te slapen?'
'Ik zou niet weten waarom dat niet zou kunnen', zegt David geërgerd. 'Ik heb je zelf opdracht gegeven.'
Uria heft zijn handen op. 'Zowaar u leeft, majesteit, zoiets doe ik niet. Ik kan het niet.'

David kijkt door het raam naar buiten. Zijn ogen vernauwen zich. Een feestmaal. Een feestmaal waarbij hij Uria dronken voert zodat hij dat doorgedraaide plichtsgevoel vergeet en gewoon naar huis gaat, vannacht. 'Goed', zegt hij dan. Zijn stem klinkt weer vriendelijk. 'Goed. Blijf vandaag nog hier. Ik stuur je morgen terug. Ik wil je vanavond graag uitnodigen voor het eten.'

'Uria. Je hebt weer niet thuis geslapen, begreep ik?'
Uria krabbelt overeind uit het stro. Hij wrijft met een pijnlijk gezicht over zijn voorhoofd. Hij heeft waarschijnlijk last van hoofdpijn – niet verwonderlijk na de hoeveelheden wijn die David hem opgedrongen heeft gisteravond. 'Ik heb hier geslapen, majesteit.'
'Je gaat zo weer terug naar het front? Zou je deze brief voor me mee willen nemen?' David steekt Uria een verzegelde envelop toe. 'Geef hem aan Joab en zorg dat niemand anders hem in handen krijgt. Er staat een geheime missie in.'
Hij draait zich om zonder op antwoord te wachten. Hij weet dat hij zich geen zorgen hoeft te maken dat Uria de brief leest. Deze man is zo trouw, zo vroom, dat het niet eens in hem op zal komen.

Aan Joab

Zorg dat Uria vooraan staat als er gevochten wordt en geef hem geen rugdekking.
Ik wil dat hij wordt getroffen en sneuvelt.

Van David

'Majesteit?' Achim komt de troonzaal binnen. Uit een van de vrouwenvertrekken klinkt het gehuil van een baby en David glimlacht. Zijn zoon. Het is misschien niet zo heel mooi wat hij gedaan heeft, maar kijk eens

wat eruit voortgekomen is. De vrouw van zijn dromen is nu de zijne. En hij heeft een zoon. Een gezonde zoon. Het leven is goed.
'U hebt bezoek.'
Achim wordt aan de kant geduwd en er komt een jonge man het vertrek binnenlopen. Het is Natan, een van de profeten. 'Koning.'
'Natan. Kom binnen. Ik heb je al een poos niet meer gezien. Hoe gaat het?'
'Ik wil u iets vertellen.'
David knikt. 'Ga zitten. Vertel.'
Natan blijft staan. 'Er woonden twee mannen in dezelfde stad, koning', zegt hij. 'Een rijke en een arme. De rijke man had een grote kudde geiten, schapen en koeien. De arme man had één lammetje. Dat was alles wat hij had. Maar dat lam betekende dan ook alles voor hem. Hij deelde zijn eten en drinken met het dier, liet het bij zich in bed slapen, zorgde ervoor alsof het zijn kind was.'
David glimlacht. Ineens ziet hij zichzelf weer als kleine jongen tussen de schapen zitten, een lammetje in zijn armen. Lang geleden is het, maar hij weet nog hoeveel je van zo'n klein, hulpeloos dier kunt houden. Hoe het sabbelt aan je vinger, hoe het je herkent en overal met je meeloopt, je blindelings vertrouwt.
'Op een dag kreeg de rijke man bezoek. Hij kon het niet over zijn hart verkrijgen om een dier van zijn eigen kudde te slachten. Daarom nam hij het lammetje van de arme man. Hij sneed het de hals af, liet het braden en zette het aan zijn gast voor.'
'Wát?' Woede vlamt in David op. Hij kan niet geloven dat dit gebeurt in zijn rijk. In zijn land, waar iedereen zich aan Gods wetten zou moeten houden. Dat iemand zo harteloos kan zijn. 'Zo waar de Heer leeft, die man is er geweest. Hij verdient de doodstraf. Hij zal betalen voor wat hij gedaan heeft.' Hij staat op en zijn stoel klettert op de grond. 'Wie is het?'
De profeet trekt een wenkbrauw omhoog. 'Die man? Dat bent u.'
Davids adem stokt in zijn keel. De woorden van Natan komen aan als een mokerslag.

‘Dit zegt de Heer, de God van Israël tegen u’, gaat Natan verder. ‘Ik heb je aangewezen als koning. Ik heb je gered toen Saul je wilde doden. Ik heb je rijk gemaakt. Ik heb je dit volk gegeven. Is het misschien te weinig?’
David schudt zijn hoofd. Nee, nee ...
‘Dan zal ik je nog meer geven. Maar waarom heb je iets gedaan dat zo slecht is? Je hebt je eigen soldaat Uria, die voor jou aan het vechten was, laten vermoorden. Je hebt hem zijn vrouw afgepakt.’
David slaat zijn handen voor zijn mond. Al die maanden heeft hij geprobeerd het weg te stoppen, dat gevoel van onrust, het gevoel dat hij iets had gedaan wat niet goed was. Het vrat aan hem. Maar hij had zichzelf voorgehouden dat hij niet anders kon. Als ze daar niet gestaan had, die middag ... Als Uria gewoon naar huis was gegaan, met zijn vrouw had geslapen toen hij het hem bevolen had ...
Hij krimpt ineen nu de waarheid in volle hevigheid tot hem doordringt. Nee. Nee, het was niet de schuld van Batseba. Het was niet de schuld

van Uria, die koppige, eerlijke, dappere man die voor hem vocht, die voor hem dag in dag uit zijn leven waagde. Dit is zijn schuld. Zijn schuld. En hij kan het nooit meer goedmaken.
'U hebt een moord op uw geweten', zegt Natan.
David valt op zijn knieën en barst in tranen uit. De profeet heeft gelijk. Hoe heeft het zover kunnen komen? Hoe heeft hij dit kunnen doen? En hoe heeft hij ook nog eens goed kunnen praten wat hij deed? Hij heeft een man van zijn vrouw beroofd en hem daarna uit de weg laten ruimen.
'Mijn God ...' kreunt hij. 'Mijn God. Het is te erg wat ik gedaan heb. Ik heb gedaan wat verkeerd was.'
Hij durft niet te vragen of God hem wil vergeven. Hij weet dat God hem met de dood zal straffen. En het is zijn eigen schuld.
Maar dan hoort hij uit de verte de stem van Natan. 'De Heer heeft gezegd dat hij u niet loslaat. Hij vergeeft u wat u gedaan hebt. U zult niet sterven.
Maar uw zonde zal wel gevolgen hebben. U zult moeten leven met wat u gedaan hebt. U hebt een moord op uw geweten en daarmee hebt u de dood uw familie binnengehaald. U hebt overspel en bedrog op uw geweten. En daarmee hebt u ook uw familie vergiftigd. Uw daden zullen gevolgen hebben.'

David blijft op zijn knieën liggen, nog lang nadat de profeet verdwenen is. God heeft hem vergeven. Het is weer goed tussen God en hem. Maar hij wenst met alles wat in hem is dat hij de tijd terug zou kunnen draaien. Dat hij het niet gedaan had. Dat het allemaal nooit gebeurd was.
Een kuchje. 'Majesteit?'
David kijkt op. Het is een van zijn hovelingen. 'Wat is er?'
'Het is uw vrouw. Batseba. Ze laat u roepen. Het gaat om de baby. Hij is ziek, zegt ze.'

CO

38 De staatsgreep

1 Koningen 1

Zo snel hij kan loopt de profeet Natan door de kleine straatjes van Jeruzalem in de richting van het paleis. Dit gaat mis. Helemaal mis. Hij had het kunnen weten. Waarom heeft koning David het niet beter geregeld? Waarom heeft hij zijn familie niet al jaren geleden bij elkaar geroepen om te vertellen dat niet zijn oudste zoon, maar Salomo zijn opvolger zou moeten worden? Nu is het te laat. Adonia, de oudste, heeft zichzelf vanmorgen tot de nieuwe koning laten uitroepen. Hij heeft een enorm offerfeest georganiseerd waarbij heel het hof, de legertop en al zijn broers uitgenodigd zijn. Alleen zijn halfbroer Salomo heeft geen uitnodiging gekregen. Hij heeft deze staatsgreep goed voorbereid, de laatste maanden. Hij heeft wagens en paarden aangeschaft, een lijfwacht ingehuurd, belangrijke mensen overgehaald om hem te steunen. Bijna iedereen staat aan zijn kant. Alleen een paar priesters en de oude strijdmakkers van zijn vader niet.
Natan klopt aan bij de poort van het paleis. 'Laat me erin', hijgt hij als het luikje in de deur opengaat. 'Ik moet onmiddellijk Batseba spreken.'

Het is stil in het paleis, maar dan hoort hij snelle voetstappen. Batseba komt hem in de gangen tegemoet gerend. Ze moet al bijna veertig zijn, maar ze ziet er nog steeds mooi uit. Ze is altijd de lievelingsvrouw van de koning gebleven. 'Profeet', zegt ze buiten adem. 'Wat is er aan de hand?'
'Kunnen we ergens praten?' vraagt Natan.

Batseba gaat hem voor naar de troonzaal die volkomen verlaten is en eruitziet alsof er al weken niemand geweest is. Er ligt stof in de hoeken, een salamander loopt over het plafond. De koning komt de laatste maanden zijn slaapvertrek niet meer uit. Hij voelt zich te oud, te zwak om nog te regeren.
Als de deur dicht is, neemt Natan het woord. 'U bent in levensgevaar, mevrouw. En uw zoon Salomo ook. Ik weet niet of u het gehoord hebt, maar Adonia is tot koning uitgeroepen. Buiten medeweten van uw man. Generaal Joab is erbij. De hele legerleiding.'
'Wat?' zegt Batseba geschrokken. 'Adonia? Maar ...'
'Ja, ik weet het. De koning heeft gezworen dat Salomo hem zou opvolgen. U moet zo snel mogelijk naar uw man toe om hier met hem over te praten.'
'Ik hoop dat hij met me wil praten.' Batseba kijkt omlaag naar haar eenvoudige jurk. 'Ik ga me eerst verkleden. Ik kan hem zo niet onder ogen komen.'
'Het spijt me, mevrouw. Er is geen tijd te verliezen. U moet meteen naar hem toe. Hij moet weten hoe ernstig de situatie is. Gaat u maar eerst. Ik kom een paar minuten later.'
Batseba aarzelt heel even. Dan loopt ze de trap op, naar het slaapvertrek van David. Ze klopt aan de deur en gaat naar binnen. Natan ziet door een kier hoe ze voor het bed van de koning neerknielt.
David opent zijn ogen. 'Batseba. Wat kan ik voor je doen?'
'Mijn heer', zegt Batseba. 'U hebt toch gezworen dat mijn zoon Salomo u zou opvolgen? Maar nu is Adonia tot koning uitgeroepen. Majesteit, als u niet meteen ingrijpt, zijn wij er geweest. Als u overlijdt, worden Salomo en ik beschuldigd van hoogverraad.'
Natan duwt de deur verder open en gaat naar het bed toe. Hij knielt naast Batseba op de grond en buigt zijn hoofd. Zijn knieën kraken. 'Majesteit', zegt hij terwijl hij opkijkt naar de koning. 'Hebt u bevel gegeven dat Adonia u moet opvolgen? Want er is vandaag een groot offerfeest aan de gang en iedereen is erbij. De legerleiding, de priesters. En ze roepen

allemaal: “Leve koning Adonia!” Maar waarom is Salomo niet uitgenodigd? Waarom ben ik niet uitgenodigd? Waarom hebt u mij hier niets over verteld?’

De koning hoest en het jonge meisje dat is ingehuurd om hem te verzorgen, schiet toe. Ze geeft hem een slokje water en helpt hem overeind in de kussens.

‘Batseba’, zegt de koning en hij wenkt. ‘Kom hier.’

Batseba staat op en loopt naar het bed toe. De koning pakt haar hand. 'Zo waar de Heer leeft, vandaag zal ik doen wat ik jou gezworen heb. Vandaag zal jouw zoon Salomo koning worden. Hij zal mijn opvolger zijn.'
Batseba knielt neer en maakt een buiging tot de grond. 'Mijn heer de koning, moge u leven tot in eeuwigheid.'
De koning glimlacht. 'Laat priester Sadok hier komen. Zeg dat hij zalfolie meebrengt. Roep al mijn hovelingen en mijn lijfwacht. Zorg dat Salomo zich klaarmaakt en dat hij weet wat er van hem verwacht wordt. Jullie moeten met z'n allen naar de bron vlak buiten de stad gaan. En zadel mijn muildier. Ik wil dat mijn zoon Salomo hem berijdt. Bij de bron moeten jullie hem uitroepen tot koning van Israël. Zorg dat er zo hard op de ramshoorn geblazen wordt dat ik het hier kan horen. En zeg hem ... ' David krijgt een hoestbui die het hem onmogelijk maakt om verder te praten. Dan gaat hij verder: '... zeg tegen mijn zoon dat hij op de troon moet gaan zitten als hij terug is gekeerd. Hij is de nieuwe koning over Juda en Israël.'

Nog geen uur later zijn ze op weg. Natan heeft Salomo geholpen de paarse koningsmantel van zijn vader aan te trekken en hem alles verteld wat hij moet weten. De stoet is veel groter geworden dan Natan gedacht had. Niet alleen de soldaten en de leden van de hofhouding zijn meegekomen, maar ook een grote groep mensen uit Jeruzalem. Het nieuws dat Salomo koning wordt, is blijkbaar als een lopend vuurtje de stad rondgegaan. Van alle kanten kwamen ze aanrennen, mannen, vrouwen, kinderen.
'Het is prins Salomo!'
'Kijk nou, hij zit op het muildier van zijn vader!'
'Salomo wordt koning!'
Als ze buiten de stad bij de bron zijn, helpt Natan Salomo van zijn muildier. 'Knielen', fluistert hij, en Salomo knielt neer.

Sadok pakt de hoorn met olie en giet hem leeg boven het hoofd van de jonge prins.
'Salomo, zoon van David', zegt hij. 'Moge de Heer, de God van Israël, u helpen zoals hij uw vader geholpen heeft. Moge hij u nog machtiger maken dan uw vader. Moge de Heer met u zijn.'
Dan geeft hij Salomo een hand en helpt hem omhoog. 'Vrienden', roept hij. 'Mag ik u voorstellen aan uw nieuwe koning? Leve koning Salomo!'
Hij pakt zijn ramshoorn en blaast. Het gejuich dat volgt is oorverdovend.
'Leve koning Salomo!' roepen de mensen. 'Leve de koning!'

Het is al laat in de avond als Natan terugkeert uit het paleis. Er is een groot feestmaal geweest, er was muziek, en van alle kanten zijn mensen langsgekomen om David en Salomo te feliciteren. Een mooie dag. Toch nog. Ineens hoort Natan voetstappen die haastig dichterbij komen. Hij draait zich om. Het is priester Sadok.
'Kom mee!' zegt Sadok, zijn stem klinkt dringend. 'Adonia is terug. Ik zag hem het heiligdom binnengaan. Ik ben meteen weggerend om je te halen.'
Natan loopt snel met Sadok mee. Hij is ongerust. In de feeststemming van de avond is hij heel even Adonia vergeten. Hij heeft dus al gehoord wat er gebeurd is. Is hij hier gekomen om te vechten? Is dat het eerste wat Salomo zal moeten doen als koning – vechten tegen zijn eigen broer?

Het is donker rond het heiligdom en het is stil. Geen boze soldaten dus, geen lijfwacht die klaarstaat om Sadok uit de weg te ruimen en daarna door te gaan naar het paleis. Adonia is de enige hier. Hij houdt met beide handen een van de hoeken van het altaar vast en hij ziet er bang uit.
'Hoogheid?' zegt Natan.

De prins kijkt om. 'Ik ga hier niet weg', zegt hij zonder het altaar los te laten. Zijn stem trilt. 'Ik ga alleen als mijn broer zweert dat hij me niets aandoet.' Natan schudt zijn hoofd. Is dit de prins die vorige week rondreed met zijn lijfwacht van vijftig man? De man die de hele legertop heeft overgehaald om hem tot koning uit te roepen? De man die vandaag nog feestvierde samen met de rest van de familie? Er is niets meer over van zijn bravoure. Dat hij naar het heiligdom gevlucht is, zichzelf heeft vastgeklampt aan het altaar – hij weet dat hij verloren heeft. Hij ziet blijkbaar geen enkele uitweg meer. Hij hoopt dat hij hier veilig is, dat Salomo zoveel eerbied voor het heiligdom zal hebben dat hij hem hier niets zal doen. Blijkbaar zijn al zijn volgelingen ervandoor. Overgelopen naar Salomo.
'Als u zich goed gedraagt, zal de koning u niets doen', zegt Natan.
Adonia blijft even bewegingloos staan. Dan laat hij langzaam zijn handen zakken. Hij draait zich om.
'Maar als u in opstand komt, bent u er geweest.' Natans stem klinkt hard.
Adonia knikt. Zwijgend volgt hij Natan naar het paleis. Natan trekt de deur van de troonzaal voor hem open. Salomo zit er nog, samen met zijn moeder en een paar van de hovelingen.
Adonia loopt de troonzaal in, zijn ogen neergeslagen. Als hij vlak bij Salomo is, knielt hij voor hem neer. 'Majesteit', zegt hij.
De jonge koning knikt. 'Het is goed. Je kunt gaan.'

CO

39 Wie is de echte moeder?

1 Koningen 3

Ik moet eerlijk bekennen, ik was niet bepaald blij toen ik ontdekte dat ik zwanger was. En toen ik merkte dat ik het kind niet kwijt kon raken met de kruidendrank die me al vaker geholpen had, raakte ik in paniek. Niet eens omdat het een schande is, een ongetrouwde vrouw die een kind krijgt. Ik ben het al lang gewend dat ik met de nek word aangekeken. Maar een baby – dat betekende dat ik maandenlang geen inkomsten zou hebben. Hoe zou ik me moeten redden, al die tijd? Waar zou ik eten vandaan moeten halen, doeken om het kind in te wikkelen? Wie zou er op het kind passen als ik weer aan het werk zou gaan? Ik begreep echt wel dat de buurvrouwen dat niet zouden willen doen.
Maar toen kwam ik Laila tegen, bij de put. We zitten allebei in het vak, en eigenlijk zijn we concurrenten. Maar op die dag sprak ze me aan. Ze vroeg aan me of ik iemand wist die ervoor kon zorgen dat ze een miskraam kreeg. We raakten met elkaar aan de praat en we besloten elkaar te helpen. We zouden samen in mijn huis gaan wonen, en als de baby's geboren waren, konden we er om beurten voor zorgen. Ze zouden samen opgroeien, met elkaar spelen, samen rondrennen over straat. Ineens zag ik een toekomst voor me. Het zou bijna zijn alsof we een familie waren.
Kijk, dit is hem, mijn zoon. Is hij niet prachtig? Die donkere haartjes, die bruine ogen, die piepkleine vingertjes, die nageltjes. Ik kan uren

naar hem kijken, naar hoe hij slaapt, hoe hij met die kleine vuistjes zwaait. Ik kan niet geloven dat ik hem ooit kwijt had willen raken. Laila beviel drie dagen na mij, ook van een jongetje. Ik was erbij en hielp haar, zoals ze mij een paar dagen eerder ook geholpen had, en ruimde alles op. Laila was al diep in slaap, haar baby dicht tegen zich aan, toen ik eindelijk kon gaan liggen. Ik was uitgeput.

Ik werd pas de volgende ochtend weer wakker. Het was al licht. Ik knipperde met mijn ogen en keek opzij. Had mijn zoon echt de hele nacht doorgeslapen? Ik voelde naast me en mijn adem stokte toen ik het koude lijfje van mijn zoon voelde. Daar lag hij, roerloos, helemaal wit, zijn armpjes en beentjes slap en levenloos. Nee! Nee! Wat was er gebeurd? Wat had ik gedaan?
'Laila!' riep ik en ik herkende mijn eigen stem niet.
Laila was al wakker. Ze steunde op een elleboog en lag naar haar kind te kijken, een glimlach op haar gezicht. 'Wat is er?'
'Hij is dood!' schreeuwde ik. 'O, God van Israël! Mijn kindje, mijn kindje!'
'Ach, wat vreselijk', fluisterde Laila. 'Wat erg voor je.'
Ik kwam overeind, streelde de haartjes van mijn zoon, streelde zijn handjes, zijn kleine vingertjes, terwijl de tranen over mijn wangen stroomden. Dit kindje, dat ik eerst niet gewild had – wat had mijn leven voor zin nu hij er niet meer was? Ik weet niet hoelang ik daar zat. Maar ineens hoorde ik de stem van Laila. 'Het heeft geen zin om daar te blijven zitten huilen, Ada. We moeten de begrafenis regelen. Ik zal je helpen.'
Ik schudde mijn hoofd. 'Nee. Nee, jij moet niets doen. Je moet nog rusten.'
Maar ik wist dat ze gelijk had. Nog deze dag zou ik mijn zoon moeten begraven. Ik veegde mijn tranen weg met mijn mouw, haalde diep adem, en heel voorzichtig begon ik met de zwaarste taak van mijn leven. Ik

wikkelde de doeken van hem af om hem voor de laatste keer te kunnen wassen en aan te kleden. En toen zag ik het. Dit was mijn zoon niet. Dit was de zoon van Laila. De navelstreng van mijn zoon was er gisteren af gevallen. Dit jongetje had zijn navelstreng nog. En dat verfrommelde gezichtje – hoe is het mogelijk dat ik gedacht had dat dit mijn zoon was? Maar ... als dit de zoon van Laila was ...
Ik draaide me om. En ik zag het meteen. 'Laila! Jij hebt mijn kind! Geef me mijn kind terug!' Ik stond op en probeerde mijn baby uit haar armen te pakken, maar Laila draaide zich van me weg. 'Wát zeg je?' riep ze verontwaardigd. 'Hoe kom je erbij! Dit is mijn kind!'
'Niet waar! Wat heb je gedaan?'
'Lieve schat, doe niet zo raar. Ik vind het heel erg voor je, maar dit is écht mijn zoon.'
Langzaam drong het tot me door wat er gebeurd was. Laila's kind was gestorven. Ze had haar kind met het mijne verwisseld. En ze had gehoopt dat ik het niet door zou hebben. We kregen ruzie zoals ik nog nooit in mijn leven ruzie had gehad, en mijn zoontje begon te huilen. Laila probeerde hem de borst te geven, maar hij weigerde en begon te krijsen. 'Geef hem!' riep ik. 'Geef hem aan mij! Je weet dat het jouw kind niet is!'

De buren kwamen op ons geschreeuw af. Laila probeerde ze ervan te overtuigen dat de dode baby van mij was en ik probeerde ze uit te leggen dat het háár kind was dat gestorven was. Uiteindelijk namen ze ons mee naar het paleis. 'Koning Salomo moet hierover oordelen', zeiden ze. 'Hij is de enige die erachter kan komen wie de waarheid spreekt.'
Onzin, dacht ik. Hoe zou híj kunnen weten welk kind van wie is? Hoe zou hij erachter kunnen komen?
We werden tot mijn verbazing toegelaten in de troonzaal. Laila droeg mijn zoon die zichzelf in slaap had gehuild en af en toe nog nasnikte, ik droeg haar dode baby in mijn armen.

Koning Salomo zat op zijn troon, een jonge man nog. Ik liep aarzelend de zaal binnen. Ik ben nooit eerder in het paleis geweest en ik had geen idee hoe het allemaal hoorde. Moest ik knielen? Buigen? En hoe moest ik hem aanspreken? Ik riep mezelf tot de orde. Ik moest in elk geval proberen rustig te blijven. Zo duidelijk mogelijk uitleggen wat er gebeurd was.

'Sta mij toe, heer', zei ik. 'Deze vrouw en ik wonen in hetzelfde huis en we waren allebei zwanger. Ik heb mijn kind vier dagen geleden ter wereld gebracht. Zij was erbij. En zij is gisteren bevallen.

We waren helemaal alleen. Maar vannacht is haar baby doodgegaan. Ze moet erop zijn gaan liggen en het doodgedrukt hebben.

Toen ze dat merkte, is ze opgestaan en heeft ze haar kind met het mijne verwisseld. Toen ik vanmorgen wakker werd en mijn zoontje wilde voeden, zag ik dat hij dood was. Maar toen ik beter keek, zag ik dat het niet mijn kind was.'
Laila viel me in de rede. 'Dat is niet waar! Dit is mijn zoon! Dat dode kind is echt van jou!'
'Niet waar!' riep ik. Ik wees naar mijn zoontje dat slapend tegen haar aan lag. 'Dát is mijn kind. En dit is jouw kind.'
De koning schraapte zijn keel, en ik keek geschrokken op. 'Dus jullie zeggen allebei dat het levende kind van jullie is en het dode van de ander?'
Ik knikte en Laila knikte ook.
'Breng me een zwaard', zei de koning.
Een van de lijfwachten bracht een zwaard de troonzaal binnen en gaf het aan de koning.
'Hak het levende kind doormidden en geef die vrouwen allebei de helft.'
Ik voelde mezelf helemaal koud worden van angst en ik viel op mijn knieën. 'Nee, heer, alstublieft, doe dat niet! Ik smeek u, geef mijn baby dan maar aan haar!'
'Prima.' Laila's stem klonk hard. 'Alsjeblieft. Hier heb je hem. Hak maar doormidden. Als ik hem niet krijg, krijgt zij hem ook niet.'
Heel even was het stil. En toen zei de koning: 'Het kind wordt niet gedood.'
Ik keek op en liet mijn handen zakken.
'Geef het kind aan deze vrouw, want zij is de moeder.' De koning wees naar mij en de lijfwacht pakte mijn zoontje uit Laila's handen en gaf hem aan mij.
'Dank u', zei ik terwijl ik overeind kwam en mijn tranen probeerde weg te slikken. 'Dank u.' Ik klemde mijn baby tegen me aan en ging het paleis uit zonder om te kijken.
Mijn jongetje. Zal ik hem Salomo noemen?

CO

40 Een huis voor de Heer

1 Koningen 6-8

SPECIALE UITNODIGING

Voor: Chiram, zoon van Aser, bronswerker

Salomo, zoon van David, zoon van Isaï, koning van Israël, heeft de eer u uit te nodigen voor de inwijding en feestelijke ingebruikname van de tempel.
U wordt verwacht op de eerste dag van het Loofhuttenfeest, twee uur na zonsopgang.
We verzamelen ons bij de oude burcht, vanwaar we de priesters met de heilige kist zullen volgen naar de tempel.

De dag is nog fris als Chiram op weg gaat naar het oude paleis. Er heerst een feestelijke stemming in de stad. Families zijn in hun mooiste kleren op weg naar het tempelplein, kinderen lachen en roepen. De sfeer is altijd ontspannen en vrolijk tijdens het Loofhuttenfeest, als de mensen een week lang in zelfgemaakte bladerhutten wonen. Maar dit is wel een heel bijzonder Loofhuttenfeest. De tempel, waar

Thema: leiderschap, bouwwerken

zeven jaar lang met man en macht aan gewerkt is, is eindelijk klaar. Dit is de dag waarop iedereen gewacht heeft. De dag waarop de Heer van Israël weer een plek heeft om te wonen.
Chiram beseft hoe bijzonder het is dat hij dit gebouw vanbinnen heeft kunnen zien. Na vandaag is er niemand meer die er binnen mag gaan. Niemand die de prachtige zalen zal zien, de met goud bedekte muren en vloeren, de engelenbeelden, het houtsnijwerk, het altaar. Alleen de priesters.
Bij de oude burcht is het al druk. Alle stamleiders en familiehoofden zijn er, en de koninklijke familie is ook al gearriveerd. De priesters lopen in en uit de burcht met schalen, bekers en voorraden. Een paar Levieten sjouwen met opgerolde kleden en tentstokken.
'Chiram', roept een van de mannen. 'Dit moet allemaal mee naar de tempel. Kun jij helpen dragen?'
Er wordt een zware, opgerolde doek op zijn schouder gelegd. Een van de tentdoeken van het oude heiligdom waar zijn moeder hem over verteld heeft. Deze stof moet honderden jaren oud zijn. Nog uit de tijd van Mozes. Erg fris ruikt het niet, en de kleuren zijn verschoten tot vaalrood en lichtpaars, maar je ziet nog steeds hoe mooi de ingeweven patronen zijn. En dan te bedenken dat ze dit in de woestijn gemaakt hebben. Ze konden toch wel wat in die tijd.
'Aan de kant!' roept een man met een baard, een van de Levieten zo te zien. 'Aan de kant voor de heilige kist!'
'Maak ruimte, mensen!'
'Achteruit! Iedereen een paar stappen achteruit!'
Chiram krijgt een duw tegen zijn schouder, iemand gaat boven op zijn tenen staan en hij struikelt bijna met de zware last op zijn schouders, maar weet zichzelf nog net overeind te houden.
Vanuit de poort van de burcht klinkt trompetgeschal. Dit is het moment. Het wordt doodstil. Chiram houdt zijn adem in. Voetstappen. De schaduw van twee lange stokken. Daar komen ze de poort door, de priesters, met de heilige kist op hun schouders. Hij heeft veel gehoord over de

kist. Hij is eeuwenoud. Op het deksel staan twee gouden engelen en in de kist zitten twee platte stenen waar de wet op staat – de Heer zelf heeft ze erop geschreven, heeft zijn moeder verteld. Chiram zou graag een kijkje in de kist nemen, maar dat is helaas streng verboden. Niemand mag de kist aanraken, zelfs de priesters niet. Ze hebben speciale draagstokken om hem te vervoeren, en iemand heeft er een kleed overheen gelegd zodat je hem niet eens kunt zien.
'Aansluiten!' roept iemand. 'Aansluiten!'
Langzaam komt de optocht in beweging. Hoe dichter ze bij de tempel komen, hoe drukker het wordt, en de Levieten die alles regelen hebben steeds meer moeite om een weg te banen voor de stoet. Een oorverdovend gejuich gaat op als de priesters het plein voor de tempel op komen. Vaders zetten hun kleine kinderen op hun schouders, jongens dringen zich naar voren, moeders wijzen.
'Zie je dat? De heilige kist!'
'Kijk, de kist van Mozes!'

Het is jammer voor de mensen dat ze niet naar binnen mogen, het tempelterrein op. Chiram is blij dat hij er wel bij kan zijn. Dat hij alles mee kan maken op deze bijzondere dag. Had zijn vader dit maar kunnen zien. Had hij er maar bij kunnen zijn, vandaag. Hij zou zo trots geweest zijn op zijn zoon.
Zijn vader was net een paar maanden overleden toen Chiram het verzoek kreeg om naar Jeruzalem te komen om voor koning Salomo te komen werken. Hij was eerst verbaasd geweest. Hoe was het mogelijk dat de koning van Israël hem kende? Natuurlijk, hij voelde zich gevleid dat Salomo hem wilde inhuren als bronswerker, en zijn moeder en vrienden hadden tegen hem gezegd dat hij het doen moest, dat dit een prachtige kans was. Maar toen hij de tekeningen zag die de koning had gemaakt, had hij spijt gekregen dat hij de opdracht aangenomen had. Niet om de kookpotten, de scheppen en de schalen die hij zou moeten maken. Dat was werk dat hij van jongs af aan gedaan had. Maar de rest

van de plannen. Twee zuilen die bij de ingang van de tempel zouden komen te staan. Negen meter hoog moesten ze worden, en Salomo wilde dat ze versierd zouden worden met bronzen vlechtwerk en waterlelies. En dan die enorme waterbak, die op twaalf stieren zou komen te staan, en de twaalf waskarren met wielen, versierd met bloemenkransen en engelen.

Chirams vader was de beste bronswerker van Tyrus geweest en hij had Chiram alles geleerd wat hij wist. Hoe de verhouding tussen koper en tin moest zijn, waar hij de beste klei kon vinden, hoe hij de mallen moest maken, bij welke temperatuur hij kon gaan gieten, en hoe hij als het brons gestold was de giettuiten netjes weg kon vijlen tot er niets meer van te zien was.

Hij kende het vak. Maar dit was zo'n gigantische, ingewikkelde klus dat Chiram vaak had gedacht dat het hem nooit zou lukken. Hadden ze dit maar samen kunnen doen. Hij miste zijn vader. Zijn vakmanschap en ervaring, zijn aanmoedigingen, zijn vrolijkheid. Maar de God van Israël, de God van zijn moeder, had hem geholpen. De zuilen zijn indrukwekkend geworden, de waskarren zijn prachtig, en de stieren onder het enorme waterbassin schitteren in de zon. Nu alles op zijn plek staat en glanzend gewreven is, kan hij bijna niet geloven dat hij dit allemaal gemaakt heeft.

Hij schrikt op van een tik op zijn schouder. 'Chiram? Dat kleed moet naar de bovenste voorraadkamer.'

Hij verplaatst de rol naar zijn andere schouder en loopt achter de andere mannen aan, de voorraadkamers naast de tempel in, de houten trappen op. Hij laat het zware kleed op de andere kleden vallen en niest van het stof dat rondwolkt.

Als hij weer beneden komt, staat het altaar al te roken. De koning zelf is begonnen met slachten en hij wordt geholpen door de stamleiders. Dit is een offer van heel het volk. En het is een groot offer. De laatste dagen zijn er duizenden dieren aangevoerd naar de stad. Stieren, geiten, schapen. Allemaal bedoeld om God te laten zien hoe dankbaar ze zijn.

Als er een paar stieren geofferd zijn, klinkt ineens een trompetsignaal. Twee Levieten trekken de enorme vouwdeuren van de tempel open en de priesters die nog steeds op het midden van het plein staan, de draagstokken op hun schouders, komen in beweging en gaan de donkere zaal binnen. Chiram houdt zijn adem in. Hij weet dat ze de kist gaan neerzetten in het heiligste deel van de tempel, helemaal achterin, achter het gordijn, en hij vraagt zich af of er ook iets zal gebeuren. Donder en bliksem misschien. Of een bazuin, zoals in de tijd van Mozes.
Maar alles blijft stil. Het enige wat Chiram hoort is het geloei van de stieren, het gemekker van de geiten. Maar dan komen de priesters weer naar buiten, een verbijsterde uitdrukking op hun gezicht. Chiram ziet dat de tempel achter hen gevuld is met rook. Nee – het is geen rook. Het lijkt wel mist. Een wolk. Een rilling trekt over zijn rug en hij doet een paar stappen achteruit.
Er gaat een ongerust geroezemoes op.
'Is dat het reukoffer?'
'Dat kan niet.'
'Het lijkt wel stoom.'
'De wolk! Het is de wolk van de Heer!'
Een van de priesters neemt het woord. 'We hadden de ark neergezet in het heiligste deel van de tempel', zegt hij. Hij schraapt zijn keel. 'We wilden de wierook aansteken. Maar toen ...'
'Plotseling werd het helemaal donker', gaat zijn collega verder. 'We zagen niets meer.'
Chiram hoort ineens zijn moeder weer die hem vertelde over de tijd dat hun voorouders rondzwierven door de woestijn. 'Het was gevaarlijk, Chiram. Maar ze hoefden niet bang te zijn. Ze hoefden maar naar de wolk te kijken, en dan wisten ze dat de Heer er was. Dat hij zelf bij hen woonde. De wolk was het teken dat hij er was. Dat hij hen beschermde.'
Chiram kijkt naar de tempel, naar de vouwdeuren die weer gesloten zijn. 'God zelf ...' fluistert hij, diep onder de indruk. 'De Heer is hier.'

De koning draait zich om naar de mensenmenigte. Hij strekt zijn handen uit. 'Mensen!' roept hij. 'Er is geen enkele god zoals onze God. Laten we niet denken dat hij hier op aarde kan wonen. Zelfs de hemel is niet groot genoeg voor hem. En deze tempel al helemaal niet. Maar God laat ons op deze dag zien dat hij toch bij ons wil zijn. Dat hij deze plek uitkiest. Dat is geweldig! Laten we hem danken!'

CO

41 Moord om een groentetuin

1 Koningen 21

Waar kan hij zich verstoppen? Joram rent door de gangen van het paleis, op zoek naar een goede plek. De troonzaal? Nee. De voorraadkamers? De wapenkamer? Allemaal plekken waar hij zich al een keer verstopt heeft. Hij wil nu een plek waar zijn broer en zus hem nooit zullen vinden. Ineens weet hij het. De kamer van zijn vader! Hij slaat de hoek om, weet net een van de hovelingen te ontwijken en rent de gang in. Bij de deur van het vertrek blijft hij staan. Hij aarzelt even. Dan trekt hij de deur open. Tot zijn verbazing ziet hij zijn vader op zijn rustbed liggen, in elkaar gedoken, zijn gezicht naar de muur.

Er staat een dienblad met eten naast hem – druiven, vijgen, broodjes, rozijnenkoeken – maar zo te zien is er niets van gegeten.

'Vader?' zegt hij zacht. Hij vergeet dat hij zich moet verstoppen en loopt op zijn tenen naar zijn vader toe. 'Slaapt u?'

Er klinkt een grom. 'Wegwezen.'

'Bent u ziek? Wilt u iets eten? Of drinken?'

'Heb je geen oren aan je hoofd? Wegwezen, zeg ik!'

Joram gaat snel de kamer uit en loopt recht in de armen van zijn broer Achazja. 'Ja! Ik heb je gevonden!' roept die. 'Ik heb gewonnen.'

Joram schudt zijn hoofd. 'Vader is ziek. Waar is moeder?'

Achazja haalt zijn schouders op. 'Weet ik veel. Beneden, denk ik. Met haar haar bezig, of met haar nagels.'
Joram rent de trappen af. 'Moeder?'
Zijn moeder zit beneden in de ontvangsthal, keurig opgemaakt. Ze is druk in gesprek met een paar van haar adviseurs. Jorams moeder komt uit Tyrus en ze heeft haar eigen goden en eigen priesters meegenomen toen ze met Achab trouwde. Ze vindt de God van Israël maar niks. Ze heeft overal beelden van Baäl en Astarte laten neerzetten en een speciale tempel laten bouwen. Die vreselijke profeet van de God van Israël blijft er maar over doorzeuren. Elia heet hij. Dat het niet mag, die beelden, zegt hij. Dat de God van Israël daar boos over is. Hij heeft er zelfs voor gezorgd dat er drie jaar lang geen regen viel in het land – alleen maar om te laten zien dat Baäl geen macht over de natuur had. Maar zijn moeder trekt zich er niks van aan. Die laat zich echt niet commanderen door zo'n ouwe profeet. Die heeft haar eigen raadgevers.
'Moeder?' zegt Joram. 'Vader is ziek.'
Izebel kijkt om. 'Ziek?'
'Hij ligt op bed en hij wil niks eten.'
Izebel slaakt een diepe zucht. 'Neem me niet kwalijk', zegt ze tegen de twee mannen die naast haar zitten. 'Ik moet even weg.'
Ze gaat de trappen op en Joram gaat achter haar aan. Hun paleis is het mooiste paleis van de wereld. Daar heeft zijn moeder voor gezorgd. De vloeren zijn van marmer, de wanden zijn versierd met ivoorsnijwerk. Honderden olifanten zijn ervoor gedood. 'Het maakt niet uit wat het kost', heeft Izebel tegen zijn vader gezegd. 'Dan laat je de mensen maar meer belasting betalen. Je moet laten zien dat je koning bent.'

Zonder kloppen gaat ze het vertrek van Achab binnen. 'Wat is er aan de hand, mijn liefste?' zegt ze, haar stem klinkt vriendelijk. 'Ben je ziek? Waarom zie je er zo somber uit?' Ze gaat naast Achab zitten en strijkt over zijn wang.

Achab komt half overeind. 'Ik heb vanmorgen met de buurman gepraat', zegt hij, zijn stem klinkt boos. 'Nabot. Je weet wel. Ik heb hem gevraagd of hij die wijngaard van hem aan mij wil verkopen. "Ik wil er graag een groentetuin van maken", heb ik gezegd. "Ik zal je er een betere wijngaard voor in de plaats geven, of als je wilt, betaal ik je de volle prijs."'
Achabs stem wordt harder. 'Maar wat denk je? Hij wil hem niet verkopen! "Ik heb de grond geërfd van mijn voorouders", zei hij. "Moge de Heer verhoeden dat ik die aan u zou verkopen."'
Joram schudt zijn hoofd. Echt iets voor zijn vader, om zo slap te zijn.
Zijn moeder klakt met haar tong. 'Niet te geloven!' zegt ze geërgerd. 'Ben jij nou de koning van Israël? Wees toch eens een vent! Laat toch eens zien wie hier de baas is. Zo krijgen de mensen toch nooit respect voor je? Ik ga erachteraan. Sta jij nou maar op en eet wat. Ik zorg er wel voor dat je die wijngaard krijgt. Geef me je zegelring.'
Ze tikt ongeduldig met haar voet op de grond terwijl Achab de ring van zijn vinger af probeert te krijgen. 'Dank je wel. Kom mee, Joram. We moeten aan het werk.'

Hoofdschuddend loopt Jorams moeder de troonzaal binnen. 'Soms snap ik niet dat ik met die man getrouwd ben', moppert ze. 'In Tyrus is de koning niet zo lief voor zijn burgers. Het idee dat je de koning een stuk land zou durven te weigeren! Je zou het hem gratis geven en het voor hem bewerken ook nog.'
Ze klapt in haar handen en een paar dienaars schieten toe. 'Perkament. Inkt. Een pen. Gesmolten lak. En snel een beetje. Joram, ga zitten. Jij schrijft.'

Aan: het stadsbestuur
Van: Achab, koning van Israël
Betreft: majesteitsschennis en godslastering

Kondig een speciale dag af waarop alle inwoners van Samaria moeten vasten. Laat iedereen samenkomen op het plein bij de Baältempel. Zorg ervoor dat Nabot vooraan komt te staan.
Zorg voor twee mannen die Nabot beschuldigen van vloeken en majesteitsschennis, en laat hem buiten de stad brengen en stenigen.

'Moeten we vandaag echt vasten, moeder?' vraagt Jorams zusje Atalja een week later.
Izebel zucht. 'Nee. Natuurlijk hoef je niet te vasten. Dat is maar een truc om ervoor te zorgen dat de mensen denken dat er iets ergs aan de hand is. Joram, jij gaat naar het plein. De rechtszaak zal zo wel beginnen. Houd je ogen open. Ik wil straks een verslag van je.'
'Mag ik ook mee?' vraagt Atalja.
'En ik?' vraagt Achazja.

'Nee, jullie blijven hier. Als jullie samen gaan, valt het te veel op.'
Joram trekt zijn mantel aan en loopt naar het plein. De spanning kriebelt in zijn maag. Dit wordt een spannende dag. Eigenlijk vond hij buurman Nabot altijd best aardig, maar zijn moeder heeft helemaal gelijk. Nabot had zijn vader dat stuk land moeten verkopen. Hij heeft dit helemaal aan zichzelf te danken. Kijk! Daar staat hij. Helemaal vooraan. Hij heeft blijkbaar nog geen idee van wat er aan de hand is.
Joram dringt zich tussen de mensen door naar voren tot hij vooraan staan. Hij is net op tijd. Daar wordt Nabot al naar voren geduwd, het podium op.
'Zitten!' snauwt een van de oudsten, en hij duwt Nabot op een bank neer.
'Wat is er aan de hand?' vraagt Nabot. Hij ziet er verbijsterd uit, en heel even voelt Joram een steek van medelijden. 'Heb ik iets fout gedaan?'
'Iets fout gedaan?' zegt de man die tegenover hem zit. Hij begint te lachen. 'Dat zou ik wel denken, ja!'
'Je hebt de koning beledigd!' zegt zijn vriend en hij spuugt op de grond. 'En je hebt God vervloekt!'
'Wat?' roept Nabot. 'Dat is niet waar! Dat zou ik nooit ...'
Een van de mannen springt verontwaardigd op. 'Doe nou niet of je het niet meer weet, man! Ik was erbij, man. Ik heb het gehoord.'
'En ik was er ook bij.'
Nabot is doodsbleek geworden, zijn lippen trillen. 'Niet waar', zegt hij terwijl hij wanhopig naar de menigte kijkt en zijn hoofd schudt. 'Niet waar.'

Izebel staat Joram al op te wachten in de hal van het paleis. 'En?' zegt ze.
Joram glimlacht. 'Het is gelukt', zegt hij. 'Het ging precies zoals u gezegd had. Hij is dood.'

'Baäl zij geloofd en geprezen', zegt zijn moeder. 'Kom mee. We gaan het goede nieuws aan je vader vertellen. Over een paar maanden eet hij komkommer en boontjes uit zijn nieuwe groentetuin.'

Elia loopt met een zwaar hart de stad binnen. Hij heeft het geprobeerd, maar hij heeft het niet kunnen tegenhouden. Hij heeft Nabot niet kunnen redden. Hij heeft mee moeten maken hoe een onschuldige man vermoord is voor een misdaad die hij niet gepleegd heeft. En hij weet wie de schuldige is. Zonder aarzelen loopt hij in de richting van het paleis.

Bij de wijngaard naast de paleistuin houdt hij halt. Hij klimt moeizaam over het stenen hek en kijkt naar de rijen met ranken, de druiventrossen, de keurige paadjes, de put. Een klein stuk grond is het maar, maar je ziet dat deze wijngaard met liefde onderhouden is. Generaties lang is hij van vader op zoon overgegaan.

Als hij tussen de rijen door stapt, hoort hij stemmen.

'Gaat u ze meteen laten weghalen?'

'Ach. Misschien laat ik ze wel staan. Dit zijn prima druiven om wijn van te maken.'

Elia slaat de hoek om. Daar staat de koning, samen met een van zijn zoons. Hij steekt een druif in zijn mond en hij lacht. Hij lacht!

De woede vlamt in Elia op. Hij recht zijn rug. Met grote passen loopt hij op de koning af.

'Dit zegt de Heer!' roept hij. 'U hebt een moord gepleegd! U hebt de wijngaard van een ander gestolen. Op de plek waar de honden vandaag het bloed van Nabot oplikken, zullen ze op een dag ook uw bloed oplikken.'

De koning lijkt eerder geërgerd dan geschrokken. 'Zo. Mijn vijand heeft me weer gevonden.'

'Ik heb u gevonden', zegt Elia. 'U hebt iets gedaan wat de Heer verschrikkelijk vindt. U zult uw straf niet kunnen ontlopen. U zult sterven.

En niet alleen u. Alle mannen in uw familie zullen uitgeroeid worden. En ook uw vrouw zal aan haar straf niet ontkomen.'
Bij die woorden lijkt Achab in elkaar te schrompelen.
'Nee', zegt hij. Hij is nauwelijks te verstaan. 'Nee.'
Met twee handen trekt hij zijn kleren in stukken. Hij draait zich om en loopt in de richting van het paleis. Zijn zoon rent achter hem aan.
Elia blijft staan. Hij kijkt om zich heen. 'Ach Heer', fluistert hij. 'God van Israël. Hoe heeft het zo ver kunnen komen ...'

CO

42 Een gezond dieet

Daniël 1-2

'Interessant vanochtend, die teksten in spijkerschrift.' Peinzend loopt Daniël met zijn vrienden Chananja, Misaël en Azarja van de koninklijke opleidingsschool van Babel naar de eetzaal in het paleis van koning Nebukadnessar. 'Er ging een wereld voor me open!'
'Geneeskunde vond ik ook boeiend', zegt Chananja. 'Die artsen hier weten meer van kruiden dan onze dokters. Ze beweerden dat groenten gezond zijn. Dat was nieuw voor me. Ik zie het wel zitten, die opleiding tot raadgever van de koning.'
'Morgen hebben we weer wiskunde en astrologie', zegt Misaël. 'De geleerden hier in Babylonië weten er veel meer van dan die van ons in Jeruzalem.'
Jeruzalem, ai! Daniël voelt een steek van verdriet en heimwee door zich heen gaan. Zijn geboortestad ligt in puin, dertienhonderd kilometer ver weg. In brand gestoken door Nebukadnessar. Zelfs de schitterende tempel van Salomo is verwoest. En de gouden kandelaars en wierookschalen, de zilveren trompetten, de ramshoorns en de andere schatten uit Gods tempel staan nu hier in de schatkamers van de tempel van Mardoek, de Babylonische god. Erger kan niet!
'Onze geleerden in Jeruzalem? Die zijn er niet meer', zegt Daniël somber. 'Allemaal weggevoerd, net als wij. Wij hebben geluk dat we mogen studeren omdat we van voorname families zijn, maar we blijven gevangenen, net als alle andere ballingen uit Juda.'

‘En waar doen we het eigenlijk voor,’ zucht Misaël, ‘al dat leren ...’
‘Voor een onberekenbare, meedogenloze, heidense koning die de hele wereld wil onderwerpen!’ briest Azarja. Hij schopt tegen een steen.
‘Ssst, niet zo hard!’ zegt Daniël. ‘De muren hebben oren! En leren is altíjd goed. Als wij onszelf maar blijven en geen Babyloniërs worden. Die Babylonische namen die de hofmaarschalk ons heeft gegeven, gebruiken we alleen aan het hof. Wij zíjn Judeeërs en dat blijven we! Kom, we gaan langs de tuinen.’
Via de enorme, met dierfiguren versierde Isjtarpoort, die felblauw glanst in de zon, klimmen ze de trap op naar de stadsmuur. Daarvandaan heb je een prachtig uitzicht over de kunstmatige heuvel met terrastuinen aan de overkant van de rivier. De prachtigste bomen en bloemen groeien er. De koning heeft die laten aanleggen voor een van zijn vrouwen, koningin Amytis uit Medië, omdat ze heimwee had naar de natuur van haar eigen land.
Daniël kijkt graag naar de tuinen. Zelfs de bomen en struiken op het hoogste terras, vijfentwintig meter boven de grond, zien er fris uit. ‘Hoe zouden ze die water geven?’ vraagt hij zich hardop af.
‘Dat vragen we onze leraar bouwkunde’, zegt Misaël. ‘Ik wil toch wel graag veel leren ... voor als we ooit teruggaan naar Juda.’
‘En we gáán ooit terug!’ zegt Azarja vurig. ‘God laat ons heus niet in de steek!’
Daniël kijkt naar het sprankelende groen van de tuinen. Het is alsof daarin iets gloort van zijn eigen mooie land. ‘Ja’, zegt hij langzaam. ‘Ons lichaam is wel gevangen, maar onze ziel is vrij.’

‘Komt u binnen, heren, het diner begint!’ Daniël groet beleefd terug. Aardige man, die hofmaarschalk Aspenaz met zijn hoge stem. Hij heeft hem, Daniël, een nieuwe naam gegeven: Beltesassar. Aspenaz heeft hen pas geleden een kamerheer toegewezen. Die staat hen nu op te wachten en neemt hen mee naar hun plaatsen tussen de andere studenten. De kamerheer gaat naast Daniël zitten. Bedienden lopen af en aan met

schalen dampende gerechten en kruiken wijn. ‘U krijgt hetzelfde voedsel en dezelfde wijn als de koning!’ zegt de kamerheer trots.
‘Dank u, we voelen ons zeer vereerd’, zegt Daniël. Hij kijkt eens goed naar de kunstig opgemaakte schalen. Ziet hij het goed? Gebraden varkensvlees en kamelenvlees. ‘Onrein!’ fluistert hij naar Azarja aan zijn andere kant. Azarja verschiet van kleur en wil iets zeggen. Daniël kijkt hem strak aan en legt even een wijsvinger op zijn lippen. ‘Ik zeg het wel,’ fluistert hij, ‘ik kan goed met hem opschieten.’

Terwijl bijna iedereen begint te eten, staat hij op en loopt naar Aspenaz. 'Genadige heer,' zegt hij, 'wij zijn de koning heel dankbaar dat hij zo goed voor ons is, maar dit voedsel mogen wij van ons geloof niet nemen. Geeft u ons alstublieft toestemming om niet mee te eten.'
Daniël ziet Aspenaz schrikken. 'Ik wil u graag ter wille zijn, Beltesassar, maar ik ben bang voor de koning. Ik ben verantwoordelijk voor uw gezondheid en als hij vindt dat jullie er slechter uitzien dan de andere leerlingen zal hij mij straffen.'
'Ik begrijp het', zegt Daniël. 'Laat mij dan zoeken naar een oplossing waar iedereen tevreden over kan zijn.'
'Probeert u dat vooral', zegt Aspenaz.
Daniël gaat weer zitten en speurt de tafel af of er iets is wat ze wél mogen eten. Daar staat een schaal met wijnbladeren, bonen, amandelen en olijven. En een pot met hummus. Dat lijkt goed. Alle vier eten ze er iets van.
De kamerheer ziet het verbaasd aan. 'Beltesassar', vraagt hij, 'waarom eet u geen vlees? Het is klaargemaakt door de beste koks van het land en smaakt heerlijk.'
'Omdat we dat niet mogen van onze God', zegt Daniël.
'Maar u moet goed eten, heeft de koning gezegd, dus ook vlees. Het is mijn taak daar voor te zorgen!'
Daniël krijgt een idee. 'Vanochtend zei de leraar geneeskunde dat groenten gezond zijn. Onze God is het met hem eens. Probeer het gewoon uit: laat ons tien dagen lang alleen groente en fruit eten en water drinken. Vergelijk ons dan met de andere studenten die wel alle koninklijke gerechten eten.'
'Dat lijkt me een goed idee', zegt de kamerheer terwijl hij opstaat. Daniël ziet hem naar Aspenaz lopen en met hem praten. Aspenaz maakt een welwillend gebaar. Mooi, zijn voorstel is aangenomen!

Daniël staat met zijn drie vrienden in de rij studenten voor de hofmaarschalk en een aantal kamerheren. Hij is zenuwachtig. Zouden ze er na tien dagen wel gezond genoeg uitzien?
Aspenaz loopt keurend langs de rij. Hij kijkt iedereen aandachtig in de ogen, bekijkt haardos, tanden, kiezen en nagels, voelt aan armen en maakt aantekeningen op een stuk papyrus. Dan loopt hij met de kamerheren de zaal uit. Daniël kijkt zijn vrienden vragend aan: wat denken jullie?
Misaël trekt zijn schouders op: geen idee ...
Het duurt lang, vindt Daniël. Rusteloos loopt hij heen en weer.
Eindelijk komt Aspenaz terug en neemt Daniël en zijn vrienden apart. 'Het duurde even omdat we de koning om goedkeuring moesten vragen. U hebt de test glansrijk doorstaan', zegt hij. 'U vieren ziet er beter uit dan de andere studenten: uw ogen staan helderder, uw haar is gezonder, en uw huid glanst meer. Dus mag u doorgaan met uw manier van eten.'
Blij loopt Daniël met zijn vrienden naar de volgende les. 'Je hebt gelijk, Azarja', zegt hij onderweg. 'God laat ons niet in de steek!'

Het is een paar jaar later. Daniël zit op een stenen bank in een van de terrastuinen van koningin Amytis. Dat mag hij nu omdat hij en zijn drie vrienden pas geleden tot eerste raadgevers van de koning zijn benoemd. Hij sluit zijn ogen en haalt diep adem. Wat ruikt het hier lekker! Hij luistert naar de vogels, de bijen, de kunstmatige waterval. Hier kan hij nadenken en bidden.
Het duizelt hem. Wat is het allemaal snel gegaan met hun vieren! Ze hebben hun opleiding met zulke goede resultaten afgerond dat ze de aandacht van de koning trokken. Bovendien bleek hijzelf, Daniël, dromen te kunnen uitleggen. Ik lijk op Jozef in Egypte, mijmert hij. Jozef was ook een balling die dromen kon uitleggen. Vreemd, daar kun je niet voor leren, dat is een gave van God ...
Opeens schrikt Daniël op uit zijn gepeins.

‘Beltesassar! U moet komen, meteen!’ Aspenaz staat voor hem. Hij praat met overslaande stem. ‘Er staat iets vreselijks te gebeuren!’
‘Wat, wie ...?’ Daniël begrijpt er niets van.
‘De koning heeft een droom gehad waar hij erg van geschrokken is. Hij wil niet alleen dat zijn wijzen hem de droom uitleggen, maar ook dat ze hem vertellen wát hij heeft gezien in zijn droom. De wijzen hebben geprobeerd de koning duidelijk te maken dat hij eerst moet vertellen wat hij heeft gedroomd. Niemand op aarde kan hem dat zeggen, alleen de goden.’ Aspenaz praat gejaagd. ‘Maar dat wil hij niet. En nu is hij zo kwaad geworden dat hij alle droomuitleggers en wijzen in het land wil laten doden, u en uw vrienden ook! Hij heeft de commandant van de koninklijke lijfwacht al bevel gegeven om dat te doen.’
Daniël springt overeind. ‘Onmiddellijk naar de koning!’
Hij rent met Aspenaz de terrastrappen af, de Isjtarpoort door, het paleis in.
Gelukkig wordt hij meteen toegelaten tot de koning die onderuitgezakt voor zich uit staart. Daniël buigt diep en zegt: ‘Majesteit, leef in eeuwigheid. Ik hoor zojuist dat u erg geschrokken bent van een droom. Misschien kan ik u helpen.’
De koning gaat rechtop zitten en kijkt Daniël aan. ‘Ah, Beltesassar, mijn meest talentvolle raadgever. Ik zou u niet graag kwijt zijn, dus u krijgt uw kans.’
‘Majesteit, geef me één nacht uitstel zodat ik mijn God kan vragen uw droom te onthullen.’

'Goed. Eén nacht, Beltesassar. Ik zie u morgen.'
En tegen Aspenaz, die achter in de zaal is gebleven, zegt hij: 'Laat de commandant van de lijfwacht hier komen.'
Daniël buigt diep, groet en loopt achteruit de zaal uit, naar huis. Daar gaat hij bidden, samen met zijn vrienden: 'O, God van onze voorouders, geef me wijsheid', bidt hij. 'Toon uw grootheid aan de koning!'
De volgende ochtend is Daniël al vroeg bij de koning. Hij heeft er vertrouwen in, want 's nachts heeft hij in een visioen gezien wat de koning gedroomd heeft!
'En, Beltesassar,' vraagt de koning, 'kunt u me nu vertellen wat ik gedroomd heb en wat dat betekent?'
'Majesteit, leef in eeuwigheid', begint Daniël. 'Niemand ter wereld kan u vertellen wat u gedroomd hebt, ik ook niet. Alleen God in de hemel kan dat. Hij heeft het mij laten weten zodat ik het u kan doorvertellen. U zag een reusachtig groot, glanzend beeld in uw droom. Het hoofd was van zuiver goud, zijn borst en armen waren van zilver, zijn buik en heupen van brons, zijn benen van ijzer en zijn voeten van ijzer en leem. Toen zag u een brok steen uit een berg loskomen, zomaar vanzelf. De steen rolde tegen het beeld aan en verbrijzelde het. Leem, ijzer, brons, zilver en goud verpulverden tot stof dat door de wind werd weggeblazen. Er bleef niets van over. Maar de steen die tegen het beeld was gerold groeide en groeide tot hij een hoge berg was, zo groot als de hele aarde.'
De koning heeft ademloos geluisterd. 'Niet te geloven!' roept hij uit. 'Zo was het precies!'
'En dit is wat het betekent', zegt Daniël. 'Dat gouden hoofd stelt het Babylonische rijk voor. En u, majesteit, koning der koningen, u bent de heerser van dat gouden rijk!'
De koning glimlacht, zucht en luistert met zijn ogen dicht.
'Na u zal er een zilveren rijk komen, minder machtig dan het uwe, maar nog steeds groot. Dan volgt een bronzen rijk, weer iets minder machtig. En dan een ijzeren rijk, dat keihard zal zijn. Ten slotte zal er

een verdeeld rijk komen: voor een deel hard als ijzer en voor een deel zacht als pottenbakkersklei. De steen die u zag rollen, stelt het koninkrijk van God voor dat al die koninkrijken zal vernietigen, maar zelf eeuwig zal blijven bestaan. Majesteit, in deze droom heeft God u laten zien wat er in de toekomst gaat gebeuren.'
Daniël zwijgt.
De koning opent zijn ogen, staat langzaam op en knielt voor Daniël neer. 'Beltesassar, uw God is werkelijk de Allerhoogste', stamelt hij. 'Door hem hebt u dit raadsel kunnen oplossen. Ik benoem u tot heerser over de provincie Babel én tot hoofd van alle wijzen van het land.'
Daniël is er beduusd van. De ene dag dreigt hij vermoord te worden en de volgende dag wordt hij op een voetstuk gezet. Door dezelfde koning, die nu nog wierook voor hem laat branden ook!
Daniël voelt zich er ongemakkelijk bij. Hij hoeft niet bewierookt worden, hij is God niet! Hij wil best raadgever van de koning zijn, als de koning maar beseft dat hij zijn wijsheid niet van zichzelf heeft ...

LvD

43 Een stad om trots op te zijn

Nehemia 1-4

'Vader, moeder, Micha! Kom gauw!' Debora van twaalf rent de binnenplaats op. Ze houdt de zoom van haar lange jurk omhoog om harder te kunnen lopen. 'Ze zijn weg!'
'Ssst, maak toch niet zo'n drukte', moppert haar moeder zonder op te kijken. Ze zit op haar knieën voor de huisoven en schuift er een paar platte gerstebroden in. 'Je vader en je broer slapen nog. Heb je je sandalen uitgedaan? En waar zijn de eieren die je zou halen?'
'Maar moeder, er zíjn geen eieren. Onze kippen zijn weg!'
'Wat?' Moeder komt overeind. Hoewel het nog schemert, ziet Debora dat haar gezicht rood kleurt. 'Alweer? Die ellendige vossen!'
'Nee, ze zijn niet doodgebeten, ze zijn wég, gestolen!' Debora's stem schiet uit van verontwaardiging. Vader en Debora's tweelingbroer Micha zijn meteen wakker. 'Dat kan niet!' roept Micha vanaf zijn slaapmat.
'Kom dan zelf kijken', zegt Debora.
Even later loopt Debora met haar broer en vader naar het omheinde stukje grond achter hun huis waar hun kippen scharrelden.
'Het moet vannacht gebeurd zijn,' zegt Debora, 'want gisteravond waren ze er nog allemaal.'
'Onze omheining is dus nóg niet hoog genoeg', zegt vader verslagen. 'De dieven zijn er gewoon overheen geklommen.'
'De nachtwakers hebben weer eens niet goed opgelet', zegt Micha boos.

Thema: oorlog, bouwwerken

'Die kunnen onmogelijk de hele stad in de gaten houden', zegt vader. 'Had ik maar geld genoeg om een echt hoge muur om onze kippenren te bouwen!'
'Om de hele stád, vader!' roept Micha. 'Want iedereen heeft last van die rovers!'
'Als dát zou kunnen, jongen,' zucht vader, 'dan hadden we het al lang gedaan.' Hij laat zijn schouders hangen. 'Maar daar hebben we hier in Jeruzalem het geld niet voor.'
'Vroeger hadden we toch ook muren om de stad?' vraagt Debora. 'Tenminste, volgens grootvader. En die heeft het weer van zíjn grootvader. Die heeft de stad nog met echte muren meegemaakt!'
'Ja, vroeger, in de goede oude tijd. Toen was Jeruzalem een rijke, trotse stad. Met de allermooiste tempel van de wereld. Als je die verhalen hoort ...' Vader staart voor zich uit. Even lijkt hij de gestolen kippen te vergeten. 'Maar toen kwam die vreselijke koning Nebukadnessar uit Babylonië. Die brandde de stad plat en nam de meeste mensen mee naar zijn land. Alleen de armsten mochten hier blijven.'
'Je kunt nog resten van de oude muren zien', zegt Micha. 'Volgens onze meester zijn dat al die ruïnes, zoals hier bij de Dalpoort en verderop bij de Mestpoort. En die heuveltjes rond de stad zijn overwoekerde hopen puin van de muren ...'
'We moeten iets dóén', roept Debora. 'Met praten krijgen we onze kippen niet terug!'
'Als ik die rovers in m'n handen krijg,' gromt Micha, 'dan gaan ze d'r aan!'
'Ik heb een idee', zegt Debora. 'Laten we vannacht de bewakers gaan helpen. De buurman heeft zijn twee schapen nog. De dieven kunnen terugkomen om die ook te stelen ... Als wij nu in dat schapenhok gaan zitten ...'
'Dat is gevaarlijk!' zegt vader.
'Voor meisjes tenminste', voegt Micha er vlug achteraan. 'Meisjes horen thuis te blijven.'

‘Niet altijd’, zegt Debora. ‘Heel vroeger was er een heldin die Debora heette. Ze was de leider van ons hele volk. Dat heeft moeder mij verteld en ...’
‘Dat klopt,’ zegt vader, ‘en daarom hebben we jou naar haar genoemd.’
‘En niet voor niks!’ lacht Debora uitdagend. ‘Want ik ben net zo dapper als zij!’
Vader aarzelt. ‘Vooruit dan maar,’ zegt hij dan, ‘maar wees voorzichtig! En ik blijf in de buurt.’

Het is een koude nacht. Debora rilt en trekt haar wollen jas strakker om zich heen. De maan schijnt zo helder dat het moeilijk is om je onzichtbaar te maken. Debora en Micha sluipen in de schaduw langs de muren naar de schapenstal van de buurman. Debora draagt een ramshoorn aan een koord om haar nek en een knuppel in haar hand. Micha heeft een speer en een rol touw.
Gelukkig houden de schapen zich koest. Door een brede kier tussen de planken van het hok kunnen ze de omgeving van de Dalpoort in de gaten houden.
Vader zal intussen wel bij de ruïne van de Waterpoort zijn, en een paar buren zorgen voor versterking tussen de resten van de Bronpoort en de Mestpoort. Als er onraad is, moeten ze drie keer op de ramshoorn blazen. Vader is dan in een mum van tijd bij ze, heeft hij gezegd.
‘Geef mij die ramshoorn maar’, zegt Micha. Hij probeert hem van Debora af te pakken.
‘Ssst!’ Debora duwt Micha weg. ‘Ik zie wat. Kijk, daar rechts van de poort.’
Uit de schaduwen van de ruïnes doemen enkele gestalten op met een ezel.
‘Het zijn er drie’, fluistert Micha.
Achter elkaar sluipen Debora en Micha het schapenhok uit. Als er een wolk voor de maan schuift, rennen ze het open veld naar de ruïnes over. Ze hebben zich nog niet tussen de steenbrokken verstopt of daar klinken stemmen. Vlakbij! Ze luisteren met ingehouden adem. ‘Hier ook ...’

horen ze, maar verder is het onverstaanbaar. Een praat er met een accent.

Debora kijkt haar broer aan. ‘Zullen we?’ fluistert ze. Haar hart bonst hevig.

‘Goed’, antwoordt Micha. ‘We zeggen gewoon dat we met een heleboel zijn.’

Uiterlijk zelfverzekerd lopen ze naar de mannen toe. ‘Wat doet u hier!’ vraagt Micha zo bars mogelijk terwijl hij zijn speer op hen gericht houdt. Gelukkig heeft hij de baard al in de keel. ‘Eén beweging en ik roep onze soldaten hier!’ Hij maakt een hoofdknik naar achteren.

De mannen, die ongewapend zijn, blijven staan. ‘Rustig maar’, zegt een van hen. ‘Wij inspecteren de poorten en de muren.’

‘Midden in de nacht zeker’, zegt Debora. ‘Dat gelooft niemand. U komt gewoon stelen.’

‘Nee, dat is een misverstand. We gaan de muur om de stad opnieuw bouwen’, zegt de man met het vreemde accent.

‘Onzin!’ roept Micha terwijl hij een stap dichterbij doet. ‘Daar is geen geld voor. En u bent niet eens van hier, dus waar bemoeit u zich mee!’

‘Luister, jongeman’, zegt de man met het accent. ‘Mijn naam is Nehemia en ik kom uit Perzië, maar mijn voorouders woonden hier in Jeruzalem. Ik heb van de Perzische koning Artaxerxes, die ook koning van Juda is, toestemming gekregen om de muren te herbouwen. Daar heeft

God voor gezorgd. Ik heb zelfs wagens vol hout uit de koninklijke boswachterijen meegekregen. En geld en brieven van de koning. Deze mannen hier' – hij wijst naar de twee anderen – 'zijn mijn getuigen.'
De mannen knikken. 'Hij spreekt de waarheid', zegt een van hen. Zijn stem komt Debora bekend voor. Is dat niet Ezra de schrijver, de vader van haar vriendin Lea? Ze kan het niet goed zien in het maanlicht. 'Wij hebben zijn bouwmaterialen gezien', zegt hij. 'Zware steunbalken, prima spul.'
'Waarom doet u dan zo stiekem 's nachts?' vraagt Micha.
'Omdat ik nog niets tegen het stadsbestuur gezegd heb', zegt Nehemia. 'Ik wilde eerst zien wat er moet gebeuren voor ik met een plan kom. En daar wou ik geen pottenkijkers bij. Kom morgen naar de bijeenkomst. Dan hoor je hoe we het gaan aanpakken.'
Debora kijkt haar broer aan. Micha knikt en laat zijn speer zakken. 'Goed, we geloven u', zegt hij kortaf. 'Voorlopig tenminste. Bij wie logeert u?'
'Bij Ezra hier, de schrijver.' Hij wijst naar zijn metgezel.
'Mooi,' zegt Debora met nadruk, 'dan weten we u te vinden als dat nodig is.'

Als Debora de volgende dag op de vergadering komt met Micha en haar ouders ziet het er zwart van de mensen. Iedereen staat opgewonden te praten.
Debora en Micha dringen zich door de menigte naar voren. Daar staat Nehemia tussen de stadsbestuurders en priesters op het podium. Een stadsoudste vraagt om stilte. Pas als alle geroezemoes verstomd is, begint hij zijn toespraak. Dat het stadsbestuur besloten heeft om de stadsmuren weer op te bouwen. Dat de koning van Perzië bouwmaterialen heeft meegegeven aan deze Judese balling – hij wijst naar Nehemia – en dat ze ook de brokken puin zullen gebruiken om mee te bouwen. Dat iedereen moet meehelpen, jong en oud, rijk en arm, priester en burger. Dat ze morgen meteen beginnen. Dat het snel moet

gebeuren omdat er vijanden op de loer liggen om tegen te werken. Dat Jeruzalem met Gods hulp weer een stad zal worden om trots op te zijn!
Hij is nog niet uitgesproken of er barst een geweldig gejuich los. Debora slaat haar armen om haar broer en begint te dansen. 'Die Nehemia van ons is fantastisch!' roept ze. Grote jongens rennen langs hen heen en springen het podium op, waar ze weer even hard vanaf worden gejaagd. De stadsbestuurders hebben de grootste moeite om het weer stil te krijgen. Dan komt Ezra een stapel lijsten brengen. Namen worden afgeroepen, werkgroepen gevormd, taken verdeeld ...
Debora en Micha dringen zich tussen de mensen door naar Nehemia.
'Wat moeten wij doen?' vraagt Debora.
'Aha, onze dappere nachtwakers', zegt Nehemia vriendelijk. 'Waar wonen jullie?'
'Bij de Dalpoort', zegt Micha.
'Dan ...' – Nehemia kijkt op een lijst – 'Dan moeten jullie brokken steen uit de puinhopen graven en die naar de muur links van de Dalpoort brengen.'
Uitgelaten rennen ze naar huis, waar ze vader en moeder weer aantreffen. Vrolijk beginnen ze aan de maaltijd van linzensoep, gerstebrood en geroosterde sprinkhanen.
'Onze kippen hebben we er niet mee terug', zegt vader. 'Maar ik bouw duizend keer liever een muur om onze hele stad dan alleen om onze kippenren!'
'Het gaat heel zwaar werk worden', waarschuwt moeder. 'Dat sjouwen met die brokken puin ...'
'Wat geeft dat', zegt Micha luchtig tussen twee happen door.
'We doen het toch met z'n allen!'
'Precies', zegt Debora,
'samen zijn we sterk!'

LvD

Themapagina's

Mannen en vrouwen

Bijbehorende verhalen:
2, 7, 8, 11, 17, 20, 30, 44, 45, 62

In de tijd van de Bijbel waren mannen belangrijker dan vrouwen. Vrouwen krijgen dus veel minder aandacht in de bijbelse verhalen. Er komen in de Bijbel een paar duizend verschillende mannen voor van wie we de naam kennen, en nog geen tweehonderd vrouwen! Toch zijn er vrouwen in de Bijbel die een heel belangrijke rol gespeeld hebben. Denk bijvoorbeeld aan Mirjam en haar moeder die de kleine Mozes redden, of aan Maria, de moeder van Jezus.

Vrouwen hielden zich vooral bezig met het huishouden en de familie. Dat kostte veel tijd! Vrouwen moesten bijvoorbeeld eten maken, graan malen, water halen bij de put, hout voor het vuur zoeken, en het huis of de tent schoonmaken. Ook maakten ze kleren door te weven en te naaien. En tijdens de oogst moesten vrouwen vaak meehelpen op het land.
Behalve voor het huishouden moesten ze voor hun familie zorgen. Vrouwen kregen veel kinderen. Het was vooral belangrijk om een zoon te krijgen, dan had de familie een toekomst. Die zoon kon later weer voor zijn ouders zorgen als ze oud geworden waren.

Hagar werkt voor Abraham en Sara. Ze is een vrouw en een slavin. Ze kan niet over haar eigen leven beslissen, maar moet alles doen wat haar meesteres Sara wil.

Bovendien zou een zoon wel eens de messias kunnen zijn!
Vrouwen die geen kinderen kregen, werden vaak belachelijk gemaakt. Een vrouw zonder kinderen was voor veel mannen nog minder waard dan een slavin.

De mannen werkten op het land of in de wijngaard. Ze zaaiden graan, ze snoeiden druiven en ze oogstten. Ze konden ook een ander beroep hebben, zoals pottenbakker, of visser. Of ze moesten vechten in het leger van de koning. Mannen spraken ook recht, bijvoorbeeld bij een ruzie. Maar mannen konden ook slaaf zijn.
Mannen zorgden voor hun vrouw en kinderen. Als de man van een vrouw overleed, had ze geen inkomen meer, en geen bescherming. Daarom had God wetten gegeven waarin de zorg voor vrouwen geregeld werd: weduwen en kinderen zonder vader mochten niet onderdrukt of oneerlijk behandeld worden.

Mannen deden het zware werk, zoals het dorsen van graan. Met een lange stok sloegen ze op het graan. Zo hielden ze alleen de graankorrel over. Van de graankorrels kon daarna brood gebakken worden door de vrouwen.

Liefde en vriendschap

Bijbehorende verhalen:
7, 8, 14, 29, 33, 34, 35, 37, 51

Een bruid had vaak een sluier voor haar gezicht. Ze had mooie kleren aan en veel sieraden om.

"A*ni ohèv otach*", zo zegt een jongen in het Hebreeuws dat hij van een meisje houdt, in de taal van het Oude Testament. En als een meisje van een jongen houdt, zegt ze: "*Ani ohèvèt otcha*". In het Grieks (de taal van het Nieuwe Testament) zou je "*s'agapo*" zeggen.
Maar deze zinnen vind je niet in de Bijbel. Als een jongen de leeftijd had om te trouwen, gingen zijn ouders op zoek naar een geschikt meisje voor hun zoon. Ze betaalden dan een bruidsprijs aan de ouders van de bruid, en die gaven hun dochter geld en spullen mee, de bruidsschat. Bruiloften duurden soms meerdere dagen: er was een groot feest, er werd gedanst en wijn gedronken.

Maar er zijn wel verhalen van mensen die verliefd op elkaar werden. Zo werd Simson verliefd op Delila.

Het gebeurde ook wel dat een neef en een nicht met elkaar trouwden. Of dat een man meerdere vrouwen had, zoals Jakob. Hij was met Lea en Rachel getrouwd en had ook nog twee bijvrouwen. Bijvrouwen waren vaak slavinnen. Zij waren minder belangrijk dan de 'echte' vrouwen. Heel vaak waren die vrouwen jaloers op elkaar, zoals Sara en Hagar. Omdat de ene vrouw wel kinderen kreeg, en de andere niet. Of omdat de man meer van de ene vrouw hield dan van de andere. Vooral koningen hadden vaak heel veel vrouwen.

אני אוהב אותך

Zo ziet 'Ik houd van je' eruit in het Hebreeuws.

Salomo had er wel duizend! Andersom kwam nooit voor: er waren geen vrouwen die met meerdere mannen getrouwd waren.

Soms kom je verhalen in de Bijbel tegen over vriendschap: bijvoorbeeld tussen David en Jonatan. Dat zij vrienden werden was wel bijzonder, want Jonatan was een kroonprins en David een gewone herder. Koning Saul vond het na een tijd ook niet goed dat ze vrienden waren.

Als je iemand aardig vond, kon je hem of haar cadeaus geven. Jonatan gaf bijvoorbeeld zijn jas en wapens aan David. Zo liet hij zien dat hij David net zo belangrijk vond als zichzelf. En een vrouw wrijft Jezus' voeten in met heel dure speciale olie. Daarmee laat ze zien dat hij een soort koning is. Maar het is ook alvast een soort verwijzing naar Jezus' dood. Als er in de bijbelverhalen een cadeau gegeven wordt, gaat het vaak om cadeaus met een betekenis.

Vriendschap tussen mannen en vrouwen komt niet zo veel voor in de Bijbel. Er zijn maar een paar verhalen over. Eén van de bekendste voorbeelden is de vriendschap tussen Jezus en Marta, Maria en Lazarus, in Johannes 11:1-5.

David en Jonatan zijn goede vrienden. David moet vluchten wanneer hij hoort dat koning Saul hem wil doden. Het afscheid doet David en Jonatan veel verdriet.

Leiderschap

Bijbehorende verhalen:
17, 18, 19, 21, 22, 24, 25, 28, 29, 30, 31, 32, 33, 36, 37, 38, 39, 40, 41, 47, 48, 50, 58, 59, 60, 61, 62, 65

In de tijd van het Oude Testament heeft het volk Israël verschillende soorten leiders gehad: er zijn belangrijke profeten geweest die het volk geleid hebben (zoals Mozes en Samuel), rechters (zoals Gideon en Simson) en koningen (zoals Jozef die onderkoning was in Egypte, en David, de bekendste koning van Israël).

Samuel is een van de bekendste profeten. Hij geeft leiding aan het volk. Na hem komt de eerste koning van Israël: Saul.

In de oudste verhalen zijn de profeten erg belangrijk. Zij hoorden van God wat het volk moest doen, of wat het volk verkeerd deed. En dat gaven zij weer door aan het volk. Maar het volk luisterde niet altijd, en dan strafte God hen. Daarom moesten de Israëlieten bijvoorbeeld veertig jaar door de woestijn trekken.

Later, toen de Israëlieten in het land Israël woonden, kwamen er rechters. Zij waren ook een soort leiders: ze bevrijdden de Israëlieten van volken die hen onderdrukten, en zorgden ervoor dat het volk goed leefde. Maar als zo'n rechter doodging, ging het vaak weer verkeerd met het volk. Daarom wilden de Israëlieten na een tijd een koning. Ze wilden net zo zijn als de volken om hen heen die ook een koning hadden. En ze kregen een koning: Saul. De profeten bleven nog wel een belangrijke rol spelen. Zij moesten de koning 'zalven'. Door een beetje olie over het hoofd van de nieuwe koning te gieten, liet de profeet zien dat de koning bij God hoorde.

De koning regeerde over de Israëlieten. Maar hij moest het volk ook beschermen tegen vijanden, en aangeven wanneer er oorlog gevoerd moest worden. En hij was rechter: hij

bepaalde wie er gelijk had bij ruzie of in een rechtszaak.
Een koning had wagens met paarden. Hij woonde in een paleis. Van koning Salomo weten we dat hij twee grote paleizen liet bouwen: één voor zichzelf en ook één voor zijn eerste vrouw.

In de tijd van het Nieuwe Testament hadden de Romeinen de macht. De Joden hadden nog wel een koning, maar die had geen macht. Alles wat hij deed, moest eerst goedgekeurd worden door de Romeinen. De Joden moesten ook belasting betalen aan de Romeinen.

In die tijd werden de godsdienstige leiders belangrijk, zoals de farizeeën en de sadduceeën. Zij bestudeerden de joodse wetten en werkten vaak als een soort leraar. Ze vertelden de Joden hoe ze moesten leven. Ook Jezus was een leraar. Hij trok met zijn leerlingen rond en vertelde mensen overal hoe ze moesten leven. Hij liet zien wat Gods bedoeling was: dat je echt van God en van je medemens houdt, en dat je dat ook laat zien in je leven.

Koning Salomo moet als rechter de uitspraak doen wie van de twee vrouwen de moeder is van het levende kind.

Oorlog

Bijbehorende verhalen:
26, 27, 28, 29, 32, 34, 42, 43

David verslaat de reus Goliat met een slinger en wat stenen. Dat wapen gebruikte hij normaal om wilde dieren mee te verjagen.

In het Oude Testament komen veel verhalen over oorlogen voor. De Israëlieten hadden veel vijanden, en de grenzen van de verschillende landen waren vaak onduidelijk.

Het leger van Israël bestond in de tijd van het Oude Testament vooral uit gewone soldaten tussen de 20 en 40 jaar. Maar er was wel een regel dat je niet mee hoefde te vechten in het leger als je pas getrouwd was: dan mocht je thuisblijven om je vrouw gelukkig te maken.

Er werden verschillende soorten wapens gebruikt. Er waren verdedigingswapens: schild, helm en pantser. En er waren aanvalswapens: pijl en boog (gemaakt van hout of metaal en van de pezen of darmen van dieren), zwaarden en slingerwapens. Een slinger was een stukje touw met een leren of stoffen lap waarmee je een voorwerp kon wegslingeren. Pas in de tijd van koning Salomo kregen de Israëlieten ook strijdwagens. Hun vijanden hadden die al eerder.
De legers hadden ook stormrammen, waarmee de stadsmuur kapot 'geramd' kon worden. Trompetten of andere soorten hoorns

werden gebruikt om te waarschuwen voor gevaar, om de oorlog aan te kondigen, en om vijanden angst aan te jagen.

Als twee volken oorlog gingen voeren, maakten beide legers ergens hun kamp. Meestal gebeurde dat op twee heuvels die tegenover elkaar lagen. Als één van de twee volken de aanval opende, ontmoetten ze elkaar in het dal, waar het gevecht plaatsvond.

In de verhalen over oorlogen moeten de Israëlieten vaak al hun vijanden doden: er mocht niemand overblijven van God. God wilde dat omdat er dan later niemand nog wraak zou kunnen nemen op de Israëlieten. De Israëlieten hadden soms de ark bij zich als teken dat God aanwezig was. Ook hun vijanden droegen attributen (zoals vlaggen) met symbolen van de goden met zich mee.
De grootse vijanden van de Israëlieten waren misschien wel de Assyriërs. Zij waren gewend om elk jaar oorlog te voeren. Eén van de dingen die ze deden, was een volk uit zijn eigen land weghalen en naar een ander land sturen. Op die manier werden de tegenstanders enorm verzwakt. Ook de Israëlieten werden uit hun eigen gebied weggehaald en naar Assyrië gevoerd, waar ze tientallen jaren in ballingschap moesten leven, zoals je in verhaal 42 en 43 kunt lezen.

De legers van de vijanden worden in de Bijbel vaak vergeleken met dieren. Ze lijken op zwermen sprinkhanen: zoals grote zwermen sprinkhanen alles kaalvreten en kapotmaken, zo kunnen ook de vijanden alles kapotmaken. Legers worden ook vergeleken met adelaars, omdat ze net zo snel zijn.

In het Nieuwe Testament vinden we geen verslagen meer van oorlogen, zoals in het Oude Testament. Wel komen er veel Romeinse soldaten voor in de verhalen, omdat de Romeinen de macht hadden in Israël.

Als Israëlieten hun vijanden bang wilden maken, bliezen ze heel hard op ramshoorns.

Leven en dood

**Bijbehorende verhalen:
3, 10, 20, 53, 62, 63, 64**

Mensen gingen in de tijd van de Bijbel eerder dood dan tegenwoordig. Vrouwen konden sterven tijdens de bevalling, en er kwamen veel meer ziektes voor, maar goede medicijnen waren er nog niet. Er staan veel verhalen in de Bijbel over mensen die sterven en begraven worden. Eén van de eerste verhalen over een begrafenis is het verhaal van Abraham die een graf koopt voor zijn vrouw Sara.

Als mensen stierven, werden ze begraven. De lichamen van mensen die de doodstraf gekregen hadden, werden soms verbrand of bleven onbegraven liggen. Dat was een extra straf. Mensen werden over het algemeen begraven op de dag van hun dood. Dat moest ook wel, omdat het zo warm was. De dode werd op een draagbaar gelegd en naar het graf gedragen. Een graf (zowel in het Oude als in het Nieuwe Testament) was meestal uitgehakt in een rots. Rijke mensen hadden hun eigen (familie)-graf, arme mensen werden in massagraven begraven. Jezus werd begraven in het graf van Josef uit Arimatea.

*Een graf werd vaak uitgehakt in de rotsen.
Het graf werd afgesloten met een of meer grote stenen.*

Na verloop van tijd werden de beenderen van een dode verzameld en in een beenderkistje gestopt. Dan was er weer plek om iemand anders te begraven. Het gebruik van specerijen om het lichaam van een dode te verzorgen, kennen we pas vanaf het Nieuwe Testament.

Het lichaam van een dode werd ingesmeerd met geurige olie. Daarna werden er doeken over het lichaam gelegd. Dat werd meestal door vrouwen gedaan.

De mensen uit de tijd van de Bijbel lieten op allerlei manieren zien hoe verdrietig ze waren. Ook in het verhaal van de dochter van Jaïrus wordt er veel gehuild. Als mensen rouwden, scheurden ze hun kleren, en deden ze soms een soort zak aan van ruwe stof. Ze gooiden zand of stof van de grond over hun hoofd, en deden soms hun schoenen uit en liepen op blote voeten. In het Nieuwe Testament lezen we ook dat mensen zich op hun borst slaan en luidkeels roepen en huilen. Rouwen was een gemeenschappelijke aangelegenheid. Er is soms sprake van een rouwstoet, maar de familie rouwde wel het langst.

In het Oude Testament staan maar weinig verhalen over wat er met mensen gebeurde na de dood. Mensen dachten dat er een onderwereld was, onder de aarde. Iedereen gaat hier na zijn dood naartoe, niemand kan eruit terugkeren. De mensen verblijven er als een soort schimmen, zonder iets te kunnen. Er is geen contact met God, maar er is ook geen duivel. Het is er niet fijn, maar ook niet naar. De hemel is de plek waar God is, de mensen leven op de aarde, en de doden onder de aarde.

In de laatste eeuwen voor het begin van onze jaartelling gaan steeds meer mensen geloven dat goede mensen zullen opstaan uit de dood. Mensen die blijven geloven, wat er ook met ze gebeurt, zullen na hun dood bij God komen. Ook Paulus gelooft dat en schrijft hierover in zijn brieven. Bijvoorbeeld in 1 Korintiërs 15.

Ziekte en genezing

Bijbehorende verhalen:
49, 50, 52, 53, 57, 61

In de Bijbel worden veel verhalen verteld over mensen die ziek zijn. Er kwamen allerlei soorten ziektes voor in die tijd: huidziektes, bloedverlies, blindheid, doofheid, verlammingen. Bijna iedereen had wel eens iets: pijn, wonden, koorts. Mensen gingen ook veel eerder dood dan tegenwoordig. Er waren namelijk geen ziekenhuizen, en ook maar weinig medicijnen. Ook hulpmiddelen zoals brillen bestonden nog niet, dus veel mensen zagen maar weinig!

Zieke mensen moesten vaak apart gaan wonen. Ze mochten pas weer terugkomen als ze beter waren. Dat moest de priester dan vaststellen. Pas als hij zei dat iemand beter was, mocht die weer bij de andere mensen wonen en met alles meedoen. Dat gold vooral voor mensen die een huidziekte hadden.

Als mensen ziek waren, baden ze tot God. Ze hoopten en verwachtten dat hij hen kon genezen. Ziekte werd vaak gezien als straf van God.

Er waren ook dokters, al kom je die niet echt tegen in de Bijbel. Om mensen beter te maken, werden er zalfjes gemaakt van kruiden die op het land groeiden. Pijnlijke plekken werden ook ingesmeerd met olie. En als iemand iets gebroken had, werd er een stevig verband gemaakt. Soms werden mensen geopereerd. Er zijn zelfs voorwerpen opgegraven die lijken op tandartsinstrumenten. Dus ook als mensen kiespijn hadden, probeerden ze daar iets aan te doen.

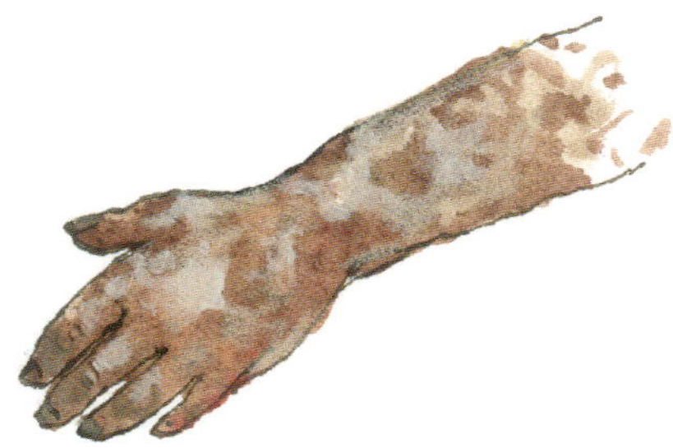

Huidvraat was een soort uitslag, bijvoorbeeld in de vorm van dikke witte plekken. Als iemand zulke plekken had, moest hij naar de priester om het te laten zien.

In het Nieuwe Testament vind je veel verhalen over mensen die last hebben van kwade geesten. Door die kwade geesten waren mensen ziek. Ze wisten dan niet meer wat ze deden, ze zakten soms ineens in elkaar, of ze vielen andere mensen aan. Jezus en zijn leerlingen hadden de kracht om die kwade geesten te verjagen. Dat deden ze door de zieke aan te raken, of door de geesten boos toe te spreken. Jezus was dus geen dokter die mensen probeerde te genezen met zalfjes of verband.

Maar hij genas mensen door zijn woorden of door zijn aanraking. En er wordt ook verteld dat mensen soms genazen als ze iets van Jezus aanraakten, zoals zijn jas.
Veel mensen werden niet beter als ze ziek waren. Maar in de Bijbel staan ook een paar verhalen over mensen die genezen werden door Jezus, door een profeet of door een apostel. Er zijn zelfs verhalen over mensen die gestorven zijn en weer tot leven gewekt worden.
Door mensen te genezen liet Jezus zien dat er een nieuwe tijd zou aanbreken. Als Gods koninkrijk komt, is er geen plaats meer voor ziekte of voor de dood.

Dit meisje sterft, maar als Jezus tegen haar spreekt, staat ze weer op.

Eten en drinken

Bijbehorende verhalen:
11, 12, 18, 23, 30, 34, 42, 60, 69

In de verhalen uit de Bijbel is samen eten heel belangrijk.
Als mensen een belangrijke afspraak met elkaar maakten, dan aten ze met elkaar. En als iemand bezoek kreeg, was hij pas een goede gastheer of gastvrouw als de gast een lekkere maaltijd kreeg. Een prachtig voorbeeld hiervan vind je in verhaal 11.
De mensen in de tijd van de Bijbel aten vooral veel groenten, zoals bonen, en voedsel dat gemaakt was van graan, bijvoorbeeld brood

Met dit soort handmolens werd graan gemalen om brood van te maken.

of koeken. Maar het brood zag er wel anders uit dan de boterhammen van tegenwoordig: het waren meer platte koeken. Ook aten ze vruchten, zoals druiven of vijgen.

Joden mochten niet zomaar alles eten. Er staan in het Oude Testament allerlei regels over wat er wel en niet gegeten mocht worden. Ook nu nog houden Joden zich aan deze regels.
Vooral voor het eten van vlees waren regels. Reine dieren mochten wel gegeten worden, maar onreine dieren niet. In Leviticus 11 staat een lijst van alle dieren die verboden zijn om te eten. Vlees van een koe mocht bijvoorbeeld wel gegeten worden, maar vlees van een varken niet. En sprinkhanen mocht je wel eten, maar alle andere insecten niet. We weten niet precies waarom sommige dieren onrein zijn, en andere niet. In het Nieuwe Testament staat dat christenen zich niet hoeven te houden aan deze regels over het eten van onreine dieren. Bijvoorbeeld in Handelingen 10.

Vlees werd eigenlijk heel weinig gegeten, het was een luxe. De dieren waren nodig voor de melk. Dus als je maar een paar geiten of koeien had, ging je die niet opeten. Als mensen wel vlees aten, was dat het vlees dat overbleef van offers. De vette delen van een offerdier (de nieren en de lever) werden verbrand op een altaar. Die waren voor God. De priester kreeg ook altijd een deel van het vlees, en de rest was voor degene die het offer gebracht had.

Als mensen iets wilden drinken, dronken ze meestal wijn die met water verdund was, of een soort bier. Ook dronken ze soms water of melk. Water kwam uit een rivier, of uit een grote put waarin het regenwater opgevangen werd. Uit die put werd het water omhooggehaald met zakken die gemaakt waren van dierenhuiden. Een stenen kruik zou veel te snel kapot kunnen gaan tegen de wand van de put.

Maar als het te weinig regende, konden de gewassen op het land niet groeien. Dan hadden mensen dus weinig te eten en te drinken. Dat was bijvoorbeeld zo toen Jozef in Egypte woonde. Jozefs familie was zo wanhopig dat ze naar Egypte gingen om daar graan te kopen.

Maar ook door sprinkhanenplagen kon er hongersnood ontstaan: grote zwermen sprinkhanen vlogen dan over het land en vraten alles kaal. Tijdens oorlogen was er ook vaak geen eten meer. Daarom brengt David zijn broers eten in verhaal 34.

Er stonden in de tijd van de Bijbel geen stoelen bij de eettafel, de mensen aten liggend.

Reizen

Bijbehorende verhalen: 6, 9, 11, 13, 15, 24, 45, 46, 55, 68, 70, 72, 73

In de tijd van de Bijbel reisden mensen niet zomaar, en al helemaal geen lange afstanden. Dat kwam omdat ze vaak alles moesten lopen, en omdat de wegen gevaarlijk waren. De wegen waren niet zo netjes aangelegd als nu, en er waren veel rovers die mensen overvielen. Dat lees je bijvoorbeeld in verhaal 55. Vanwege de gevaren onderweg reisden mensen dus het liefst niet alleen.
Er waren geen kaarten of navigatiesystemen om de weg te kunnen vinden. Er bestonden wel bekende routes naar een dorp of stad verderop, maar als mensen verder weg wilden reizen, oriënteerden ze zich vaak op de zon en de sterren.

In de tijd van het Nieuwe Testament was het iets makkelijker om de weg te vinden. De Romeinen waren namelijk begonnen met het aanleggen van nieuwe wegen in het Romeinse rijk. Langs deze wegen stonden een soort 'mijlpalen', die aangaven hoe ver het nog was naar Rome. Het waren nog steeds geen wegen en wegwijzers zoals wij die kennen, maar het maakte het reizen wel makkelijker.

In de tijd van de Bijbel reisden mensen meestal te voet van dorp naar dorp, zeker als het geen lange reis was. Ook Jezus reisde met zijn volgelingen grote afstanden te voet. Dat een leraar rondtrok met zijn leerlingen om overal les te geven, was heel normaal. Voor iets grotere afstanden maakten mensen soms gebruik van een ezel. Die kon de mensen dragen, of de bagage. Rijkere mensen of handelaars hadden vaak kamelen of dromedarissen. Deze dieren waren heel geschikt voor lange reizen.

Mensen reisden vaak in een karavaan. Dat was veiliger omdat ze dan niet alleen waren.

Alleen rijke mensen hadden een reiswagen zodat ze konden zitten tijdens de reis.

In het Nieuwe Testament staan veel verhalen over reizen per boot. Vooral Paulus maakte lange reizen per schip. Maar reizen over zee was gevaarlijk: in de winter kon er eigenlijk helemaal niet gevaren worden, doordat er dan vaak stormen waren. En er waren ook rovers op zee.

Als mensen een lange reis maakten, moesten ze ook onderweg slapen. Ze konden aankloppen bij mensen in de dorpen waar ze langs kwamen. Maar soms waren er geen dorpen of huizen, dan sliepen reizigers vaak ergens op een beschutte plek (onder een boom bijvoorbeeld).
Vaak namen reizigers voor een paar dagen water, en gedroogd fruit of koeken mee, zodat ze in ieder geval te eten hadden. Later kwamen er wel een soort herbergen langs de weg. Daar kon je meestal gratis slapen, maar je moest wel betalen voor eten, en ook voor het voer voor je dieren.

Wijze lessen

Bijbehorende verhalen:
25, 39, 46, 49, 50, 51, 54, 55, 56, 58, 60, 64, 65, 71, 72

In de Bijbel vind je verschillende soorten verhalen over wijsheid. Er zijn verhalen over heel wijze mensen, en verhalen waarin verteld wordt wat wijsheid is.
Van één koning in de Bijbel wordt gezegd dat hij heel erg wijs was. Dat is koning Salomo. Salomo had die wijsheid gekregen van God. En door die wijsheid kon hij de juiste beslissingen nemen als koning en als rechter.

Maar hoe zat dat eigenlijk met gewone jongens en meisjes? In de tijd van de Bijbel konden maar een paar mensen lezen en schrijven, minder dan 0,2%! Dus van de vijfhonderd mensen kon er maar één lezen en schrijven. Kinderen gingen namelijk niet naar school. Jongens leerden een vak van hun vader en kregen dus later meestal hetzelfde beroep als hun vader. En meisjes leerden van hun moeder eten koken, stoffen weven en kleren maken, schoonmaken en voor hun familie zorgen.

Sommige jongens leerden naast een beroep nog meer. Zij kregen les over de joodse wetten en regels. Dat gebeurde vaak in synagogen. De bekendste en belangrijkste regels waren de tien geboden die de Israëlieten via Mozes gekregen hadden. Maar er bestonden nog veel meer regels: bijvoorbeeld over wat je wel en niet mocht eten, met wie je mocht trouwen (en met wie niet) en wat je moest doen als je een huidziekte had. En soms leerden de jongens ook teksten uit de Hebreeuwse Bijbel uit hun hoofd. Als een jongen dertien jaar oud was, vond men dat hij volwassen was. Dan mocht hij meedoen in de dienst in de synagoge. Hij mocht bijvoorbeeld een stuk uit de Bijbel voorlezen. Gewone mensen hadden zelf geen boekrollen; die werden bewaard in de synagoge.

Als er rechtgesproken werd, of bij andere officiële gebeurtenissen, was er iemand aanwezig die besluiten op kon schrijven.

In synagogen vonden ook vaak discussies plaats. Mensen die het niet met elkaar eens waren, probeerden elkaar te overtuigen van hun standpunten. De synagoge was dus niet alleen een plek waar mensen religieuze feesten vierden, maar het was ook een plek om elkaar te ontmoeten en dingen te leren. Jezus ging ook regelmatig naar de synagoge.

In het Nieuwe Testament kom je veel verhalen tegen over Jezus als een soort leraar die met zijn leerlingen rondreist. Jezus leerde mensen dingen door verhalen te vertellen. Met die verhalen (gelijkenissen) vertelde hij over Gods koninkrijk. Hij gebruikte situaties en voorbeelden die mensen kenden uit hun dagelijkse leven. Maar in die voorbeelden draaide hij dingen vaak om, zodat mensen verrast werden. Zo onthielden ze goed wat Jezus hun wilde leren.

Een boekrol. Er waren in de tijd van de Bijbel nog geen boeken met bladzijden.

Dromen en visioenen

Bijbehorende verhalen:
13, 16, 17, 18, 21, 26, 42, 44, 45, 54, 66, 67, 69, 74

In verhalen in de Bijbel praat God soms met mensen als hij hen iets duidelijk wil maken. Of hij stuurt een profeet naar iemand toe, die vertelt wat die ander moet doen of wat er in de toekomst zal gebeuren.
Maar soms maakte God mensen iets duidelijk op een andere manier: door dromen of visioenen.

Vooral in het Oude Testament staan veel verhalen over mensen die dromen hebben. Soms slapen mensen in die verhalen en liggen ze in bed als ze een droom van God krijgen. Of ze ligggen buiten, zoals Jakob als hij droomt over de grote ladder uit de hemel. Maar het gebeurde ook dat mensen overdag een visioen kregen, een soort droom terwijl ze wakker waren.
Via dromen liet God zien wat er in de toekomst zou gebeuren. Dromen waren dus een waarschuwing van God. Als God iets duidelijk maakte via een droom, stond de uitkomst vast. Als de droom negatief was, schrokken mensen dus erg. Want ze kregen te zien wat voor verschrikkelijke dingen er zouden gebeuren.

In verhaal 69 lees je dat Petrus in een visioen een laken met reine en onreine dieren uit de hemel naar beneden ziet zakken.

Jakob droomt van een ladder naar de hemel, waarop engelen omhoog en omlaag lopen. Zo laat God aan Jakob zien dat hij hem zal beschermen.

Maar soms stuurde God positieve dromen en visioenen, over een prachtige toekomst.

De betekenis van een droom was niet altijd meteen duidelijk. Een droom zat namelijk vol met symbolen. De farao droomde bijvoorbeeld over zeven vette en magere koeien. Die koeien waren een symbool voor zeven goede jaren, vol rijkdom, en zeven slechte jaren, vol armoede.
Er bestonden boeken waarin dromen uitgelegd werden, en er waren ook dromenuitleggers. Jozef en Daniël waren bijvoorbeeld mensen die dromen konden uitleggen. Jozef had zelf ook veel dromen waarin hij zag wat er in de toekomst zou gebeuren.

In het Nieuwe Testament staan ook verhalen van mensen die 's nachts of overdag dromen krijgen van God. Ook dan worden mensen via dromen gewaarschuwd, of leren ze iets over hoe ze moeten leven. Petrus had bijvoorbeeld overdag een visioen waarbij een laken met allerlei dieren uit de hemel naar beneden kwam. Dat visioen ging over wat hij wel en niet mocht eten volgens de joodse wetten. God liet Petrus zo zien dat christenen voortaan ook bij Gods volk konden horen. Ze hoefden zich niet meer aan de joodse (spijs)wetten te houden. Joden en christenen mochten gewoon met elkaar omgaan, en vriendschappen sluiten.

Bouwwerken

Bijbehorende verhalen:
1, 4, 5, 17, 18, 27, 40, 43, 49, 53, 67, 69, 70, 74

Al heel vroeg in de geschiedenis werden ovens gebruikt om stenen te bakken. De stenen werden gemaakt van vochtige aarde en stro.

Voordat de Israëlieten in het land Kanaän gingen wonen, leefden ze vooral in tenten. Ze trokken van de ene plaats naar de andere. Ze namen steeds alles mee: kinderen, dieren, slaapmatten, kookspullen ... Tijdens de tocht in de woestijn ging ook de ontmoetingstent mee. Steeds als de Israëlieten ergens wilden blijven, werd ook de ontmoetingstent opgezet. In die tent stond de ark van God, een houten kist die mooi versierd was en waarin de stenen platen met de wet van God bewaard werden.

Jakob zit voor zijn tent en praat met Jozef.

In latere tijden bleven mensen op één plaats wonen en gingen ze huizen bouwen. Die huizen waren heel eenvoudig: weinig ramen, een laag plafond en een vloer van klei die stevig aangestampt was. De muren waren ook van klei, of soms van steen. Het platte dak bestond uit takken waar een laagje klei overheen gelegd werd. Omdat de huizen van eenvoudige materialen gemaakt waren, is er niet veel meer van teruggevonden.

In de Bijbel wordt verteld over verschillende bouwwerken: de toren van Babel, de ark van Noach, de stad Jericho, de graanschuren van Jozef, de tempel van Salomo, paleizen, synagogen, enzovoort.

Van de meeste bouwwerken is niets meer terug te vinden. Maar er staan in de Bijbel soms lange beschrijvingen, en zo kunnen we toch een indruk krijgen van een gebouw. Over de tempel van Salomo in Jeruzalem wordt uitgebreid verteld. De tempel was prachtig versierd: met mooi hout, veel glimmend goud en brons, en hoge zuilen. De tempel was ook erg groot: hij bestond uit allerlei verschillende ruimtes en gebouwen. Hij is verwoest in 586 voor Christus. Later werd er in Jeruzalem een nieuwe tempel gebouwd, waar Jezus vaak kwam. Ook die was weer prachtig versierd, en heel groot. Maar ook deze tempel werd verwoest, in het jaar 70 na Christus. Er is alleen een klein stukje van de muur van het tempelplein bewaard gebleven. Die muur wordt nu de Klaagmuur genoemd.

In het Nieuwe Testament lees je over synagogen. Een synagoge was soms groot en mooi versierd, soms juist klein en eenvoudig. Dat verschilde per plaats. Synagogen waren meestal rechthoekige gebouwen met zuilen in het midden. Langs de muren stonden banken waarop mensen konden zitten of liggen terwijl ze luisterden naar de rabbi. Die stond vaak op een klein podium. In één van de muren was een kleine nis, waar de Tora-rollen (de joodse heilige boeken) bewaard werden. Jezus ging ook regelmatig naar de synagoge. In verhaal 49 lees je hoe hij er optreedt als rabbi.

De tempel van Salomo. De enorme waterbak rust op twaalf stieren. De priesters gebruiken het water uit deze bak om zich te wassen. Op het altaar worden allerlei dieren geofferd.

In het eerste verhaal kun je lezen dat God de aarde gemaakt heeft voor mensen om erop te wonen. Hij gaf de mensen de aarde als huis. Hij gaf hun licht, zuurstof, bomen, planten en dieren. In het laatste verhaal heeft Johannes een visioen over het nieuwe Jeruzalem, een glanzende stad met twaalf poorten. In deze stad zal geen pijn meer zijn, of verdriet, of dood. Er zal een nieuwe hemel en een nieuwe aarde zijn.

Het Nieuwe Testament

44 De geboorte van Johannes

Lucas 1

'Jij bent!' fluistert de stem naast hem.
Zacharias schrikt op en doet een stap naar voren. Hij houdt het reukoffer stevig vast tussen zijn trillende vingers. Nu niet uitgaan, denkt hij. Er zitten toch wel genoeg kooltjes in om de wierook te laten branden? Hij mag het op het altaar zetten. Voorzichtig. Hij brengt zijn handen naar voren en zijn armen trillen nog erger.
'Rustig maar', zegt de stem naast hem. Jonatan is altijd rustig en vriendelijk, echt een heel fijne priester, een voorbeeld. Zacharias glimlacht naar hem en laat zijn adem langzaam ontsnappen.
Oh, wat was hij trots toen hij hoorde dat hun priesterafdeling aan de beurt was voor de priesterdienst. En zijn vrouw, zijn lieve Elisabet, glimlachte twee volle dagen. Samen hadden ze gewerkt als paarden om te zorgen dat hij twee weken weg kon. Twee weken niet op het land werken, niet scheppen, niet ploegen, geen onkruid wieden, niet zaaien, niet oogsten.
Twee weken om hier te zijn, in Jeruzalem, om samen met de andere priesters van Abia de dienst voor te bereiden en uit te voeren. En nu is het zover en staat hij te dromen!
Of nee, eigenlijk niet te dromen, maar te denken aan zijn Elisabet, dat het zo mooi zou zijn als ze dit alles zou zien, zou meemaken. De mooie ruimte, het zachte licht, het zingen, de langzame en zorgvuldige gebaren.

Hij wil haar gezicht zien, die blije lichtjes in haar ogen. En hij denkt ook aan wat ze samen zo erg missen.
Hij zet het reukoffer neer. Precies op de goede plek.
Jonatan begint naast hem te zingen en hij valt in. Hun stemmen klinken samen beter dan alleen. Het is echt zo dat één plus één drie is, zoals Jonatan altijd zegt als hij zich er weer over verbaast.
Hun stemmen tillen elkaar op, dragen elkaar, voeren elkaar, zwepen elkaar op, de angst is eruit, het leven erin.
Terwijl ze zingen, hoort Zacharias nog een geluid. Een stem. Die stem zingt niet, maar praat. Helder, een open geluid. Hij kijkt om zich heen en achter zich ziet hij iets. Het lijkt bewegend licht.
'Een engel', zegt Jonatan en zelfs nu blijft hij rustig.
Het is opeens helemaal stil in de tempel. Een diepe, witte stilte. Zacharias voelt zich ook rustig worden.

‘Ik ben de engel Gabriël’, zegt de engel. ‘Ik volg je al een tijdje en weet waar je elke dag voor bidt.’
Jonatan kijkt hem vragend aan.
Zacharias buigt zijn hoofd en mompelt: ‘Een zoon.’
‘Een zoon’, herhaalt Jonatan en knikt.
‘Je zult een zoon krijgen,’ zegt de engel, ‘en jullie zullen zo blij met hem zijn.’
Zacharias knippert met zijn ogen, hij kan bijna niet geloven dat wat hij ziet en hoort echt is. Slaapt hij? Is hij ook nog in slaap gevallen in de tempel?
‘Je moet je zoon Johannes noemen’, zegt de engel. ‘Hij zal niet alleen jullie blij maken, maar heel veel andere mensen ook. Heel veel mensen zullen door hem gaan geloven. Ook God zal blij met hem zijn.’
Jonatan haalt naast hem zijn neus hoorbaar op. Als Zacharias naar hem kijkt, ziet hij dat zijn ogen vol tranen staan.
‘Huil je?’ vraagt hij.
‘Ik ben zo blij voor jullie’, zegt Jonatan.
‘Maar ... maar ...’ zegt Zacharias tegen de engel. ‘Hoe kan dat nou allemaal? Ik ben al een oude man, en mijn vrouw is ook niet meer de jongste.’
‘Heb je moeite om dit nieuws te geloven?’ vraagt de engel en Jonatan schudt zijn hoofd meteen, maar Zacharias knikt.
‘Dat is jammer,’ zegt de engel, ‘want het is echt waar. Nu zul je niet kunnen spreken tot de dag waarop je zoon geboren wordt.’
Meteen wil Zacharias zijn excuses aanbieden. Maar er komt geen enkel geluid meer uit zijn keel.

Thuis schrijft Zacharias alles wat er in de tempel is gebeurd op een lei. Na een paar maanden ontdekt Elisabet dat ze zwanger is. Haar buik wordt dikker en dikker. Ze loopt heel anders dan ze haar hele leven heeft gedaan en Zacharias kijkt naar haar en geniet van elke stap die ze zet. Hun zoon groeit in haar buik, hij kan niet wachten tot de dag dat hij geboren wordt.

Hij werkt op het land, denkt aan zijn vrouw en zoon, hij wiedt en denkt aan de ontmoeting met de engel, hij oogst en denkt aan zijn vrouw en zoon en aan de dag dat hij weer zal kunnen spreken. Hij merkt dat praten tijd kost, want nu hij zwijgt, heeft hij meer tijd om te denken. En hij weet dat hij een betere priester zal zijn, met meer oog voor wonderen. Hij weet dat hij een betere echtgenoot zal zijn met meer aandacht voor elk gewoon ding dat je niet opvalt als je praat. Zoals hoe Elisabet opstaat met haar dikke buik. Hij weet dat hij een betere vader zal zijn, omdat hij zeker weet dat zijn zoon Johannes een belangrijk man zal worden, ook al begrijpt hij het niet.

'Zacharias!' Zijn vrouw Elisabet roept: 'Zacharias!' Hij laat alles vallen en rent naar zijn huis. Daar ziet hij zijn vrouw liggen. Hij hoort haar kermen. Het is zover! Hij rent naar de vroedvrouw en zij rent met hem mee terug. Hij moet buiten wachten en probeert niet al te erg te letten op de geluiden die uit zijn huis komen. Nog even, denkt hij, dan heb ik hem vast, mijn mannetje, mijn lieve zoon.
Hoe zal hij eruitzien? Is hij klein of groot, stevig of slank? Wat zal de vorm zijn van zijn hoofd? Rond, puntig of juist wat hoekig? Heeft hij meteen al haar? Wat voor geluid zal hij maken, hoe klinkt zijn stemmetje?
En meteen als hij daaraan denkt, hoort hij een krachtig huilen. Het mooiste geluid van de wereld, denkt Zacharias. Mooier dan het samen zingen met Jonatan in de tempel. Mag hij al binnen komen? Maar voordat hij het antwoord weet, staat hij al naast het bed en ziet voor de eerste keer zijn eigen kind, zijn zoon, zijn grootste schat. En als hij hem ziet,

weet hij dat hij er niet anders uit kon zien dan zo. Precies zo. Helemaal goed. Zacharias kijkt naar Elisabet en ziet de blije lichtjes weer in haar ogen en hij voelt dat zijn wangen nat worden.

In de dagen erna is het huis vol mensen. Iedereen praat over het pasgeboren kind. Alleen Zacharias kan nog steeds niets zeggen. Hij denkt terug aan de woorden van de engel Gabriël en probeert af en toe wat te spreken, maar het blijft stil. Samen kijken Elisabet en Zacharias naar hun zoon, ze wassen hem, Elisabet voedt hem, ze verschonen hem, ze aaien hem, bekijken hem, ruiken aan hem, houden hem eindeloos vast en zo gaan de dagen voorbij als een lange droom. En dan opeens is het dag acht na de geboorte en moet de jongen besneden worden.
Er zijn veel mensen gekomen. Ze zijn blij voor Zacharias en Elisabet. Jonatan is er ook. Hij slaat Zacharias steeds op zijn schouder. Zijn ogen staan vol tranen, weer van blijdschap.
De buren en vrienden zijn benieuwd naar de naam van hun zoon. Ze zullen wel denken dat het kind naar hem, Zacharias genoemd zal worden. Maar Elisabet zegt dat hun zoon Johannes zal heten.
'Wat een vreemde naam', zegt de vroedvrouw. 'Dat kan niet kloppen, Elisabet, niemand in je familie of in die van je man heet zo. Je bent vast een beetje in de war.' Ze draait zich om naar Zacharias en kijkt hem onderzoekend aan. 'Hoe moet je zoon gaan heten?'
Jonatan geeft Zacharias zijn lei aan. Daarop schrijft Zacharias met duidelijke letters de naam van het kind. En op het moment dat hij de naam heeft opgeschreven, voelt hij dat hij het kan zeggen, hardop. Maanden kon hij niks zeggen en nu komt er luid en duidelijk een woord uit zijn mond, één woord, de naam van zijn zoon: 'Johannes!'
'Johannes?' vraagt de vroedvrouw. 'Dat zegt Elisabet ook al. Wat een vreemde naam.'
'Nee,' lacht Zacharias, 'een prachtige naam, voor een prachtig kind!'

MG

45 Het geluk van Jozef en Maria

Lucas 2

Jozef kneep zijn ogen een beetje dicht en zag in het schemerdonker een groepje mannen recht op hun huisje afkomen.

'Er komen mannen deze kant op', zei Jozef.

'Wat zouden ze willen?' vroeg Maria.

'Misschien onderdak, eten?' Hij wreef over zijn gezicht, zijn ogen brandden en hij voelde hoe moe hij was. Even liet hij zijn hoofd tegen de houten paal rusten waar hij tegenaan leunde.

Hij liet zijn ogen snel over het dak gaan: houten planken afgedekt met gras en stro. Over de vier palen die het dak op z'n plaats hielden. De snel in elkaar gezette muurtjes van grote stenen, grof op elkaar gestapeld, afgedicht met brokken donkere aarde. En hij zuchtte. Hier konden ze eigenlijk geen gasten ontvangen. Thuis had hij ze graag gegeven wat ze nodig hadden, maar juist vandaag en hier ... hij schudde zijn hoofd. Na deze spannende dag werd het ook tijd om te gaan slapen. Hij luisterde naar de nieuwe geluiden uit de voerbak. Geluiden die hij niet kende. Zuchtjes, gaapjes, smakkende geluidjes. Geluiden die er gisteren nog niet waren en die hem blij maakten. Het waren de tevreden klanken van zijn baby.

Maar dat hun baby nu in een voerbak voor dieren moest liggen! Dat was niet de bedoeling. Thuis stond zijn mooie wieg. Zelf gemaakt. Maar Maria en hij moesten zich in laten schrijven als inwoners van het

rijk van keizer Augustus. De namen van alle mensen werden opgeschreven zodat keizer Augustus wist hoeveel mensen in het Romeinse rijk woonden. Om zich in te kunnen schrijven, moesten ze op reis. En precies toen, tijdens hun reis, moest Maria bevallen. Ze konden geen andere plek vinden dan dit armoedige huisje.
Zijn pasgeboren zoontje maakte een zacht knorrend geluid. Jozef draaide zich een beetje om en zag Maria in het schemerdonker zitten. Met hun baby tegen zich aan gedrukt. Als vanzelf glimlachte hij. 'Mooi, hè?' Ze knikte meteen. Sinds de baby geboren was, leek ze nog mooier, nog stralender, nog liever. Jozef vond zijn zoon het allermooiste kind op aarde. De donkere haartjes op dat kleine hoofd. Z'n vingertjes, allemaal perfect. En hoe hij uit z'n ogen keek, alsof hij alles al wist en begreep. Hij en Maria konden niet anders dan steeds naar hem kijken.

'Hallo', zei Jozef tegen het groepje mannen dat nu voor hem stond. 'Goedenavond. Kan ik jullie met iets helpen? Is er iets?'
Het waren herders, grote kerels met enorme handen. En even flitste door zijn hoofd: Ik moet ze niet kwaad maken, mijn zoon ligt hier achter me, hem mag niets gebeuren.
De grootste herder stapte naar voren en vroeg met harde stem: 'Is hier zojuist een baby geboren, is hij in een doek gewikkeld en ligt hij in een voerbak?' 'Ja', zei Jozef verbaasd en hij keek naar Maria die achter zijn rug in het stro lag.
'Wij waren bij onze kudde, maar toen verscheen er een engel', zei de grootste herder. 'Een engel in stralend licht. Hij zei dat onze redder was geboren. We zouden hem in Betlehem kunnen vinden. In een doek gewikkeld, in een voerbak. Toen kwamen er heel veel engelen en allemaal zeiden ze dat we naar hem toe moesten. Nu meteen. Dat deden

we toen. Daarom zijn we hier. Om hem te kunnen zien. Mogen we dichterbij komen?'

'Maria?' vroeg Jozef. 'Vind jij dat goed? Kunnen ze even binnenkomen?'

'Zeker,' zei Maria, 'goede mensen zijn altijd welkom.'

'Maar ben je niet veel te moe?'

'Laat ze maar binnen, Jozef, het komt wel goed.'

Jozef stapte opzij en liet de mannen binnen. Ze namen de avondkou mee. Maria legde de baby in de voerbak en sloeg snel een doek om. De doek zat vol gaten, zag Jozef. Toch bleef ze mooi. De herders bleven vlak bij elkaar, bijna verlegen, in de deuropening staan. Ze knikten naar Maria en zij knikte terug. Ze was nog te zwak om op te staan.

Jozef liep naar de voerbak en liet hun trots zijn zoon zien. De herders kwamen voorzichtig dichterbij en keken met open mond en ingehouden adem naar zijn kind. Toen knielden ze opeens allemaal.

'Wat doen jullie?' vroeg Jozef verbaasd.

'Dat is hem', zei de grootste herder.

Hij strekte zijn enorme hand uit naar de baby, hield op een kleine afstand van zijn gezicht stil, stak zijn duim uit en streelde zo zacht als hij maar kon over het wangetje. Ook zijn stem klonk zacht toen hij zei: 'Ik weet niet veel, maar ik weet wel wanneer ik wat bijzonders zie.'

Dat raakte Jozef en hij kuchte een paar keer luid.

'Wat is er, mijn vriend?' vroeg de grootste herder terwijl hij ging staan.

Jozef kuchte nogmaals en vertelde: 'Op een dag kwam Maria naar me toe en zei dat ze bezoek had gekregen van een engel.'

'Zal ik dat vertellen?' zei Maria en Jozef knikte.

‘De engel zei tegen mij: “Ik heet Gabriël”’, ging Maria verder. ‘Hij zei: “Jij bent uitgekozen voor een bijzondere taak. Je krijgt een zoon die heel belangrijk gaat worden. Een koning zal hij worden en mensen zullen hem zoon van de Allerhoogste noemen.” En ik geloofde de engel, maar vond het ook moeilijk om het aan mijn verloofde te vertellen.’ Ze knikte in de richting van Jozef.
De herders maakten instemmende geluiden.
Jozef haalde diep adem en vertelde verder: ‘Maria had de engel gevraagd: “Hoe zal dat dan gebeuren? Ik heb nog nooit met een man geslapen.” De engel zei toen dat ze zwanger zou worden door de heilige Geest en Maria begreep het niet helemaal, en ik ook niet, maar ja, dat was wat ze me op een dag vertelde. Ik keek naar haar en luisterde echt goed en ik geloofde haar.”’
‘Mijn buik werd dikker en dikker en mensen geloofden mijn verhaal niet’, zei Maria. ‘Ze lachten me soms zelfs in mijn gezicht uit.’
‘En mij ook’, zei Jozef, ‘óf achter onze rug.’ Jozef slikte, zijn keel zat zo dicht dat hij bijna niet verder kon praten. ‘Ik ben dus heel blij dat jullie door een engel naar ons toe zijn gestuurd. En dat jullie hier nu zijn. Jullie weten nu, net als wij, dat ons iets bijzonders is overkomen.’

‘Een wonder’, zei de grootste herder weer. En de mannen om hem heen herhaalden dat woord.
De grootste herder omhelsde Jozef stevig.
Daarna knikte hij naar Maria, met zoveel eerbied als hij maar kon opbrengen met zijn grote, grove kop, met zijn door weer en wind gekamde haar. Maria knikte terug en gaapte toen achter haar hand.
‘We moeten gaan’, zei de grootste herder meteen. Hij liep naar de deur en de andere herders deden hetzelfde. ‘Maar we vergeten jullie nooit. En hem,’ hij wees naar de baby, ‘hem vergeten we helemaal nooit meer. We zullen iedereen over hem vertellen.’
Hij spreidde zijn armen en weer omhelsden Jozef en de herders elkaar alsof ze broers waren. Toen verlieten ze allemaal het eenvoudige huisje en liepen de donkere nacht in. Jozef zuchtte diep. Hij keek ze na. Al zag hij ze al snel niet meer. Hij voelde zich licht en veegde vlot een berg stro bij elkaar, voldoende om hen de hele nacht warm te houden.
Maria was al in slaap gevallen. Hun babyzoon dicht tegen zich aan.

De volgende dag toen hij zijn ogen opendeed, stonden er mensen voor het huisje. Ze keken nieuwsgierig naar binnen. De herders hadden andere herders verteld over hun zoon. Ook zij wilden hem graag zelf zien. Jozef liet ze binnen en Maria gaf haar zoon aan hem, zodat hij hun de baby kon laten zien. ‘Mooi, hè?’ vroeg hij trots. En ook zij knikten. Hij keek trots naar Maria. Ze glimlachte.
Iedere dag stonden er herders voor het huisje te wachten om de baby te zien. Iedere dag waren ze onder de indruk van de baby. Iedere dag vroeg Jozef: ‘Mooi, hè?’ En dan knikten de mensen en keek hij trots naar Maria. Op de achtste dag werd de baby besneden. Weer keek Jozef erg trots. Toen kreeg de baby zijn naam. De naam die de engel Gabriël al noemde voordat de baby in de buik van zijn moeder Maria zat: Jezus. God redt. En álles was mooi.

MG

46 Waar is Jezus?

Lucas 2

'Hebben jullie Jezus gezien?' Maria vroeg het aan een groepje kinderen waarmee ze samen op reis waren. De weg was stoffig. De kinderen waren dat ook. Ze veegden met hun voeten nog meer stof de lucht in. Stofregen viel naar beneden. En ze gilden van plezier. Maria ademde het stof in en kuchte. De volwassenen om hen heen lieten de kinderen hun gang gaan. Een beetje meer of minder stof maakte niets meer uit. De reis was lang en saai genoeg. Spelen was ook belangrijk.

Maar Maria wilde dat ze toch even naar haar luisterden, even nadachten, dus pakte ze een kind bij de arm en vroeg het weer. 'Heb jij Jezus gezien?' Het was niet de eerste keer dat ze om Jezus vroeg vandaag. Eerder de dertigste keer, misschien had ze het zelfs nog wel vaker gevraagd. En steeds kreeg ze hetzelfde te horen. 'Nee, niet gezien.' Nu weer. Het kind ging door met het omhoogschoppen van stof.

Ze liep wat sneller en kwam naast Jozef lopen. 'En?' vroeg ze, maar ze zag het al.

Jozef schudde zijn hoofd. 'Nee, Maria, niemand heeft hem gezien.'

Ze likte langs haar droge lippen. Jezus was twaalf jaar, te jong om alleen op stap te zijn. Ze keek naar de mensen om zich heen. Velen liepen niet maar sjokten. Hun kleding was op de heenreis netjes geweest, maar was nu toe aan water en zeep.

'Wanneer zagen we hem voor het laatst?' Ze keek Jozef aan. De rimpels in zijn gezicht leken dieper dan ze zich kon herinneren.

'Gistermorgen na het uitrusten kwam hij naar me toe', zei Jozef. 'Hij had het koud en vroeg of ik kleding over had. Ik gaf hem mijn witte omslagdoek.' Nu pas zag ze dat Jozef die niet meer om had. Hij kon hem eigenlijk zelf niet missen. 'En jij?' vroeg Jozef aan haar. 'Wanneer zag jij hem voor het laatst?'
'Ook gisteren na het uitrusten', zei ze. 'Hij greep me opeens vast en gaf me een knuffel.' Ze glimlachte nu ze eraan dacht. 'We moeten terug', zei ze en ze voelde meteen haar gezicht strak worden.
Dat had Jozef vast ook al gedacht, want hij sprak haar niet tegen, maar stapte uit de groep. Hij stond ernaast en keek naar de mensen die hem voorbijliepen. Allemaal op weg naar huis.
Geen Jezus.
Toen keerde hij zich om en begon in hoog tempo de andere kant op te lopen.
'Hij is niet hier', zei Jozef. 'Dan had iemand van onze groep het geweten. Deze pelgrimstocht is anders dan die van alle andere jaren. Dit Pesachfeest is anders dan andere jaren. En ik weet niet of het goed of slecht is.'
'Hij moet in Jeruzalem zijn gebleven', zei ze en rende naast haar man. Anders kon ze hem niet bijhouden.

‘Zullen we iets langzamer lopen?’ vroeg ze buiten adem en meteen hield Jozef zijn pas in.
‘We gaan hem samen zoeken,’ zei Jozef, ‘en we gaan hem samen vinden.’ Hij pakte haar hand, even maar, toen liep hij alweer voor haar. Ze rende door. Het leek alsof ze stenen had gegeten in plaats van brood, zo zwaar voelde ze zich.

Zodra ze dicht bij Jeruzalem mensen zagen en de eerste geuren van gebakken vlees roken, begonnen ze meteen weer met rondvragen. ‘Hebben jullie Jezus gezien?’ Veel mensen hadden nog nooit van hem gehoord. Als ze hem dan beschreven: slank, twaalf jaar, lang haar, witte omslagdoek, keken de meesten nog steeds vragend. Sommigen zeiden dat Jezus met zijn ouders weer naar huis was gegaan na het Pesachfeest. Dan zei Maria: ‘Ik ben zijn moeder, hij is niet bij ons. Kijk maar. Oh, help ons toch! Denk nog eens goed na!’ En weer vertelde ze hoe Jezus eruitzag.

Die eerste avond sloten ze doodmoe hun ogen. De tweede dag ging het niet veel anders dan de eerste. Ook toen sloten ze doodmoe hun ogen. Maar bijna aan het einde van de derde dag ontmoetten ze een man die knikte toen Maria vroeg of hij Jezus had gezien.
‘Hebt u mijn zoon Jezus gezien?’ vroeg ze. ‘Slank, twaalf jaar, witte omslagdoek?’
‘Misschien wel’, zei de man.
Ze liep al door, gewend aan het nee schudden, maar bleef opeens aan de grond genageld staan en riep: ‘Ja? Ja! U hebt hem gezien?’
Ze liep terug en keek de man aan. ‘U weet waar hij is? Zeg het, zeg het snel!’
‘Volgens mij heb ik hem in de tempel gezien.’
Ze begon meteen te rennen en terwijl ze wegholde riep ze nog ‘bedankt!’ naar de man.

Jozef pakte haar hand zodat ze nog sneller naar de tempel konden rennen.
Ze kwamen daar binnen, stil, uitgeput, en zagen hem. Hij zat tussen de leraren in en luisterde naar hen en stelde vragen. Hij keek niet naar hen, maar Maria voelde dat hij hen wel gezien had. Ze was zo blij om hem te zien dat ze lange tijd niets hoorde van het gesprek dat Jezus voerde. Toen ze het wel hoorde, viel haar op dat hij veel wist. En dat hij geen domme dingen zei. Maar toen ze nog wat langer luisterde, hoorde ze dat het gesprek ging over gehoorzaamheid. Toen dacht ze aan het vijfde gebod: 'Toon eerbied voor uw vader en uw moeder'.
Ze dacht aan haar ongerustheid van de afgelopen dagen. Opnieuw zag ze dat Jezus meer aandacht besteedde aan het gesprek dan aan hun aanwezigheid. Harder dan ze wilde zei ze: 'Jezus, waarom ben je zomaar weggelopen? We waren zo ongerust!' Jezus keek op. Ze ging door, ze praatte misschien zelfs nog iets harder en zei: 'Je vader en ik hebben alleen maar gerend, op zoek naar jou!'

Jezus keek haar aan en vroeg: 'Waarom zochten jullie me? Wisten jullie niet dat ik gewoon in de tempel was? Dat ik bij mijn Vader wilde zijn?'
Maria schudde haar hoofd. Wat bedoelde hij?
'Dit is belangrijk voor me,' zei Jezus, 'ik moet soms naar de tempel. Over God praten. Nadenken. Bidden.'
'En wij dan?' vroeg ze.
Jezus stond meteen op en bedankte zijn leraren voor de gesprekken. De oudste leraar stond op en legde zijn handen op de schouders van Jezus. 'Jij ook erg bedankt. Je stelt goede vragen en je geeft goede antwoorden. We zijn benieuwd wat je allemaal gaat doen in het leven.' Maria kwam dichterbij. De oudste leraar keek naar haar. Het leek alsof hij iets tegen haar wilde zeggen. Hij deed het niet.
Jezus, Jozef en zij verlieten in stilte de tempel. Maria was kwaad en blij en verward. Pas na een hele tijd vroeg ze hem: 'Waarom?'
Jezus keek haar aan, de blik in zijn ogen leek die van een ouder iemand. Hij zuchtte. Toen zei hij: 'Het zal niet meer gebeuren. Ik zal voortaan laten weten waar ik ben.'
Hij deed zijn witte omslagdoek af en gaf die aan Jozef. Hun handen raakten elkaar en Jozef greep die van Jezus stevig vast. 'Zo hoort het', zei Jozef.
Maria knipperde de opkomende tranen weg en wist dat ze alles wat er de afgelopen dagen was gebeurd nooit meer zou vergeten.

Jezus groeide verder op. Hij werd steeds wijzer, en God en de mensen gingen steeds meer van hem houden.

MG

47 Een duif uit de hemel

Lucas 3

Ik voelde het water over mijn haar en gezicht stromen en het was heerlijk. Niet omdat het warm was en het water lekker fris. Nee, het was heerlijk om tussen alle mensen te staan die vóór mij en na mij waren gedoopt. Het was goed om bij alle mensen te zijn, om bij ze te horen. Hun blije gezichten te zien.

'Wat doe je?' Een jongen van een jaar of elf met felblauwe ogen keek me aan.

'Ik ben net gedoopt', zei ik lachend en veegde een natte lok uit mijn gezicht.

'Ja, natuurlijk,' zei de jongen, 'ik ook, wij allemaal, maar wat doe je nu?'

'Niets', zei ik.

'Jawel, wat doe je nu?' vroeg hij weer. Hij keek me aan, verbaasd.

En toen pas merkte ik wat ik deed. Ik was niet zoals iedereen doorgelopen, maar ik was in het midden van het water blijven staan en was daar gaan bidden. Iedereen moest, na zijn doop, om mij heen lopen. Ik stond met mijn armen omhoog en daar had ik niets van gemerkt.

Al de hele dag was ik in mezelf gekeerd. Alsof mijn ogen niet echt naar buiten keken en zagen wat daar was, maar meer naar binnen. Ik voelde de aanwezigheid van mijn Vader. Niet mijn vader Jozef, maar mijn Vader, God, de Heer. En hoe ik dat voelde, ja, dat was moeilijk te beschrijven.

Thema: leiderschap

Er waren niet genoeg woorden om het goed uit te leggen. Het had iets te maken met fluisteren, een constant fluisteren. Maar het was ook heel anders dan fluisteren. Het had iets te maken met een schaduw, maar niet met een schaduw van iemand of van jezelf en ook niet met de schaduw van een ding. Dus het was ook heel anders dan een schaduw. Het had iets te maken met de voorkant en de achterkant, met hoog en met laag, met ontdekken en bedekken, met leegte en volheid, maar dat wás het allemaal niet, het was iets heel anders.
Nog steeds keken de doordringend blauwe ogen me aan.
'Ik ben aan het bidden', zei ik. Ik bleef staan zoals ik stond, met mijn armen omhoog.
'Hier?' vroeg de jongen.
'Nu', zei ik en sloot mijn ogen. Ik merkte dat de woorden die de hele dag niet hadden kunnen vertellen wat ik meemaakte nu in mijn gebed precies zeiden wat ik voelde. Dat ik zo dicht bij mijn Vader was dat ik hem aan kon raken. Er was geen boven en onder, geen afstand, alleen nabijheid.

Terwijl ik aan het bidden was, vol concentratie, hoorde ik de mensen om mij heen geluiden maken van verbazing en bewondering. Er ontstond rumoer. De jongen tikte op mijn arm en ik opende mijn ogen.
'Wat doe je?' vroeg de jongen.
'Bidden', zei ik en wilde mijn ogen weer sluiten en verdergaan. Ik wilde zo graag bidden, ja dit bidden was precies wat ik wilde. Maar de jongen wees dwingend naar de hemel en ik volgde zijn vinger en zag wat hij zag en mijn mond viel open. Voor even.
De hemel stond open, de hemel zag er zo heel anders uit dan ik hem ooit eerder zag. Het licht, de kleuren, het was prachtig. Terwijl ik omhoog keek zag ik dat er een vogel naar beneden vloog, heel snel, heel precies, recht op z'n doel af. Iedereen keek omhoog en volgde de vogel. Deze kwam dichter en dichterbij en eenmaal vlakbij leek hij nog sneller te gaan en ik wilde opzij stappen. Maar toen het dier bijna bij me

was, bleef ik rustig staan en de vogel – het was een duif, zag ik nu – landde zacht op mijn schouder.

Op datzelfde moment klonk een stem uit de hemel en die stem zei: 'Jij bent mijn lieve Zoon, ik ben zo blij met jou.'
Ik keek naar de duif en de duif keek terug. Hij hield z'n kopje een beetje scheef en bekeek me met uiterst waakzame ogen die ook oneindig veel zachtheid in zich hadden. Ik voelde me opeens een ander mens. Completer. Wat was er gebeurd? En meteen wist ik het antwoord.
'Weet je wat dit is?' vroeg ik de jongen naast me en maakte een hoofdbeweging naar de duif.
'Natuurlijk,' zei de jongen, 'een duif.'

Ik lachte en schudde mijn hoofd.
Sommige mensen kwamen nu om
ons heen staan. Ze wilden horen
wat ik zou gaan zeggen.
De ogen van de jongen waren
dezelfde kleur als die van de hemel,
viel mij op. De jongen keek naar
de duif, naar mij en weer naar de
duif en zei: 'Ben jij soms een
belangrijke man?'
Op deze vraag kon ik geen ja
en geen nee antwoorden en
dus zei ik niets. Alles zou nog
gaan gebeuren. 'Dit,' zei ik,
'is de heilige Geest. Als die
bij je is, ga je vanzelf denken
aan alle dingen van God.'
'Je bent écht een belangrijke man.
Die stem uit de hemel zei het en nu die duif die geen echte duif is ...'
De jongen keek omhoog en stak toen ook zijn handen in de lucht, net als ik. Steeds meer mensen deden het na.

En ik stond in het water, mijn haar nog nat, mijn handen open, en keek naar de mensen om mij heen, naar de duif, naar de jongen met zijn blauwe ogen en naar de open hemel en wist dat ik vanaf nu naar voren zou gaan stappen om de mensen het goede nieuws te vertellen.

MG

48 Lekkere vijgen

Lucas 4

De jonge koopvrouw knipperde met haar ogen. Zag ze het goed? Kwam daar iemand aan? Iemand uit de woestijn? Klopte het dat hij onvast op zijn benen stond? Dat hij misschien dolblij zou zijn om haar en haar kraam met water en verse vijgen te zien?
De persoon kwam dichterbij en de jonge koopvrouw zag dat het een man was. Ze trok snel haar kleed recht, veegde het zand ervanaf en deed een plukje haar opzij. Wat was het warm vandaag en wat stoof dat zand steeds op haar doek, op haar koopwaar. Met een stevig gebaar veegde ze nog een keer over het doek.
De man was nu dichtbij, maar keek niet op of om en wankelde verder.
'Hé, hallo!' riep de koopvrouw. 'Wil je niets kopen? Loop je zomaar door?'
De man stopte meteen en keek om. De jonge vrouw wenkte hem. Hij kwam langzaam naar haar toegelopen. Ze hield de kruik met vers water even omhoog.
'Ik zag je uit de woestijn komen lopen', zei de vrouw zacht. 'Ik dacht, je moet honger hebben en dorst, ik zie het aan hoe je loopt, een beetje onvast op je benen, duidelijk iemand die eten en drinken nodig heeft.'
Ze hield met haar andere hand een stevige vijg omhoog en keek hem vragend aan. 'Ze zijn lekker.'
'Ik heb geen geld bij me', zei hij.
De vrouw legde de vijg op zijn handpalm, hij sloot zijn hand er dankbaar omheen. Toch nam hij geen hap.

'Waarom neem je geen hap?'
'De duivel heeft mij op de proef gesteld', legde de man uit.
'De duivel? Die kwade kracht die mensen test en laat lijden?'
'Die ja', zei de man.
'Nou, ik wil wel horen hoe hij dat gedaan heeft!'
'Goed', zei hij en ging op de punt van haar doek zitten.
De jonge vrouw blies zich wat koelte toe door haar onderlip over haar bovenlip te leggen en wat lucht omhoog te blazen.
'Ik ben naar de woestijn gegaan om me voor te bereiden op wat ik moet gaan doen', zei de man. 'Er staat me een belangrijke taak te wachten. Ik had tijd nodig om na te denken en te bidden.'

De jonge koopvrouw keek hem vol ontzag aan. Ze geloofde hem. Meteen gaf ze hem nog twee vijgen en overhandigde hem weer de kruik met fris water. De man aarzelde nu niet meer, at de vijgen gulzig op en dronk toen van het water. Daarna haalde hij adem en vertelde verder.
'Ik zwierf rond en dacht na. Veertig dagen en nachten bleef ik in de woestijn en ik at niets, ik voelde me heel bijzonder, en toen kwam de duivel.'

‘Was het een man, een dier, een halfmens, een gedaante?’ vroeg de jonge koopvrouw gretig.

‘Het was een stem, zoals ik de stem van God vanuit de hemel kan horen, zo hoorde ik zijn stem. Misschien had ik hem wel kunnen zien, maar ik hoefde hem niet te zien. Hij zei: “Als u de Zoon van God bent, beveel die steen dan om in brood te veranderen.”’

‘Dat wilde je natuurlijk wel’, zei de koopvrouw.

Maar de man schudde zijn hoofd. ‘Ik dacht: de duivel wil dat ik mijn macht misbruik en ik wil gehoorzaam blijven aan de wil van God. Dus ik zei tegen de duivel: “Ik doe het niet. Je hebt meer dan alleen brood nodig om van te leven.”’

De jonge koopvrouw knikte hem bemoedigend toe. ‘Dat is knap’, zei ze.

‘Maar toen ging de duivel een stapje verder’, zei de man. ‘De duivel bracht me naar een hooggelegen plek. Hij liet me alle koninkrijken van de wereld zien, allemaal op hetzelfde moment. En toen zei de duivel: “Je mag al die koninkrijken hebben. Ze zijn nu van mij, maar ik geef het graag aan jou als je mij nu gaat aanbidden.”’

‘Dat wilde je natuurlijk wel’, zei de koopvrouw en ze beet een velletje van haar duim. ‘Dan ben je koning. Van alle landen!’

Weer schudde de man zijn hoofd. ‘Dat wilde ik zeker niet. In de heilige boeken staat dat je alleen tot God mag bidden en alleen hem mag vereren. Dus dat zei ik ook tegen de duivel.’

‘Ik weet niet of ik dat had kunnen zeggen’, zei de jonge vrouw. ‘Had hij je nu genoeg uitgeprobeerd?’

‘Zeker niet’, zei de man. ‘De duivel probeerde het nog één keer. Hij bracht me naar Jeruzalem en zette me op het hoogste punt van de tempel en zei: “Als je de Zoon van God bent, spring dan naar beneden, want er staat in de heilige boeken dat hij engelen opdracht zal geven om je te beschermen. En ook dat ze je op handen zullen dragen zodat je je voeten niet stoot aan een steen.”’

‘Ja, dat weet ik ja’, zei de koopvrouw. ‘Dus dat heb je dan zeker wel gedaan?’
Maar de man schudde zijn hoofd. ‘Ik deed het niet. Tegen de duivel zei ik dat het niet de bedoeling is dat ik God op de proef stel. Vanaf toen heb ik de duivel niet meer gehoord. Misschien blijft hij nu een tijd weg.’
De koopvrouw keek vol bewondering naar de man en zei: ‘Dank je voor je verhaal. Zoiets heb ik nog nooit gehoord. Je bent wel heel erg dapper geweest. Neem mee wat je wilt uit mijn kraam. Ik ben dankbaar dat we elkaar mochten ontmoeten. Je bent een bijzondere man. Maar hoe heet je eigenlijk? Zeg me je naam.’
‘Ik ben Jezus’, zei de man.
De vrouw knikte. Ze had al over hem gehoord. Niemand had kunnen zeggen of doen wat hij had gedaan. Ze zou zijn naam onthouden. Weer bood ze hem water aan en vijgen.
Hij nam nog één slok vers water, één lekkere vijg en vertrok.

MG

49 Met Jezus mee

Lucas 4

Petrus kijkt om het hoekje van de deur. Zijn vrouw Jaël zit op haar knieën naast haar zieke moeder en probeert haar met eindeloos geduld te laten drinken. 'Gaat het?' vraagt hij.
Jaël stopt een sliert haar achter haar oor en kijkt naar hem op. 'Ze drinkt niet. En ze is gloeiend heet. Waar ga je heen?'
'Naar de synagoge. Jezus van Nazaret komt spreken.'
'Jezus van Nazaret? Kun je niet vragen of hij ...' Jaël komt overeind. 'Ik heb gehoord dat hij mensen kan genezen ...' Ze kijkt Petrus smekend aan. Petrus draait zich om. Hij weet wat ze wil vragen, maar hij kan niets beloven.
Hij doet zijn sandalen aan, neemt een slok water en gaat op weg. Als Jezus inderdaad komt, wordt het vol in de synagoge.
Petrus weet nog steeds niet wat hij moet denken van de timmerman die geen timmerman meer is. Er zijn mensen die denken dat Jezus de gezalfde is. De redder op wie ze al sinds het begin van de wereld wachten. Petrus weet niet of het waar is. Maar hij weet wel dat hij hem opnieuw wil horen.

Hij stapt de donkere zaal binnen, knikt naar de vertrouwde gezichten van de mannen die hij zijn leven lang al kent, naar zijn broer Andreas die ook vroeg gekomen is. Tot zijn verbazing ziet hij dat zelfs Jonas er is. Hij zit in een hoekje achteraf voor zich uit te mompelen en lijkt niets te merken van wat er om hem heen gebeurt.

Jonas is niet goed bij zijn hoofd en hij gaat al jaren niet meer naar de synagoge. Meestal zit hij zwijgend op de grond voor zijn huis, zijn hoofd gebogen. Hij praat met niemand, hij reageert niet als je hem groet. Maar soms is het of de duivel zijn lichaam overneemt. Dan springt hij op, loopt schreeuwend het dorp door, valt vrouwen lastig, maakt kinderen bang. Hij is bezeten, zeggen ze.

De leider van de synagoge haalt een boekrol tevoorschijn en overhandigt die aan Jezus. Die rolt hem open en begint voor te lezen. Petrus leunt achterover. Wat maakt deze man toch zo bijzonder? Hij ziet er zo gewoon uit. Een man van Petrus' eigen leeftijd, iets ouder misschien, brede schouders, de ruwe handen van een timmerman, het verweerde gezicht van iemand die te veel in de zon is geweest. Hij praat met hun eigen vertrouwde, Galilese accent, waar ze in de hoofdstad zo op neerkijken. Maar als hij de boeken van de profeten begint uit te leggen, verandert er iets. Het is of de woorden tot leven komen. Of God rechtstreeks tot hem spreekt.

En dan ineens wordt de rust verstoord. Geroezemoes, struikelende voetstappen, een kreet van pijn. 'Aaaah!' Het is Jonas. Zijn gezicht is onherkenbaar vertrokken, zijn ogen lijken uit te puilen, en hij schreeuwt: 'Wat hebben we met jou te maken, Jezus van Nazaret? Ben je gekomen om ons te vernietigen?'

Petrus springt op en werkt zich tussen de mensen door naar voren. Hij moet Jonas tegenhouden. Hij moet hem eruitzetten. Dit kan niet. Zometeen valt hij Jezus nog aan.

'Ik weet wel wie je bent!' Jonas komt steeds dichterbij. Hij spuugt de woorden uit. 'De heilige van God.'

'Zwijg', zegt Jezus streng tegen Jonas. 'Ga uit hem weg.'

Een doffe bons. Jonas zakt in elkaar en valt op de grond.

Het wordt doodstil. Maar na een paar seconden opent Jonas zijn ogen. Heel even kijkt hij verbaasd in het rond, alsof hij geen idee heeft waar hij is. Dan ziet hij Jezus. En hij glimlacht. En Jezus glimlacht terug, steekt zijn hand uit en helpt hem overeind. De doffe blik, de waanzin is uit Jonas' ogen verdwenen. 'Dank u', zegt hij. 'Dank u.' Hij kijkt om zich heen, kijkt naar zijn kleren, naar zijn vuile handen. En dan verlaat hij de synagoge, zijn rug recht, zijn ogen helder en alert.

'Niet te geloven', mompelt Petrus verbijsterd. Om hem heen barst het geroezemoes los.

'Zag je dat?'

'Wat zei hij nou? Hoorde jij het?'

'Hij praatte tegen een demon!'

'Hoe kan dat? Die demon deed wat hij zei!'

'Hij heeft macht over demonen!'

'Hij kan boze geesten bevelen geven en ze gaan uit iemand weg!'

Petrus blijft dicht bij Jezus in de buurt. Zodra de lezing afgelopen is, gaat hij naar hem toe. 'Meester', zegt hij. 'Wilt u met mij meegaan? Mijn schoonmoeder is erg ziek. Kunt u haar helpen?'

Jaël komt meteen naar buiten. Haar gezicht licht op als ze ziet wie Petrus mee heeft genomen. 'Meester', zegt ze. 'Dank u wel dat u gekomen bent.'

'Waar is je moeder?' vraagt Jezus.

'Hier binnen', zegt Jaël, en ze gaat Jezus en Petrus voor naar binnen, waar de oude vrouw op haar slaapmat ligt, haar gezicht naar de muur, een deken over zich heen getrokken, rillend van de koorts.

Jezus hurkt naast haar neer, buigt zich over haar heen en zegt iets tegen haar. Petrus verstaat niet wat hij zegt, maar de oude vrouw die vanmiddag nog te ziek was om te zitten, die lepeltje voor lepeltje gevoerd moest worden, slaat ineens haar deken weg en komt overeind alsof er niets met haar aan de hand is. Of ze net wakker is geworden van haar middagdutje. 'Kom mee, meisje', zegt ze tegen Jaël. Haar stem klinkt helder. 'We kunnen de gasten niet laten wachten. Is er brood? Vis?'

Jaël blijft bewegingsloos staan, een verbijsterde uitdrukking op haar gezicht.

'Jaël! Komt er nog wat van? We moeten aan het werk. Trouwens, ik zou ook wel wat lusten.'
Jaël kijkt naar Petrus. Haar verbijstering maakt langzaam plaats voor een grote glimlach. Petrus lacht terug. Vanaf de binnenplaats hoort hij het gekletter van potten en pannen. En de stem van zijn schoonmoeder.
'Jaël! Waar blijf je?'

Binnen de kortste keren staat het helemaal vol voor Petrus' huis. Allemaal mensen die langskomen met hun koortsige kinderen, hun zieke vaders, hun hoestende vrouwen. Jezus lijkt het geen probleem te vinden. Hij heeft aandacht voor iedereen die hem nodig heeft. Hij praat met de mensen en de kinderen die bij hem gebracht worden, legt ze een voor een de hand op, en ze vertrekken gewoon weer gezond.

Blijkbaar heeft Jonas ook rondverteld wat er gebeurd is, want er komen meer mensen zoals hij, schreeuwend, tierend, vloekend. 'Jij bent de zoon van God!' krijst een vrouw. Jezus, die tegen iedereen zo vriendelijk is, wordt boos als ze dat zeggen. Maar het lijkt erop dat hij niet boos is op de mensen zelf, maar op dat wat hen gevangenhoudt.
'Zwijg!' zegt hij. 'Ga weg.'
En ze kalmeren, worden weer zichzelf.
De hele avond en nacht gaat het door. Jaël en haar moeder hebben gekookt, maar Jezus gunt zich geen rust om te eten. Als de zon alweer op begint te komen, maakt hij aanstalten om te vertrekken.
'Blijf toch', zeggen de mensen. 'Blijf alstublieft nog een paar dagen. We hebben u nodig.'
'U moet uitrusten', zegt Petrus. 'Wilt u niet blijven slapen?'
Maar Jezus schudt zijn hoofd. 'Ik moet ook naar andere steden om het goede nieuws over het koninkrijk van God te brengen', zegt hij. 'Want daarvoor ben ik gestuurd.'
En hij gaat.

Een paar weken later. Petrus en zijn broer Andreas, die samen een vissersbedrijfje hebben, hebben de hele nacht gewerkt. Ze hebben niets gevangen. Petrus is moe en chagrijnig en hij wil alleen maar naar huis, eten en slapen.
'Moet je dat zien', zegt Andreas terwijl ze de netten aan het spoelen zijn. 'Daar bij die palmboom. Wat een mensen.'
'Hé', zegt Petrus. 'Is dat Jezus?'
Hij loopt naar de mensen toe. Inderdaad. Het is Jezus. Hij is iets aan het vertellen, maar hij wordt bijna het water ingeduwd, zo wordt er gedrongen. Iedereen wil vooraan staan. Ze willen allemaal horen wat hij te zeggen heeft.
Ineens kijkt Jezus Petrus' kant op. Hij steekt zijn hand op. 'Hé, Petrus. Mag ik je boot even lenen? Als jij hem een klein eindje van de oever legt ...'
Petrus knikt en trekt zijn boot door het water naar Jezus toe. Jezus stapt in, Petrus duwt de boot iets dieper het water in en klimt dan zelf ook aan boord. Jezus gaat verder met zijn verhaal alsof het de normaalste zaak van de wereld is.
Petrus vergeet zijn vermoeidheid. Hij luistert ademloos mee. Wat Jezus over God vertelt, over het koninkrijk dat voor de deur staat ... het is zo echt dat je het bijna kunt aanraken.
De zon klimt steeds hoger. De schaduwen worden korter en het wordt steeds heter. Eindelijk gaan de mensen weg. Jezus laat zich op een rol touw neerzakken, leunt achterover, strekt zijn benen en zegt: 'Vaar naar diep water en gooi jullie netten uit.'

Petrus schraapt zijn keel. Jezus weet vast alles van het timmermansvak, maar hij weet niet zo heel veel van vissen. 'Meester', begint hij voorzichtig. 'We zijn de hele nacht bezig geweest en we hebben niks gevangen.' Jezus zegt niets, en Petrus voegt er snel aan toe: '... maar als u het zegt, dan doe ik het natuurlijk.'
Samen met Andreas gooit hij de netten uit. Om Jezus een plezier te doen. Niet omdat hij er zelf iets van verwacht. Hij vist al zijn hele leven en hij weet dat dit geen zin heeft. De vis zit overdag te diep.
Maar de netten slepen nog maar net achter de boot aan of het water komt in beweging. Luchtbellen, golfjes, opspattend schuim. Een enorme school vissen die zo de netten inzwemt. Zoveel dat de netten dreigen te scheuren. Andreas schreeuwt naar Jakobus en Johannes die nog in de buurt zijn. Ze komen snel aanvaren en helpen hen om de vis binnen te halen. Het is zo'n grote vangst dat de boten bijna zinken. Ze staan tot hun knieën in de vis.
Petrus kijkt naar Jezus en ineens wordt hij bang. Hij valt voor hem neer, midden tussen de spartelende vissen. 'Ga weg van mij, Heer', zegt hij. 'Ik ben een zondig mens.'
Maar Jezus gaat niet weg. 'Niet bang zijn', zegt hij. 'Ga met me mee. Voortaan vang je geen vissen meer. Vanaf nu ga je mensen vangen.'
Petrus en zijn broer trekken de boten aan land en laten het aan de vrouwen over om de vis te verkopen. Want er is maar één ding dat ze kunnen doen. Met Jezus mee.

CO

50 Gelukkig ben je

Lucas 6

Job:
Twee weken zijn we onderweg geweest. Het had sneller gekund als mijn zusje Tirsa had kunnen zien. Maar Tirsa's handicap is juist de reden dat we deze reis hebben gemaakt. Mijn zus is al jaren blind, en het weinige geld dat we hadden, is opgegaan aan dokters. Ik was niet blij toen ik hoorde dat mijn moeder er weer een gevonden had. Nee, dit was geen nepdokter, zei ze. Dit was iemand die echt kon genezen.
Ik probeerde mijn moeder ervan te overtuigen dat het allemaal onzin is, dat er geen dokter is die Tirsa kan genezen, dat we er het geld niet voor hebben en dat het wreed is om Tirsa weer hoop te geven. Maar mijn moeder was vastbesloten. En dus gingen we. Niet alleen trouwens. Er bleek een hele groep van zieke, kreupele, dove, blinde, bezeten mensen en hun familieleden te gaan. Een armzalig zootje mislukkelingen, met z'n allen op weg naar dokter Jezus van Nazaret. Die, jawel, helemaal in Galilea woont, meer dan honderd kilometer uit de bewoonde wereld. Ze praten er een of ander boers dialect dat je nauwelijks kunt verstaan. Ik verwachtte er eerlijk gezegd niets van. Er is niemand die Tirsa's ogen kan genezen. Dode ogen zijn het, waar het licht uit verdwenen is.

Tirsa :
Eindelijk waren we er. Ik kon het aan de voetstappen horen, aan de stemmen van kinderen en vrouwen en mannen. Het was lastig lopen, die rotsachtige grond, die stenen, de mensen die tegen me opbotsten, maar mijn broer en mijn moeder hielpen

me. 'We zijn bij een berg', zei mijn moeder. 'We moeten wel even wachten. Er zijn heel veel mensen.'
'Zien jullie hem?' vroeg ik opgewonden. 'Zien jullie de dokter?'
'Nee', zei mijn broer. Hij klonk nogal chagrijnig. 'Er staan allemaal mensen voor.'
En hij mopperde verder over dat het toch niet zou helpen, en dat die dokter ons vast voor veel geld een of ander niet-werkend smeerseltje zou verkopen, en dat hij het wel gezegd had. Vroeger maakte mijn broer altijd grapjes. Maar sinds mijn vader dood is, is hij nogal ernstig geworden.

We moesten lang wachten. Af en toe werden we een stukje naar voren geduwd. De zon was heet en ik had dorst. Maar ik hoorde de stem van de dokter, steeds dichterbij, en ik hoorde mensen lachen en opgewonden praten, en ik dacht: stel je voor, stel je voor ...
'Meester', zei mijn moeder ineens. 'Mijn dochter – kunt u mijn dochter helpen?'
Ik voelde een hand die op mijn hoofd gelegd werd, ik hoorde een stem die zei dat mijn ogen open moesten gaan. En het volgende moment was alles licht. Ik knipperde met mijn ogen. Zo licht. Overal was kleur. Blauw zag ik, en groen, en grijs.

Ik zag een man naar me lachen. En mama – ik zag het gezicht van mama. Ze had rimpels en grijs haar. En ik keek naar Job. Geen jongen meer. Lang was hij geworden, mager en pezig. Een man bijna.
'Laat me erbij', zei iemand. 'Meester, mijn vrouw ...' Ik kreeg een duw in mijn rug en Job stak zijn hand naar me uit, maar het was niet nodig. Ik liep tussen de mensen door naar de schaduw toe. Ik kon zien! Alles zag ik. De stenen in het gras. De bloemen. Een vrouw met een klein jongetje. De bomen. Het water. De zon.
'Wat zie je?' vroeg mijn moeder.
'Alles', zei ik opgewonden. 'Ik zie alles.'
'Mooi', zei Job terwijl hij een steentje wegschopte. 'Dan kun jij voortaan water putten.'

Job:
Ik kon het niet geloven! Maar het was echt waar. Ze zag alles. Je zag het duidelijk aan haar ogen. Dat doffe was verdwenen. Er zat weer licht in.
'Ssst', zei iemand. 'Ssst.'
'Hij gaat iets zeggen.'
'Ga zitten, ga zitten.'
Iedereen om ons heen ging zitten. Wij ook. De dokter hield een toespraak. Een lange toespraak. Hij zei dingen die ik nooit eerder had gehoord. Over een nieuwe tijd die gaat aanbreken. Een tijd waarin we gelukkig zullen zijn.
'Gelukkig ben je als je met lege handen naar God toe gaat', zei hij. 'Want God zal op een dag je handen vullen.
Gelukkig ben je als je honger hebt naar het goede. Want de tijd komt dat je meer dan genoeg te eten zult krijgen.
Gelukkig ben je als je ernaar verlangt dat Gods koninkrijk snel komt.
Gelukkig ben je als je huilt, want het duurt niet lang of je zult weer lachen.'
Het was of hij in mijn hart gekeken had. Of hij het tegen mij had. Er is niemand die weet dat ik 's nachts huil. Om mijn vader die er niet meer is. Om het leven dat zo oneerlijk is. Omdat ik zelf veel te weinig ver-

dien, ook al werk ik me kapot op het land van de buurman. Omdat mijn moeder voor een rijke Romeinse dame moet werken en 's avonds laat thuiskomt met kapotgewassen handen en een pijnlijke rug en een paar muntjes, nauwelijks genoeg om meel en olie van te kopen. Om mijn blinde zusje dat moet bedelen.

Zou het waar zijn?

Zal er een tijd aanbreken dat we weer zullen lachen? Sinds vandaag zou ik het kunnen geloven.

'Heb je vijanden lief', zei hij. 'Wees goed voor wie je haat. Bid voor wie je slecht behandelt.' Hij was even stil, en ging toen verder: 'Slaat iemand je op je wang? Keer hem ook je andere wang toe.'

Vreemde woorden. Als iemand mij durft te slaan, sla ik hem net zo hard terug. Als iemand mij een schop geeft, geef ik een schop terug. Een oog voor een oog, een tand voor een tand. Dat is eerlijk. Je mag toch zeker wel een schadevergoeding eisen?

'Behandel anderen zoals je wilt dat ze jou behandelen', zei Jezus. 'Ben je trots op jezelf omdat je aardig bent tegen je vrienden, je familie? Als je iets geeft aan iemand die jou ook wat gegeven heeft? Dat doen slechte mensen ook. Nee, heb je vijanden lief. Doe goed. Leen geld zonder het terug te verwachten. En je zult rijk beloond worden.'

Beloond worden als je je vijand liefhebt? Als je je geld uitleent aan mensen die je niet terugbetalen? Ik schudde mijn hoofd. Ik kon een heel eind met hem meegaan, maar dit werd me te gek.

Maar toen zei hij: 'Als je zo leeft, ben je een kind van de Allerhoogste. Hij is ook goed voor wie ondankbaar is en voor wie kwaad doet.'

Bam. Het voelde alsof ik een stomp in mijn maag kreeg. Hij had gelijk. God laat de zon schijnen voor iedereen. Hij geeft adem en regen en gezondheid en eten aan iedereen, goed of slecht. Hij maakt geen verschil tussen goede en slechte mensen.

'Heb medelijden met anderen, zoals jullie Vader medelijden met jou heeft.

Vergeef de jongen die jou heeft uitgescholden, het meisje dat gemeen tegen je heeft gedaan. Dan zal je Vader jou ook vergeven.
Geef en je zult krijgen. Meer dan genoeg.'
Zoals hij over de Allerhoogste praat. Zo dichtbij. Zo vertrouwd. Alsof God onze vader is, alsof wij zijn kinderen zijn.
Vreemd, maar troostend tegelijk. Ik bedoel, mijn eigen vader is al jaren geleden gestorven. Het idee dat God mijn vader zou zijn ...

Tirsa:
Ik snapte niet alles wat hij zei. Maar hij zei wel grappige dingen. Hij had het over twee blinden die elkaar proberen te leiden en alle kanten op struikelen, tegen een vijgenboom opbotsen en dan samen in een kuil vallen. Job gaf me een duw en ik zag dat zelfs mama erom moest lachen.
En hij vertelde over een man die een enorme balk in zijn eigen oog had en tegen zijn vriend zei: 'Hé, man, wacht even, je hebt een splintertje in je oog. Blijf stilstaan, ik zal hem er even voor je uithalen.'
Ik zag het voor me, die man met dat stuk hout in zijn oog.
'Ik heb een goeie raad voor je', zei Jezus. 'Haal die balk éérst even uit je oog. Want pas daarna kun je scherp genoeg zien om een ander te kunnen helpen.'
Ja, dat snap ik. Met iets in je oog kun je niet kijken. Volgens Job bedoelde Jezus er wat mee, maar ik weet niet precies wat. Eigenlijk was ik een beetje te blij dat ik weer kon zien, dus ik kon niet zo goed opletten.

Job:
Hij had het ook over huizen bouwen. Daar weet hij veel van, hoorde ik, omdat hij eigenlijk timmerman is van beroep. 'Voor je gaat bouwen, moet je eerst flink diep graven,' zei hij, 'tot je op de rotsbodem bent. Je moet een stevig fundament leggen. Als je dat doet, hoef je niet bang te zijn voor overstromingen. Wat er ook gebeurt, je huis blijft staan. Het stort niet in.'

En dat als je naar hem luistert en er wat mee doet, dat je dan lijkt op iemand die zijn huis op een goed fundament bouwt. Dat je dan niks kan gebeuren, zeg maar.
Maar als je naar hem luistert en je doet er niks mee, lijk je op iemand die zijn huis op het zand bouwt. Zonder eerst een goed fundament te leggen. Eén flinke regenbui en het stort in.

Hij zei nogal wat. Maar hij heeft wél mijn zusje het licht teruggegeven. Ik heb gelukkig twee weken de tijd voordat we thuis zijn. Om erover na te denken. Nee. Korter. Want we kunnen heel wat sneller lopen nu Tirsa weer ziet.

CO

51 De vrouw die naar Jezus toe vlucht

Lucas 7

Ik heb gehoord waar hij vanavond is. Bij Simon de farizeeër.
Ik durf niet. Ik ben bang. Alles in me schreeuwt erom om thuis te blijven. Om niet te gaan. Ik weet hoe Simon over me denkt. Hoe ze allemaal over me denken trouwens. Ik weet wat ze over me zeggen. En ze hebben gelijk. Ik ben de vrouw voor wie vaders hun zoons waarschuwen. Over wie de moeders fluisteren. De vrouw bij wie je uit de buurt moet blijven.

Maar ik weet dat er geen ontkomen aan is. Ik moet naar Jezus toe. Ik heb hem horen spreken bij de berg, een paar weken geleden, en sindsdien slaap ik niet meer en eet ik niet meer. Ik kan alleen nog maar huilen. Huilen over hoe ik mijn leven verknoeid heb. Hoe ik het verknoeid heb bij God. Hoe ik iedereen in mijn leven teleurgesteld heb. Mijn moeder. Mijn vader. Mijn oma. Mijn broers en zussen. Mezelf nog het meest.
'Gelukkig ben je als je huilt', zei hij. 'Want het duurt niet lang of je zult weer lachen.'
En: 'God is goed voor wie ondankbaar is en voor wie kwaad doet.'
Ik moet weten of het waar is.
Of ik durf of niet, ik ga naar hem toe. Ik moet het doen. Ik kam mijn haren, was mijn gezicht, en pak het enige waardevolle dat ik bezit: mijn

flesje zalfolie. Ik wilde het bewaren tot een moment dat ik echt niets meer zou hebben. Het is zo kostbaar dat ik van de opbrengst een maand zou kunnen leven. Ik wil het niet meer hebben.

Het schemert al als ik op weg ga. Ik sla mijn hoofddoek om en haast me door de donkere straatjes naar het huis van Simon. Mijn hart bonst als ik het verlichte raam zie, de deur die openstaat. Er klinkt gelach en gepraat en ik ruik de geur van vlees, van versgebakken brood, van vruchten en wijn.

Voor ze me tegen kunnen houden, glip ik naar binnen. Mijn hart bonst in mijn keel, ik blijf in een hoekje in de schaduw staan en kijk om me heen. In het licht van de olielampen zie ik Simon in de kussens liggen, op zijn gemak etend, pratend, druk gebarend. Een paar andere mannen herken ik ook. Farizeeërs.

Ik weet het. Als ik ergens niet thuishoor, is het in dit vrome gezelschap. Maar ik moet Jezus spreken.
Ik loop naar hem toe, mijn hoofd gebogen in de hoop dat niemand me herkent. Als ik bij zijn ligbed ben, kniel ik bij zijn voeteneind neer. Meester, wil ik zeggen. Maar er komen geen woorden. Er komen alleen tranen. Ik huil en huil, alsof het verdriet van jaren in één keer naar buiten komt. En dan merk ik dat het stil is geworden. Dat niemand geluid maakt, behalve ik. Wat ben ik aan het doen? In plaats van Jezus om raad te vragen, maak ik zijn voeten nat met mijn tranen.
Ik haal diep adem en probeer mezelf weer onder controle te krijgen. Ik sla mijn hoofddoek naar achteren en droog zijn voeten met mijn haar, kus ze, pak mijn flesje zalfolie, giet het leeg over zijn voeten, wrijf ze in, kus ze opnieuw. En ik denk maar één ding: Heer, vergeef me ... Heb medelijden.

Jezus heeft al die tijd gezwegen. Hij heeft zijn voeten niet weggetrokken. Hij heeft me laten begaan. Maar nu ineens spreekt hij. 'Simon, ik heb je iets te zeggen.'
Simon knikt kortaf. 'Meester, zegt u het maar.'
Ik blijf als verstijfd zitten. Nu gaat hij tegen Simon zeggen dat hij mij eruit moet gooien. Dat hij voor betere bewakers moet zorgen als hij een etentje geeft.
'Er was eens een geldschieter', begint hij, 'die aan twee mensen geld had geleend. Aan de een had hij vijfhonderd zilverstukken geleend, aan de ander vijftig.'
Een verhaal? Hij vertelt een verhaal? Ik laat mijn handen zakken en hef langzaam mijn hoofd op. Jezus vertelt verder over twee mensen die in de schulden zitten. De een met een torenhoge schuld. De ander die maar een kleine schuld heeft.
Ik weet er alles van, van schulden. Het verstikkende gevoel dat je tot aan je nek in het zand zit ingegraven en er nooit meer uit kunt.
'Ze konden hem allebei niet terugbetalen', zegt Jezus. Het is nu echt doodstil in de kamer. Het enige wat je hoort is het sissen van de olielampjes, en ver weg, het geblaf van een straathond. En de stem van Jezus. 'De geldschieter schold ze hun schuld kwijt. Bij wie van de twee mensen zal hij nu het meest geliefd zijn, denk je?'
Een flits van ergernis schiet over Simons gezicht. 'Ik neem aan bij degene die de grootste schuld had', zegt hij met duidelijke tegenzin.
'Heel goed!' zegt Jezus. Alsof hij de leraar is en Simon de schooljongen die een compliment krijgt voor een goed antwoord.
Dan draait hij zich weer om naar mij. Ik buig mijn hoofd en mijn mond wordt droog van angst.
'Zie je deze vrouw?' vraagt hij.
Simon antwoordt niet. Ja, natuurlijk ziet hij mij. Natuurlijk ziet hij de zondares die ongevraagd binnen is komen vallen om zijn etentje te verstoren. Om hem voor gek te zetten bij zijn vrienden.

'Ik ben in jouw huis te gast, maar toen ik binnenkwam, heb je geen water laten komen om mijn voeten te wassen.'

Wat vreemd. Heeft hij niet voor water gezorgd? Dat is het eerste wat je doet als iemand binnenkomt. Zorgen dat er water is zodat hij zich kan opfrissen.

'Maar zíj maakte mijn voeten nat met haar tranen en droogde ze met haar haren.

Jíj hebt me geen kus gegeven toen ik binnenkwam, maar zij heeft sinds ze hier is zonder ophouden mijn voeten gekust.'

Ik durf niet te kijken, maar ik voel hoe hij overeind komt. Zijn stem vult de ruimte. 'Ik zeg je, háár vele zonden zijn vergeven, want ze heeft veel liefde laten zien.'

Eindelijk durf ik mijn hoofd op te tillen. Hij kijkt me aan, zo vriendelijk, zo vol liefde alsof ik zijn dochter ben. 'Je zonden zijn vergeven', zegt hij.

Het is of de zon opgaat, speciaal voor mij. Alsof ik Gods troostende omarming voel. Geen schuld meer. Geen zonde die tussen mij en God instaat.

Ik kom overeind, ik wil iets zeggen, ik wil hem bedanken, maar ik zie de mannen naar me kijken. Hoofdschuddend, vol afkeuring. Ik weet wat ze denken. Dat niemand zonden kan vergeven behalve God.

Maar dat is het wonder, denk ik. Dat hij dat kan. Dat ik in zijn ogen God zelf kan zien.

'Je geloof heeft je gered', zegt hij tegen me. 'Ga in vrede.'

CO

52 Wie is hij toch?

Lucas 8

Als Johannes het water ziet, de boot die op de kant ligt, gaat er een steek van verlangen door hem heen. Het is maanden geleden dat hij voor het laatst gevaren heeft. Heel even heeft hij heimwee naar vroeger. Naar de tijd dat hij nog visser was. De wind in zijn haar, het water dat in zijn gezicht spat, het gevecht met de golven, de spanning als ze de netten binnenhalen, de voldoening als ze 's morgens binnenkomen met een goede vangst.

'Kom', zegt Jezus als de eerste sterren verschijnen. 'Laten we naar de overkant varen.'

Johannes springt op, sjort zijn jas omhoog en duwt samen met zijn broer de boot het water in. Wanneer iedereen is ingestapt, geeft hij de boot een flinke duw en springt dan aan boord. Jakobus hijst de zeilen, Johannes gaat bij het roer zitten. Er staat een stevige wind en ze zijn al snel een eind bij de oever vandaan.

'Kijk', zegt Tomas. Hij knikt naar de meester die op een stel netten is gaan liggen en meteen als een blok in slaap is gevallen.

'Hij werkt veel te hard', zegt Judas.

Johannes knikt. 'Hij neemt geen moment rust.'

Het is nu echt donker. Zwarte wolken jagen langs de hemel, de zeilen klapperen, de boot bonkt door het water.

'Het weer slaat om!' roept Andreas.

Het begint te stortregenen en te stormen, en ineens lijkt de wind van alle kanten tegelijk te komen. Een windhoos. 'Strijk de zeilen!' schreeuwt

Johannes. Andreas schiet toe, helpt Jakobus om de zeilen neer te halen. De maan en de sterren zijn niet te zien. De golven worden hoger en hoger, de boot wordt heen en weer gebeukt en kraakt in zijn voegen, de mast dreigt te breken. Er slaat steeds meer water over de rand, de boot komt gevaarlijk diep te liggen.

Johannes werpt een snelle blik opzij. De meester ligt nog steeds te slapen, ondanks het noodweer, ondanks het water. Hij kan het roer niet loslaten om hem te waarschuwen. Als hij het roer loslaat, zijn ze verloren.

'Meester!' schreeuwt Jakobus.

Petrus struikelt naar Jezus toe en valt bijna bovenop hem. 'Meester!' roept hij, en hij schudt Jezus aan zijn schouder. 'WE VERGAAN!'

Jezus schrikt wakker en komt overeind.

'Pas op!' wil Johannes roepen. 'Niet gaan staan! Zitten blijven. Houd je vast!'

Maar Jezus gaat staan, zijn gezicht naar het water toe, en roept: 'Wees stil! Ga liggen!'

Of hij het tegen een hond heeft.

Tot Johannes' stomme verbazing gaat de wind liggen. De golven komen tot rust. De boot deint nog even na en ligt dan stil. De maan en de sterren komen weer tevoorschijn. Het is of er nooit iets gebeurd is. Behalve dan dat de boot vol water staat.

Jezus draait zich om. Hij ziet er niet vrolijk uit. Eerder geërgerd dat ze hem wakker hebben gemaakt voor zoiets onbelangrijks. 'Waar is jullie geloof?' vraagt hij.

Johannes fronst. Hoe kan Jezus dit zeggen? Het lijkt wel of hij het stom van hen vindt dat ze bang zijn geweest. Alsof ze hadden kunnen weten dat er niks zou gebeuren met hem aan boord. 'Wie is hij toch?' mompelt hij tegen zichzelf als ze met z'n allen aan het hozen zijn.

Jakobus kijkt hem van opzij aan. 'Dat vraag ik me ook af. Zelfs de wind en het water doen wat hij zegt.'

Omdat de wind is gaan liggen, komen ze niet vooruit. Dat is niet erg. Ze hebben geen haast, en op die manier kan Jezus tenminste een keer uitslapen. De hemel kleurt langzaam rood. De zon is al aan zijn klim begonnen wanneer ze het meer zijn overgestoken.
Johannes legt de boot vast aan de oever en ze klimmen aan wal. Johannes is vaker aan deze kant van het meer geweest, maar hij voelt zich er nooit op zijn gemak. Vroeger hoorde dit gebied ook bij Israël, maar dat is al lang niet meer zo. Er wonen geen Joden meer, de mensen hier voelen zich hoog boven hen verheven, met hun stadse taal, hun Griekse goden en hun Griekse gewoontes. Ze eten varkensvlees, ze besnijden hun zoons niet, ze houden zich niet aan de sabbat.

Ze zijn nog niet aan land of er komt iemand uit de rotsgraven op hen af, schreeuwend en wild gebarend. Een grote, woest uitziende man met lang, samengeklit haar en een onverzorgde, vieze baard. Hij draagt geen kleren, hij stinkt en ziet er smerig uit. Johannes schrikt. Hij seint met zijn ogen naar zijn broer. Moeten ze de meester beschermen?

Maar als de man vlakbij is, gooit hij zich voor Jezus op de grond. 'Wat heb ik met jou te maken!' schreeuwt hij. 'Jezus, zoon van de allerhoogste God!'
Johannes begrijpt er niks van. Deze man kent de meester? Heeft hij hem eerder gezien? Jezus is hier toch nog nooit geweest? Hoe kan deze man zo tegen hem praten? Zo brutaal, zo onbeschoft?
Pas dan ziet Johannes dat het gezicht van de man is verwrongen van angst. 'Ik smeek je, doe me geen pijn!'
'Hoe heet je?' vraagt Jezus streng.
'Legioen!' roept de man. 'We zijn met een heel leger. Alsjeblieft, stuur ons niet weg! Stuur ons niet naar de onderwereld!'
Het is de man niet die spreekt. Het zijn demonen die in hem wonen, hem gevangenhouden. Hij is hun slaaf.
Hij kijkt op naar Jezus. 'Laat ons alsjeblieft in die varkens gaan die daar staan te grazen!' smeken de demonen.
'Dat mag', zegt Jezus.
En op hetzelfde moment klinkt er een huiveringwekkend gekrijs. De aarde dreunt, stof stuift op. De kudde varkens stormt de helling af in de richting van het meer. Ze storten zich erin en verdrinken. Allemaal. Duizenden varkens. Binnen een minuut is het voorbij.
De man die even daarvoor nog zo geschreeuwd heeft, komt voorzichtig overeind. Hij ziet eruit alsof hij net wakker is geworden.
Zijn stem is aarzelend. 'Ik – waar ben ik?' Hij wrijft over zijn armen, fronst, ontdekt dat hij geen kleren aanheeft. 'O nee', zegt hij. 'Vergeef me, Heer. Ik ...' Hij springt op en wil zich snel uit de voeten maken.
Maar Judas gaat achter hem aan en neemt hem mee naar het water zodat hij zich kan wassen. 'We moeten zorgen dat hij iets heeft om aan te trekken', zegt Johannes.
'Hij mag mijn onderkleed wel', zegt Petrus. 'Het is wel nat, maar het is beter dan niets.'

'Dan geef ik hem mijn jas', zegt Matteüs, en hij doet hem meteen uit. Andreas heeft een mes bij zich en helpt de man om zijn haar en baard te fatsoeneren.

Even later zitten ze in een kring bij elkaar. Petrus heeft een vuurtje gemaakt, er is vis, er is brood, er is water. De man die zo sterk was dat hij alle boeien kapottrok, die tussen de graven woonde en voor wie iedereen bang was, blijkt een heel normale, vriendelijke man te zijn. Aeson heet hij. Hij is jarenlang in de macht van de demonen geweest en heeft daardoor alles verloren: zijn bedrijf, zijn vrouw, zijn kinderen. Hij weet wat er gebeurd is, al lijkt hij een deel van zijn geheugen te missen. Maar hij begrijpt heel goed aan wie hij zijn redding te danken heeft, en hij is ongelofelijk dankbaar en zit vol vragen.

In de verte komt een groep mannen aanlopen. Ze hebben natuurlijk gehoord wat er gebeurd is, denkt Johannes. Ze zullen wel langskomen met hun zieken. Zo gaat het altijd.
'Tjonge', zegt Andreas terwijl hij een graatje uit zijn vis peutert. 'Die zien er niet al te blij uit. Zou er wat mis zijn?'
De mannen blijven op een afstandje staan. 'Hij is het', zegt iemand. 'Ik heb het zelf gezien. Hij zei iets tegen hem en ineens werden de varkens helemaal gek.'
Een man met een baard roept: 'Meneer? Hebt u het gedaan? Hebt u die varkens het water in gejaagd?'
'Neemt u me niet kwalijk', zegt een andere man. 'Het is niet persoonlijk bedoeld, meneer. Maar we moeten u verzoeken of u ons gebied wilt verlaten.'
'Heel graag', voegt een ander eraan toe.
'Nu meteen', zegt de man met de baard, voor het geval ze het niet begrijpen.
Johannes kan zijn oren niet geloven. Hoe is het mogelijk. Ze zijn niet blij dat Aeson genezen is. Ze zijn boos. Boos omdat ze hun varkens kwijt zijn.
Jezus staat op. 'Kom', zegt hij. 'Dan gaan we.'
'Meester', zegt Aeson. Hij staat ook op. Zijn stem klinkt smekend. 'Laat me met u meegaan.'
Jezus kijkt hem vriendelijk aan, maar schudt zijn hoofd. 'Het spijt me. Jij moet hier blijven.'
'Alstublieft', zegt Aeson.
De meester legt een hand op zijn arm. 'Ik heb jou hier nodig, Aeson. Ga terug naar huis. Vertel de mensen wat God voor je heeft gedaan.'

Macht over de wind. Macht over het water. Macht over de demonen. Johannes schudt zijn hoofd. Hoe kan dit? Wie is hij toch?

CO

53 Wees niet bang, maar geloof

Lucas 8

De zon komt nog niet boven de huizen uit en het is nog koel als ik op weg ga met mijn kruik. Voordat ik naar de waterput ga, wil ik eerst bij mijn nichtje langs. We gaan altijd samen, Mariam en ik, al zolang als we ons kunnen herinneren. We vinden het niet erg, ook al is het een flink eind lopen. We kletsen met vriendinnen, we kijken stiekem naar de jongens, we vullen onze kruiken, en we dragen ze het hele eind weer terug. Twee keer per dag.

Maar Mariam is al een paar dagen ziek. Ik hoop dat het beter gaat, vandaag. Dat ze weer wat wil eten. Mijn tante zag er zo bezorgd uit, gisteren. Ik mocht niet eens binnenkomen.

De deur is nog dicht. Ik laat mijn kruik zakken en klop aan. Er doet niemand open, maar ik hoor gepraat en geschuifel van voetstappen. Ik klop nog een keer, wat harder nu.

De deur gaat open en een oude man kijkt om de hoek. Het is Tobias, de knecht van mijn oom.

'Hallo', zeg ik. 'Ik wou even vragen hoe het met Mariam is.'

Tobias schudt zijn hoofd. 'Niet goed', fluistert hij. 'Helemaal niet goed. Ik ben bang dat ...'

Het volgende moment wordt hij aan de kant geduwd door mijn oom. Hij beent zonder iets te zeggen de straat in. Het stof stuift in wolkjes op. Ik laat mijn kruik staan en ren achter hem aan. 'Oom! Oom!'

Thema: leven en dood, ziekte en genezing, bouwwerken

Mijn oom is de leider van de synagoge. Iedereen kijkt nogal tegen hem op. Ik niet. Voor mij is hij gewoon oom Jaïrus die altijd grapjes maakt en die alles weet en die zo sterk is dat hij Mariam en mij tegelijk de lucht in kon tillen toen we nog klein waren.
Nu ziet hij er niet uit alsof hij grapjes zou kunnen maken. Hij heeft zijn lippen stijf op elkaar geklemd en de rimpels in zijn voorhoofd zijn zo diep dat het lijkt of hij in een paar dagen jaren ouder is geworden. Ik ben nu eindelijk naast hem. 'Oom? Oom, hoe gaat het met Mariam ...'
Het lijkt wel of hij me niet eens hoort. Hij loopt snel de beschaduwde straatjes door, in de richting van het grote plein. Hij praat niet. Hij glimlacht niet. Hij groet niet terug als mensen hem begroeten.
Het valt me ineens op dat er al veel mensen op straat zijn. En dat bijna iedereen dezelfde kant op gaat. Een vrouw leidt een blinde man langs de huizen. Een oude man die bijna niet kan lopen, wordt door een paar jongere mannen ondersteund. Wat is er aan de hand?
'Jezus!' hoor ik een paar jongens roepen. Ze rennen langs. Hun geroep weergalmt tegen de huizen op. 'Kom mee! Jezus is terug!'
Ik slik mijn ongerustheid weg. Is dat het? Is oom Jaïrus op weg naar Jezus? Is het zo erg met Mariam?

Uit alle straten komen mensen en kinderen. Op het plein lopen we helemaal vast, zo groot is de mensenmenigte. Het lijkt wel of de hele stad is uitgelopen.
'Daar!' schreeuwt iemand. 'Daar is hij!'
'Jezus!' roept een vrouw.
'Help mij!' Een oude man steekt een hand op. 'Jezus, heb medelijden!'
Ik zie Jezus niet, maar oom Jaïrus werkt zich door de menigte heen. Ik zorg ervoor dat ik vlak achter hem blijf, zodat ik hem niet kwijt kan raken in de chaos.
En dan ineens laat hij zich voorover op de grond vallen.
Vlak voor Jezus' voeten. 'Meester', zegt hij.

Ik herken zijn stem bijna niet.
Hij grijpt Jezus' voeten. 'Meester. Mijn dochter ligt op sterven. Mijn enige kind. Alstublieft, ga met me mee. U bent de enige, meester. De enige die iets kan doen. Ik smeek u ...'
Jezus buigt zich voorover. Hij legt zijn hand op ooms schouder. 'Sta op, Jaïrus. Ik ga met je mee.'
Ik haal opgelucht adem. Wat goed dat mijn oom naar Jezus is gegaan. Hij kan Mariam beter maken. Ik weet het zeker. Als iemand het kan, is hij het.

We gaan op weg, maar we komen veel te langzaam vooruit. Ik zou Jezus wel mee willen trekken. Mariam ligt op sterven, dat weet hij toch? Snel, snel. Vóór het te laat is. Waarom gaan de mensen niet opzij? Waarom loopt hij niet wat harder? Hij is niet vooruit te branden.
Ik zie dat mijn oom hetzelfde denkt. 'Heer', zegt hij. 'Ik smeek u ...'
Maar Jezus blijft stilstaan en draait zich om. 'Wie heeft mij aangeraakt?' vraagt hij.
De mensen kijken elkaar verbaasd aan.
'Ik niet.'
'Ik ook niet.'
'Meester', zegt een kleine, gedrongen man. Volgens mij is het een van die vrienden van Jezus die overal met hem meegaan. 'De mensen om u heen staan te duwen en te dringen. Ik weet zeker ...'
Jezus schudt zijn hoofd. 'Iemand heeft me aangeraakt', zegt hij. 'Ik voelde de kracht uit me wegstromen.'
Schiet toch op, denk ik. Ik bal mijn vuisten. Schiet toch op! Wat maakt het uit wie u heeft aangeraakt!
Maar Jezus neemt alle tijd. Het wordt stil. En dan stapt er een vrouw naar voren. Een bleke, magere vrouw. Ze ziet er doodsbang uit en ze valt voor Jezus op haar knieën. 'Ik was het, Heer', zegt ze. 'Vergeef me, alstublieft.'

Het is een vrouw bij ons uit de buurt. Ik ken haar naam niet, maar het is iemand met wie we niet om mogen gaan. Waarom precies weet ik niet, maar ze is onrein.
Nee, Jezus. Ga nou niet met dat mens staan praten. Kom mee. Kom mee naar mijn nichtje. Straks is het te laat. Alstublieft!
Volgens mij is Jezus ons gewoon vergeten. Hij is helemaal vergeten dat hij met ons mee zou gaan. Hij heeft alleen nog maar aandacht voor die vrouw.
'Al twaalf jaar lijd ik aan bloedverlies', zegt ze. 'Ik wilde u niet storen, Heer. Maar ik dacht, als ik de zoom van uw mantel aanraak ...' Ze kijkt omhoog. Haar ogen staan nog steeds bang. 'En ik weet niet hoe ... maar het bloeden is gestopt. Voor het eerst in al die jaren. Ik ben genezen.'
Jezus geeft haar een hand en helpt haar omhoog. Hij glimlacht. 'Je bent genezen omdat je gelooft', zegt hij.
Ik wip op en neer op mijn tenen. Al twaalf jaar ziek. Had ze dan niet nog even kunnen wachten? Mijn nichtje van twaalf jaar gaat dóód, Jezus. Als u niet heel snel bent.

Ik voel een duw in mijn rug. Als ik me omdraai, zie ik dat het de knecht van mijn oom is. Zijn gezicht staat strak. 'Het spijt me', zegt hij zacht. Mijn oom wordt asgrauw.
Het is of de wereld stilstaat. Of alle geluiden verstommen. Nee. Nee, dit kan niet. Ze kan niet dood zijn.
Tobias legt een arm om mijn ooms schouder alsof hij zijn zoon is. 'Gaat u mee? Ik denk niet dat het nodig is dat u de meester er nog mee lastigvalt.'
'Wees niet bang', klinkt een stem achter ons. De stem van Jezus.
Ik draai me om.
'Wees niet bang, maar geloof. Dan zal ze worden gered.'
Ik schud mijn hoofd. Nee. Als Jezus meteen was meegegaan, dán zou ze zijn gered. Nu is het te laat. Ze is dood, Jezus. Dood.
Maar mijn oom kijkt Jezus aan. Ik zie de hoop in zijn ogen.
Ach, oom, denk ik. Snapt u het dan niet? Niemand kan haar meer helpen.

De vrienden van Jezus banen de weg en eindelijk, eindelijk komen we in beweging. Het gaat nog steeds langzaam. Maar het maakt ook niet meer uit. Ze is nu toch dood.
'Hier naar links', zegt mijn oom zacht. 'Dat steegje in. En daar naar rechts. Bij dat witte huis. Daar is het.'
Alsof iemand zich zou kunnen vergissen. Een blinde zou de weg kunnen vinden. We zouden gewoon op het gejammer af kunnen gaan. Ze zijn er allemaal, de klaagvrouwen. En ze staan zo hard te huilen dat je jezelf niet eens meer kunt horen denken. Er zijn meer mensen. De hele straat staat vol. Het huis puilt uit.
Jezus steekt een hand op. 'Houd op met dat gejammer', zegt hij boos. 'Ze is niet gestorven. Ze slaapt.'
Even is het stil. Dan beginnen een paar vrouwen te lachen.
'Kom even mee naar binnen', zegt een van hen. 'Wilt u haar zien? Ze is dood. Denkt u dat wij niet weten wat dood is?'

Ik haat haar. Ik haat de klaagvrouwen. Omdat ze mijn oom zijn laatste hoop afpakken. Het lijkt wel of ze er plezier in hebben.
Ik wil niet naar binnen. Ik wil het niet zien. Maar ik moet. Ik ga de drempel over, de donkere kamer binnen, achter Jezus en mijn oom aan. 'Stuur iedereen naar buiten', zegt Jezus. 'Iedereen moet weg.'

En oom Jaïrus doet het. Hij stuurt iedereen het huis uit. Mij ook.
Ik doe of ik ga, maar ik ga niet echt. Ik kan nog net door de kier langs de deur naar binnen gluren.
Eindelijk wordt het stil in de kamer. Ik zie Mariam liggen, in haar eigen hoekje, op haar eigen matras. Zo stil. Zo wit. Zo dood. Het is Mariam, en toch is het haar niet. Ze slaapt, heeft Jezus gezegd. Maar als er iemand niet slaapt, is het Mariam wel. Mijn tante zit naast haar geknield en streelt haar haar. De tranen stromen over haar wangen.
Ach, Mariam ...
Jezus is de enige die niet huilt, geloof ik. Hij loopt naar het matras toe, hurkt neer en pakt Mariams slappe hand. 'Meisje!' roept hij, zo hard dat ik ervan schrik. 'Sta op!'
En op hetzelfde moment komt de kleur terug in Mariams gezicht. Ze rekt zich uit en komt overeind, alsof ze alleen maar geslapen heeft. 'Hé', zegt ze. 'Papa. Wat is er aan de hand? Waarom kijk je zo gek?'
Ik kan het niet geloven. Ze was dood, zonet. Maar nu zit ze overeind. Ze praat. Ze leeft. Ik schud mijn hoofd. Dit kan niet. Ik kan het niet geloven. Maar het is echt waar. Ze was dood, zonet. En nu leeft ze.
Mijn tante ziet eruit alsof ze gaat flauwvallen. En oom Jaïrus zegt niets. Hij kijkt alleen maar, alsof hij niet begrijpt wat er gebeurd is.
'Ik zou maar even wat te eten en te drinken voor haar halen', zegt Jezus.
Mijn tante schiet overeind en rent naar de keuken. Oom Jaïrus knielt naast haar neer en sluit haar in zijn armen. 'Mariam', zegt hij. 'Mijn lieve meisje.'
En dan kijkt hij naar Jezus. 'Heer. Ik – ik dank u. Ik weet niet wat ik moet zeggen. U hebt me mijn dochter teruggegeven.'
Jezus staat op en glimlacht naar Mariam die in één teug een beker water leegdrinkt. Bij de deur, vlak naast me, draait hij zich om. 'Praat hier met niemand over', zegt hij.
En dan is hij weg.

CO

54 De ontmoeting op de berg

Lucas 9

'Wie zeggen de mensen eigenlijk dat ik ben?' vraagt Jezus plotseling.

Petrus en de anderen hebben een paar weken rondgetrokken door Galilea. Alleen. Zonder Jezus. Een soort stage was het. Jezus had hun kracht gegeven om zieken beter te maken, om demonen uit te drijven. Hij wilde dat ze de mensen over Gods koninkrijk zouden vertellen. Dat ze zouden vertellen wat ze van hem geleerd hadden.

Petrus en zijn broer Andreas zijn met z'n tweeën gegaan. Ze hebben heel veel mensen gesproken. Ze hoefden de naam Jezus maar te noemen of de mensen kwamen op hen af. Iedereen had van hem gehoord. Iedereen was nieuwsgierig naar hem. Iedereen had een mening over hem.

En nu zijn ze dus weer bij elkaar. En Jezus vraagt wat de mensen over hem denken.

'Ik sprak iemand die zei dat u Johannes de Doper was', zegt Andreas.

'Er zijn mensen die denken dat u Elia bent', vertelt Jakobus.

'Of één van de overleden profeten', zegt Johannes.

Jezus knikt. En dan kijkt hij de kring rond. 'Oké. Maar wat denken jullie eigenlijk? Wie ben ik volgens jullie?'

Petrus' hart begint sneller te kloppen. In een flits is het hem duidelijk. Hoe is het mogelijk dat hij het nooit eerder zo duidelijk gezien heeft? Terwijl alles erop wees. 'U bent de gezalfde van God', zegt hij, vóór hij zich kan inhouden. 'De messias.'
Natuurlijk. Dat is het geheim achter al die wonderen. Achter de vreemde woorden die Jezus spreekt. Hij is het. De messias. De redder die God beloofd heeft. Dat hadden ze moeten vertellen aan de mensen. Ze moeten onmiddellijk terug, het land weer in. Iedereen moet het weten.
'Nee', zegt Jezus streng, alsof Petrus zijn gedachten hardop heeft uitgesproken. 'Ik verbied jullie om dat tegen iemand te zeggen.'
Petrus schudt niet-begrijpend zijn hoofd. Wat? Waarom? Iedereen kijkt uit naar de messias. Helemaal in deze verschrikkelijke tijd, nu het land bezet wordt door de Romeinen, nu er geen koning uit de familie van David meer op de troon zit.
De messias is er. Dat is het nieuws dat iedereen nodig heeft. Het nieuws van de eeuw. Hoezo niet doorvertellen?
'Het is anders dan jullie denken', gaat Jezus verder. 'Dit wordt geen vrolijke tijd. Ik zal veel moeten lijden. De priesters en de godsdienstige leiders zullen me dood willen hebben, en dat zal ze lukken. Ik zal sterven. Maar drie dagen na mijn dood zal ik weer tot leven komen.'
Petrus krabt aan zijn hoofd. Waar hééft Jezus het over?
Jezus staat op, en hij zegt zo hard dat de mensen die erbij zijn het ook kunnen horen: 'Als jullie mij willen volgen, zullen jullie het zwaar krijgen. Net zo zwaar als ik. Als je je leven wilt houden, zul je het verliezen. Maar als je doodgaat omdat je bij mij hoort, zul je je leven houden.'
Petrus begrijpt er niets van. Hij heeft altijd gedacht dat het feest zou zijn als de messias op aarde zou komen. Dat dan alles goed zou worden. En daar lijkt het toch ook op, de laatste tijd. Al die zieken die beter worden. De demonen die wegvluchten. De natuur die tot rust komt. Genoeg brood voor iedereen. Alles klopt.
Hoe kan Jezus het dan toch over lijden hebben?

'Ga met me mee', zegt Jezus ruim een week later tegen Petrus, Johannes en Jakobus. 'De berg op. Ik wil bidden. En ik wil graag dat jullie drieën met me meegaan.'
Petrus vult zijn waterzak en klimt samen met de andere drie naar boven. De zon brandt, het is windstil, zelfs de vogels zwijgen. Het is eigenlijk te warm om te klimmen. Gelukkig is het boven op de berg iets koeler. Ze laten zich neerzakken in de schaduw, drinken wat water, kijken naar het uitzicht. De groene velden, de huizen in de verte, de stoffige weggetjes, en ver weg het water van het meer. Dat is het mooie van de bergen, bedenkt Petrus. Dat je er zo ver kunt kijken. Dat de dagelijkse dingen zo klein lijken, zo ver weg, zo onbelangrijk. Het is of je dichter bij de hemel bent.
Jezus staat op en loopt een eindje bij hen vandaan om te gaan bidden. Petrus voelt zich wegzakken. Het is of hij in slaap valt, en toch ook niet. Als hij wakker schrikt, ziet hij iets vreemds. Een angstaanjagend licht, fel als de bliksem. Hij kijkt naar Jakobus en Johannes die blijkbaar ook net wakker zijn geworden, en ze staan op en lopen zonder geluid te maken in de richting van het licht.
Petrus deinst achteruit wanneer hij ziet wat het is. Of nee – wie het is. Jezus. Zijn gezicht, zijn handen, zijn kleren – hij lijkt licht uit te stralen. Zo fel, zo stralend wit dat Petrus niet naar hem kan kijken. Hij slaat een arm voor zijn gezicht. Door de ruwe stof heen ziet hij de meester en de twee mannen met wie hij staat te praten. Ze zien er bijna net zo uit als hij.
Engelen?
Of Mozes, denkt hij ineens. Mozes' gezicht straalde toen hij God had gezien.
Het duizelt hem. Het kan niet. Het kan Mozes niet zijn. Mozes is al lang dood.
'Mozes en Elia', mompelt Johannes.
Dus toch.

Petrus durft niet dichterbij te komen. Hij is doodsbang. Af en toe vangt hij een paar woorden op. Over Jeruzalem hebben ze het. Over wat er zal gaan gebeuren. 'Je weet dat deze weg tot de dood leidt?' zegt de ene man. 'Het zal zwaar zijn. Onvoorstelbaar zwaar.' Zijn stem wordt zachter.

Petrus hoort de stem van Jezus. Rustig. Ernstig. 'Ik weet dat het de weg is die mijn Vader wijst. Het is de weg die ik zal gaan. Wat het ook kost. Ik ben bereid.'

De schaduwen worden langer. Er valt een stilte in het gesprek. Ze willen vertrekken, begrijpt Petrus. Natuurlijk. Ze hebben geen onderdak voor de nacht. Voor hij zich kan bedenken, schiet hij naar voren. 'Meester', zegt hij ademloos. 'Het is goed dat we hier zijn. Geweldig. Prachtig. Uw gasten hoeven toch niet weg? Vindt u het goed dat we een paar hutten maken? Een voor u, een voor Mozes en een voor Elia?'

We moeten takken zoeken, bedenkt hij. Met flink veel bladeren. En we hebben droog hout nodig. We moeten vuur maken, we moeten vis bakken voor de gasten.

Maar nog vóór hij het kan voorstellen, wordt de lucht donker. En van het ene op het andere moment worden ze overdekt door een wolk. Petrus valt neer en drukt zijn gezicht op de grond. Dit is het einde. Dit is geen gewone wolk. Dit is niet de kille mist die 's morgens vroeg boven het water hangt. Dit is een wolk die van binnenuit verlicht is. De wolk van God.

Hij zelf is aanwezig op deze berg.

Het lijkt of het begint te onweren, maar in het onweer klinkt een stem.

'Dit is mijn Zoon die ik heb uitgekozen. Luister naar hem!'

Als Petrus zijn ogen weer open durft te doen, is de wolk verdwenen. De twee hemelse mannen zijn er niet meer. Alleen de meester staat er nog. Het is net of het nooit gebeurd is.

Maar alles is veranderd.

Petrus durft er met niemand over te praten. Maar in zijn oren klinkt de stem nog na. 'Dit is mijn Zoon. Luister naar hem.'

CO

55 Slimme vragen

Lucas 10

De wetgeleerde Jochanan duwde tegen de ruggen voor hem, in de hoop een glimp op te vangen van Jezus. Hij had er goed over nagedacht. Of hij Jezus echt zelf iets wilde vragen en wat dat dan moest zijn. Al snel wist hij zeker dat hij Jezus zelf wilde spreken. Hij wilde Jezus op de proef stellen.

De mensen voor hem wilden net als hij met Jezus praten. Alles wat Jezus zei, riep vragen op. Vragen over God. Vragen over de geboden. Vragen over de nieuwe wereld. Jezus vertelde erover en je kon zien dat het belangrijk voor hem was. Het klonk allemaal goed. Maar wat betekende het allemaal? Jochanan wilde uitleg. Hij zou Jezus wel eens een paar ingewikkelde vragen stellen. Eens kijken of hij dan nog steeds een goed antwoord klaar had.

Hij zuchtte. Voor hem stonden niet veel mensen, maar Jezus nam voor iedereen de tijd. Het zou nog even duren voor hij aan de beurt was. Hij schoof weer een klein beetje naar voren. Toen keek hij naar de mensen om zich heen. Ze hadden het warm en zweetten. Sommigen roken vies en anderen hadden hun haar niet goed verzorgd. Om zichzelf af te leiden staarde hij naar de blauwe lucht. Zijn maag knorde. Sappig schapenvlees. Wanneer Jochanan er alleen al aan dacht, liep het water hem in de mond.

Hij dacht zo lang aan schapenvlees, aan het bereiden ervan, het kruiden, bakken en vooral aan het opeten, dat hij opeens ontdekte dat er nog maar één persoon voor hem was. En die was al bij Jezus. Hij kon,

als hij heel goed zijn best deed, horen waar ze het over hadden. Het ging erover dat de man zo graag met God wilde praten, maar dat hij het moeilijk vond.
Jochanan oefende zijn vraag nog een keer en bedacht wat Jezus van zijn vraag zou vinden. Wat zou het antwoord kunnen zijn? Toen was hij aan de beurt. Opeens kreeg hij het heel warm, maar hij liep naar Jezus toe en knikte even met zijn hoofd. Jochanan keek naar het gezicht van Jezus. Zijn blik was rustig. Vol aandacht.
'Heer', zei Jochanan en zijn mond was opeens droog, 'ik heb een vraag. Wat moet ik doen om het eeuwige leven te krijgen?'
Hij wiste het zweet van zijn voorhoofd en wachtte. Alle mogelijke antwoorden had hij al in gedachten doorgenomen en daar weer slimme vragen bij bedacht, maar wat zou Jezus écht zeggen?
Jezus keek hem in de ogen. Zijn blik was heel zacht en rustig. 'Wat staat er in de wet?'
Jochanan dacht na. Een tegenvraag had hij niet verwacht. Maar hij wist het antwoord natuurlijk wel. Als joodse leraar en wetgeleerde kende hij de geschriften goed.
'Er staat: heb de Heer lief met alles wat je hebt, je hart, je ziel en je verstand. En houd van je naaste net zoveel als van jezelf.'
'Precies', zei Jezus. 'Dus als u dat doet, dan zult u eeuwig leven.'
Jochanan krabbelde in zijn baard. Zijn goede voorbereiding was niet helemaal voor niets, want meteen schoot zijn volgende vraag hem te binnen. Een waar Jezus vast niet zomaar een antwoord op had.
'Maar dan wil ik graag van u horen: wie is dan mijn naaste? Toch niet iedereen?'
Hij deed een stap naar achteren en dacht aan de mensen om hem heen die vies roken, de mensen die maar weinig wisten, de stakkers.
Jezus nam de tijd. Zijn vraag was vast moeilijk te beantwoorden.
Jezus wreef met zijn handen over zijn gezicht en masseerde zijn vermoeide ogen.
'Houdt u van verhalen?' vroeg hij.

'Ja', antwoordde Jochanan.
'Zal ik u dan een verhaal vertellen?'
Jochanan wachtte af en Jezus begon te vertellen.
'Er was eens een man die van Jeruzalem naar Jericho reisde. Onderweg werd hij overvallen door rovers die hem zijn kleren uittrokken, mishandelden en hem daarna halfdood achterlieten. Er kwam een priester langs die hem zag liggen. Die liep met een boog om de blote man heen. Daarna kwam er een Leviet langs die hem zag liggen en toen ook met een grote boog om hem heen liep. Een Samaritaan zag hem toen liggen. Wat deed die, denkt u?'
Jezus wilde weten wat hij dacht! Jochanan had indruk gemaakt! Hij nam de tijd om na te denken.
'De Samaritaan zal hem laten liggen. We weten allemaal hoe die Samaritanen zijn', zei Jochanan zeker van zijn zaak. 'Ik denk dat hij pas gered werd toen er een farizeeër langskwam of een wetgeleerde, zoals ik.'
Jezus pakte zijn hand vast, heel even. 'De Samaritaan ging naar de gewonde man toe. "Wat is er allemaal gebeurd?" vroeg de Samaritaan aan de man.
"Ze hebben me overvallen en mishandeld. Ik ben alles kwijt", zei de man.

De Samaritaan keek naar de mishandelde man, knielde bij hem neer en vroeg: "Zal ik uw wonden bekijken en ze verzorgen?"
De man knikte. De Samaritaan goot olie en wijn over de wonden en verbond ze. De olie zou verzachtend werken en de wijn ontsmettend. Zo zouden de wonden niet gaan ontsteken. "Kom, we gaan", zei hij toen.
Maar de man zei: "Ik kan niet zelf opstaan." Dus hielp de Samaritaan de man op zijn ezel en bracht hem naar een herberg. Daar verzorgde hij de man en de volgende dag gaf hij de eigenaar van de herberg geld en zei: "Zorg voor de man, als het duurder is dan dit zal ik de rest betalen op mijn terugweg."'

Jezus keek Jochanan aan. Intens. 'Wie van deze drie is nu de naaste van het slachtoffer van de rovers?'
Jochanan zei: 'De man die medelijden met hem had en hem meenam en verzorgde.'
'Doet u dan voortaan net zoals hij deed', zei Jezus.

Terwijl hij zich losmaakte van de kring van mensen die om Jezus heen stond, bedacht Jochanan dat Jezus niets had gezegd over zijn slimme vragen. Jezus gaf antwoord op zijn vragen door hem een tegenvraag te stellen of een verhaal te vertellen.
Hij dacht diep na terwijl hij naar huis liep. De dingen die Jezus tegen hem had gezegd, gonsden door zijn hoofd. Hij moest er thuis verder over nadenken. En wanneer hij er lang genoeg over na had gedacht, dan moest hij zich anders gaan gedragen. Meer zoals Jezus zei. Maar daarvoor moest hij het eerst helemaal goed begrijpen en zover was het nog niet.
Zijn maag knorde. Jochanan liep vlug door naar huis. Met vragen en veel honger.

MG

56 We vieren feest

Lucas 15

Sira keek naar de peulen in de trog van de varkens. Hij had zoveel honger dat zelfs de smakeloze peulen hem heerlijk leken. Zijn nieuwe baantje als varkenshoeder was nog maar net begonnen. Hij was blij met het werk. Maar hij had nog geen geld en ook nog geen eten gekregen van zijn nieuwe baas. Hij had eigenlijk al weken nauwelijks gegeten. Langzaam liep hij naar de voederbak en bukte. Hij pakte een grote hand peulen en propte er zoveel mogelijk in zijn mond. Kauwde. Hij schrok op van een harde schreeuw en draaide zich om. Van achter een schuur kwam zijn baas tevoorschijn, met vlak naast hem zijn valse hond.

'Betrapt!' riep hij woedend. 'Wegwezen, jij! En nooit meer terugkomen hier!'

Sira stond op en rende het erf af, zo snel hij kon. Hij rende de hele middag, en daarna de hele avond. De zon was al ondergegaan toen hij stopte en uitgeput neerzakte, met zijn rug tegen een boom.

Wat was hij eigenlijk aan het doen? Hij keek om zich heen. En plotseling realiseerde hij zich dat hij bezig was om naar huis te rennen. Hij kon ook nergens anders meer heen. Hij wilde naar zijn vader en zijn broer.

De dagen en nachten die volgden, konden hem niet snel genoeg voorbijgaan. Hij dacht ieder moment aan thuis. Aan het slingerende pad naar beneden. Aan het erf. Aan zijn broer. Aan zijn vader. Hij verlangde naar de geur in hun stallen. De kommen in hun eigen keuken. Het

uitzicht vanuit het raam op de bovenverdieping. Daar wilde hij zijn. En nergens anders.
Maar ook al verlangde hij ernaar en ook al had hij nog zo'n honger, hij durfde er eigenlijk niet heen te gaan. Zijn vader zou nog steeds kwaad op hem zijn. En terecht.
Hij was degene geweest die een aantal jaren geleden zijn deel van wat zijn vader hem zou nalaten wilde hebben. Zijn erfenis. Toen wilde hij niets liever dan weg, weg van huis, weg van zijn broer en vader.
De afgelopen jaren had hij al zijn geld besteed aan drank, slechte vrouwen en gokken. De vrienden die eerst met hem dronken, waren geen vrienden meer toen zijn geld op was. De vrouwen die om zijn nek hingen, waren weg toen zijn geld op was. De drankverkoper keek niet vrolijk meer toen hij geen wijn kwam kopen, maar om een lening kwam vragen. Opeens was alles op. Alles over en voorbij.
Pas toen het op was en hij honger kreeg, wist Sira dat hij niet betaald had met geld, maar dat hij had betaald met alles wat belangrijk is en

hoort te zijn. Hij had betaald met zijn familie. De liefde van zijn familie. Zijn vader had zijn hele leven gewerkt voor dit geld. Hard gewerkt. Met liefde voor zijn bezittingen en voor zijn zonen die het geld en het land kregen wanneer hij er niet meer was. En Sira had er dingen van gekocht die onbelangrijk waren.

Als hij niet langer welkom was als zoon op de boerderij van zijn vader, misschien was hij dan nog welkom als knecht. Die gedachte hield hem op de been. Met die gedachte liep hij naar huis.

Op een dag keek hij om zich heen en herkende de weg, een akker, een grote boom. Toen hij vlakbij was, werd hij steeds zenuwachtiger. Natuurlijk was zijn vader nog kwaad. Zou ook hij de hond op hem afsturen? Hem het zwaarste werk laten doen voor het minste geld? Dat zou begrijpelijk zijn.

Sira hijgde, ook al liep hij niet hard meer. Hij stapte het slingerende pad op dat zich voor hun erf uitstrekte en hij zag iemand naar hem toe komen rennen. Toen die persoon dichterbij kwam, zag hij dat het een oude man was. Toen de oude man nog dichterbij kwam, zag Sira dat het zijn vader was. Zijn vader rende naar hem toe! Was hij blij hem te zien? Of zou hij hem een pak slaag willen geven?

Vlak voor hem stopte zijn vader, ze keken elkaar in de ogen. Vier donkerbruine ogen, fel en zacht, hard en trouw.

Zijn vader keek blij, niet kwaad. De tranen die in zijn ogen glommen zeiden genoeg.

'Pap,' zei Sira, zijn stem trilde, zijn handen ook, 'het spijt me, ik heb zoveel fouten gemaakt. Ik wil bij je komen werken, zou je me alsjeblieft willen aannemen?'

Zijn vader pakte hem bij de schouders vast. Hij lachte en huilde tegelijk. Omhelsde hem zo stevig alsof hij hem nooit meer los wilde laten. 'Mijn zoon', zei hij steeds.

Toen ze elkaar uiteindelijk loslieten, pakte zijn vader hem bij de hand. Stevig en eerlijk. Toen liet hij los. Op het erf wenkte zijn vader de oudste

knecht. 'Zorg ervoor dat hij zich kan wassen, pak mooie kleren en sandalen, geef hem een ring. Laat een ander het gemeste kalf slachten. We gaan feest vieren.'
'Waarom?' vroeg de knecht en keek naar hem.
'Mijn zoon, mijn jongste zoon Sira is teruggekomen. Slacht het kalf, laat muziek komen. Mijn verloren zoon is terug!'
Dit was een ontvangst waar hij nooit van had durven dromen. Hij waste zich zorgvuldig buiten bij de put, trok schone, soepele kleding aan, en koos een mooie ring uit.

Weer binnen dronk hij zoveel hij wilde, tot hij eindelijk geen dorst meer had. Het versgebakken brood rook heerlijk. Sira wilde ervan eten tot hij buikpijn had. Maar zijn vader pakte zijn hand. 'Wacht tot het vlees gaar is.' Natuurlijk deed hij het. Zijn vader had altijd al gelijk. En hij wilde vanaf nu altijd naar hem luisteren. Hem trots maken.
Hij danste, een kort dansje dat hij in dat andere land had geleerd. Zijn vader glimlachte en wilde het ook leren. Ze lachten toen het hem niet lukte.

'Vader! Wat is er allemaal aan de hand? Wat is dat voor muziek?' Het was de luide stem van zijn oudere broer Sammai. Vader vroeg de muzikanten wat zachter te spelen.
'We zijn hier binnen,' zegt zijn vader, 'kom hierheen, hier is een verrassing!'
'Klopt het dat mijn broertje Sira is teruggekomen?' brulde Sammai. 'Dan is dat zeker een verrassing, maar geen leuke! Ik hoopte die ellendeling nooit meer te zien!'
De muziek viel nu helemaal stil. Sira had gehoopt dat zijn broer net zo blij zou zijn als zijn vader. 'Ik ben er weer!' riep hij. 'Ik ...'
Hij wist niet wat hij verder nog moest zeggen. Sammai was niet blij. Hij had ook veel redenen om een hekel aan hem te hebben.
'Je bent dood voor mij!' riep Sammai.
Sira boog zijn hoofd. Natuurlijk kon hij nooit goedmaken wat hij verkeerd had gedaan. Samen hadden ze het geld beter kunnen besteden. Nu was zijn deel op.
Zijn vader liep naar buiten. Sira liep er voorzichtig achteraan.
'Wat is dat?' vroeg Sammai aan hun vader. Hij wees op het vlees boven het vuur.
'Ons mestkalf', zei vader, en sloeg zijn armen over elkaar. 'We vieren feest. Je broer is terug. Sira weet dat hij fout is geweest, en nu hoort hij er weer bij.'
Sammai liep naar een baal hooi en trapte ertegenaan.

‘Ho, ho, zo snel gaat dat allemaal niet. Ik werk al die jaren hier voor jou, ik doe alles wat je wilt en je gaf nog nooit een feestje voor mij. En nu ... komt dat ... stuk vreten hier binnenlopen, zegt dat hij spijt heeft en dan geef je hem meteen alles. Hij heeft zijn deel van je bezittingen al gekregen en opgemaakt. Weggegeven aan hoeren. Je moet hem niet nog meer geven. De rest is voor mij. En niet voor hem.’
‘Je hebt gelijk’, zei Sira. Dat was gewoon zo. Hij keek naar zijn broer. Sammai was nog sterker geworden, zijn brede bovenlijf nog breder, armen als dikke touwen, een stierennek.
‘Ik heb gelijk’, zei hun vader. ‘Sammai, alles wat ik heb is ook van jou. Je hoeft er alleen maar om te vragen.’
Sammai schopte tegen de hooibaal.
‘Je broer mag fouten maken, jij mag fouten maken,’ zei vader, ‘jullie zijn hier altijd welkom, altijd. Sammai, ik wil dat je Sira hier thuis welkom heet.

Sira zag dat zijn broer het hoofd boog. Hij dacht opeens terug aan hun kindertijd. Zo stonden ze ook als hun vader hun straf gaf. Hij zag weer voor zich hoe Sammai hem duwde met schommelen. Hoe Sammai hem hielp het steentje op te hoesten dat hij had ingeslikt. Hoe Sammai het zwaluwtje dat ze zonder moeder vonden, vasthield met zijn grote handen om dat kleine vogellijf, en hoe ze het samen verzorgden. Hij dacht aan de warmte van het samen slapen al die jaren.
Sammai keek op, hij keek zijn vader recht in de ogen.
‘Zullen we gaan feesten en eten, Sammai?’ vroeg zijn vader zacht. ‘We hebben er alle reden toe!’
Sammai knikte kort.
Sira zag het. Hij was in geen jaren zo blij was geweest. Bij geen enkele vrouw, in geen enkele goktent. Hij was weer thuis, waar hij hoorde. Dankzij zijn vader.

MG

57 Tien mannen met huidvraat

Lucas 17

'Nee, ik ga niet weg', zegt Efraïm en kijkt de leider van zijn dorp boos aan.
De leider loopt dreigend op Efraïm af met een stok in zijn hand. 'Wegwezen, Samaritaan', zegt hij nog een keer.
'Nee', zegt Efraïm nog harder, 'ik blijf hier staan, ik wacht op hem. Net als iedereen.'
'Je bent niet als iedereen!' De leider geeft hem een stevige por met de stok. Maar Efraïm heeft geen last van de pijn. Deze pijn stelt niets voor als je kijkt naar de pijn die hij al zolang heeft. Pijn omdat hij huidvraat heeft. En hij draagt ook de pijn van het er niet bij horen, nooit mee mogen doen met de gezonde mensen. Altijd apart moeten zitten, apart te moeten leven buiten het dorp met de andere zieken. De bange blikken van de dorpelingen als hij te dichtbij komt. Ook binnen de groep staat hij alleen, want hij is de enige niet-Jood.
'Ik wil hem zien en spreken', zegt Efraïm zacht en kijkt smekend op naar de leider met zijn stok. 'Ik móét hem zien en spreken. Alsjeblieft.'
De leider laat zijn stok langzaam zakken. 'Ik wil je niet in de buurt hebben.' Hij wijst met zijn stok naar een rots verderop. 'Maar als je daar gaat staan, dan ... nou ja.'
Efraïm staat meteen op en loopt erheen. Krabt even op een witte vlek op zijn arm. Steeds probeert hij het krabben uit te stellen, niet alleen

omdat iedereen dan zo vies naar hem kijkt, maar vooral omdat de wond erna nog meer pijn doet. De jeuk is maar even weg en de opengekrabde wond blijft lang open. Hij moet zich beheersen.

Naast Efraïm staat Mattan te krabben en al snel staan de negen mannen met wie hij samenleeft om hem heen. Sommigen ruiken vies door de open wonden waar soms vliegen in gaan zitten. De wond gaat ontsteken, de pus ruikt smerig en hun kleding plakt vast aan hun huid. Dat maakt wassen weer moeilijk.

Hij wil krabben net als de anderen, maar doet het niet. Het lost niets op. Hij zet een paar stappen opzij en als vanzelf, zoals altijd, gaat de groep met hem mee. Efraïm is niet hun leider, maar ze hebben wel respect voor hem. 'Jij weet precies wat je wilt en wat je niet wilt', zeggen ze.

'Daar komt Jezus!' roept de leider van het dorp. En nu ziet Efraïm het ook. Voor Jezus lopen bewonderaars en aanhangers en achter hem ook, maar in het midden loopt hij.
Efraïm is gewend om goed te kijken. De man die daar loopt, tussen de anderen, is één van hen en tegelijkertijd ook ver boven hen verheven. De man die daar loopt weet dat alles wat er gaat gebeuren goed is, nodig is en dat hij nooit alleen is.
'Jezus, meester, heb medelijden met ons!' roept Efraïm als Jezus dichtbij genoeg is om hem te horen.
De leider van het dorp doet een stap in zijn richting en tilt zijn stok alvast op. Maar Jezus stopt en de leider van het dorp dus ook.
Jezus kijkt naar Efraïm, naar de mannen om hem heen. Ziet Jezus het krabben, de vliegen, het vuil? Een leerling duwt Jezus in de rug. 'Kom,' zegt die, 'laten we doorlopen, laat die vieze Samaritaan, laat die vieze, zieke mannen.'
Efraïm stapt naar achteren, wil zijn hoofd buigen. Maar Jezus kijkt hem in zijn ogen, recht in zijn hart en Efraïm kijkt terug en slaat zijn ogen dan pas neer.
'Ga je aan de priesters laten zien', zegt Jezus tegen hem en loopt door. We moeten ons aan de priesters laten zien! denkt Efraïm. Maar waarom? Om weer weggestuurd te worden? Als zieke, besmette mensen? Of bedoelde Jezus dat niet? Wat bedoelde hij?
De blik van Jezus raakt Efraïm in het hart. Het is een blik zonder oordeel, een blik die licht maakt, bijna blij. 'Kom, we gaan', zegt hij tegen de mannen naast hem en hij begint te lopen. Het zal een lange reis worden naar de priesters, helemaal naar Jeruzalem. Hun voeten zijn al stuk door de huidvraat, ze zullen nog meer kapot gaan, maar dat geeft niet. De mannen naast hem lopen als vanzelfsprekend met hem mee. Zoals altijd. Krabben. Vragen verder niets.
Ze lopen dagen, Efraïm raakt de tel kwijt hoelang. Twee dagen. Of meer. De zon brandt. De mannen krabben en stinken. De weg lijkt steeds hetzelfde. Stoffig. Kaal. Maar als ze langer onderweg zijn, merkt hij dat

de groep mannen om hem heen rustiger wordt. Ze rennen niet steeds naar bomen om hun rug ertegen te schuren. Ze zijn niet steeds meer bezig met krabben en zuchten en steunen en stinken.
Als ze bijna bij de tempel van Jeruzalem zijn, bijna bij de priesters, bekijkt Efraïm het groepje nog eens goed. Het is voor de eerste keer sinds ze op weg zijn gegaan naar de priesters dat hij ze goed bekijkt. Zijn mond valt open. Dan bekijken alle mannen elkaar. Ze bekijken hun armen van heel dichtbij, hun benen, hun zij, hun rug, hun gezicht, hun handen en als ze dat allemaal bekeken hebben, van dichtbij, van veraf, dan beginnen ze opnieuw. Er ontsnappen blije geluiden aan hun keel. Daar waar eerst korsten zaten, pus en witte vlekken, zit nu dunne roze huid. Gezonde huid.
'Ik ben beter!' roept er een.
'Ik kan weer terug naar mijn vrouw!' roept een ander.
'Ik kan weer op het land werken!'
'Ik kan weer in het dorp wonen!'
'Ik kan weer eten met mijn gezin!'
Sommigen draaien zich meteen om en beginnen terug te lopen naar hun dorp.
'Kom terug!' roept Efraïm.
'Laat de priesters hun werk doen en ons gezond verklaren. Dan horen we er echt officieel weer bij!'
Een paar mannen lopen toch door, weg van hen. 'Iedereen ziet dat ik beter ben, daar heb ik die priesters niet voor nodig!' roept er een.

De overgebleven mannen wassen zichzelf en hun kleding, en gaan de tempel binnen. De priesters zien de mannen en bekijken hun huid.
'Het ziet er gezond uit,' zegt de hoofdpriester, 'jullie zijn niet ziek.'

De priesters brengen een offer, en Efraïm en de overgebleven mannen staan te kijken.
'Loop maar even mee,' zegt een andere priester, 'dan schrijven we je naam en dorp op en dan kunnen jullie gaan, gezond en wel.'
Buiten omhelzen ze elkaar, zoals mannen dat doen. Ze slaan elkaar op de rug en maken flauwe grapjes.
'Ik ga Jezus bedanken', zegt Efraïm.
'Jezus bedanken?'
'Waarvoor?'
'Daar heb ik geen tijd voor.'
Efraïm praat hard, harder dan nodig. 'Hij heeft ervoor gezorgd dat we beter zijn.'
Er wordt gelachen. Hij voelt zich meer Samaritaan dan anders. Waarom gaan de anderen, de Joden, niet mee?
'We weten niet zeker of we voor altijd beter zijn!'
'We weten toch niet of het door Jezus komt? Het kan door van alles komen.'
'Ik ga niet eerst helemaal achter Jezus aanrennen nu ik eindelijk naar huis kan!'
Efraïm begint te lopen. Ze zullen straks wel naast hem komen lopen. Zoals altijd. Maar dat gebeurt niet. Hij blijft alleen. Alsof hij nog ziek is, maar dan nog eenzamer.

Efraïm loopt, twee dagen en langer. Steeds vraagt hij onderweg of mensen weten waar Jezus is. En telkens wijzen mensen hem de weg. Hij begrijpt dat hij steeds dichterbij komt. Op een dag ziet hij het gezelschap van Jezus. Efraïm begint te rennen. Als hij eindelijk bij Jezus is, knielt hij neer. Hij kust zijn voeten en de grond eromheen.
Jezus kijkt hem in de ogen.
'Ik ben het,' zegt Efraïm, 'u stuurde mij, ons, naar de priesters.'
'Samaritaan tussen de Joden,' zegt Jezus, 'jij bent het en je bent beter.'

‘Dankzij u Jezus, mijn meester, ik kan u niet genoeg bedanken. Dank u. Dank u. ’
Jezus kijkt om zich heen. ’Er waren er toch veel meer?’
‘Nog negen’, zegt Efraïm.
‘Waar zijn zij?’
Efraïm buigt zijn hoofd en schaamt zich negen keer. ‘We zijn naar de priesters geweest, zoals u zei. En toen ze ontdekten dat ze beter waren zijn ze …’ Ze kijken elkaar aan. De ogen van Jezus zijn als de hemel. Oneindig.
‘Sta op,’ zegt Jezus, ‘ga doen wat je wilt. Het is jammer dat de anderen niet de moeite hebben genomen om mij te bedanken en mijn Vader in de hemel. Maar jij hebt gedaan wat je moest doen. Daarom ben ik toch blij. Geniet van je verdere leven en blijf geloven.
Blijf geloven.’

MG

58 De gasten van Zacheüs

Lucas 19

Zacheüs wachtte al dagen. Hij had gehoord dat Jezus met zijn leerlingen en de rest van zijn gezelschap op weg was naar Jericho. En vandaag was Jezus in Jericho aangekomen. De stad waar hij al jaren woonde en zijn geld verdiende als hoofdtollenaar in dienst van de Romeinen. Hij kende er elke steen, elke boom, elk huis, elke persoon. En iedereen kende hem. Ze waren meestal niet blij om hem te zien, want hij kwam altijd geld halen, belasting innen, en ze vonden dat hij er zelf rijk mee werd. Te rijk. Als mensen hem zagen, dan doken ze weg. En Zacheüs wilde, nee, hij moest Jezus zien. Daarom keek hij al uren naar hem uit. Op de doorgaande weg stond hij al vroeg klaar. Het mocht niet gebeuren dat Jezus al voorbij was en hij hem niet had gesproken. Hij keek naar zijn dure kleren. En trok de stof nog rechter.
Gisteren had hij zijn vrouw gevraagd om zijn kleding te wassen en zo netjes mogelijk te drogen. Zodat er geen kreukels in de stof zaten.
Zijn vrouw vroeg hem waar het voor was.
'We hebben toch geen feest?'
Zacheüs wilde geen antwoord geven, maar ze keek hem zo doordringend aan dat hij wel iets moest zeggen. 'Ik wil Jezus ontmoeten, morgen.'

‘Dat wil iedereen wel. Maar denk maar niet dat hij voor een tollenaar gaat stoppen.’
Toen was ze weggegaan en had de kleding gewassen en keurig gedroogd. Zacht mopperend, dat wel.
Nu zag hij eruit als een rijk man die wist hoe hij zich moest kleden.
Het hing nu van hem af. Hij moest Jezus ontmoeten.
Hoorde hij iets?

Zo snel als zijn korte benen hem konden dragen, liep hij de weg achter zijn huis op. Daar stond al een menigte. Dus Jezus kwam hierlangs? Of was hij al langs geweest? Zacheüs duwde nerveus tegen de mensen voor zich aan. Maar niemand deed een stap opzij. Niemand maakte ruimte voor hem.
‘Loopt Jezus daar?’ vroeg hij aan een vrouw.
Ze gaf geen antwoord, keek alleen maar strak voor zich uit, naar de weg.
‘Is Jezus daar?’ vroeg hij weer, harder nu, aan een dunne, lange man.
Weer geen reactie.
Toen begon Zacheüs te rennen. Hij rende tot de menigte kleiner werd. Tot er nog maar enkele mensen langs de weg stonden en hij zich er tussendoor kon wringen. Midden op de weg stond hij en zag dat er een groepje mensen aan kwam. Ze liepen langzaam als een groep die van ver komt en nog ver moet. Hij kende deze mensen niet. Daar moest Jezus wel tussen lopen! Zijn hart klopte alsof hij de hele dag had gerend en niet alleen dat korte stukje van net.
Hij stond op de weg en keek, wachtte, keek en draaide zich om en liep naar de kant van de weg. Als hij op de weg zou blijven staan, dan was hij erg onbeleefd. Maar als hij aan de kant zou gaan staan, dan zouden de mensen om hem heen, als Jezus echt dichtbij was, voor hem gaan staan. En hij was nu eenmaal klein. Dan zou hij Jezus nog steeds niet zien, laat staan ontmoeten. Wat moest hij doen?
Plotseling zag hij een vijgenboom een paar meter verderop. Dat was het. Hij liep erheen en klom erin. Vanaf daar had hij goed zicht op de weg.

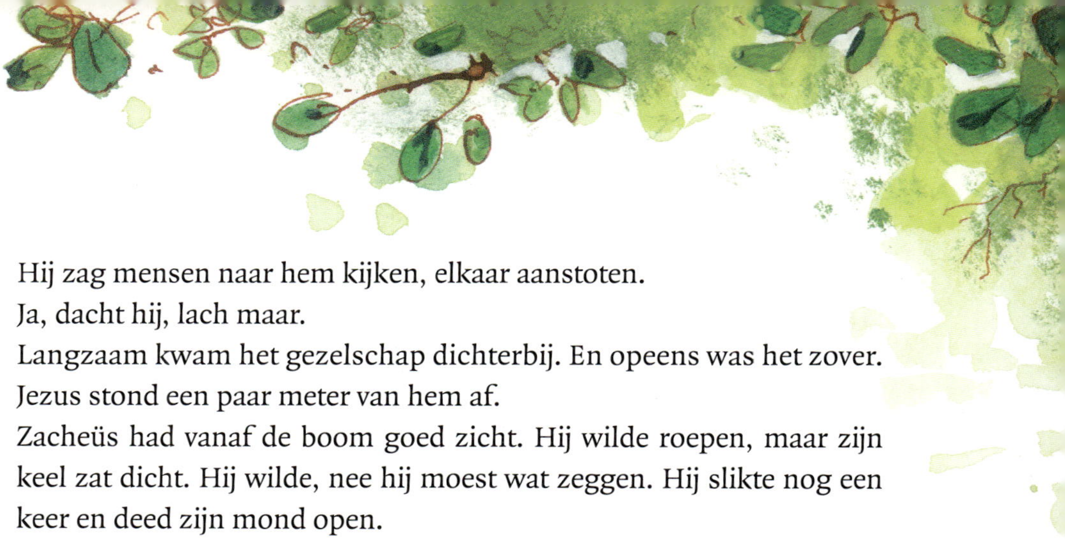

Hij zag mensen naar hem kijken, elkaar aanstoten.
Ja, dacht hij, lach maar.
Langzaam kwam het gezelschap dichterbij. En opeens was het zover. Jezus stond een paar meter van hem af.
Zacheüs had vanaf de boom goed zicht. Hij wilde roepen, maar zijn keel zat dicht. Hij wilde, nee hij moest wat zeggen. Hij slikte nog een keer en deed zijn mond open.
Toen zag Jezus hem. Hij stopte en zei: 'Zacheüs, kom snel naar beneden. Vandaag zal ik je gast zijn.'
Zacheüs viel bijna uit de boom van schrik. Hij greep zich nog net op tijd vast aan een boomtak en klom naar beneden. Hoe wist Jezus zijn naam? Hoe wist Jezus dat hij bij Zacheüs kon eten? Dat Zacheüs naar hem uitkeek?
Er was geen tijd om op deze vragen een antwoord te krijgen. Zacheüs ging Jezus voor naar zijn huis. Weer keken mensen naar hem en weer stootten ze elkaar aan. Zacheüs kon wel raden wat ze tegen elkaar zeiden. 'Hoe kan Jezus nou bij zo'n zondig mens op bezoek gaan?'
Doe maar, dacht hij, denk maar wat je wilt. Ik ben een tollenaar, ja een hoofdtollenaar zelfs, maar ook een mens, net als jullie.
Hij liet Jezus binnen in zijn mooie huis en heette hem welkom. De mond van zijn vrouw viel open, maar ze zei niets en haalde snel eten en drinken voor iedereen. Er waren ook mensen uit Jezus' reisgezelschap mee naar binnen gekomen. Trots, blijdschap, maar ook onzekerheid en schaamte vochten bij Zacheüs om een eerste plaats. Het leek alsof zijn lichaam te klein was voor zijn grote gevoelens.
Gelukkig zorgde zijn vrouw heel goed voor iedereen. Er was plaats genoeg. Alles wat ze wilden, kregen ze al voordat ze het vroegen.
Jezus keek hem aan en zei: 'Je bent een rijk man.'
Zacheüs dacht aan de gezichten van de mensen van wie hij dat geld kreeg. Bange gezichten, boze gezichten. Hij slikte.

'Ik zal de helft van mijn
bezittingen aan de armen
geven', antwoordde hij meteen,
'en iedereen die ik ooit heb afgeperst,
betaal ik het viervoudige terug.'
Jezus keek hem aan. Lichte ogen,
helder en doordringend. 'Je hoort ook bij het volk
van God', zei hij.
Zacheüs boog zijn hoofd.
'Ik weet dat je een goed mens bent', zei Jezus. Blijf het je hele leven.
Beloof het me.'
Zacheüs beloofde het.

Zacheüs deed precies wat hij aan Jezus had beloofd. Hij perste niemand meer af. Hij vertelde iedereen die het wilde horen en ook iedereen die het niet wilde horen over Jezus. Over het bezoek van Jezus en hoe dat zijn leven veranderde.

MG

59 Een koning op een ezelin

Lucas 19

‘Hadassa, wacht even, ik wil ook!’
Mijn zusje Judit ploft naast me neer bij onze graanmolen. ‘Ik ga je helpen, Hadassa!’ hijgt ze.
‘Kun je dat dan al?’ vraag ik. Ze is pas negen, drie jaar jonger dan ik. En meel malen is zwaar werk.
‘Ja, hoor, ik heb het pas nog met mama gedaan, toen jij naar de vismarkt moest.’
Die molen van ons is een handmolen: twee ronde, stenen schijven op elkaar. De onderste steen staat vast in een bak. De bovenste heeft een gat in het midden en kun je ronddraaien aan een houten pin. Je moet de gerstekorrels in dat gat gooien en als je de bovenste schijf dan draait, worden ze tot meel vermalen. De pin ronddraaien gaat zwaar en daarom moet je het met z’n tweeën doen.
‘Mag ik de korrels in het gat gooien?’ vraagt ze.
‘Goed, maar niet te veel tegelijk’, zeg ik. ‘En daarna moet je me helpen draaien.’
Meel malen is mijn taak, elke dag.

Meestal doe ik het samen met mama, maar zodra Judit er sterk genoeg voor is, mag zij het ook.
'Ik vind het zo fijn dat tante Tamar opeens kan zien', zegt Judit al draaiend.
'Ja,' zeg ik, 'ze vroeg mij hoe de kleur van mijn haar heette! Zwart zei ik en toen zei ze: "O, is dát nou zwart!"'
'Dat snap ik wel', zegt Judit. 'Want als je je leven lang blind bent geweest, moet je alle kleuren nog leren.'
'Die rabbi Jezus heeft haar genezen', zeg ik. 'Dezelfde man die Lazarus uit Betanië weer levend heeft gemaakt.'
Dat is echt gebeurd, een tijdje geleden in het dorp hier vlakbij. Als Lazarus het me niet zelf verteld had, zou ik het nooit geloofd hebben. Wat een wonder!
'Ik zou die Jezus zo graag eens willen zien', zegt Judit terwijl ze nog een handvol gerstekorrels in het gat laat vallen. 'Ik hoorde iemand zeggen dat hij de messias is, de bevrijder ...'

'Iiha-ih-ha-iha!' hoor ik opeens. Onze ezelin. Ze balkt nooit zomaar.
'Wacht even, Judit, even kijken wat er aan de hand is.' Ik sta op en loop naar buiten waar ons ezelsveulen aan een touw vastgebonden staat. Twee onbekende mannen zijn bezig haar los te maken.
'Wat doet u daar?' zeg ik verontwaardigd. 'Die mag u niet zomaar pakken!'
'We doen het ook niet zomaar', zegt een van de twee. 'De Heer heeft het nodig.'
'De heer? Welke heer?' Wat denken ze wel. Dat veulen is van óns!
Opeens komt mama aangelopen, zo haastig dat haar hoofddoek op haar schouders glijdt. 'Het is in orde, hoor', zegt ze. 'Jullie mogen haar meenemen.'
Hoe kan ze dat nu zeggen! Ik draai me om. 'Nee, mama!'
'Jawel, Hadassa', zegt ze. 'Vannacht heb ik gedroomd dat onze ezelin werd opgehaald en ik voelde dat het goed was. Loop maar met deze mannen mee, dan zie je vanzelf waar ze naartoe gaan.'

'Wij zijn leerlingen van Jezus', zegt een van de mannen. 'Hij wacht op ons langs de hoofdweg naar Jeruzalem.'
'Jezus? Echt waar?' Opeens voel ik m'n wangen gloeien.
'O, is het voor Jezus?!' Mama kijkt blij verrast. 'Die wil ik ook graag zien!'
M'n hart bonst. 'Judit,' roep ik, 'Jezus is in het dorp. Kom, we gaan kijken!' Ik graai m'n hoofddoek van de spijker. Mama zegt gelukkig niets over ons maalwerk dat nog niet klaar is.
Ik neem Judit bij de hand en samen lopen we achter de mannen met onze ezelin aan. Mama loopt naast hen, druk pratend en gebarend. Tussen de olijfbomen door gaan we omhoog naar de top van de Olijfberg.
Daar krioelt het van de mensen. Farizeeën zie ik, maar ook mensen die niet van hier zijn. Aan hun accent te horen komen ze uit Galilea. Met Jezus meegekomen zeker, want die komt daar ook vandaan. We banen ons een weg door de menigte totdat de mannen met de ezelin stilhouden.
En dan zie ik hem.
Hij ziet er heel gewoon uit en toch zie ik meteen dat hij het is. Er is iets in hoe hij beweegt en kijkt, alsof hij ver weg is en toch ook heel dichtbij. Judit voelt het ook, zie ik. Ze trekt me mee naar hem toe en zegt zomaar: 'U mag onze ezelin wel hebben, hoor.' We knikken hevig van ja.
Jezus strijkt met zijn vingers langs haar wang en geeft ons allebei een knipoog. 'Dank je wel, meisjes', zegt hij. Judit en ik maken een sprongetje van blijdschap en we knijpen in elkaars hand. 'Hij praatte tegen ons!' zegt Judit met rode wangen en stralende ogen.
De leerlingen die onze ezelin kwamen ophalen, hebben intussen hun mantels uitgetrokken en over de rug van de ezelin gelegd. Jezus klimt erop en een van de mannen leidt haar aan de teugel de weg op. Dan trekt iemand zijn jas uit en spreidt die over de weg uit, voor de ezelin.

Meteen doen allerlei mensen hem na. In een mum van tijd ligt de weg vol jassen. Het lijkt wel een koninklijke loper voor Jezus! Ik word er helemaal blij van, ruk mijn hoofddoek af en leg die ook voor de ezelin op de grond. Het zand stuift omhoog.

Iedereen loopt mee in de optocht. Mensen beginnen te juichen. Ze roepen: 'Gezegend hij die komt als koning in de naam van God. Vrede op aarde en in de hemel!'

'Hoor je 't nu?' roept Judit onder het lopen tegen mij. 'Jezus wordt onze nieuwe koning! Hij is de messias!'

Ik ben in de war. Ik vind Jezus geen type om koning te worden. Daar is hij te ... te gewoon voor. Meer iemand voor arme mensen dan voor rijke. Een koning rijdt op een duur, versierd paard, niet op een eenvoudige

ezelin. Een koning heeft een kroon en een zwaard. Dat past toch niet bij Jezus?
Ik wil het aan mama vragen, maar ik zie haar nergens meer in de menigte. Wel zie ik Lazarus met zijn zussen Marta en Maria. En mijn buurjongens Ruben en Joram. Als het lied *Vier feest en zwaai met groene takken* gezongen wordt, zie ik ze palmbladeren van de bomen langs de weg rukken en daarvan een poort voor Jezus maken. En ze roepen: 'Leve de koning!' en 'Hoera voor de zoon van David!'
Een paar farizeeën duwen Judit en mij weg van Jezus. Ze zeggen iets tegen hem. Ik dring mezelf weer terug en probeer hen onder het lopen te verstaan. 'Meester,' hoor ik, 'uw leerlingen gaan te ver. Ze jutten de mensen op. Zeg dat ze hun mond houden!'
Wat zou Jezus antwoorden? Hij kijkt ernstig. 'Ach,' zegt hij, 'als zij hun mond hielden, zouden de stenen wel juichen.'
De stenen juichen? Dat snap ik niet. Jezus zegt moeilijke dingen.
Bij een bocht in de weg, waar je een prachtig uitzicht over de stad hebt, laat Jezus halt houden. De mensen dringen. Prompt begint de ezelin te bokken. Logisch, ze kan niet tegen drukte en lawaai. Gelukkig staan Judit en ik bij haar. We strelen haar hoofd en hals. Nu wordt ze rustiger. Jezus gebaart dat hij verder wil. Wij tweeën blijven naast onze ezelin lopen en niemand stuurt ons weg. De leerlingen hebben zeker gemerkt dat ze bij ons niet bokt.
Er lopen steeds meer mensen in de optocht mee. Ze juichen en zingen en roepen. Maar ik hoor niet meer wát ze roepen. Als in een droom loop ik voort, heel plechtig. Ik voel me vredig en veilig bij Jezus en onze ezelin.

Voordat ik het in de gaten heb, zijn we al bij de stad en gaan we de hoge Schaapspoort door, regelrecht naar de tempel.
Voor de tempel stijgt Jezus af. Dan is het alsof ik wakker word. Ik maak de ezelin vast aan een ring in de muur. Judit gaat een bak water halen en ik vraag wat hooi en gerst voor onze ezelin.

Jezus is intussen al naar het tempelplein met zijn leerlingen. Judit en ik rennen hen achterna, maar we kunnen ze niet meteen vinden want het is ontzettend druk. Het is bijna Pesach en dus zijn er heel veel joden uit andere landen om hier pesachfeest te vieren. We komen langs de kraampjes met offerdieren en langs de duivenverkopers. Overal wordt geschreeuwd en gehandeld.
Opeens hoor ik nóg meer lawaai. Er rollen munten over het plein, met rennende mannen erachteraan die proberen ze te grijpen. Wat is er aan de hand? Ik trek Judit tegen me aan. Dan zie ik het: Jezus gooit de kraampjes van de geldwisselaars omver. Hij is boos. 'In onze heilige boeken staat dat de tempel een huis van gebed moet zijn', roept hij. 'Maar jullie maken er met je handel een rovershol van!'
Jezus heeft gelijk. Het lijkt hier wel een markt in plaats van een heiligdom. Mama en papa vinden ook dat die geldwisselaars veel te veel geld vragen voor de munten waarmee je je tempelbelasting moet betalen. Ze worden er steenrijk van. Maar niemand durft er iets van te zeggen. Want dan krijg je de hogepriesters tegen je. En de tempelpolitie. O help! Als ze Jezus nu maar niet arresteren!
Ik zie de hogepriesters wel druk praten met de tempelpolitie, maar daar blijft het bij. Gelukkig!
Als het rumoer wat gezakt is, gaat Jezus op de tempeltrappen staan en begint te vertellen. Het wordt heel stil. Iedereen luistert geboeid. Judit en ik dringen ons tussen de mensen door naar Jezus. Opeens zie ik mama, helemaal vooraan. Snel gaan we naar haar toe. Ze slaat haar armen om ons heen en geeft ons een kus. Dan legt ze haar vinger op haar lippen: 'Ssst!'

LvD

60 De laatste pesach-maaltijd van Jezus

Lucas 22, Johannes 13 en 16

Petrus loopt met Johannes door de hoge Waterpoort de benedenstad in. Het is nog drukker, stoffiger, heter en lawaaiiger dan anders. Al die vreemde talen! Alsof de halve wereld hier in Jeruzalem pesachfeest komt vieren! Zoekend kijkt hij om zich heen. Als ze die man met de waterkruik maar niet mislopen! Steeds botst hij per ongeluk tegen mensen op.

'Daar, dat moet hem zijn!' Als ze de Marktstraat in lopen, krijgt Petrus een por in zijn ribben. Hij kijkt langs Johannes' wijzende vinger en ziet een man op hen afkomen met een mooi versierde kruik op zijn linkerschouder.

'Kom, erachteraan!' zegt Petrus. Jezus had voorspeld dat ze een man met een kruik water op zijn linkerschouder zouden tegenkomen. Ze moesten die man volgen tot aan het huis waar hij naar binnen zou gaan. Daar moesten ze vragen naar de ruimte waar ze de pesachmaaltijd konden klaarmaken.

Het is niet moeilijk om de versierde kruik te volgen, want hij deint boven de hoofden van de menigte uit. Toch zijn ze hem opeens kwijt in de wirwar van nauwe kronkelstraatjes en steegjes. 'Hierheen,' schreeuwt Johannes, 'dit straatje in!' En ja, daar gaat de kruik, nu steil omhoog. Hijgend lopen ze erachteraan. Het straatje komt uit op een brede laan. Nu zijn ze in de bovenstad, waar duurdere huizen staan, met tuinen

eromheen. De man met de kruik loopt een groot, koel huis binnen. Zonder aarzelen gaan Petrus en Johannes achter hem aan, een trap op. Voor een deur zet de man zijn kruik neer en rent weer naar beneden. Wat nu?
Een deftige heer komt de trap op en begroet hen. 'Welkom! Jullie komen het pesachmaal voor Jezus en zijn vrienden voorbereiden. Dan ben je hier goed.' De heer doet de deur van de zaal voor hen open. Bij de ingang staan waskommen met doeken om voeten te wassen. In het midden staat een grote houten tafel; eromheen ligbanken met kussens erop. Op tafel schalen, kommen en wijnbekers.
Petrus telt de bekers: dertien, precies genoeg voor Jezus en zijn twaalf leerlingen ... Hij is niet eens verbaasd.

Even later daalt Petrus met Johannes weer af naar de benedenstad om inkopen te doen. Hij weet precies wat ze nodig hebben, want dat is al meer dan duizend jaar hetzelfde. De pesachmaaltijd herinnert aan de tijd van Mozes, toen God hun voorouders bevrijdde uit de slavernij in Egypte. De bittere mierikswortel die ze op de markt kopen, doet denken aan die bittere tijden, de bruine saus aan de klei waarvan de slaven toen stenen moesten bakken, het zoute water aan de tranen die ze huilden. En de platte broden herinneren aan de platte broden van toen. Want toen die slaven eindelijk weg mochten van de farao, aten ze plat brood omdat ze geen tijd hadden gehad om het te laten rijzen. Petrus kan het verhaal wel dromen. Als kind kende hij het al.
Met volle manden komen ze terug. Petrus zet alles op tafel en Johannes steekt de olielampen aan. Terwijl ze daarmee bezig zijn, komt Jezus met de tien andere leerlingen binnen. Petrus wil op de ligbank naast Jezus, maar Judas is hem net voor en aan Jezus' andere kant ligt Johannes al aan tafel. Alsof zij belangrijker zijn dan ik, moppert Petrus in zichzelf. Met moeite houdt hij zich in en gaat dan maar tegenover Jezus aanliggen. Jezus blijft rechtop zitten, alsof hij wacht tot iedereen stil is.

Opeens ís het stil. Vreemd stil. Er gaat iets belangrijks gebeuren, voelt Petrus.
Jezus staat op en trekt zijn overkleed uit. Hij bindt een droogdoek om zijn middel, giet water in een waskom en loopt met de kom naar de tafel, voorzichtig om niet te morsen. Wat gaat Jezus doen? Petrus houdt zijn adem in. Jezus knielt bij Tomas en ... begint zijn voeten te wassen! Daarna droogt hij Tomas' voeten af met de doek. Nee toch! Dat is werk voor een slaaf, niet voor Jezus, hun meester, hun messias, hun koning!
Het is muisstil als Jezus doorschuift naar de volgende: Petrus' broer Andreas. Petrus probeert Andreas' aandacht te trekken, maar die heeft alleen oog voor wat Jezus aan het doen is.
Dit kán echt niet! denkt Petrus.
Als Petrus zelf aan de beurt is, trekt hij zijn voeten in. 'Nee, meester, ik wil niet dat u mijn voeten wast! Nooit van m'n leven!'
Jezus kijkt op en zegt: 'Als ik je voeten niet mag wassen, kun je niet bij mij horen.'
Eén seconde is Petrus van slag. Dan schuift hij snel zijn voeten terug en houdt ook zijn handen open voor Jezus. 'Wast u dan niet alleen mijn voeten,' zegt hij, 'maar ook mijn handen en mijn hoofd!'
'Dat hoeft niet', zegt Jezus. 'Je hebt toch al gebaad voordat je hierheen kwam?'
'Ja, natuurlijk', zegt Petrus.
'Wie gebaad heeft, hoeft alleen zijn voeten te wassen. Want dan ben je al rein. En dat is iedereen hier. Tenminste, bíjna iedereen ...' Hij wast Petrus' voeten met aandacht.
Als Jezus iedereen heeft gehad, gaat hij weer naar zijn plaats. 'Begrijpen jullie waarom ik dit heb gedaan?' vraagt hij.
Petrus kijkt de kring rond. Sommigen halen vragend hun schouders op. Niemand geeft antwoord.
'Ik gaf een voorbeeld. Als ik, jullie leermeester, nederig werk doe, kunnen jullie dat ook doen. Voor elkaar en voor anderen. Niemand is

belangrijker dan een ander. Koningen heten misschien wel belangrijk, maar veel koningen onderdrukken hun volk. Dat mogen jullie nooit doen! Het gaat er niet om te heersen, maar te dienen. De belangrijkste moet de minste willen zijn.'

Petrus fronst terwijl hij naar het brood staart dat vóór hem in de schaal ligt. De minste willen zijn? Zou dat ook voor hem gelden? Jezus weet toch dat hij alles voor hem wil doen? Meer dan de andere leerlingen, vindt hij zelf ...

Dan zegt Jezus: 'Ik heb er erg naar uitgekeken om dit pesachfeest met jullie te vieren. Het wordt mijn laatste pesachmaaltijd, want hierna komt de tijd van mijn lijden.'
Jezus zei al eerder dat hij niet lang meer zou leven, maar elke keer dacht Petrus: het loopt niet zo'n vaart. De hogepriesters en schriftgeleerden proberen Jezus wel steeds in de val te lokken door hem iets te laten zeggen waarvoor ze hem kunnen veroordelen. Maar steeds heeft Jezus hen door en is hij hun te slim af. Bovendien durven ze hem geen kwaad te doen met honderden mensen erbij.
'Ik moet sterven', vervolgt Jezus. 'Zo staat het in onze boekrollen. Maar ik zal jullie niet alleen achterlaten. Jullie krijgen hulp ...'
Hulp? Waar heeft Jezus het over?
Petrus kijkt naar Jezus' handen die een brood van de schaal pakken. Jezus spreekt het vertrouwde dankgebed voor Pesach uit, breekt het brood plechtig in stukken en deelt het uit. Het is doodstil. Dan zegt

Jezus: 'Ik zal ook worden gebroken, net als dit brood. Denk daarom aan mij, elke keer als je brood breekt en eet.'
Petrus is in de war. Het is een echte pesachmaaltijd, denkt hij terwijl hij zijn stuk brood in de bruine saus doopt. En toch is alles anders ...
Dan neemt Jezus de kruik met wijn en schenkt langzaam een beker vol. Een voor een kijkt hij iedereen aan. Petrus houdt zijn adem in. 'Mijn bloed zal ook vergoten worden, net als de wijn', zegt Jezus. 'Geef deze beker aan elkaar door en drink ervan. Het is het teken van het nieuwe verbond tussen God en de mensen.'
Het nieuwe verbond? Wat bedoelt Jezus toch? En wat heeft zijn bloed ermee te maken?
Petrus krijgt geen tijd om erover na te denken, want Jezus zegt nog meer verontrustends: 'Ik moet jullie iets naars zeggen: vannacht zal een van jullie mij verraden.'
'Ik niet, meester!' roept Petrus terwijl hij met gebalde vuisten opspringt. 'Ik zal u nooit verraden!'
Plotseling praat iedereen door elkaar. Een verrader in hun midden? Nee! 'Ik ben het toch niet, meester?' klinkt het.
Petrus loopt naar Johannes die naast Jezus aanligt. 'Vraag hem eens wie het is', zegt hij.
Johannes buigt zich over naar Jezus en fluistert iets. Petrus luistert gespannen mee, maar kan in het geroezemoes niet verstaan wat Jezus antwoordt. Hij ziet alleen dat Jezus een stuk brood pakt, het in de schaal met saus doopt en aan Judas geeft.
'Ik ben het toch niet, meester?' hoort Petrus Judas zeggen.
Jezus zegt iets terug, waarna Judas opstaat en de zaal uit loopt.
'Wat zei Jezus?' vraagt Petrus aan Johannes.
'Dat het Judas is', antwoordt Johannes verslagen.
Judas? Judas die altijd zo trouw hun geld beheerde, die zo zeker wist dat Jezus de messias was. Judas een verrader? Petrus krijgt er hoofdpijn van. 'G-goed dat 'ie weg is', stamelt hij. 'Verraders kunnen we missen als kiespijn.'

Jezus draait zich naar hem om. 'Petrus,' zegt hij, 'jij bent echt niet beter dan anderen. Judas is niet de enige die me zal verraden ...'
Petrus hapt naar adem. Wat bedoelt Jezus? Dat hij, Petrus ... Nee, nooit! 'Ik niet beter dan anderen?' roept hij uit. 'Ik ga met u mee in de gevangenis, en als het moet zelfs in de dood!'
'Jij, Petrus?'
Zoals Jezus hem nu aankijkt, zo dwars door hem heen, daar kan hij niet tegen! Hij slaat zijn ogen neer. Maar wat Jezus zegt, hoort hij woord voor woord: 'Petrus, wanneer vannacht de haan kraait, zul jij al drie keer gezegd hebben dat je mij niet kent.'
Abrupt draait Petrus zich om, slaat een hand voor zijn ogen en schudt zijn hoofd. Dit kan niet waar zijn!
Dan voelt hij een hand op zijn schouder. Het is Johannes. 'Kom je? We gaan de lofzang zingen.'
Petrus laat zich door Johannes terugleiden naar de tafel. Iedereen is opgestaan voor het feestelijke slotlied, een psalm van David. Petrus zingt mee, maar hij is er met zijn hoofd niet bij.

Somber loopt Petrus achter Jezus en de andere leerlingen aan de stad uit, de Olijfberg op. Niemand zegt iets. De zon gaat onder. De lucht kleurt rood.
Jezus blijft staan. 'Ik ga verderop bidden', zegt hij. 'Wachten jullie hier op mij. En blijf vooral wakker.' Jezus verdwijnt in de schemering.
Petrus zakt tegen een boomstam op de grond. Hij is doodmoe. Zijn ogen vallen dicht ...

LvD

61 Het verraad

Lucas 22, Johannes 18, Matteüs 27

Het is bijna donker. Malchus loopt de bergweg op, naast Judas. In zijn ene hand draagt hij een fakkel, in de andere een knuppel. Achter hen aan komt een troep gewapende soldaten en de tempelpolitie. Ze lopen in de richting van de Olijfberg.
Judas heeft hogepriester Kajafas verteld dat Jezus in de olijftuin Getsemane is, op de Olijfberg. Judas is een ex-leerling van die Jezus. Hij is kwaad op 'm en daarom wil hij hem aan Kajafas uitleveren. Als het lukt, krijgt-ie er een flinke zak geld voor. En dit keer lukt het vast! Zonder al dat lastige volk erbij moeten ze hem met gemak kunnen oppakken. Ze moesten wel zwaarden meenemen, had Judas gezegd, want die leerlingen zijn potige vissers uit Galilea, en sommige zijn gewapend. Dus hebben ze een flinke troep sterke mannen opgetrommeld. 'Malchus,' had Kajafas gezegd, 'jij hebt de leiding vannacht. Stel me niet teleur.'
Best spannend. Malchus is benieuwd naar die oproerkraaier. Hij heeft de wildste verhalen over die Jezus gehoord. Hij zou het volk opstandig maken en van zichzelf zeggen dat hij de messias is. Maar volgens anderen zou Jezus ongeneeslijk zieke mensen beter maken en zelfs doden opwekken. Nu kan hij hem eindelijk in het echt zien!

Opeens houdt Judas halt. 'Luister, mannen', zegt hij op gedempte toon. 'We zijn er bijna. Zij zijn met z'n twaalven. Degene die ik een kus geef, moet je hebben.'

Even later ziet Malchus schimmen opdoemen. Judas loopt vooruit, naar een figuur in lichte kleding. ‘Goedenavond, meester!’ zegt hij en geeft hem een kus.
Aha, dat is dus die Jezus. Malchus gaat er meteen op af. Zijn mannen grijpen hem beet.
‘Judas, verraad je me met een kus?’ zegt Jezus. Hij verzet zich niet, maar zijn volgelingen wel. ‘Meester,’ roept er een, ‘zullen we ...?’ Hij heft zijn zwaard omhoog.
Nog vóór Jezus antwoord kan geven, flitst er iets door de lucht. Au! Malchus krimpt ineen van de pijn en grijpt naar zijn rechteroor: drijfnat. Zijn oor is eraf, het bungelt nog aan een reepje huid. Fakkels erbij. Bloed! Zijn overkleed kleurt rood. Geschreeuw, maar hij hoort alleen links iets. Een krachtige stem die zegt: ‘Stop! Doe je zwaard weg!’ Het is die Jezus. Malchus ziet hem tussen de soldaten door naar hem toekomen. Jezus raakt het gewonde oor aan en ... weg is de pijn!
Verbaasd voelt hij aan zijn hoofd. Hé, zijn oor zit er weer aan. Dat kan toch niet?! ‘Hier met die fakkel!’ roept hij.
Een tempelwachter houdt een fakkel bij zijn hoofd. ‘Je zit onder het bloed’, zegt hij, ‘maar een wond zie ik nergens meer.’
Wat is er met hem gebeurd? Zijn hoofd tolt. Intussen boeien zijn mannen Jezus. Dat is niet eens nodig, want hij gedraagt zich rustig. Hij zegt

alleen: 'U komt met zwaarden en knuppels op me af alsof ik een misdadiger ben. U had me veel makkelijker in de tempel kunnen arresteren, want daar was ik elke dag bij u. Maar ik begrijp dat u het liever in het geheim doet.'

Midden in de nacht dalen ze af naar de stad, naar het huis van Kajafas. Malchus is in de war. Hij moet als knecht van de hogepriester een arrestant ophalen, maar hij is daarnet op wonderlijke wijze genezen door diezelfde arrestant! Hoe kan die man dan slecht zijn? Hem arresteren is vast een vergissing! Dat moet hij tegen Kajafas zeggen ...
Pas als ze bij Kajafas' huis zijn, voelt hij hoe koud het is geworden. Hij laat zijn mannen een vuur maken op de grote binnenplaats. Anderen binden Jezus vast aan een pilaar. 'Maak maar weer los', zegt hij. 'Deze man loopt niet weg.' Hoe hij dat zo zeker weet? Hij voelt het gewoon. Hij laat de dienstmeisjes brood, vlees en drank halen voor de soldaten en dan zit zijn dienst erop voor vannacht. Toch blijft hij, want hij wil weten hoe dit afloopt.

Er komen steeds meer mensen rond het vuur staan om zich te warmen. Judas ziet hij niet meer, maar wel iemand die lijkt op de man die hem zijn oor afsloeg. Moeilijk te zien bij dat flakkerende licht. Onopvallend schuift Malchus dichter naar hem toe. Het dienstmeisje dat de man een schaal brood voorhoudt, zegt opeens: 'Jij hoort toch ook bij die Jezus?'
'Hoe kom je erbij?' zegt de man. 'Ik ken hem niet eens.'
Malchus schuift nog een stukje op en tikt hem op zijn schouder: 'Ja, jij bent een leerling van hem!'
De man schrikt zichtbaar. 'Welnee, dat verzin je!' snauwt hij. 'Ik weet niet eens hoe hij heet!' Meteen keert hij Malchus de rug toe. Maar Malchus heeft het goed gezien: hij is het! In de gaten houden dus!
Malchus gaat in een hoek zitten, zijn overkleed als een deken om zich heen. Hij probeert zijn ogen open te houden ...
Hoelang hij daar heeft gezeten weet hij niet, maar opeens klinken er harde stemmen. 'Jij hoort ook bij die Jezus,' zegt iemand tegen de man, 'je praat met hetzelfde Galilese accent.'
'Schei toch uit!' schreeuwt de man. 'Waar heb je het over!'
Op dat moment hoort Malchus de eerste haan kraaien. En dan gebeurt er iets vreemds. Hij ziet de man ontzet naar Jezus kijken. Jezus knikt. Er ís iets tussen die twee. Het moet iets heftigs zijn, want de man lijkt in paniek: hij slaat beide handen tegen zijn hoofd en rent de binnenplaats af, naar buiten.

Malchus is te moe om uit te zoeken wat er aan de hand is en dommelt weer in. Tot het licht begint te worden en er opnieuw geschreeuw klinkt. Het zijn zijn mannen, die duidelijk te veel drank op hebben. Ze staan Jezus te sarren!

Ze hebben hem een blinddoek omgedaan en slaan hem met een zweep. 'Hé, als je zo'n grote profeet bent,' lallen ze, 'zeg dan eens wie je geslagen heeft?'
Jezus zwijgt.
Dit gaat te ver. Malchus springt op. 'Stop daarmee, onmiddellijk!' roept hij.
'Bemoei je er niet mee, man,' roepen ze, 'je hebt geen dienst meer!'
Hoe lost hij dit op? 'Ik haal de hogepriester erbij!' zegt hij. Maar daar komt Kajafas al aan, in vol ornaat. Hij is vroeg vandaag. Meteen verstoppen de mannen hun zweep achter hun rug.
De hogepriester bekijkt Jezus van top tot teen. 'Ja ja, onze zogenaamde messias', zegt hij. 'Malchus, breng hem naar mijn werkpaleis. We zullen hem met de Hoge Raad eens stevig aan de tand voelen.'
Nee, dit wil en kan Malchus niet! 'Heer,' begint hij met een beleefde buiging, 'deze arrestatie moet een vergissing zijn ...'
Kajafas kijkt hem woedend aan. 'Je hoort wat ik zeg! De Hoge Raad maakt wel uit of dit een vergissing is.'
'Maar heer,' probeert hij nog, 'ik heb vandaag geen dienst. Wie is de dienstdoende ...'
Woedend valt Kajafas hem in de rede. 'Malchus, verdwijn!' schreeuwt hij. 'Nu! Ga uit mijn ogen!'
Hulpeloos kijkt Malchus naar Jezus. Die knikt hem berustend toe.

Twee uur later zit Malchus achter in de zaal waar de raad van oudsten, hogepriesters en schriftgeleerden Jezus ondervraagt. Zijn bebloede bovenkleed heeft hij zolang in een holle boom gestopt, want daar valt hij te veel mee op. Hij is zo gaan zitten dat Kajafas hem niet kan zien. Jammer genoeg ziet hij Jezus nu ook niet goed.
Kon ik maar iets doen! denkt Malchus. Hij voelt zich schuldig. Had hij Jezus vannacht niet kunnen bevrijden? Was er geen moment geweest dat alle mannen sliepen? Hij zat zelf te slapen in plaats van op te letten!

Iemand roept dat Jezus heeft gezegd dat hij de tempel van God kan afbreken en in drie dagen weer opbouwen. Maar dat vinden de farizeeën geen godslastering en dus geen reden voor de doodstraf.
'Bent u de messias?' hoort Malchus een schriftgeleerde aan Jezus vragen.
'Als ik ja zeg, gelooft u me niet', antwoordt Jezus. 'Maar vanaf nu zal de Mensenzoon rechts van God zitten.'
Iedereen staat op en schreeuwt door elkaar. 'Dus u bent de Zoon van God?'
'U zegt dat ik het ben', antwoordt Jezus kalm.
'Zie je wel,' roept Kajafas triomfantelijk terwijl hij zijn armen spreidt, 'hij beweert dat hij de Zoon van God is. Pure godslastering. Getuigen zijn niet meer nodig. Naar Pilatus met hem!'
Opeens ziet Malchus zijn baas met andere ogen. Voor zo'n baas wil hij niet meer werken!

Voor de burcht waar Pilatus, de wrede Romeinse landvoogd, rechtspreekt, staan honderden mensen waaronder veel priesters, schriftgeleerden en farizeeën. Malchus heeft zich naar voren gedrongen, want hij wil weten hoe dit afloopt. Om hem heen wordt van alles geschreeuwd. Dat Jezus mensen van het ware geloof afbrengt. Dat hij ze opstookt om geen belasting aan de Romeinse keizer te betalen. Dat hij zegt de messias te zijn, de nieuwe koning ...
'Bent u werkelijk de koning van de Joden?' vraagt Pilatus.
'U zegt het', antwoordt Jezus opnieuw. Hij staat fier rechtop, met geboeide handen.
Malchus ziet Pilatus aarzelen en overleggen met een andere Romein. Dan zegt hij: 'Ik zie geen kwaad in deze man.'
Gelukkig! Malchus haalt opgelucht adem. Maar om hem heen stijgt een oorverdovend geschreeuw op. Vuisten gaan de lucht in. 'Onzin! 't Is een oproerkraaier!' hoort hij. 'Hij stookt iedereen op!'
Malchus is in het gedrang achteraan geraakt en kan niet goed horen wat Pilatus zegt. Maar hij ziet wel opeens de beruchte moordenaar

Barabbas naast Jezus op het podium staan. Waarom doet Pilatus dat? Hij zegt iets, maar Malchus verstaat niet wát.
Dan hoort hij een en al gebrul om zich heen. 'Weg met hem! Laat Barabbas vrij! Kruisig hem!'
O nee! Pilatus laat ze kiezen! Malchus rilt bij de gedachte aan een Barabbas die vrij rondloopt. En hij rilt nog meer bij het woord kruisigen!
Nu praat Pilatus weer. 'Wat voor kwaad heeft hij dan gedaan?' verstaat Malchus.
'Kruisig hem!' brult de meute. 'Kruisig hem! Aan het kruis met hem!'
Malchus gaat op zijn tenen staan. Dan ziet hij Pilatus zijn handen wassen in een kom. Dat betekent: ga je gang met hem, mijn schuld is het niet als dit een verkeerde veroordeling is ...
Dit is een nachtmerrie. En Malchus kan niets voor Jezus doen! Verslagen loopt hij weg.

Tegen de dikke muur van de burcht staat een man met zijn hoofd omlaag. Hij schudt onophoudelijk van nee. 'Gaat het?' vraagt Malchus. Dan ziet hij dat het Judas is.
'Als ik had geweten dat het zo erg zou worden,' kreunt Judas, 'dan had ik het nooit gedaan! Hier heb je het geld terug, ik wil het niet meer!' Hij reikt Malchus de zak verradersloon aan.
Geschrokken, alsof de man voor hem een besmettelijke ziekte heeft, doet Malchus een stap terug. 'Ik wil het ook niet', zegt hij. 'Breng het zelf maar terug naar Kajafas. Ik werk niet meer voor hem.'
Even kijkt Judas op. Malchus ziet paniek in zijn ogen. Dan duwt Judas Malchus opzij en rent weg. De zak met zilverstukken bungelt aan zijn hand als een rat die zich vastgebeten heeft.

LvD

62 Een zwarte dag

Lucas 23, Matteüs 27

Maria Magdalena schiet overeind in haar bed. Hoorde ze nu geschreeuw verderop in de bovenstad? Zo vroeg al? Het is nog niet eens helemaal licht. Ze kijkt uit het raam van de gastenkamer die ze samen met haar Galilese vriendinnen heeft gehuurd. Niets bijzonders te zien, alleen wat mensen die haastig voorbijlopen.

Ze logeren voor het pesachfeest in deze herberg in de benedenstad met drie Maria's: zijzelf, Jezus' moeder en de vrouw van Klopas. En met Johanna en Susanna. Alle vijf horen ze bij de groep van Jezus. Ze hebben geluk dat ze nog een logeeradres konden vinden, want vanwege het pesachfeest dat vanavond bij zonsondergang begint, zijn alle herbergen in de stad stampvol.

Jezus' moeder is ook wakker. 'Ik heb geen oog dichtgedaan', zucht ze terwijl ze moeizaam opstaat. 'Ik ben zo ongerust over wat ze met hem gaan doen.'

'Ik kon ook niet slapen,' zegt Susanna, 'na dat vreselijke bericht van Johannes vannacht.'

'Ik wil naar hem toe', zegt Jezus' moeder. 'Ik móét hem zien, en weten of alles goed met hem is.'

Maria Magdalena weet wel zeker dat het niét goed is met Jezus. Onderweg van Galilea hierheen heeft Jezus meer dan eens gezegd dat hij in Jeruzalem gedood zou worden. Niemand van de leerlingen leek te begrijpen waar hij het over had, maar zij voelde dat het waar was. De meeste priesters en schriftgeleerden hebben immers een hekel aan

Jezus; hij houdt zich wel zoveel mogelijk aan de joodse wet, maar liefde en leven vindt hij belangrijker dan die honderden regeltjes over wat mag en niet mag. Ze is verdrietig. Dit wordt een zwarte dag ... Maar dat gaat ze niet hardop zeggen.
Ze wast zich bij haar waskom, kleedt zich aan en helpt de moeder van Jezus met het vastbinden van haar sandalen. Dan gaan ze de trap af naar de binnenplaats, waar brood en schapenmelk klaarstaan voor de gasten. 'Eet wat,' zegt ze tegen haar vriendinnen, 'je zult het nodig hebben vandaag.' Zelf krijgt ze nauwelijks een hap door haar keel.

Vanuit de bovenstad klinkt tumult. Met een bang voorgevoel gaat Maria Magdalena met haar vriendinnen eropaf. Voorbij de burcht waar Pilatus rechtspreekt, komen ze in een stroom mensen terecht met veel priesters, schriftgeleerden en farizeeën. 'Weg met die afvallige! Kruisigen! We gaan 'm kruisigen!' roepen de mensen. Ze zijn schor van het schreeuwen, nu al.
Geschrokken kijkt Maria Magdalena naar Jezus' moeder. Die zegt niets, maar haar bange ogen zeggen des te meer. Ze slaat beide armen om haar heen. 'Maria, wil je er wel bij zijn?' vraagt ze.
'Ja, ik wil erbij zijn', kreunt Jezus' moeder.
'Ik heb altijd geweten dat het niet goed zou aflopen met hem, maar dit ...' Ze schudt haar hoofd alsof ze een nachtmerrie van zich af wil schudden. 'Mijn zoon, mijn zoon! Ik wil bij hem zijn zolang het kan!'
Snel lopen ze naar voren door de schreeuwende menigte. Dan ziet Maria Magdalena Jezus, omringd door Romeinse soldaten.

Hij loopt gekromd onder een zware kruisbalk, bezweet, met bloed op zijn gezicht en kleren. Maria houdt haar adem in, klemt haar tanden op elkaar en sluit haar ogen. Jezus, van wie ze zoveel houdt!
Ze haalt diep adem. Sterk zijn nu, denkt ze. Bij hem blijven, en bij zijn moeder. Ze schudt haar haren naar achteren, bindt haar hoofddoek stevig vast en recht haar rug. Het is alsof ze een onzichtbaar schild om zich heen bouwt dat haar onkwetsbaar maakt. Of heeft ze haar gevoel uitgeschakeld? Ze weet het niet. In elk geval hoort en ziet ze alles wat gebeurt glashelder. Dat moet ook, besluit ze. Ze wil het kunnen navertellen.
Jezus struikelt en valt, met de zware balk boven op zich. Twee soldaten trekken hem overeind. De centurio, de Romeinse hoofdman die leiding geeft aan honderd soldaten, houdt een man tegen die net door de Vispoort aan komt lopen. Hij laat de man Jezus' kruisbalk dragen, de stad uit, naar de heuvel Golgota, waar misdadigers terechtgesteld worden ...

Onder aan de heuvel blijven de vijf vriendinnen staan. Ik hoef niet te zien hoe ze Jezus aan een kruishout spijkeren, denkt Maria Magdalena. Als ze de hamerslagen hoort, stopt ze haar vingers in haar oren. Haar vriendinnen huilen hartverscheurend.
Na een tijdje ziet ze Jezus aan het kruis hangen. Hij zegt iets, maar ze kan onmogelijk verstaan wát. Johannes, die vlak bij het kruis stond, vertelt haar even later wat Jezus heeft gezegd: 'Vader, vergeef het hun want ze weten niet wat ze doen.' Johannes schudt zijn hoofd: 'Niet te geloven, hij vergeeft zijn moordenaars!'
Maria Magdalena knikt. 'Dat ga ik onthouden', zegt ze schor.
Boven aan het kruis is een bord getimmerd, maar Maria Magdalena kan vanaf de plek waar ze staat niet lezen wat erop staat. Links en rechts ziet ze nog twee kruisen staan. Moordenaars, hoort ze iemand zeggen.

De vrouwen staan er verslagen bij. Zwijgend. Maria Magdalena kijkt bezorgd opzij naar Jezus' moeder en trekt haar stevig tegen zich aan. Johannes ondersteunt haar aan haar andere kant.

Een groepje soldaten zit te dobbelen. 'Kijk, wie wint krijgt Jezus' kleren!' schatert iemand. Andere soldaten dopen een spons in een bak, steken de spons op een lange stok en houden die tegen Jezus' mond.
'Wat zit er in die spons?' vraagt Maria Magdalena aan een soldaat.
'Zure wijn', zegt hij onverschillig.
'En wat staat er op dat bord boven hem?'
'"*De koning van de Joden*." Dat schijnt-ie van zichzelf te zeggen volgens jullie priesters.'
Maria Magdalena zwijgt.
Een grote groep priesters en schriftgeleerden staat Jezus te treiteren. Maria hoort er een roepen: 'Hallo daar! Als jij de koning van de Joden bent, red jezelf dan!'
Een ander sart: 'Anderen heeft hij gered, maar zichzelf kan hij niet redden!'
En een derde: 'Die man beweerde toch dat hij de tempel kon afbreken en in drie dagen weer opbouwen? Dan kan-ie ook wel van dat kruis af komen.'
Maria Magdalena zwijgt.

Opeens, midden op de dag, wordt het donker. Het lijkt wel nacht. Meteen is het sarren en spotten afgelopen. Het wordt doodstil, alsof de wereld zijn adem inhoudt.
Maria Magdalena laat zich op de grond zakken, naast Jezus' moeder. Johannes volgt met de andere vrouwen. De wind is gaan liggen. Geen vogel zingt. Geen krekel sjirpt. Zelfs geen mug zoemt. Ze hoort alleen haar eigen ademhaling. Nu is de dag nóg zwarter geworden, denkt ze. Het donker duurt en duurt. Ze heeft geen idee hoelang.

Opeens verbreekt een kreet de beklemmende stilte: 'Mijn God, mijn God, waarom hebt u mij verlaten?!'
Dan, eindelijk, na uren, wordt het weer licht.
Nog één keer klinkt Jezus' stem: 'Vader, ik geef mijn leven aan u terug.'
'Hij is gestorven', fluistert Maria Magdalena naar Jezus' moeder die naast haar zit met haar hoofd in haar handen. Ze slaat een arm om haar heen. Zo zitten ze een tijdje zwijgend bij elkaar. Hun tranen zijn op.

Terwijl de meeste mensen terug de stad in gaan, ziet Maria Magdalena één man de stad uit rennen, rechtstreeks naar de centurio die bij de kruisen staat. Als hij voor de Romein staat, gebaart hij druk met zijn armen.
Wat is er aan de hand? Ze staat op en loopt ernaartoe. Soldaten duwen haar terug, maar het nieuws dat de man bracht, gaat al van mond tot mond: het grote tempelgordijn van het allerheiligste is dwars doormidden gescheurd!
Dat moet een teken van God zijn, denkt ze terwijl ze onder de armen van een soldaat door glipt naar de centurio. Die slaat met zijn hand tegen zijn voorhoofd en roept uit: 'Nu weet ik zeker dat die Jezus een rechtvaardig mens was!'
Dan ziet ze nog iemand vanuit de stad naar de centurio komen. Ze herkent hem meteen: het is Josef van Arimatea. Hij is lid van de Hoge Raad die Jezus heeft veroordeeld. Maar in het geheim is hij vóór Jezus. Jozef draagt een vracht witte linnen doeken over zijn arm. Wat moet hij daarmee bij de centurio?
Steeds wordt ze weggeduwd, maar even later begrijpt ze het: Josef heeft toestemming van Pilatus om Jezus fatsoenlijk te begraven! Dat is bijzonder, want gekruisigde mensen blijven vaak dagenlang hangen ...
Terwijl Jezus' lichaam voorzichtig van het kruis gehaald wordt en op een draagbaar gelegd, wenkt Maria Magdalena de andere vier vrouwen. 'Wij zullen je helpen om het lichaam te balsemen', zegt ze tegen Josef.

‘Ik heb pas een nieuw graf in de rotsen laten uithakken’, zegt Josef. ‘In de graftuin hier vlakbij. Kom maar mee.’
De vriendinnen lopen achter Josef en de soldaten met de draagbaar aan naar het rotsgraf en kijken toe hoe Jezus er wordt neergelegd en in de schone doeken wordt gewikkeld.
Als ze het graf uit komen, rollen de soldaten de platte sluitsteen weer voor de ingang. Ze blijven er op wacht staan.
Maria Magdalena kijkt naar de stand van de zon. ‘Vlug terug naar de herberg,’ zegt ze, ‘de zon gaat al bijna onder. We hebben niet veel tijd meer voor de sabbat begint. Laten we snel alles klaarmaken om hem na de sabbat meteen te kunnen balsemen!’

LvD

63 Het lege graf

Lucas 24

Het is heel vroeg in de ochtend en nog donker. Maria Magdalena ligt in haar bed in de herberg. Ze heeft geen oog dichtgedaan. Alsmaar spookten de beelden van de kruisiging van Jezus door haar hoofd. Ze rilt en trekt de deken tot haar kin. Haar vriendinnen zijn uiteindelijk wél in slaap gevallen. En aan hun regelmatige ademhaling te horen, slapen ze nog. Vast door de mirreolie, want daar word je rustig van. Laat ze nog maar even. Ze hebben hun slaap hard nodig.
Maria Magdalena snuift de heerlijke geur op van de olie die in de nis staat. Die hebben ze gelukkig nog net kunnen klaarmaken voordat de sabbat begon.
Ergens vlakbij kraait een haan, dus het kan niet lang meer duren of de zon komt op. Gelukkig, denkt Maria, dan kunnen we eindelijk met onze olie naar het graf van Jezus! De hele sabbat konden ze er niet heen, want een dode met olie insmeren is werken en dat mag niet op sabbat. En al had het wel gemogen, Maria kón niet meer. Tijdens de kruisiging was ze zo sterk, zeiden haar vriendinnen, maar gisteren stortte ze in. Het was of al haar kracht uit haar wegstroomde. De hele sabbat heeft ze op bed gelegen en bijna niks gegeten van verdriet.
Weer kraait een haan, en nog een. Het begint lichter te worden. Maria kan niet langer wachten. Ze staat op, trekt haar overkleed aan, doet haar hoofddoek om, pakt de pot met olie en maakt haar vriendinnen wakker. 'Kom mee, het is tijd om naar het graf te gaan', zegt ze.

Zwijgend gaan ze op pad. Als ze buiten de stad naar de graftuin lopen, fluiten de vogels dat het een lieve lust is. De hemel in het oosten kleurt prachtig rood en oranje. Alsof het een feestdag is, denkt Maria Magdalena bitter.

De graftuin staat vol amandelbomen, knoestige olijfbomen en hoge palmen. Ze moeten even zoeken naar het graf van Jezus, want er zijn meer rotsgraven. Opeens herkent Maria de plek en rent ze erheen, voor de anderen uit.

Dan blijft ze stokstijf staan. De ronde sluitsteen voor het graf van Jezus is weggerold. En de soldaten die erbij op wacht stonden, zijn verdwenen. Er is iets heel erg mis!

Met een bang voorgevoel loopt ze de grot in, naar de plek waar ze vrijdagavond het lichaam van Jezus hebben neergelegd.

De plek is … leeg.

Alleen de linnen doeken liggen er nog.

'Hij is weg!' Ze wankelt en zet haastig de pot met mirreolie naast de doeken op het graf. Achter haar komen de anderen de grot binnenlopen. 'Wat? Wat is er …?' roepen ze ongerust.

'Dat kan niet waar zijn!' roept de moeder van Jezus wanhopig. Als een razende zoekt ze tussen de lappen. Alsof Jezus daar misschien toch nog onder zou kunnen liggen. De anderen slaan hun handen voor hun mond.

Dan opeens schittert er een verblindend wit licht. De grot lijkt een en al zonneschijn. Maria Magdalena schrikt. Ze slaat haar handen voor haar ogen. Wat gebeurt hier allemaal? Voorzichtig kijkt ze tussen de kiertjes van haar vingers door. Daar staan twee mannen in stralende kleren.

'Zoeken jullie soms Jezus uit Nazaret?' zegt een van hen. 'Dan moet je niet hier zijn, bij de doden. Jezus leeft. Hij is opgestaan.'

Opgestaan? Jezus leeft? Hoe kan dat?

Vriendelijk gaat de man verder: 'Dat heeft hij toch zelf gezegd, een tijdje geleden in Galilea. Zijn jullie dat vergeten? Hij zei toen dat hij uitgeleverd zou worden aan slechte mensen die hem zouden doden, maar hij zei ook dat hij drie dagen na zijn dood weer tot leven zou komen.'

O ja! Opeens herinnert Maria Magdalena zich deze woorden van Jezus. Dat hij gedood zou worden had ze zich nog wel kunnen voorstellen omdat die strenge schriftgeleerden en priesters van Jeruzalem vonden dat hij de mensen van het ware geloof afhield. Maar dat hij op de derde dag zou opstaan? Nee, dat was zo onbegrijpelijk. Dat was ze totaal vergeten. En haar vriendinnen blijkbaar ook.
De man zwijgt. Het felle licht verdwijnt. Even ziet Maria Magdalena niets, maar geleidelijk wennen haar ogen weer aan het halfdonker.
'D-dat moeten engelen geweest zijn', stamelt Johanna.
'Ja, en het klopt wat die ene engel zei!' roept Maria Magdalena. 'Ik weet het nog! Ik weet het nog! Wat dom om dat te vergeten!' Ze voelt zich opeens intens gelukkig.

‘Nu herinner ik het me ook weer,’ lacht Susanna, ‘maar ik kon het toen niet geloven en dus heb ik er nooit meer aan gedacht!’
‘Als dat eens waar mocht zijn’, zegt de moeder van Jezus zacht. ‘Dat Jezus weer leeft. Daar heb ik van gedroomd!’
‘Het is geen droom, Maria, het is écht’, zegt Maria Magdalena. ‘Dat zie je toch?’ Ze omhelst haar, en de andere vriendinnen ook.
‘Kom mee,’ zegt ze, ‘we gaan het meteen aan de anderen vertellen!’

De vriendinnen lopen snel terug naar de stad die nog aan het ontwaken is. Ze lachen en zingen en hun voeten gaan bijna vanzelf. Er fluiten nog meer vogels dan op de heenweg en de zon stijgt stralend naar een strakblauwe hemel. Tóch nog een feestdag! denkt Maria Magdalena.
Ze lopen rechtstreeks naar het huis van vrienden van Jezus in de bovenstad waar de leerlingen vaak bij elkaar komen. Gelukkig, ze zijn er nu ook. Zwijgend, met gebogen hoofden, zitten ze te ontbijten.
Uitgelaten van vrolijkheid komen de vriendinnen binnenstormen.
‘Vrienden, Jezus leeft!’ roept Maria Magdalena. ‘Hij is opgestaan!’
‘In je fantasie zeker’, zegt Matteüs somber. ‘Dat kan helemaal niet.’
‘Onzin’, zegt Tomas schouderophalend. ‘Eerst zien en dan geloven!’

‘Jullie kramen maar wat uit’, zegt Jakobus. ‘De dood van Jezus is niet iets om grapjes over te maken.’
‘Die vrouwen ook altijd met hun geklets’, moppert Andreas terwijl hij met zijn vuist op tafel bonkt. Hij neemt een grote hap brood en verslikt zich in de melk.
Wat een domper. Waarom geloven de leerlingen hen niet? Maar Maria Magdalena laat zich niet uit het veld slaan. ‘Nou, dan blijf je hier toch zitten somberen’, zegt ze. ‘Wij weten wel beter!’
‘Wat weten jullie dan?’ vraagt Petrus. ‘En hoe weet je het zo zeker?’
Petrus neemt ons tenminste serieus, denkt Maria en ze vertelt wat ze zojuist hebben meegemaakt bij het graf van Jezus. Haar vriendinnen vullen haar verhaal aan.
Petrus luistert geboeid. ‘Daar moet ik het fijne van weten’, zegt hij terwijl hij opstaat. ‘Ik ga kijken. Tot straks.’ Met grote stappen loopt hij de deur uit.
‘Jezus heeft in Galilea toch al gezegd dat hij na drie dagen zou opstaan!’ zegt Susanna tegen de andere leerlingen. ‘Daar waren jullie zelf bij!’
‘Ja, maar dat bedoelde Jezus anders’, zegt Johannes. ‘Hij ging toch ook niet in het echt de tempel afbreken en in drie dagen weer opbouwen? Dat moet je niet zo letterlijk opvatten.’
‘Je vat het maar op zoals je wilt,’ zegt Maria Magdalena, ‘maar wij weten het zeker, punt uit. Hebben jullie nog iets te eten? Wij hebben nog niet ontbeten.’
Johannes laat het dienstmeisje van het huis brood en melk halen. En dadels en druivensap. Onder een vijgenboom in de tuin gaan ze zitten eten. Maria Magdalena proeft nauwelijks wat ze eet; er valt zoveel te denken en te praten.
‘Tomas zei: eerst zien en dan geloven’, zegt Johanna. ‘Daar zit wel wat in. We hebben Jezus nog niet met eigen ogen gezien ...’
‘Hij komt’, antwoordt Maria Magdalena. ‘Misschien zelfs vandaag nog. Ik voel dat hij dichtbij is.’

Een uur later is Petrus terug. Hij loopt meteen door naar binnen, waar Jezus' leerlingen nog zitten. Maria Magdalena gaat hem achterna. Ze wil weten wat hij zegt.
Petrus is buiten adem. 'De vrouwen hebben gelijk!' hoort ze hem zeggen. 'Jezus ligt niet meer in het graf. Ik heb het zelf gezien. Hij moet echt opgestaan zijn!'
Nu komen de andere leerlingen als één man overeind. 'Als dat waar is,' stamelt Matteüs, 'dan is er een groot wonder gebeurd.'
'Waarom zou het niet waar zijn?' zegt Petrus. 'Jezus kon toch ook uit naam van God anderen uit de dood opwekken? Waarom zou God hém dan niet uit de dood kunnen terugroepen?'

LvD

64 'Ik ben het echt!'

Lucas 24

'Ik heb niets meer te zoeken in Jeruzalem', mompelt Kleopas toonloos. 'Jezus is dood en alle hoop op betere tijden is vervlogen. Ik wil weg. Ik ga naar huis.'
Het is de eerste dag van de week na het pesachfeest. Kleopas zit op de binnenplaats van het huis van zijn vriend Mattias. Mattias is ook een volger van Jezus.
'Zou je vandaag nog wel gaan?' vraagt Mattias. 'Het is drie uur lopen naar Emmaüs en het is nu op het heetst van de dag.'
'Kan me niet schelen', zegt Kleopas terwijl hij opstaat. 'Ik ga. Dan ben ik tegen zonsondergang thuis. Ik houd het hier niet meer uit, zeker niet na die kletspraatjes dat Jezus zou zijn opgestaan.'
'Dan loop ik met je mee', zegt Mattias. 'Je kunt beter niet alleen gaan. Moment, ik vul nog even een waterzak voor onderweg.'

De machtige burcht van Pilatus schittert in de zon, maar Kleopas kijkt de andere kant op waar boven de statige paleizen het allerheiligste van de tempel uittorent. Ook al geen gebouw waar hij goede herinneringen aan heeft, hoe mooi het ook is. Wegwezen hier, denkt hij. Zo snel mogelijk.
Ze lopen de poort door en slaan linksaf de stoffige weg in naar Emmaüs.
'Ik begrijp niets van die fanatiekelingen, zegt Kleopas. 'Dat ze Jezus per se ter dood wilden veroordelen. Hij deed alleen maar goed. Dat kon een kind zien! En ik hoopte zo dat hij ...'

‘Ik vind het ook verschrikkelijk’, valt Mattias hem in de rede. ‘Jezus was een vernieuwer. Hij zette ons aan het denken over onze oude wetten, dat je die op een andere manier kunt uitleggen, dat liefde belangrijker is dan regeltjes. Dat sprak me ontzettend aan. Daarom koos ik ook voor hem!’ ‘Allemaal voor niks’, zegt Kleopas. ‘Alles is verloren. Ik begrijp niet hoe Judas hem ooit heeft kunnen verraden! Judas, die altijd zo trouw was en zo vurig hoopte dat Jezus onze bevrijder zou worden ... Nee, ik snap er helemaal niks van!’ Kleopas zucht diep.

Opeens loopt er een onbekende man naast hen. ‘Mag ik een eindje met jullie op lopen?’ vraagt hij. Aan zijn accent te horen komt hij uit Galilea.

‘Natuurlijk’, zegt Kleopas. ‘Ik weet de weg hier.’

Mattias biedt de man wat te drinken aan uit hun waterzak. Dan gaan ze al pratend verder.

‘Waar hebt u het toch over?’ vraagt de man na tien minuten.

‘Weet u dan niet wat er de afgelopen dagen in Jeruzalem is gebeurd?’ vraagt Kleopas. ‘Dan bent u echt de enige vreemdeling die dat niet weet!’

‘Wat is er dan gebeurd?’

‘Kijk, wij hadden een geweldige profeet’, begint Mattias. ‘Jezus uit Nazaret heette hij. U hebt vast wel van hem gehoord.

Hij zéí niet alleen dat je je naaste moet liefhebben als jezelf, hij gaf zelf het voorbeeld. Hij vond dat rijken hun bezit moesten delen met armen. Slechte mensen vond hij niet te min om mee om te gaan. Hij maakte zieken beter en wekte zelfs mensen op uit de dood.'
Kleopas vult aan: 'We hoopten zo dat hij de messias zou zijn die ons volk zou bevrijden van de onderdrukkers. Maar eind vorige week hebben onze opperpriesters en leiders hem ter dood veroordeeld en laten kruisigen. Het is nu al de derde dag dat hij dood is. Er zijn wel een paar vrouwen die beweren dat hij is opgestaan, maar u weet hoe vrouwen zijn: die kletsen maar wat. Ze zijn vanochtend heel vroeg naar het graf van Jezus geweest. Zijn lichaam lag er niet meer, zeiden ze, en ze zouden engelen hebben gezien die zeiden dat Jezus leeft.'
'Ja,' zegt Mattias, 'een paar vrienden van ons hebben dat verhaal van die vrouwen natuurlijk meteen gecontroleerd. Het klopte dat het lichaam van Jezus is verdwenen, maar niemand heeft Jezus levend gezien. Dus ...'
Even zegt niemand iets. Hijgend lopen ze omhoog, een heuvel op. Aan de linkerkant van de weg geven oeroude vijgenbomen wat schaduw. Op de hellingen rechts liggen wijngaarden te zinderen in de zon.
Zodra ze weer afdalen, gaat de vreemdeling tussen hen in lopen en begint te praten. 'Mattias, u weet toch wat onze profeten hebben geschreven? Die voorspelden al dat de messias dit moest doormaken om naar het koninkrijk van God te kunnen gaan. Zo voorspelde de profeet Zacharia de intocht in Jeruzalem op een ezel: "*Jeruzalem, schreeuw het uit van blijdschap! Je koning komt eraan, je eerlijke koning. Nederig komt hij aanrijden op een ezelsveulen.*" En het verraad van de messias is voorspeld in de Psalmen: "*Zelfs mijn beste vriend, die ik zo vertrouwde, is nu tegen mij.*"'
'Ja, dat staat er inderdaad', zegt Mattias.
De vreemdeling gaat verder: 'De profeet Jesaja heeft al gezegd dat de messias ter dood veroordeeld zou worden: "*Hij werd mishandeld, maar verzette zich niet. Als een schaap dat naar de slacht wordt geleid, deed hij zijn mond niet open.*" Zelfs dat ze hem een zure drank zouden geven, staat al in de Psalmen: "*Ze lesten zijn dorst met azijn.*"'

‘Die woorden ken ik ook’, zegt Mattias. ‘Maar die gaan toch niet over Jezus van Nazaret?’
Kleopas voelt zijn hart sneller kloppen. ‘Waarom zouden die woorden níét over Jezus gaan!’ zegt hij met nieuwe hoop. ‘Dat zou toch best kunnen?’ Er is iets met die vreemdeling. Hij weet zoveel. En zoals hij het vertelt, is het alsof níét alles verloren is. Opeens wil Kleopas een heleboel vragen. Maar de man blijft staan. Hij begint afscheid te nemen, want ze zijn intussen in Emmaüs aangekomen.
‘Blijft u toch bij mij logeren’, zegt Kleopas vlug. ‘De zon is bijna onder. U haalt het volgende dorp niet meer voor het donker!’
Tot Kleopas’ vreugde neemt de vreemdeling zijn aanbod aan. Snel haalt hij vers brood en even later zitten ze met z’n drieën aan tafel voor een eenvoudige maaltijd.
De vreemdeling pakt een brood, breekt het in drie stukken, spreekt de zegen uit, waarbij hij zijn handen opheft, en geeft hen elk een stuk. Kleopas kijkt hoe zijn gast het brood breekt. En dan ...
‘Meester!’ roept Kleopas terwijl hij opspringt.
‘U bent het!’ schreeuwt Mattias tegelijkertijd.
Op hetzelfde moment is Jezus verdwenen. Verbluft kijken Kleopas en Mattias elkaar aan. ‘Dus toch!’ stamelt Kleopas. ‘Hij was het echt! Jij hebt hem toch ook gezien, Mattias?’
‘Zeker weten!’ zegt Mattias. ‘Kom, we gaan meteen terug naar Jeruzalem om het aan de anderen te vertellen!’
Het is al donker, maar het is pas volle maan geweest en dus kunnen ze de weg goed zien. Hoewel ze al uren gelopen hebben, gaan hun voeten bijna vanzelf. Net voor de zware stadspoort gesloten wordt voor de nacht, lopen ze de stad in.
De leerlingen logeren in het grote huis van Jezus’ vrienden, dus gaan ze regelrecht daarheen. Als ze de binnenplaats op komen en hun verhaal willen vertellen, komen twee leerlingen hen tegemoet. ‘Jezus is écht opgestaan!’ roepen die. ‘Petrus heeft hem gezien!’

‘Wij ook!’ juichen Kleopas en Mattias, en ze vertellen hoe ze Jezus hebben ontmoet. Ze zijn nog niet uitgepraat of …

Daar staat Jezus opeens tussen hen in! En hij praat en beweegt zoals hij altijd sprak en bewoog. ‘Ik wens jullie vrede en alle goeds’, zegt hij kalm alsof het volstrekt vanzelfsprekend is dat hij daar staat, in het schijnsel van een olielamp.

Kleopas wrijft zijn ogen uit en hapt naar adem. Dit wordt hem te veel. Is dat echt Jezus of is het een geest? Hij ziet de anderen ook schrikken, niet alleen de vrouwen, maar ook de mannen.

‘Jullie hoeven niet te schrikken’, zegt Jezus. ‘Ik ben het echt. Voel maar: ik heb vlees en botten. Dat heeft een geest niet.’ Als Kleopas de donkere wonden in zijn handen en voeten ziet, móét hij het wel geloven. Hij is zó blij dat hij moet huilen en lachen tegelijk.

‘Hebben jullie iets te eten voor me?’ vraagt Jezus, alweer heel gewoon. Meteen komt Maria Magdalena hem een geroosterde vis brengen, die hij met smaak opeet. Iedereen kijkt verbaasd toe. ‘Geesten eten niet’, mompelt Kleopas.

Als Jezus de vis op heeft, begint hij te vertellen. ‘Wat er de afgelopen dagen met mij gebeurd is, is al voorspeld in de wet van Mozes, in de Psalmen en door onze profeten. Daar staat geschreven dat de messias zal moeten lijden en sterven, maar ook dat hij op de derde dag zal opstaan uit de dood. En dat hij er dan zal zijn voor alle volken op aarde. Binnenkort mogen jullie de wereld in trekken om de mensen dat goede nieuws te vertellen. God zal je kracht geven. Blijf hier in de stad tot je die kracht uit de hemel ontvangen hebt.’

Dat laatste begrijpt Kleopas niet. Maar dat is niet erg. Jezus heeft zo vaak dingen gezegd die hij pas later begreep. Hij gaat met zijn rug tegen de muur van de binnenplaats zitten. Pas nu voelt hij hoe moe hij is. Het is een heerlijke moeheid, een moeheid zonder zorgen, zoals hij heel lang niet heeft gevoeld. Hij zucht. Het is een diepe zucht van geluk.

LvD

65 Jezus vertrekt

Handelingen 1

Natan rent door de kleine straatjes van Jeruzalem, een tas met eten onder zijn arm. In zijn haast botst hij bijna tegen een vrouw met een kruik water aan. 'Kijk een beetje uit!' roept ze boos.
'Het spijt me!' roept hij terwijl hij verder holt. Hij ontwijkt twee spelende jongetjes, een paar kippen die kakelend wegstuiven, en rent door de stadspoort in de richting van de Olijfberg. Moeder heeft hem een paar uur geleden al gezegd dat hij oom Petrus en zijn vrienden brood en vis moest brengen, maar hij en zijn broertje Avi waren op het plein duiven aan het schieten. Hij is de tijd helemaal vergeten. Hij klimt tussen de cipressen door, steekt een veld met olijfbomen over, klautert over een rotsblok en trekt zich op aan een boomwortel die uit de grond steekt. Hijgend komt hij bij de top.
Daar is oom Petrus, samen met zijn vrienden. Hé! Die man met wie ze praten – dat lijkt Jezus wel.
Natan doet geschrokken een stap achteruit. Dat kan niet. Jezus is dood. Hij heeft het zelf gezien. Hij was erbij toen Jezus door de stad werd geduwd, met een bebloede rug, met een krans van doorntakken op zijn hoofd, met die zware balk op zijn rug, die balk waar ze later zijn handen aan vastspijkerden. Hij heeft hem zien hangen op de heuvel, tussen die twee andere mannen in, op die vreemde dag, toen de zon zomaar overdag verdween en het ineens nacht leek.

Hij is weggerend omdat hij het niet langer kon aanzien. Later die dag kwam oom Petrus langs, in tranen. Hij was dood. Jezus was dood. Ze hadden hem begraven. Zijn oom was kapot van verdriet.
Maar een paar dagen later kwam hij ineens hun huis binnenvallen, helemaal opgewonden. Hij vertelde dat hij Jezus gezien had. Dat hij weer leefde.
Natans moeder dacht dat haar broer gedroomd had, en eigenlijk dacht Natan dat ook. Maar zijn oom bleef volhouden. Echt waar, hij had Jezus zelf gezien. Hij had met hem gepraat. Hij had zelfs met hem gegeten.
Natan wist niet wat hij ervan moest denken.
Maar nu ziet hij het met eigen ogen. Dit is Jezus. Je ziet in zijn handen zelfs nog de littekens van de spijkers. Is het echt waar? Is hij echt opgestaan uit de dood?
Natan sluipt dichterbij en laat zich naast zijn oom op de grond zakken. Hij zegt niets, maar hij kijkt en hij luistert naar Jezus die net aan het vertellen is dat ze de komende tijd in Jeruzalem moeten blijven om daar op iets te wachten. Op iets wat God beloofd heeft. 'Binnenkort worden jullie ondergedompeld in de heilige Geest', zegt hij. Ondergedompeld in de heilige Geest? Natan kijkt vragend opzij. Hij heeft geen idee wat Jezus bedoelt.
Ineens neemt een van de mannen het woord. 'Heer, we hebben het nu zoveel over uw koninkrijk gehad. Maar kunt u ons uitleggen hoelang het nog gaat duren? Wanneer wilt u koning worden?'
'Ja', zegt Petrus. 'Als u een datum hebt, kunnen we aan de slag met de voorbereidingen.'
Jaaa! wil Natan roepen. Goed idee! Jaag de Romeinen het land uit! Weg met Pilatus, weg met de Romeinse soldaten, weg met de belasting!
Als Jezus koning wordt, is Israël eindelijk weer van de Joden. Als Jezus koning wordt, zal het goed gaan in het land. Dan is er geen honger meer. Dan zijn er geen arme mensen meer. En als er iemand ziek is, kan Jezus hem gewoon genezen.

Jezus gaat staan en spreidt zijn handen. 'Ik kan jullie geen datum geven', zegt hij. 'Ik kan jullie niet zeggen wanneer ik koning zal worden. Dat beslist mijn Vader. Ik moet nu weg en ik weet niet hoelang ik wegblijf. Maar jullie staan er niet alleen voor. De heilige Geest komt bij jullie. Hij zal jullie de kracht geven om over mij te vertellen. Niet alleen hier in Jeruzalem en Judea, maar ook daarbuiten. In Samaria, en in de hele wereld.'

Natan knippert met zijn ogen. Wat is dat? Het lijkt wel of Jezus omhooggaat. Nee – hij gáát omhoog. En op hetzelfde moment wordt alles licht, alsof de zon feller gaat schijnen. Maar het is niet de zon – het is een stralend lichte wolk die tussen hen en Jezus in schuift, die Jezus omhult, hem opneemt.

Natan kijkt verbijsterd naar boven. De wolk is verdwenen. Maar waar is Jezus?

'Wat staan jullie daar nou naar boven te kijken!' klinkt ineens een stem. Natan draait zich geschrokken om. Waar komen die twee mannen in die lange witte mantels ineens vandaan? Ze staan van een afstandje hoofdschuddend toe te kijken.

'Zagen jullie dan niet wat er gebeurde!' roept Petrus. 'Kijk dan! Zonet stonden we hier met Jezus te praten, en toen ineens ...'

De mannen glimlachen. 'We weten het. En daarom zijn we hier. Om jullie te vertellen dat Jezus in de hemel is opgenomen. En dat hij weer terugkomt, op een dag. Op dezelfde manier als waarop hij is weggegaan.'

'Net als Elia', mompelt Natan, en hij denkt aan de oude verhalen. Aan Elia, de grote profeet die in een lichtende wagen in de hemel werd opgenomen. Aan Mozes die de berg opklom, daar God mocht ontmoeten. Hij slaat een hand voor zijn mond. Wie ís Jezus? Heeft zijn oom dan toch gelijk? Is Jezus echt de redder die God beloofd heeft?

Het is even stil. Dan neemt Johannes het woord. 'Misschien moeten we maar teruggaan naar de stad. Dat zei de meester toch ook? Hij zei dat we in de stad moesten wachten.'

'Wachten?' vraagt Natan. 'Waarop wachten? Tot Jezus terugkomt?'
Johannes schudt zijn hoofd. Hij tuurt in de verte. 'Ik zal jullie niet alleen achterlaten ...' mompelt hij.
'Wát?' zegt Natan verbaasd.
'Ik probeer me iets te herinneren', zegt Johannes. 'Iets wat Jezus een keer gezegd heeft. Over dat hij ons niet alleen zou achterlaten.' Hij kijkt opzij. 'Petrus, weet jij nog wat het was?'
Petrus fronst. Hij is even stil. Dan zegt hij langzaam: 'Ik zal jullie niet alleen achterlaten ... Dat klopt. Dat heeft de meester gezegd, op de avond waarop hij gearresteerd werd. Hij heeft gezegd dat hij zelf weg zou gaan, maar dat hij iemand anders zou sturen. Iemand die zijn plek zou innemen.'
Een van de andere mannen valt hem bij. 'Hij zei dat het beter voor ons was als hij zou gaan. Omdat hij anders zijn helper niet naar ons toe zou kunnen sturen.'
'Zijn helper?' zegt Natan.
'De Geest!' Petrus stompt met zijn vuist in zijn open hand. 'De Geest van God. Die zou hij sturen. De Geest gaat ons helpen om het goede nieuws te verspreiden. Daar had Jezus het zonet ook nog over, toch? Dát is het! Kom op, mannen! We gaan snel terug naar de stad. We moeten bidden.'

CO

66 De komst van de heilige Geest

Handelingen 2

'Doe de luiken dicht', zegt oma. 'Volgens mij steekt er een storm op. Hoor je die wind?'

Dosas loopt naar de deur. Dat is vreemd. De wind giert langs de huizen. Maar de luiken klapperen niet, de deur slaat niet dicht en de bladeren op het erf liggen bewegingloos in de zon. De lucht is strakblauw.

Dit kan niet. Waar komt dat geluid vandaan?

Hij ziet een paar kinderen uit de buurt voor het huis langs rennen, en hij vergeet dat hij er als Egyptische jongen niet bij hoort, dat ze toch niet met hem willen spelen. Hij holt op blote voeten achter ze aan, in de richting van het geluid. Een bulderende wind is het, en als hij bij de hoek is, houdt hij even in, uit angst omvergeblazen te worden. Maar er gebeurt niets. Een licht, warm briesje, dat is alles. Van alle kanten komen mensen aangelopen, en allemaal gaan ze dezelfde kant op, in de richting van het geluid. Dosas laat zich meevoeren over de markt, langs de stalletjes met meloenen, komkommers, vijgen en olijven, de tafeltjes met vlees. Het gebulder van de wind wordt steeds harder.

Een klein steegje door, een plein op. En dan ineens kan hij geen kant meer op. Het staat hier vol mensen. En het is duidelijk dat het geluid hier vandaan komt. Uit de bovenverdieping van een huis.

Dosas kijkt verbaasd omhoog. Hoe kan dit? Hoe kan de storm opgesloten zitten in een huis?

Thema: dromen en visioenen

En wat is er met die groep mannen aan de hand die daar voor het huis zo druk met iedereen aan het praten zijn? Het lijkt wel of ze in brand staan! Of er vlammen op hun hoofd dansen. Maar ze zien er niet geschrokken uit – ze lijken juist heel erg enthousiast ergens over.
Dosas wringt zich door de massa heen en richt zich tot een van de mannen die voor het huis staan. 'Wat is er aan de hand?' vraagt hij in het Arabisch, zonder eraan te denken dat hij Aramees moet praten. Maar de man geeft hem antwoord in zijn eigen taal. 'Het is geweldig!' zegt hij. 'God heeft ons zijn Geest gestuurd.'
'Komt u ook uit Egypte?' vraagt Dosas verbaasd. Hij is hier nu een paar maanden, maar hij heeft nog nooit iemand ontmoet met wie hij zijn eigen taal kon praten.
De man schudt zijn hoofd. 'Uit Galilea.'
'Maar hoe kan het dan dat u mijn taal spreekt?'
'Hè?' roept een vrouw naast hem verbaasd. 'Die man praat Grieks!'
'Lycaonisch!'
'Kretenzisch!'
'Ze spreken alle talen van de wereld. Hoe kan dat? Ze komen toch uit Galilea?'
'Ze zijn dronken!' roept een man. 'Luister niet naar die onzin. Ze zijn stomdronken!'
'Wegwezen!' roept een ander. 'Ga naar bed, jullie. Slaap je roes uit!'

Een van de mannen gaat op een verhoging staan. 'Mag ik even de aandacht?' roept hij, zijn handen als een toeter om zijn mond. Langzaam wordt het wat rustiger. De man laat zijn handen zakken en zegt: 'Mijn naam is Petrus en ik kom inderdaad uit Galilea. Maar mijn vrienden en ik zijn níét dronken, zoals sommigen van u denken! Dat zou ook wel een beetje vreemd zijn, zo vroeg in de ochtend. Wat u hier meemaakt, is iets waar eeuwenlang naar uitgekeken is. Het is de vervulling van een profetie. U weet allemaal wat Joël gezegd heeft: God zal zijn Geest

uitgieten over alle mensen, jong en oud. Dat is vandaag gebeurd! De Geest die Jezus beloofd heeft is hier, vrienden. Hij is als de wind die alles in beweging brengt. Als vuur dat ons allemaal warm maakt.'
Dosas kijkt om zich heen. Het is stil geworden. En iedereen staat aandachtig te luisteren.
'U hebt allemaal gehoord over Jezus van Nazaret.'
Dosas knikt. Jezus van Nazaret, daar heeft hij van gehoord, ja. Ze waren nog maar een paar dagen in Jeruzalem toen hij gekruisigd werd. Hij is er zelfs nog heen geweest om te kijken. Gruwelijk. Hij weet niet precies wat de man gedaan heeft, maar het moet iets heel ergs zijn dat hij zo'n straf verdiend had.
'Jezus is gekruisigd en gestorven', gaat Petrus verder. 'Terwijl hij niets verkeerds had gedaan. Maar daarmee is het verhaal niet afgelopen. God heeft hem weer tot leven gewekt. Wij zijn getuigen. Wij allemaal, zoals we hier staan. Jezus is sterker dan de dood. God heeft hem opgenomen in de hemel, en daar is hij nu. En hij heeft ons vandaag zijn Geest gestuurd, zoals u ziet en hoort. U kunt er zeker van zijn, beste vrienden: Jezus, die u hebt laten kruisigen, is de redder die God aan ons gegeven heeft.'
Als Petrus stopt met praten, is het heel even doodstil. Dan barst een vrouw in snikken uit. Mensen beginnen door elkaar heen te praten en te roepen. Er klinkt paniek door in de stemmen.
'Maar dat is verschrikkelijk!'
'Hoe heeft dat kunnen gebeuren?
'Dat wisten we niet.'
'Wat moeten we doen?'
Petrus zwaait met zijn armen boven zijn hoofd. 'Geen paniek!' roept hij. 'Geen paniek! God wil u niet straffen. Hij wil u redden. Wilt u weten wat u doen moet? Vraag God vergeving voor de verkeerde dingen die u gedaan hebt. En laat u dopen, als teken dat u een nieuw leven wilt beginnen – in dienst van Jezus. God vergeeft u uw zonden als u dat

doet, en hij geeft u zijn Geest. Niet alleen u, maar heel uw familie, en de mensen ver weg. Mensen overal ter wereld.'

'Ik wil me laten dopen!' roept een vrouw.

'Ik ook!' zegt een man.

'Mijn hele familie!' roept een ander.

'Tjonge', zegt Dosas zacht bij zichzelf. Hij snapt er nog niet veel van. Maar hij heeft het gevoel dat er hier iets heel bijzonders aan de hand is.

'Ik denk dat ik oma moet gaan halen.'

CO

67 Een Jezushater ontmoet Jezus

Handelingen 6-7 en 9

I

Hondsbrutaal. Dat is het eerste woord dat in Paulus opkomt. Hij kijkt naar de man die voor in de rechtszaal staat. Stefanus heet hij, en hij is een van de aanhangers van die Jezusbeweging waar je de laatste tijd zoveel over hoort. Een paar jaar geleden is het al weer dat hun leider gedood is. Maar in plaats van dat de beweging uit elkaar valt, wordt hij alleen maar groter. Er zijn zelfs priesters die erin trappen. Gelukkig dat er van hogerhand wat aan gedaan wordt en dat een van de raddraaiers vanmorgen gearresteerd is. De aanklachten liegen er niet om. Er zijn getuigen die duidelijk gehoord hebben dat Stefanus Mozes en God heeft beledigd. Een paar anderen zeggen dat hij godslasterlijke dingen heeft gezegd over de tempel. Wat de precieze aanklacht wordt, is nog niet duidelijk. Maar het is in ieder geval duidelijk dat hij schuldig is.

Kijk nou hoe hij daar staat te vertellen. Niet bang, niet schuldbewust, maar volkomen op zijn gemak. Alsof hij in de synagoge is. Alsof hij de wet en de profeten moet uitleggen aan een stel ongeletterde boeren. Heeft hij niet door dat hij voor de Hoge Raad staat? Voor mannen die de heilige boeken bestudeerd hebben?

'God heeft Abraham uitgekozen', zegt hij. 'En God is altijd trouw gebleven. Niet alleen aan Abraham, maar ook aan zijn kinderen. Aan ons

volk. Maar wat deden onze voorouders? Ze keerden zich van God af. Ze luisterden niet naar hem. Ze hebben zelfs de profeten die God stuurde vermoord.'
Paulus balt zijn vuisten. Waarom krijgt de arrestant zoveel spreektijd? Waarom wordt hij niet meteen afgekapt? Die vent keert de zaken helemaal om. Hij doet alsof hij de aanklager is in deze rechtszaak in plaats van de verdachte. Alsof hij namens God spreekt.
De ene na de andere belediging komt er uit zijn mond. 'Goddeloze stijfkoppen!' zegt hij. 'Jullie zijn geen haar beter dan jullie voorouders. Jullie beschuldigen mij ervan dat ik de wet overtreed, maar wat hebben jullie gedaan? Jullie hebben een onschuldig mens vermoord. De man over wie al onze profeten het hadden. Jezus. De rechtvaardige.'
De woede slaat als een golf door Paulus heen. Hij kan het niet meer verdragen. Iemand moet die man de mond snoeren. En hij is niet de enige die er zo over denkt. Van alle kanten klinkt geroep en geschreeuw. 'Stenigen!' 'Weg met hem!' 'Sla hem op z'n bek!' 'Afvoeren!' 'Dood!'
Stefanus lijkt het niet eens te horen. Hij wijst met een stralend gezicht naar het plafond. Alsof hij er dwars doorheen kan kijken. 'Kijk nou! Dat is het bewijs! Zien jullie het niet? Daar, naast God! De Mensenzoon!'
Paulus drukt zijn handen tegen zijn oren. Dit is niet te verdragen. Dit is de stem van de duivel zelf. Jezus die in de hemel naast God zelf zou staan.
'Godslastering!' roept iemand. 'Grijp hem!' 'Dood! Hij moet dood!'
Het rumoer om Paulus heen wordt steeds heviger. Hij wordt opzij geduwd. Een groep mannen dringt naar voren. Ze grijpen Stefanus vast, slaan hem, schreeuwen tegen hem, spugen hem in het gezicht, en slepen hem mee, de rechtszaal uit. Paulus gaat erachteraan. Door de smalle straten van Jeruzalem gaan ze, de heuvel af in de richting van de stadspoort, een kluwen van woedende, tierende mannen. Kinderen en vrouwen sluiten zich onderweg bij hen aan, de groep wordt steeds groter. De poort door. Heel even schaduw, en dan weer de hitte van de zon die nu hoog aan de hemel staat.

Mannen beginnen hun jassen uit te doen, verzamelen stenen.
'Paulus', roept iemand. 'Hier. Pas jij even op mijn jas.'
'En op de mijne', zegt een ander.
'Ja, zou jij even op de spullen kunnen letten?'
Paulus blijft staan terwijl de een na de ander zijn jas aan zijn voeten legt.
Daar vliegt de eerste steen door de lucht. En de tweede. Een doffe bons als de eerste steen tegen Stefanus' hoofd aankomt.
Een schreeuw. Maar niet van pijn. Het lijkt wel een gebed. 'Jezus, mijn leven is van u.'
Paulus schudt zijn hoofd. De idioot. Hij spreekt de dode Jezus aan alsof die hem kan horen. Alsof híj God is. Hij verdient het om te sterven.

Meer stenen, een regen van keien, doffe klappen, Stefanus die op zijn knieën valt terwijl het bloed uit een wond bij zijn slaap stroomt. En dan wéér die stem, boven alle woedende kreten uit: 'Heer, vergeef deze mensen.' En dan is het voorbij. Stefanus valt op zijn gezicht en blijft beweginglos liggen, zijn armen uitgespreid.
Paulus blijft staan kijken, een stapel jassen bij zijn voeten.
Snelle voetstappen. Er komen mensen aanrennen vanuit de stad. Ze dringen zich door de menigte heen en knielen bij Stefanus neer, mannen, vrouwen, kinderen. Ze huilen. Pakken Stefanus' hand vast. Drukken zijn ogen dicht. Vegen het bloed voorzichtig uit zijn gezicht.
'Wat is er gebeurd?'
'O Heer, het is waar. Hoe konden ze dit doen!'
'Stefanus, mijn vriend ...'
'We moeten hem begraven.'
'Heer, heb medelijden.'
Paulus gaat naar huis, in gedachten verzonken. Onbegrijpelijk, zoveel mensen die treuren om deze man. Zoveel mensen die niet begrijpen hoe de Jezusbeweging tegen Gods wetten ingaat. Er moet iets gebeuren. Vandaag nog. Voordat dit bijgeloof zich nog verder verspreidt, nog meer slachtoffers maakt.
En als niemand anders actie onderneemt, zal hij het persoonlijk doen. Uit liefde voor de Heilige, geprezen zij zijn naam.

II

Het zand trilt in de verte. Het is warm, de zon schijnt onbarmhartig, er is nauwelijks wind. Paulus heeft dorst, maar hij gunt zich geen tijd om te rusten. Hij wil verder. Hij wil nog vóór het avond is in Damascus zijn. In de tas die hij op zijn rug draagt, zitten de aanbevelingsbrieven die hij van de hogepriester heeft gekregen.

Van: hogepriester te Jeruzalem
Aan: overste van de synagogen in Damascus

Vrede zij u. Zoals u weet, neemt het aantal aanhangers van de gekruisigde godslasteraar Jezus van Nazaret met de dag toe. Dit is een treurige en gevaarlijke ontwikkeling. Het is onze van God gegeven taak de zuivere leer te bewaken en het onheilige weg te doen uit ons midden. Onze medewerker Paulus van Tarsus heeft in de afgelopen maanden buitengewone ijver aan de dag gelegd in het uitroeien van de Jezussekte en heeft ons verzocht zijn werkterrein te mogen verleggen naar Damascus. Wij zouden het op prijs stellen als u hem steunt bij het uitvoeren van zijn opdracht. Verdachten zullen worden gearresteerd en meegenomen naar Jeruzalem om daar berecht te worden.

Paulus maakt zich zorgen. Hoe meer mensen ze oppakken, hoe groter de beweging lijkt te worden. Eerst waren de Jezusaanhangers vooral in Jeruzalem te vinden, maar inmiddels zijn veel van hen naar andere steden gevlucht. De sekte breidt zich als een olievlek uit over het land. Soms, 's nachts, ziet hij het gezicht van Stefanus weer voor zich. Hoort hij hele stukken uit die toespraak. En dan bekruipt hem de twijfel. Stel dat het toch waar is. Stel dat hij het bij het verkeerde eind heeft. Dat de hogepriester het bij het verkeerde eind heeft gehad. Dat Jezus toch degene is op wie ze al die eeuwen gewacht hebben. Stel je voor dat hij echt is opgestaan uit de dood, zoals die aanhangers van hem beweren. Hoe meer die godslasterlijke gedachte bij Paulus opkomt, hoe fanatieker hij hem onderdrukt. Hij mag het niet geloven. En hij doet alles wat hij kan om de Jezusbeweging de kop in te drukken. Hij sleept mannen en vrouwen uit hun huizen, gooit ze in de gevangenis, doodt ze als het nodig is. Niet omdat hij er plezier in heeft. Maar omdat God dat van hem vraagt.

In de verte is de oase van Damascus al zichtbaar. De palmbomen, de muren, de huizen. Paulus versnelt zijn pas. Nog een uur, dan zijn ze er. Eerst naar de synagoge voor een vergadering met de leiders, wat eten en drinken, een plan uitzetten. Met een beetje geluk kunnen ze vanmiddag al beginnen. Paulus veegt het zweet van zijn voorhoofd. Hij kijkt omhoog. Een beetje schaduw zou prettig zijn. Maar er is nog steeds geen wolkje aan de lucht.
Dan ineens, zonder enige aankondiging – een bliksemflits. De hemel lijkt in brand te staan, doormidden te scheuren.
Licht. Overal licht. En een donderslag, zo luid als hij nog nooit gehoord heeft.
Nee, geen donderslag. Het is een stem. Een stem die zijn naam noemt.
'Paulus, Paulus', zegt de stem. 'Waarom vervolg je mij?'
Paulus valt op zijn knieën. Het zweet breekt hem uit. Zijn hart hamert in zijn binnenste. Zijn mond is droog.
In het felle licht ziet hij iemand staan. Iemand die hij nog nooit eerder gezien heeft. Een hemelse verschijning. En tegelijk – een mens. Een man van zijn eigen leeftijd.
'Wie bent u, Heer?' stamelt hij.
Hij weet het antwoord, nog vóór het gegeven wordt.
'Ik ben Jezus. Ik ben degene die jij vervolgt.'
Jezus. De gekruisigde. Die dood is.
Paulus sluit zijn ogen. Opent ze weer. Maar hij ziet Jezus nog steeds. Dit is geen droom. Dit is werkelijkheid.
Met een schok dringt het tot Paulus door: Jezus leeft.
Hij verbergt zijn gezicht in zijn handen. Al die mensen die hij in de gevangenis gegooid heeft, alleen omdat ze in Jezus geloofden ...

Niet *zíj* hadden het fout. *Híj* was verkeerd. Hij dacht dat hij God diende, maar hij was tegen God aan het vechten. Hij heeft het tegen Jezus opgenomen. Hij heeft Jezus zelf vervolgd. Nu zal hij sterven. Hij verdient het, na alles wat hij gedaan heeft.
Maar de stem gaat verder. 'Sta op', zegt de stem. 'Ga de stad in. Daar zul je horen wat je doen moet.'

Het licht dooft uit, het wordt donker. Aardedonker. Donkerder dan de donkerste nacht. In de verte klinkt het geblaat van een paar schapen, de roep van een herdersjongen.
'Wat was dat?' vraagt iemand van het reisgezelschap. 'Was dat onweer?'
'Nee', zegt een ander. 'Het was geen onweer. Het leek wel of ik een stem hoorde. Maar ik kon de woorden niet verstaan.'
'Hé! Wat is er met Paulus aan de hand?'
Paulus wrijft in zijn ogen. Hij hoort de stemmen van de mannen die met hem meereizen. Maar hij ziet ze niet. Hij tast om zich heen, voelt een ruwe hand, hoort de vertrouwde stem van zijn metgezel Ruben.
'Paulus? Ben je gevallen?'
'Help me', zegt hij. 'Ik zie niks meer. Alles is zwart. Nee. Niet weggaan. Waar ben je?'
'Hier. Hier ben ik. Hoeveel vingers steek ik op?'
'Geen idee.'
'O, God', mompelt hij. 'Wat heb ik gedaan!'
Onschuldige mensen heeft

hij vermoord. Met alle energie die hij in zich had, heeft hij tegen de Jezusbeweging gevochten. Heeft hij tegen Jezus zelf gevochten.
Hij komt overeind, strompelt aan de hand van zijn medewerkers mee, de stad in, zonder iets te zien.
Als ze in het huis zijn waar ze overnachten, zakt hij neer op zijn knieën. 'Heer, Heer, vergeef me!'

III

'Meneer?' zegt een stem. 'Hier is een beker water. Wilt u wat eten?'
Hij schudt zijn hoofd. Niets. Hij hoeft niets. Geen water. Geen brood. Niets.
Paulus heeft geen idee hoelang hij hier al op de grond ligt. Maar de stem die hij onderweg hoorde, klinkt nog steeds in zijn oren door. 'Ik ben Jezus. Degene die jij vervolgt.'
Jezus zelf heeft hem tegengehouden. Hem gearresteerd. Zijn ogen gesloten. Voor hij nog meer slachtoffers zou maken.
Was hij maar dood. De last van wat hij gedaan heeft is te zwaar om te dragen. Onschuldige mensen waren het. Hij heeft ze vervolgd, ze vermoord. Hij heeft kleine kinderen hun vaders en moeders afgenomen.
Hij buigt zijn hoofd, de tranen stromen over zijn wangen, en van ergens ver weg komen oude woorden in hem op.
'Wees mij genadig, U bent vol liefde
U bent vol erbarmen.
Was mij schoon van alle schuld
Reinig mij van mijn zonden.'
Is het mogelijk dat God hem kan vergeven? Dat Jezus hem kan vergeven? Nee. Wat hij gedaan heeft is te erg.
Terwijl Paulus op zijn knieën ligt, krijgt hij een droom. De deur gaat open, een man komt zijn kamer binnen. Een man die hij niet kent, die hij nooit eerder heeft ontmoet. De man komt naar hem toe en legt zijn handen op zijn hoofd. En hij kan weer zien.

Als Paulus met zijn ogen knippert, is alles weer net zo donker als daarvoor. Maar hij weet dat hij een teken van Jezus zelf heeft gekregen. Er zal iemand komen. Jezus wil niet dat hij sterft. Hij heeft een taak voor hem.

Paulus blijft op zijn knieën zitten. Hij weet niet hoelang. Maar ineens hoort hij voetstappen. Iemand die de kamer binnenkomt. Hij kijkt op zonder iets te zien en voelt een hand die op zijn hoofd wordt gelegd.
'Paulus, mijn vriend', zegt een onbekende mannenstem.
Er gaat een schok door Paulus heen. Dit is wat hij gedroomd heeft.
'De Heer – Jezus, die aan je is verschenen toen je op weg was hierheen – heeft me naar je toegestuurd', gaat de stem verder. 'En hij wil dat je weer ziet. Hij wil dat je vol bent van zijn Geest.'
Op hetzelfde moment is er licht. Het is alsof Paulus dagenlang een blinddoek gedragen heeft die ineens afvalt. Langzaam staat hij op. Hij ziet de streep zon die door het raam naar binnen valt, de stofjes die ronddansen. Hij ziet een onbekende man die vriendelijk naar hem kijkt.
'Hallo', zegt de man. 'Ik ben Ananias. Ga je met me mee?'
Een volgeling van Jezus die niet bang voor hem is. Die hem zijn vriend noemt? Paulus kan het niet bevatten.
'Meneer', zegt hij. 'Weet u wie ik ben?'
'De Heer heeft het me verteld', zegt Ananias. 'Hij had nogal moeite om me over te halen, eerlijk gezegd. Ik zei tegen hem: "Weet u wel wie die Paulus is? Weet u wat hij allemaal gedaan heeft? Hij is hier gekomen om ons gevangen te nemen." Maar de Heer zei dat je veranderd bent. En dat hij een belangrijke taak voor je heeft. Jij zult mensen uit andere volken over hem vertellen.'
Paulus wankelt en zoekt steun bij de muur. Hij voelt zich duizelig, maar hij weet niet of het van honger en dorst is of van geluk. Er is een last van zijn schouders gevallen. Jezus is niet boos op hem. Hij heeft hem vergeven. Nee, beter nog – hij heeft een opdracht voor hem. Een overweldigende, niet te bevatten opdracht: andere mensen over hem vertellen.

Uitleggen dat hij het helemaal fout heeft gehad. Dat Jezus geen misdadiger was, geen bedrieger, maar de redder die God beloofd had. Hij kan ze vertellen dat het niet afgelopen was met zijn kruisiging en zijn dood. Dat hij leeft.
Paulus kijkt naar Ananias. De man die hem vriend heeft genoemd. 'Ananias – zou ik gedoopt mogen worden? Ik wil een nieuw leven beginnen. Ik wil erbij horen. Bij Jezus. Bij jullie.'
Ananias knikt. 'We gaan naar de rivier. En daarna kom je bij mij thuis eten. Je ziet eruit alsof je dagenlang niks gehad hebt.'

IV

De synagoge is stampvol. Iedereen heeft gehoord dat Paulus komt spreken. En iedereen weet dat er iets gebeurd is toen hij op weg was naar Damascus. Paulus staat achterin. Hij haalt diep adem. Dit is niet de eerste keer dat hij in een synagoge zal spreken. Maar nooit in zijn leven heeft hij er zo tegenop gezien als vandaag.
'Ga', zegt Ananias. 'De Heer zal je helpen.'
Paulus slikt moeizaam. Hij buigt zijn hoofd. En dan stapt hij naar voren. Het wordt stil in de halfdonkere zaal. Paulus voelt hoe iedereen naar hem kijkt. Zijn handen zijn klam van het zweet. Hij moet dit doen. Maar hij wist niet dat het zo moeilijk zou zijn.
'Ik ben Paulus van Tarsus', zegt hij. Hij kijkt de zaal rond. 'Misschien hebt u van mij gehoord. Ik ben gekomen om de volgers van Jezus van Nazaret gevangen te nemen. Ik had brieven meegekregen. Brieven waarin de hogepriester u vraagt om mij te helpen bij mijn opdracht. Kijk, hier zijn ze.'
Hij heft de brieven boven zijn hoofd en scheurt ze in stukken. Geroezemoes gaat op. Dit had niemand verwacht.
'Ik heb deze brieven niet meer nodig. Ik ben tot een schokkende ontdekking gekomen. Jezus van Nazaret was geen bedrieger. Hij was geen godslasteraar. Hij is de messias. De redder die God ons beloofd heeft.

Ik was op weg om zijn volgelingen gevangen te nemen, maar onderweg heeft Jezus *mij* gevangengenomen.'
'Je bent gek, man!' roept iemand.
'Een zonnesteek', zegt een ander.
'Die Jezus is dood!'
Paulus schudt zijn hoofd. 'Ik heb geen zonnesteek opgelopen. Ik ben niet gek geworden. En Jezus is niet dood, maar hij leeft. Toen ik onderweg was naar Damascus is hij aan me verschenen. Hij heeft met me gepraat. Ik snap ook niet dat hij mij heeft uitgekozen, want ik was zijn grootste tegenstander. Ik heb verschrikkelijke dingen gedaan. Dingen

waarvan ik mijn leven lang spijt zal hebben, dingen die ik niet meer goed kan maken. Maar hij heeft een nieuw mens van me gemaakt. Beste vrienden, ik ben ervan overtuigd dat Jezus de redder van de wereld is.'

'Goed gedaan', zegt Ananias als Paulus de synagoge uitkomt.
Paulus schudt zijn hoofd. 'Ze geloven me niet. Ze werden boos. Ze denken dat ik gek geworden ben.'
'Nu snap je hoe wij behandeld worden! Welkom bij de club!' Ananias tikt een oudere man op de schouder. 'Hé, Barnabas. Heb je Paulus al ontmoet?'
De man draait zich om. Zijn gezicht staat strak. 'De man die gekomen is om ons gevangen te nemen? Nee, die eer heb ik nog niet gehad.'
Ananias schudt zijn hoofd. 'Geef hem een kans, Barnabas. Hij heeft de Heer ontmoet. Hij is totaal veranderd.'
Barnabas recht zijn rug. 'Ik waardeer je naastenliefde, Ananias, maar ik denk eerlijk gezegd niet dat je vriend te vertrouwen is. Dit is een truc, man. Weet je wat hij allemaal gedaan heeft? Mijn zus en zwager in Jeruzalem ...' Hij doet zijn armen over elkaar en maakt zijn zin niet af.
Ananias is even stil. Dan zegt hij voorzichtig: 'Ik snap wat je bedoelt. Maar ik weet ook wat de Heer van ons wil. Hij heeft ons vergeven wat wij verkeerd deden. Hij wil dat wij deze man vergeven wat hij gedaan heeft. Paulus heeft zich laten dopen, een paar dagen geleden. Hij is een van ons.'
Paulus kijkt naar de grond. Hij durft niets te zeggen. Alles wat hij zegt zal het erger maken.
Maar tot zijn verbazing steekt Barnabas ineens zijn hand naar hem uit. 'Oké. Als de Heer zelf jou heeft vergeven ... Welkom, Paulus.'
'Kom mee', zegt Ananias. 'We gaan naar mijn huis. We gaan eten. Ik wil dat je de anderen ook ontmoet.'

CO

68 De minister van financiën en de hardloper

Handelingen 8

De wielen kraken en piepen, de kar hotst over de weg. Addis, die de paarden ment, probeert de kuilen zoveel mogelijk te vermijden, maar dat is haast niet mogelijk op dit rotsachtige pad. Hij werpt een blik op zijn oom. Die lijkt er niets van te merken. Hij heeft een boekrol uitgerold op zijn knieën liggen en is totaal verdiept in de onbegrijpelijke woorden van een profeet.

De weg is woest en verlaten. Zand en rotsen zo ver Addis kan zien. Ze rijden terug naar het zuiden, zijn oom en hij, na een bezoek aan Jeruzalem, de heilige stad. Dit is wat oom Melech wilde, al jarenlang.

Melech heeft een hoge functie in dienst van de koningin van Ethiopië. Hij is al jaren bij haar in dienst. Als minister van financiën is hij een van de machtigste mannen van het rijk. Hij kan lezen en schrijven – niet alleen in hiërogliefen, maar ook in andere talen.

Iedereen kijkt tegen hem op. Maar bijna niemand weet hoe eenzaam hij zich soms voelt. Toen hij bij de koningin in dienst kwam, is hij geopereerd zodat hij geen vader meer kan worden. Geen vrouw die nog met hem wilde trouwen. ‘Gelukkig dat ik jou heb, jongen’, zegt hij soms tegen Addis. ‘Jij bent de zoon die ik nooit heb gehad.’

Een halfjaar geleden kwam hij bij Addis' vader en moeder, om te vragen of Addis met hem mee mocht naar Jeruzalem. 'Als we nu gaan, zijn we op tijd voor het pesachfeest. Dat is een bijzonder feest voor de Joden. Ik wil er één keer in mijn leven bij zijn. Eén keer in mijn leven wil ik de heilige tempel met eigen ogen zien.'
Addis' vader had geen bezwaar, en Addis kon zijn geluk niet op. Wanneer in je leven krijg je de kans om te reizen? Om de bouwwerken van Egypte te zien? Om naar Jeruzalem te gaan? Maandenlang zijn ze onderweg geweest. Vanuit Ethiopië reisden ze per zeilschip naar het noorden, steeds verder en verder, over de Nijl. Addis heeft dingen gezien waarvan hij alleen maar gehoord had. De piramides van Cheops, zoveel indrukwekkender dan de piramides in zijn eigen land. De sfinx in Gizeh – half vrouw, half leeuw – de tempels, de obelisken die de zonnestralen weerkaatsten.
Toen ze in Tanis kwamen, heeft Melech een wagen en twee paarden gekocht en zijn ze over de kustweg van Egypte naar Gaza gegaan, en vandaar naar Jeruzalem.

De tempel in Jeruzalem hebben ze alleen van een afstand kunnen zien. Ze moesten op het voorplein blijven – het enige deel van de tempel waar de heidenen mochten komen. Addis werd er boos om, maar Melech vond het niet erg, zei hij. Hij was al blij dat hij in de buurt van de God van Israël was.
En nu zijn ze aan de lange weg terug naar huis begonnen. Melech heeft in Jeruzalem een echte boekrol kunnen kopen. Een van de heilige boeken van de profeten van Israël is het, voor gewone mensen niet te betalen. Addis heeft in Jeruzalem gezien hoe voorzichtig er met de boekrollen wordt omgegaan. Er is vast geen mens op de wereld die boven op een schuddende wagen, midden in de woestijn zo'n kostbare boekrol gaat zitten lezen. Behalve zijn oom. Die kon niet wachten tot ze Jeruzalem uit waren en hij hem kon uitrollen. Zijn kolossale lichaam wordt door elkaar geschud, het stof vliegt hem om de oren, maar hij let er niet op.

Hij leest hardop, langzaam, woord voor woord, terwijl hij met zijn vinger van rechts naar links over het papier glijdt.

'Als een schaap dat naar de slacht wordt geleid;
als een ooi die stil is bij haar scheerders
deed hij zijn mond niet open.'

Ineens kijkt hij opzij. 'Wat denk jij, Addis? Waar gaat het over?'

Addis haalt zijn schouders op. Hij heeft de afgelopen maanden wat Aramees opgepikt op straat, voldoende om zich te redden, maar het is niet genoeg om het Hebreeuws van de heilige boeken te begrijpen. 'Ik heb geen idee, oom. Iets met schapen, volgens mij.'

'Ik begrijp het niet.' Melech schudt zijn hoofd. 'Een schaap dat geslacht wordt ... zou het over de offers gaan?'

Addis' oog wordt getrokken door een schaduw. Nee – een man die vanaf een zijweg komt aanrennen. Zijn lange jas flappert om zijn benen. Waar komt hij vandaan? Waar gaat hij naartoe? Het lijkt wel of hij naar hen toe komt rennen.

Melech heeft niets door. Hij leest hardop verder, zijn wenkbrauwen gefronst.

'Door een onrechtvaardig vonnis werd hij weggenomen.
Wie van zijn tijdgenoten heeft er oog voor gehad?'

'Meneer!' roept de man. Hij rent nu naast de wagen. 'Begrijpt u wat u leest?'

Melech kijkt op. Hij steekt zijn handen op en schudt zijn hoofd. 'Ik begrijp er niets van. Hoe kan ik dit begrijpen als niemand het me uitlegt?'

Addis houdt de teugels in. De kar komt tot stilstand.

De man blijft hijgend staan. 'Goedemorgen. Filippus is de naam. Kan ik u misschien helpen?'

Melech knikt. 'Zou u – zou u het me kunnen uitleggen? Zou u een eindje met ons mee willen rijden en me uit willen leggen waar dit over gaat?'

Het lijkt wel of de man die vraag verwacht heeft. Hij springt op de wagen en komt tussen Addis en Melech in zitten. 'Laat maar zien. Waar bent u mee bezig?'

‘Dit stukje’, wijst Melech. Hij leest het opnieuw voor. ‘Waar gaat dit over? Over wie heeft Jesaja het?’
‘Ah!’ zegt Filippus enthousiast. ‘Een goede vraag. Eeuwenlang hebben we niet geweten wat dit betekende. Over wie het ging. Pas sinds kort begrijpen we het. Weet u over wie dit gaat? Wie het schaap is dat naar de slacht geleid werd?’
‘Ik heb eerlijk gezegd geen idee.’
Addis klakt met zijn tong. De wagen komt weer in beweging. De twee mannen lijken het niet te merken.
‘Dit gaat over Jezus van Nazaret. Hij is de messias op wie we al zolang gewacht hebben.’
‘Wacht even.’ Melech brengt zijn hand naar zijn mond. ‘De messias? Bedoelt u dat de messias ...’
‘Ja! De messias is gekomen.’
‘Maar waarom heeft niemand me dat verteld? Ik had hem graag willen ontmoeten. Waar is hij? In Jeruzalem? Keer de wagen, jongen.’
Addis kijkt verward opzij. Terug naar Jeruzalem? Hij wil al inhouden om te keren, maar Filippus houdt hem tegen.
‘Nee. Jullie hoeven niet terug. Rijd maar gewoon door. Wacht. Ik zal het u uitleggen.’
Hoofdschuddend spoort Addis de paarden opnieuw aan. De zon brandt door zijn kleren heen op zijn schouders. De doek die hij vanmorgen nat heeft gemaakt voor hij hem om zijn hoofd wikkelde, is al helemaal opgedroogd. In de verte, boven het trillende zand, ziet hij een paar vogels vliegen. Zou daar een bron zijn? Of een riviertje? Dan zou hij zijn doek weer nat kunnen maken. En kunnen drinken, natuurlijk. De waterzakken zijn al bijna leeg. Hij kan niet wachten tot ze eindelijk in Egypte zijn, bij het water.
De twee mannen naast hem zijn druk in gesprek. Addis vangt iets op over een timmerman die het land rondreisde en wonderen deed. Dan dwalen zijn gedachten af. Misschien kan zijn oom in Egypte een paar stukjes papyrus voor hem kopen voor ze weer aan boord gaan, zodat

hij tekeningetjes kan maken van wat hij ziet onderweg. Dan heeft hij iets om te laten zien als hij weer thuiskomt.
Ineens schiet zijn oom zo plotseling overeind dat hij bijna van de kar valt. 'Wát!' roept hij verontwaardigd. 'Gekruisigd? Is hij gedood? En je zegt net dat hij de messias was!'
Een van de paarden begint te briesen. Addis geeft hem een tik met de zweep om hem weer in het gareel te krijgen, en luistert naar de twee mannen naast hem.
'U hebt helemaal gelijk', zegt Filippus. 'Het is verschrikkelijk wat er gebeurd is. Maar achteraf hebben we begrepen dat het toch allemaal een bedoeling had. Kijk hier, hier in de boekrol, het stuk dat u net aan het lezen was – de profeet zei het al. En Jezus kende de boeken van de profeten. Hij begreep ze beter dan wij. Hij wist dat het zou gebeuren. En hij heeft het ons van tevoren ook verteld. Dat hij gevangengenomen en gedood zou worden. Én dat hij drie dagen later weer op zou staan uit het graf.'
Melech ziet er verslagen uit. Zijn schouders hangen, zijn wangen trillen. Het lijkt wel of alle lucht uit hem weggelopen is. 'Tja. Maar dat is helaas onmogelijk, nietwaar? Dood is dood. Dus de messias is er niet meer.'
'Nee – wacht', zegt Filippus. 'Hij is niet dood. Niet meer.'
'U bedoelt ...' Melech fronst.
'Hij leeft. Zijn vrienden hebben hem na zijn opstanding weer gezien.'
Addis, die gespannen heeft toegeluisterd, huivert ondanks de hitte. 'En waar is Jezus nu dan?' vraagt Melech.
'Hij is hier', zegt Filippus.
'Waar!' roept Melech. Hij kijkt opgewonden om zich heen, en Addis betrapt zichzelf erop dat hij achter zich kijkt, hoewel hij weet dat er niemand is.
'Je kunt hem niet zien. Hij is teruggegaan naar de hemel. Naar zijn vader. Maar vlak voor hij wegging zei hij dat hij altijd bij ons zou blijven. Dat hij er zou zijn, elke dag, waar we ook zouden zijn. En weet je wat

hij ook zei? Dat we mensen uit de hele wereld over hem moeten vertellen, en iedereen moeten dopen die in hem gaat geloven.'
'Dopen?'
'Onderdompelen in water. Als teken dat je bij hem wilt horen. Bij Jezus.'
Melech knikt langzaam. Hij staart voor zich uit alsof hij het allemaal moet verwerken. Maar dan ineens schiet hij overeind. Hij wijst naar het riviertje dat ze naderen. 'Kijk!' roept hij. 'Water! Zou er iets op tegen zijn als ik gedoopt zou worden?'
Addis houdt zijn adem in. Nu gaat het mis. Nu krijgt zijn oom te horen dat hij er niet bij hoort. Omdat hij niet bij het Joodse volk hoort. Omdat hij niet besneden is. Omdat hij geen echte man is.
'Dat is goed', zegt Filippus. 'Natuurlijk kunt u gedoopt worden! Jezus is niet alleen voor Joden gekomen, maar ook voor niet-Joden. Als u echt in hem gelooft, kunt u gedoopt worden.'
'Ik geloof het!' roept Melech. 'Ik ben ervan overtuigd dat Jezus de messias is. De zoon van God. Stop de wagen, Addis. Ik wil gedoopt worden.'

Addis trekt de teugels aan en springt van de kar. Hij helpt Melech en Filippus om af te stappen. Ze lopen naar de oever, trekken hun jassen en sandalen uit en leggen ze op een rotsblok. Ze lopen samen het water in.

‘Melech uit Ethiopië’, zegt Filippus terwijl hij Melech onderduwt. ‘Ik doop u in de naam van de Heer Jezus.’

Melech komt proestend boven water. ‘Ik ben gedoopt!’ roept hij. Hij strekt zijn armen uit en kijkt naar de lucht. ‘Dank u wel. Dank u dat ik bij u mag horen.’ Druipend klimt hij weer op de oever. Hij gaat op een rotsblok zitten, doet zijn sandalen aan en droogt zich af met de doek die Addis hem aangeeft. Dan kijkt hij om zich heen. ‘Hé!’ zegt hij. ‘Waar is Filippus gebleven?’

Addis klimt op de wagen, gaat op de zitplank staan en tuurt in het rond. Maar in de wijde omtrek is geen persoon te bekennen.

‘Vreemd’, zegt Melech. ‘Maar het maakt niet uit. Niet te geloven, jongen. De messias is gekomen! Had jij dat gedacht? Dat ik er ook bij zou mogen horen? Kom op, Addis. Span de paarden uit, laat ze grazen en drinken. Vul de waterzakken. En dan moeten we snel verder. Wat een fantastisch nieuws. Dit moeten ze thuis horen.’

CO

69 God maakt geen verschil

Handelingen 10

De ergste hitte is voorbij. Didius geeuwt en rekt zich uit. Zo meteen heeft hij zwaardvechtles. Alexander, een van zijn vaders onderofficieren, is hem aan het trainen, een paar keer in de week. Het heeft zo zijn voordelen als je vader legerkapitein is. Niet dat er geen nadelen zijn. Toen zijn vader vertelde dat ze weg moesten uit Rome, dat ze naar Palestina zouden verhuizen, had hij daar absoluut geen zin in. En het viel ook niet mee in het begin. Ze werden met de nek aangekeken hier in Caesarea. De Joden zagen hen als indringers, als bezetters. Hij weet nog hoe de jongens uit de straat hem uitscholden en hoe ze voor hem wegrenden als hij mee wilde spelen.

Cornelius, zijn vader, legde hem uit dat dat niet persoonlijk bedoeld was. Dat zij als Romeinen hier nou eenmaal gezien werden als vijandelijke macht, en dat ze daarnaast nog heidenen waren ook. 'Bewaar je zelfbeheersing', zei hij. 'Blijf vriendelijk tegen ze. Laat ze zien dat je een beschaafd mens bent, geen barbaar.'

Het is zijn vader gelukt het vertrouwen van de inwoners van Caesarea te winnen. Ook al heeft Cornelius zich niet laten besnijden en is hij dus geen Jood, iedereen uit de stad weet dat hij de God van Israël vereert en dat hij zich aan de meeste geboden uit de Tora houdt. Soms gaat hij op sabbat zelfs naar de synagoge, en hij helpt niet alleen zijn eigen landgenoten, maar ook de armen en zieken uit de buurt.

Hij windt zich er niet over op dat hun buren niet samen met hen willen eten, dat ze zelfs niet eens binnen willen komen. 'Zo zijn hun regels', zegt hij. 'Ze geloven dat ze onrein worden als ze een voet over onze drempel zetten. Ik weet niet of het klopt, maar we moeten niet vergeten dat wij hier te gast zijn. We moeten deze mensen respecteren, ook al begrijpen we ze niet altijd.'

Didius schrikt op uit zijn gedachten als hij buiten voetstappen hoort. Opgewonden gepraat. Hé. Dat is de stem van zijn vader. Is er iets aan de hand? Een opstootje? Een misdadiger die gegrepen is? Didius doet zijn mantel om, grijpt zijn zwaard en rent naar buiten. Cornelius staat op de binnenplaats in de schaduw met Alexander en een paar knechten.
'Didius. Goed dat je er bent. Ik moet je iets vertellen. Ik heb zonet iets heel vreemds meegemaakt. Iets ongelofelijks. Ik kan het nauwelijks bevatten.' Cornelius veegt het zweet van zijn voorhoofd. Zijn handen trillen, ziet Didius.
'Pa! Wat is er?'
'Ik vertel het net aan de mannen hier. Ik was dus aan het bidden in mijn kamer. En ineens hoorde ik een stem die mijn naam zei: "Cornelius." Ik keek op en zag dat er iemand bij me in de kamer stond. Het was net of ik droomde. Ik zag iemand die leek op een mens. Maar het was geen mens. Hij straalde licht uit. Het was een engel.'
Didius fronst. 'Een engel?'
'Ja. Een engel. Ik schrok zo verschrikkelijk dat ik me niet kon bewegen. Ik dacht dat ik er geweest was. 'Wat is er, meneer?' vroeg ik. En toen zei die engel dat God mijn gebeden had gehoord, en dat hij had gezien dat ik de arme mensen hielp. En dat hij er blij mee was. Stel je voor, Didius. De God van Israël. De Heer van hemel en aarde. Hij heeft gezien wat ik doe. Hij heeft gehoord wat ik aan hem vraag.'
'Wát?' zegt Didius. Hij kijkt naar Alexander. Die staat er onbewogen bij, alsof hij zoiets dagelijks hoort. Maar de twee huisknechten werpen elkaar een snelle blik toe.

‘Ik weet het, het klinkt ongelofelijk. Ik begrijp het ook niet. Maar de engel zei tegen mij dat ik een paar mensen naar Joppe moet sturen. Om een man op te halen die Petrus heet. Ik heb geen idee waarom dat moet. Maar ik wil dat jullie dat doen, met z’n drieën. En ik wil graag dat jij met ze meegaat, Didius.’
‘Wat is het adres?’ vraagt Alexander. ‘Waar in Joppe moeten we zijn?’
‘Hij logeert bij Simon de leerlooier. Dat huis moeten jullie makkelijk kunnen vinden. Het staat bij de zee. En als je het niet meteen ziet, vraag je het maar. Ik wil dat jullie meteen weggaan. Neem water en eten mee. En hier is geld voor onderweg. Snel.’

Nog geen kwartier later zijn ze onderweg. Het is een flink eind lopen naar Joppe, heeft Alexander verteld. Minstens tien uur. Ze zullen het niet meer halen voor het donker wordt. Het geeft niet. Het begint al af te koelen, en het is prettig om langs de zee te lopen. De vissers die met hun netten bezig zijn, de kinderen die rondrennen over het strand, een paar geiten die worden geleid door een jongen. Tegen het donker houden ze halt, maken een vuurtje en slaan hun kamp op. Het is beter om buiten te overnachten dan om voortdurend nee te horen als ze in een herberg binnen willen komen.
De volgende morgen gaan ze weer vroeg op pad. Net na het heetst van de dag zijn ze in Joppe. Een paar jongens wijzen hun het huis van Simon de leerlooier.
Over een muur hangen huiden te drogen. ‘Wat een stank’, zegt Didius. Hij knijpt zijn neus dicht.
‘Rottend vlees’, zegt Alexander. ‘En pis.’ Hij rammelt aan de poort. ‘Hallo!’ roept hij. ‘Is er iemand?’
Ergens ver weg gaat een deur open. Een kleine, dikke vrouw komt naar buiten sloffen. ‘Ja?’ zegt ze, terwijl ze de poort op een kier opendoet.
‘Vrede’, zegt Alexander beleefd. ‘Is dit het huis van Simon?’
De vrouw knikt en draait zich om.

‘Hallo?’ roept Alexander. ‘Hallo, mevrouw? Logeert Petrus hier? We zijn op zoek naar Petrus.’
Vanaf de buitentrap komt een man naar beneden. Niet al te lang is hij, maar wel breed en gespierd. Hij rent naar de poort toe. ‘Volgens mij moeten jullie mij hebben’, zegt hij. ‘Ik ben Petrus.’
‘We zijn naar u op zoek!’ zegt Didius opgelucht.

'Mooi. Jullie hebben me gevonden. Waarom zijn jullie gekomen?'
Alexander neemt het woord. 'Vrede, meneer. Ik heb een verzoek aan u van overste Cornelius, de kapitein van onze legereenheid. Hij is een rechtvaardig man. Hij vereert uw God, de God van Israël.'
Petrus knikt.
'Alle Joden in Caesarea respecteren hem. Hij heeft van een heilige engel de opdracht gekregen u naar zijn huis te laten komen en te luisteren naar wat u te zeggen hebt.'
'Werkelijk?' zegt Petrus. Hij lijkt heel even verbaasd. Maar dan trekt er een brede glimlach over zijn gezicht. 'Dat is bijzonder! Heel goed. Ik ga met jullie mee. Maar niet vandaag. Jullie hebben een lange reis achter de rug. Jullie moeten eerst rusten. Willen jullie je opfrissen? Het eten is net klaar, heb ik gehoord. Jullie blijven hier bij mij overnachten. Dan gaan we morgenvroeg op weg.'
Didius kijkt verbaasd naar Alexander. Petrus is een Jood. Hij heeft toch wel door dat zij Romeinen zijn? Of zou hij het niet zo nauw nemen met de wetten?
Maar Alexander knikt beleefd. 'Dank u wel. We nemen uw aanbod graag aan. Morgenochtend vertrekken we.'

De terugweg gaat minder snel dan Didius gehoopt had. Petrus is een goede loper. Maar er zijn zes andere mannen die ook meewillen, en het lukt ze niet om Caesarea in één dag te bereiken. Pas halverwege de volgende dag komen ze er aan.
'Pa!' roept Didius. 'We zijn er!' Hij kijkt naar Petrus. Die zal wel op straat willen wachten. Alles beter dan onrein worden omdat je het huis van een heidense Romein binnengaat.
Cornelius komt het huis uitrennen alsof hij op hen heeft zitten wachten. Tot Didius' verbijstering laat zijn vader zich op de grond vallen. Hij knielt voor Petrus neer alsof hij een god is, zijn gezicht plat op de grond.

‘Meneer!’ roept Petrus geschrokken. Hij steekt zijn hand uit en helpt Didius’ vader overeind. ‘Wat doet u! Ik ben ook maar een mens. Net als u. Sta alstublieft op.’

Cornelius komt overeind. ‘Dankuwel’, zegt hij. ‘Dank u dat u gekomen bent. Komt u binnen. Ik zal water laten brengen zodat u zich op kunt frissen.’

Didius kreunt inwendig. Petrus is een Jood, pa. Die kun je niet binnen vragen. Maar Petrus wenkt zijn vrienden en loopt druk pratend met zijn vader mee naar binnen. Het hele woonvertrek staat vol mensen. Vrienden, familie, slavinnen, collega’s. Zodra ze binnenkomen, verstomt het geroezemoes. Mensen kijken nieuwsgierig naar Petrus en de andere gasten die hij heeft meegenomen.

Petrus neemt het woord. ‘U weet waarschijnlijk dat wij als Joden niet zomaar met heidenen om mogen gaan, of bij ze op bezoek mogen komen. Omdat u onrein bent volgens onze wet zouden wij zelf ook onrein worden. Maar God heeft me laten zien dat ik niemand meer onrein mag noemen. Dus toen uw mannen bij mij in Joppe kwamen en vroegen of ik mee wilde gaan, ben ik zonder protesteren meegegaan. Mag ik weten waarom u mij wilde laten komen?’

Cornelius knikt. ‘Natuurlijk. Een paar dagen geleden was ik aan het bidden, en toen zag ik ineens een engel voor me staan. Hij zei dat ik u moest laten komen. Dus dat heb ik gedaan, en ik ben heel blij dat u gekomen bent. Wij zijn hier allemaal bij elkaar, en ik geloof dat God hier bij ons is. We willen heel graag horen wat de boodschap is die u voor ons van God gekregen hebt.’

‘Niet te geloven!’ roept Petrus. ‘Nu begrijp ik het eindelijk. God discrimineert niet!

Ziet u – ik heb vlak voor uw delegatie kwam een heel vreemde droom gehad. Ik zag een laken naar beneden zakken, met allerlei dieren erin. Dieren die wij als Joden mogen eten, maar ook dieren die voor ons onrein zijn. Een stem zei dat ik die dieren moest slachten en ervan moest eten. Ik zei: “Nee, dat doe ik niet, want die dieren zijn onrein.” En toen zei de stem: "Wat God rein noemt, mag jij niet afwijzen." Ik snapte eerlijk gezegd niet wat die droom betekende, maar nu begrijp ik wat God me duidelijk wilde maken. Het maakt voor hem niet uit van wat voor nationaliteit of van welk ras je bent. Het maakt niet uit of je Jood bent of niet – als je maar in God gelooft.

Mensen, ik heb geweldig nieuws voor jullie. Er is vrede gekomen met God, dankzij Jezus Christus, de heer van alle mensen op aarde. Misschien hebben jullie over hem gehoord. Jezus van Nazaret.'

Jezus van Nazaret ... Didius knikt. Hij heeft over hem gehoord. Een wonderdokter die rondtrok door het land. Het is niet goed met hem afgelopen, heeft hij begrepen.

'Mijn vrienden en ik hebben jaren met hem opgetrokken', gaat Petrus verder. 'We hebben de wonderen gezien die hij gedaan heeft. Hoe hij mensen redde uit de macht van de duivel. Hij was vol van Gods Geest. U hebt waarschijnlijk wel gehoord dat hij gedood is. Maar dat was niet het einde. Op de derde dag na zijn dood heeft God hem weer tot leven gewekt. We hebben hem zelf ontmoet. Jezus leeft. En hij wil dat alle mensen over hem horen. Want als je in hem gelooft, vergeeft God je alles wat je verkeerd hebt gedaan.'

Didius luistert naar wat Petrus zegt. En ineens wordt hij overspoeld door blijdschap. Hij voelt zich alsof hij net een fantastisch cadeau gekregen heeft. Of hij het zwaardgevecht van zijn leven gewonnen heeft. Of hij Jezus zojuist persoonlijk ontmoet heeft. En dat Jezus blij met hem is.

'Dat is geweldig!' wil hij zeggen. 'Dank u, Jezus.' Maar er komen vreemde woorden uit zijn mond. Woorden die hij nooit geleerd heeft. Het lijkt wel of hij in een buitenlandse taal spreekt. En hij is niet de enige. Iedereen praat en lacht ineens door elkaar. Didius' moeder, Alexander, de slavinnen, vaders vrienden – iedereen praat, zingt en bidt in onverstaanbare klanken. Het is het vreemdste dat Didius ooit heeft meegemaakt. En tegelijk het mooiste.

'Mensen!' roept Petrus. 'Mag ik nog even?'

Het wordt langzamerhand iets rustiger. Mensen die druk met elkaar stonden te praten, draaien zich om, worden stil.
'Dit is een heel bijzonder moment', zegt Petrus. 'Misschien hebben jullie niet door wat er gebeurt, maar voor mij is het heel duidelijk. God heeft jullie zijn Geest gegeven. Jullie in zijn Geest ondergedompeld, mag ik wel zeggen.' Hij kijkt even naar de Joodse mannen die links en rechts van hem staan. Dan gaat hij verder.
'Nu heeft Jezus gezegd dat iedereen die in hem gelooft, ondergedompeld moet worden in water. Als een teken dat je samen met hem bent doodgegaan, en samen met hem een nieuw leven bent begonnen. Als er iemand van jullie is die gedoopt zou willen worden ...'
Cornelius doet een stap naar voren. 'Heel graag', zegt hij.
'Ik ook', roept Didius. Hij steekt zijn hand op.
Hij weet het zeker. Hij wil bij Jezus horen.
Als hij om zich heen kijkt, ziet hij dat alle handen opgestoken zijn.
'Goed', zegt Petrus. Hij lacht.
'Dan stel ik voor dat we met z'n allen naar het water gaan.'

CO

70 Paulus en Barnabas op wereldreis

Handelingen 11 en 13

'Paulus!'
'Hé! Barnabas?' Paulus laat het tentkleed waaraan hij bezig is uit zijn handen vallen, springt op van de vloer en omhelst zijn vriend. 'Wat doe jíj hier?'
'Ach, ik dacht, ik kom even langs.'
'Goed dat je er bent. Kom binnen!'
Barnabas grijnst. Het was een hele reis van Antiochië naar Tarsus. Hij is weken onderweg geweest, en hij is in Tarsus meer dan een dag bezig geweest om het huis van Paulus te vinden. Hij wist niet dat de stad zo groot was. Maar toen hij op het idee kwam om te gaan zoeken in de wijk van de tentenmakers ging het snel.
'Hier is water. Uit onze eigen bron. Als je je even wilt opfrissen, ga je gang. Een moment. Ik ben even weg. Ik ga eten regelen.'
Barnabas wast zijn handen en voeten, wast zijn gezicht en droogt zich af met de doek die naast het wasvat ligt. Als hij opkijkt komt Paulus vanachter een gordijn de werkruimte binnen. Hij wordt gevolgd door een kleine, oude vrouw die een schaal met brood draagt.
'Dit is Barnabas, moeder', zegt Paulus. 'De man die me in Jeruzalem het leven gered heeft.'
De oude vrouw zet de schaal met brood neer en loopt dan met uitgestoken handen op Barnabas af. 'Heb jij mijn zoon gered?' Haar stem beeft.

'Dank je wel, jongen.'
Barnabas kucht. 'Ik was niet de enige, mevrouw. We waren met een stel vrienden. Uw zoon had de Joden daar nogal kwaad gemaakt. We dachten dat het beter was om hem even naar huis te sturen, tot het weer wat rustiger was.'
Paulus zet een kruik wijn en een paar bekers op tafel. 'Zijn ze inmiddels afgekoeld? Is het weer veilig? Kan ik weer terug naar Jeruzalem?'
'Nou', zegt Barnabas, terwijl hij bij de tafel op de grond gaat zitten en zich uitstrekt. 'Eerlijk gezegd zou ik graag willen dat je meekomt naar Antiochië.'
Paulus laat zich tegenover hem neerzakken en schenkt wijn in. Een van de bekers schuift hij naar Barnabas toe. 'Antiochië?'
'Daar ben ik op het moment aan het werk. Niet te geloven wat daar gebeurt. Zoveel mensen als daar nu in de Heer geloven. Er komen er

elke dag meer bij. Hé, weet je hoe ze ons noemen, in Antiochië? Christenen!'

Paulus lacht. 'Christenen? Die is mooi.'

'Ja! Prima naam toch?'

'Heel goed. Die naam kunnen we voortaan wel gaan gebruiken.' Paulus neemt een brood en scheurt er een stuk vanaf. 'Maar vertel. Wat is de bedoeling?'

Barnabas houdt even in. 'Eh ... onderwijs. Er zijn zoveel mensen die in de Heer geloven. Maar eigenlijk weten ze nog maar heel weinig. Ik ben nu een paar maanden bezig geweest, daar. En er zijn meer leraren. Simeon, Lucius, Manaën. Maar eigenlijk hebben we jou nodig. Jij bent zo thuis in de boeken van Mozes en de profeten. Veel beter dan wij. Daarom dacht ik aan jou. Jij kunt verbanden leggen. Laten zien dat Jezus degene is over wie de profeten spreken. Hoe God het allemaal bedoeld heeft. Ik zou het enorm op prijs stellen als je met me mee zou gaan.'

'Natuurlijk ga ik mee', zegt Paulus met volle mond. Hij neemt een slok wijn. 'Wanneer vertrekken we?'

Barnabus en Paulus vertrekken de volgende dag en gaan samen aan het werk in Antiochië. Ze leiden studiegroepen over Jezus en de Tora, bidden met mensen die het moeilijk hebben, overleggen met hun teamgenoten, en spreken als het mogelijk is in de synagoge. Er komen steeds meer christenen bij.

Soms nemen ze een hele dag de tijd om te bidden. Ze eten dan niet, om zo al hun aandacht helemaal op de Heer te kunnen richten. Tijdens een van die bijeenkomsten heeft Barnabas het gevoel dat Gods Geest hem iets probeert duidelijk te maken. 'Volgens mij wil de Heer ons een nieuwe opdracht geven', zegt hij tegen Paulus.

'Dat idee heb ik ook', zegt Paulus.

De andere mannen knikken instemmend. 'De Heer wil dat jullie op reis gaan', zegt Simeon, een oude, zwarte man.

'Waar moeten we heen?' vraagt Paulus.

'En wat moeten we doen?' vraagt Barnabas. 'Wat is de bedoeling?'
Simeon staat op. Met één hand leunt hij tegen de muur en hij kijkt in de verte. 'Voordat de Heer terugging naar de hemel, heeft hij een opdracht gegeven', zegt hij. Hij is even stil en knikt dan.
'Maak alle volken tot mijn leerlingen, zei de Heer. Dompel ze onder in water, om ze te laten zien dat ze een nieuw leven mogen beginnen.'
Barnabas knikt. Hij is er niet bij geweest toen Jezus dat zei. Maar hij heeft erover horen vertellen.
'Alle volken', gaat de oude man verder. 'We hebben dat nooit goed begrepen. Maar het is duidelijk, toch?'
Hij spreidt zijn armen uit. 'Alle volken. De hele aarde.
De hele wereld is van God. De wereld en alles wat erop leeft. En alle mensen moeten het goede nieuws horen over de redder die hij gestuurd heeft.
Dat is wat jullie opdracht is, Paulus en Barnabas. Ga naar Cyprus. En ga daarna waar Gods Geest jullie brengt. Vertel de mensen die jullie tegenkomen over de redder van de wereld. De Joden. Natuurlijk. Maar ook de niet-Joden. Iedereen moet het weten.
Het is zo donker in deze wereld. Er zijn zoveel mensen die in angst en in duisternis leven. Die niet weten waar hun leven naartoegaat. Mensen die verdriet hebben. De Heer wil dat jullie de wereld ingaan. Dat jullie zijn licht meenemen en het overal laten schijnen.'
Barnabas kijkt naar Paulus. Die glimlacht. 'Laten we eten', zegt hij. 'Laten we God danken. Morgenochtend gaan we op reis.'

CO

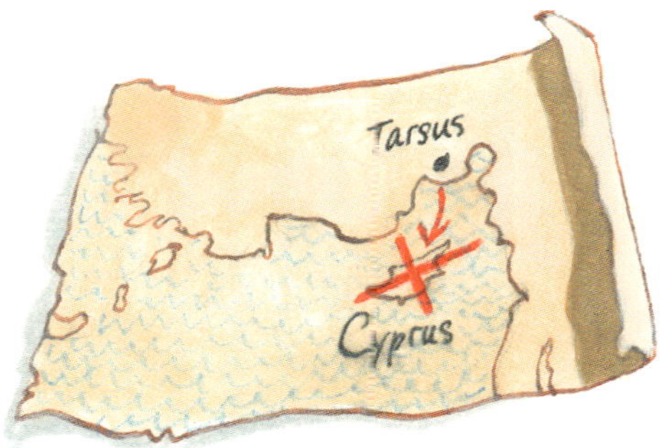

71 Je hoort erbij

Handelingen 15

'Wacht even', zegt Junus' vader. 'Zegt u nou dat wij besneden moeten worden?'
'Inderdaad', zegt de bezoeker. 'Als u bij Jezus wilt horen, moet u besneden worden. U en uw zoon.'
Junus kijkt geschrokken op. Besneden worden? Waar heeft die Joodse bezoeker het over? Een halfjaar geleden zijn zijn vader, moeder en hij christen geworden. Elke zondag, na het werk, bezoeken ze de samenkomst om meer te leren over Jezus, om te bidden, samen te eten en te vieren. Vanaf het begin zijn ze hartelijk ontvangen. Nooit heeft er iemand gezegd dat zij als Romeinen besneden zouden moeten worden.
'Daar is mij niets van verteld', zegt Junus' vader. Hij kijkt een beetje ongerust. 'Ik heb gehoord dat we alleen maar in Jezus hoefden te geloven.'
'En we zijn gedoopt', zegt Junus snel.
'Heel goed, heel goed', zegt de man. 'Maar in de boeken van Mozes staat heel duidelijk dat iedereen die bij Gods volk wil horen zich aan de Joodse wet moeten houden en ook besneden moet worden. Zo heeft God het ingesteld, lang geleden.'
Junus' vader fronst. 'Maar ...'
'U weet toch dat Jezus de messias óók besneden was? Hij hield zich aan alle geboden. Hij at geen varkensvlees. Hij hield zich aan de sabbat. Hij heeft de geboden van God niet overboord gezet, als u dat soms dacht. De besnijdenis is een voorwaarde om gered te worden.'

'Dus het komt erop neer', zegt Junus' vader, 'dat we ons moeten aansluiten bij uw volk? Dat we Joden moeten worden?'
'Ik ga me niet laten besnijden!' zegt Junus.
De man haalt zijn schouders op. 'Wilt u gered worden of niet? Zo simpel is het.'
Junus' vader staat op. 'Kom, Junus. Laten we gaan.'

Junus zit met zijn vriend Felix in de schaduw onder een olijfboom. Vanaf de markt komt een groep mannen aanlopen, druk pratend en gebarend. Junus' vader is er ook bij. Hij maakt zich los van de groep en komt naar Junus toe. 'Kijk', fluistert hij. Hij knikt naar een kleine man die net het gebouw binnengaat. 'Weet je wie dat is?'
Junus haalt zijn schouders op. 'Geen idee.'
'Paulus van Tarsus!'
Junus veert op. 'Paulus? U bedoelt ... Die Joodse man die de christenen vroeger liet doden?'

'Ssst. Ja. Die. Hij is helemaal uit Antiochië gekomen. En Petrus is er. En Jakobus. Alle apostelen zijn nu hier in Jeruzalem. Ze willen praten over de problemen. Over wat die man vorige week tegen ons gezegd heeft, over de besnijdenis, weet je wel. Het is een enorm probleem aan het worden. Er is een vergadering, vanmiddag. Als jullie erbij willen zijn ...'
Junus knikt. Dit moet hij horen. Al is het alleen maar om zijn vader te steunen. Die begint zich steeds meer een tweederangschristen te voelen. Iemand die er niet helemaal bij hoort zolang hij niet besneden is.
Van uit het gebouw klinkt geroezemoes dat snel luider wordt. Geroep. Boze kreten.
'Niet waar!'
'Wel! Lees de boeken van Mozes, daar staat het!'
'De boeken van Mozes gelden niet meer!'
'Kijk dan hier, in de boekrol! Als de heidenen erbij willen horen, moeten ze besneden worden!'
Junus en Felix kijken elkaar aan en gaan dan snel naar binnen.
Ze zijn net op tijd om te zien hoe Petrus de mensen stil krijgt. Hij is op een bankje geklommen en zwaait met beide armen in de lucht. 'Vrienden!' roept hij. 'Rustig, alsjeblieft. Er is alle ruimte om te praten. Maar luister eerst. Ik wil jullie wat vertellen.
Weten jullie nog van Cornelius? Hij was geen Jood. Hij was niet besneden. Maar hij geloofde in Jezus. En God gaf hem zijn Geest. Ik was erbij. Ik heb het zelf gezien. Ik heb zelf gezien dat God helemaal geen verschil maakt tussen Joden en niet-Joden. Dan moeten wij dat toch ook niet doen?
Niemand van ons is gered omdat we Joods zijn, of omdat we besneden zijn, of omdat we ons zo goed aan Gods regels en wetten gehouden hebben. We hebben onze redding enkel en alleen te danken aan Jezus. Dan gaan we de heidenen toch niet die regels opleggen waar we ons zelf niet eens aan konden houden?'
Er gaat een instemmend gemompel op. Petrus steekt zijn hand op. 'Dat was wat ik wilde vertellen. En dan wil ik nu graag het woord geven aan Paulus en Barnabas.'

Paulus staat op. 'Wij zijn op reis geweest', zegt hij. 'Mijn vriend Barnabas en ik. We zijn op Cyprus geweest en we hebben rondgetrokken door Turkije. Overal hebben we de mensen over Jezus verteld. En wat ons overal opviel was dat juist de heidenen openstaan voor het goede nieuws.'
Barnabas neemt het over. 'Op Cyprus bijvoorbeeld', zegt hij. 'Weet je nog, Paulus? We werden op een dag uitgenodigd door de gouverneur van het eiland, Sergius. Een Romein dus. Hij had blijkbaar over ons gehoord en hij wilde meer over God weten. Dus wij erheen. Wij vertelden hem over Jezus en hij was echt enorm geïnteresseerd.'
Paulus knikt. 'En toen kwam Barjezus. Een volksgenoot van ons die in dienst was van de gouverneur. Hij vond het maar niks dat Sergius zoveel belangstelling voor Jezus had. Hij probeerde Sergius te betoveren zodat hij niet naar ons zou luisteren. Maar van het ene op het andere moment werd hij blind. En Sergius is tot geloof in Jezus gekomen.

Jullie hadden moeten zien hoe blij hij was. En hoe vol hij was van Gods Geest. God liet ons tijdens onze reis elke dag zien hoe graag hij wil dat álle mensen gered worden. Niet alleen de Joden, maar ook de heidenen. Zonder dat ze daarvoor besneden moeten worden. De besnijdenis is iets van vroeger. Het is niet langer nodig als je bij Gods volk wilt horen.'
'Dank je, Paulus', zegt Petrus. 'En dan wil ik ten slotte graag het woord geven aan Jakobus.'
Hij knikt naar een rijzige man met een lange baard die opstaat en om zich heen kijkt. Het wordt zo stil dat je een speld kunt horen vallen. Junus houdt zijn adem in. Jakobus is een broer van Jezus. Hij is samen met hem opgegroeid. Hij is de leider van de kerk hier in Jeruzalem, en ook al hoort hij niet bij de twaalf apostelen, zijn mening is belangrijk.
'Vrienden', zegt Jakobus. 'Ik weet dat sommigen van jullie denken dat ík vind dat de heidense christenen besneden moeten worden. Laat ik het nu nog één keer duidelijk zeggen. Dat is niet zo. In de boeken van de profeten staat al dat ook de heidenen er op een dag bij zullen horen. Dat is wat God wil. En dan moeten wij de buitenlanders die Jezus willen volgen niet lastig vallen met onze wetten. Wat mij betreft is de enige regel dat ze alles moeten vermijden wat met hun oude godsdienst te maken heeft. Dus geen vlees eten dat aan de goden geofferd is, geen vlees eten waar nog bloed in zit, geen losbandigheid. Het lijkt me goed als we een brief schrijven naar de kerken, zodat er geen misverstand meer over kan bestaan.'
'Dat gaan we doen', zegt Petrus. 'Dan verklaar ik de vergadering voor gesloten.'
Junus kijkt naar zijn vader. Die glimlacht naar hem. Hij en zijn vader, ze horen erbij. Iedereen hoort erbij. Joden. Romeinen. Grieken. Ethiopiërs. Het maakt niet uit welke nationaliteit ze hebben. Met elkaar zijn ze één volk. Met één Heer. Tweederangsburgers bestaan niet meer.

CO

72 Voor de onbekende God

Handelingen 17

'Vandaag heb ik een bijzondere opdracht voor jullie', zegt meester Trasus. 'Jullie hebben de afgelopen weken geleerd hoe je moet debatteren op de manier waarop onze grote leermeester Aristoteles het deed. En dat gaan we vandaag oefenen in de praktijk.'
Niemand zegt iets, en meester Trasus gaat verder: 'Ga naar het marktplein. Daar zit het altijd vol mensen die niks liever doen dan debatteren. Spreek iemand aan, vraag hem naar zijn mening over de belasting of over de kosten van de oorlog of wat je ook maar wilt. En ga tegen die mening in. Gebruik goede argumenten. Probeer de ander te overtuigen. Na de middag komen we weer bij elkaar. En dan wil ik horen wat jullie gedaan hebben.'

Zeno staat op. Langzaam loopt hij de overschaduwde zuilengang uit. Zijn vrienden zijn al weg. Iedereen is enthousiast over de opdracht. Alleen hij niet. Een paar maanden geleden zou hij dit ook geweldig hebben gevonden. Maar sinds zijn broertje overleden is – een paar dagen koorts en hij was weg – lijkt het allemaal even zinloos. De hardloop- en worstelwedstrijden, de lessen over filosofie en geschiedenis, de oefeningen in debatteren. Wat maakt het uit of je de Odyssee gelezen hebt, of je de honderd meter sneller loopt dan een ander, of je vóór of tegen de belastingverhogingen bent? De dood maakt overal een eind aan.

Hij stapt over een open riool heen, slaat de hoek om en stuit op een groepje mannen dat druk staat te discussiëren naast het beeld van Apollo. Het gaat er nogal verhit aan toe, zo te horen.
'Een beetje meer respect graag!' zegt er een.
'Hebt u enig idee wat Apollo allemaal doet voor onze stad?' zegt een ander verontwaardigd.
'Legt u ons dan eens uit wat er mis is met onze goden.'
Zeno komt iets dichterbij, maar er zijn zoveel mensen dat hij niet kan zien met wie ze in debat zijn. 'Waar gaat het over?' vraagt hij aan de jongeman die naast hem staat.
Die schudt zijn hoofd. 'Een of andere praatjesmaker. Maakt zich kwaad over onze goden. Hij zegt dat ze niet echt bestaan.'
'Wát?' Zeno gaat op zijn tenen staan en ziet een kleine man te midden van een kring Romeinen. Durft die man hun goden te beledigen? Die heeft lef. Of zou hij niet weten dat hij met zijn leven speelt?
Een oudere man draait zich naar Zeno om en legt uit: 'Hij heeft het over een nieuwe godsdienst. Over een god die Jezus heet en die uit de dood is opgestaan.'
'Hé!' roept iemand. 'Weet je wat we met Socrates gedaan hebben toen hij rare ideeën ging verkondigen?'
'Laat hem uitpraten', zegt een ander. 'Ik vind het interessant, iemand die zo fris tegen onze cultuur aankijkt.'
'Is tenminste weer eens iets nieuws.'
'Meneer', zegt een oudere man met een kaal hoofd. 'Wat u zegt, klinkt ons nogal vreemd in de oren. Laten we naar de Areopagus gaan. Dat is de plek waar onze volksvergaderingen gehouden worden. Legt u daar nu eens precies uit wat uw ideeën zijn.'

Zeno loopt met de groep mannen mee de heuvel op. Wat maakt het uit dat hij niet toekomt aan zijn opdracht. Dit is veel interessanter. Een rechtszaak over een godsdienstig onderwerp.

De kleine, Joodse man die zoveel kritiek op de goden heeft, gaat op een verhoging staan en steekt een hand op.
'Atheners!' roept hij. Zijn stem klinkt verbazend krachtig, zenuwachtig lijkt hij niet. 'Mijn naam is Paulus. Ik kom uit Tarsus, maar ik ben een Romeins staatsburger, net als u.
Ik heb een paar dagen rondgelopen in uw prachtige stad. Ik vind het echt geweldig hoe godsdienstig en vroom u bent. Zoveel beelden. Zoveel altaren. Zoveel tempels. En gisteren zag ik tot mijn verbazing zelfs een altaar waarop stond: "Voor de onbekende god."'

Zeno grinnikt in stilte. Tijdens de lessen hebben ze het er ook al over gehad – dat altaar voor de onbekende god. 'Wie is die god dan?' heeft hij aan zijn leermeester Trasus gevraagd. 'Geen idee', zei Trasus. 'Dat is de god die we misschien vergeten zijn. Je weet maar nooit, jongen. Je kunt de goden beter te vriend houden.'
'Er zijn onder u mensen die denken dat ik nieuwe goden verkondig', gaat Paulus verder. 'Dat is niet zo. Ik geloof in die onbekende god die u zelf ook al lang vereert. En over die God wil ik u graag wat meer vertellen. Ik ken die God namelijk. Het is de God die de hemel en de aarde gemaakt heeft. De koning over de wereld.'
Zeno fronst. Wat zegt Paulus nou? De God van hemel en aarde? De koning van de wereld? Dat is Zeus toch?

'Die onbekende God woont niet in een van uw tempels', gaat Paulus verder. 'Hij is veel te groot om in een tempel te wonen. Hij wil dat u naar hem op zoek gaat. Niet dat hij moeilijk te vinden is.
Een van uw eigen dichters zei het al, lang voordat ik geboren was:
"*In hem leven we.*
In hem bewegen we.
In hem zijn we."'
Zeno knikt. Die dichtregels kent hij. Hij weet zelfs wie ze geschreven heeft: Epimenides, een dichter die zeshonderd jaar geleden leefde.
'En een andere dichter van u zei: "*Wij komen allemaal voort uit God*"', gaat Paulus verder. 'Beste Atheners, uw dichters hebben gelijk. We zijn allemaal kinderen van God. U en ik, we leven allemaal dankzij hem. Er is niets of niemand méér levend dan God, die ons het leven geeft. Het is dus nogal onzinnig om een beeld te gaan aanbidden. God is geen beeld, al is het nog zo mooi gemaakt.
Maar God maakt er geen probleem van dat u dat gedacht hebt. Hij begrijpt dat u niet wist wie hij was. Maar hij roept u nu op om een nieuw leven te beginnen. En het is belangrijk dat u dat doet, want er komt een dag waarop er een grote rechtszaak komt. Een rechtszaak waarbij alle

mensen die ooit geleefd hebben, beoordeeld worden door een man die God zelf heeft aangesteld als rechter.
En die rechter is een man die door God zelf uit de dood is opgewekt.'
Paulus wil verder praten, maar uit het publiek klinken spottende opmerkingen en gelach.
'Uit de dood opgewekt! Ja hoor!'
'Het spijt me zeer, maar nou ben je me kwijt.'
'Hahaha!'
'Bij de dood houdt alles op. De atomen van lichaam en ziel vallen uiteen.'
'Dat is wat jíj denkt. Ik geloof dat je na je dood naar de onderwereld gaat.'
'Maakt niet uit. Vanuit de Hades is er ook geen terugkeer mogelijk. Als je eenmaal de rivier de Styx over bent ...'
'Ik vind het interessant', zegt een man. 'Ik wil er wel meer over horen, eigenlijk.'
'Ik heb genoeg gehoord. Dit is iemand die in sprookjes gelooft.'
Zeno dringt naar voren.
Hier moet hij meer van weten.
'Meneer?'
Paulus kijkt op.
'Zeg het eens, jongen.'

‘Die man waar u het over had. Die rechter. Is die echt teruggekomen uit de dood?’

Paulus knikt. ‘Ik heb hem zelf mogen zien, jaren nadat hij was opgestaan uit de dood. Jezus heet hij. En ik kan je verzekeren – het is echt waar. Hij heeft de macht van de dood gebroken. Niet alleen voor zichzelf, maar ook voor ons.’

Zeno kijkt naar de grond. Hij denkt aan zijn broer die zo ziek was en die stierf. Aan de dag waarop ze hem begraven hebben. Voor altijd. Want bij de dood houdt alles op. Of niet? Zou het mogelijk zijn dat deze man de waarheid vertelt?

Hij slaat zijn ogen op en kijkt Paulus aan. ‘Ik zou daar eigenlijk wel meer over willen horen.’

‘Dat kan’, zegt Paulus. Hij legt een hand op Zeno’s schouder. ‘Dat is precies waarom ik naar Athene gekomen ben. Om jullie dat goede nieuws te vertellen.’

CO

73 Schipbreuk op de Middellandse Zee

Handelingen 27-28

De ochtendlucht is nog koel als Teofilus op de buitengalerij gaat zitten. Kleine vogeltjes hippen kwetterend rond in de binnentuin. Een van de slavinnen komt aanlopen met een kan geitenmelk en een beker, een ander zet een schaal met druiven en dadelkoeken voor hem neer. Teofilus wacht tot ze verdwenen zijn en rolt dan voorzichtig de papyrusrol uit. Hij heeft gisteravond tot diep in de nacht zitten lezen in de brief die hij van zijn vriend Lucas gekregen heeft, en hij kan niet wachten tot hij weet hoe het verhaal afloopt.
Hij neemt een paar druiven en begint te lezen over Paulus, die in Jeruzalem gevangen was genomen en die door een Romeinse officier en zijn soldaten per zeilschip naar Italië gebracht werd, om daar voor de keizer terecht te staan.
'Dom dom dom', mompelt hij als hij leest dat de officier na een tussenstop op Kreta weer uitvaart. Iedereen weet dat je niet moet varen in de winter. De kans op storm is te groot.

Het was vrijwel donker in het ruim van het schip en de stank was niet te harden. Het schip

Thema: reizen

helde het ene moment voorover, het volgende moment achterover, het kraakte in zijn voegen, en er was niemand die met deze storm nog naar het dek durfde
– u kunt zich de smerigheid voorstellen waarin de mensen lagen. Ik ging een paar keer per dag langs de zieken, voelde hun pols, probeerde hen te overreden wat te eten of in elk geval te drinken, meestal tevergeefs.
De bemanning had kabels onder de romp van het schip door getrokken om ervoor te zorgen dat het niet zou breken, ze hadden een deel van de lading en van de scheepsuitrusting overboord gegooid om het schip lichter te maken, maar niets hielp. Al twee weken lang werden we stuurloos rondgeslingerd, het was zo donker dat nauwelijks te zien was wanneer het dag was en wanneer het nacht werd.
Het ergste was dat het niet nodig was geweest. Paulus had de kapitein van tevoren gewaarschuwd om niet uit te varen. 'Het gaat mis', had hij gezegd. 'Het schip gaat eraan, met lading en al, en u zet de levens van uw bemanning en passagiers op het spel.' Maar nee, de kapitein moest en zou vertrekken. Het weer was prima, en als we vlak langs de kust van Kreta zouden varen, zouden we in een of twee dagen in Feniks kunnen zijn, wat een veel betere plek was om te overwinteren dan Goede Havens. De stuurman was het met hem eens, net als de Romeinse officier die mee was als gevangenbewaker (zoals ik u al verteld heb, werd Paulus naar Rome gebracht om zich daar voor de keizer te verantwoorden voor zijn verschrikkelijke 'misdaad': zijn geloof dat Jezus van Nazaret de zoon van God was).
En toen riep Paulus iedereen bij elkaar. Hij hield zich vast aan een houten steunbalk om niet om te vallen op het slingerende schip, en zei: 'Mensen, als u naar mij had geluisterd, was dit

niet gebeurd. Maar ik wil jullie oproepen om moed te houden. Iedereen zal dit overleven. Alleen het schip zal vergaan.'
'O ja?' zei de stuurman. 'En hoe weet u dat zo zeker?'
'Er was hier vannacht een engel', zei Paulus. 'Hij zei dat ik niet bang hoefde te zijn. De God die ik dien wil dat ik voor de keizer verschijn. Hij zorgt ervoor dat u het allemaal gaat overleven. Houd moed. Ik verwacht dat we op een of ander eiland zullen stranden.'
Of ze het allemaal geloofden, weet ik niet. Maar rond middernacht veranderde er iets in het geluid van de golven. Zelf hoorde ik het niet, maar een van de matrozen zei dat het het geluid van de branding was – een teken dat we land naderden. Ze gooiden elke vijf minuten een peillood uit om te meten hoe diep de zee was. Het bleek dat het inderdaad steeds minder diep werd, en omdat de bemanning bang was dat we op de rotsen zouden lopen, gooiden ze vier ankers uit en lieten toen de sloep zakken, zogenaamd omdat ze bij de boeg ook ankers wilden laten zakken. Maar Paulus had in de gaten wat ze van plan waren. Ze wilden er met de sloep vandoor. 'Als zij niet aan boord blijven, worden we niet gered', zei hij tegen de Romeinse officier.
Die aarzelde geen moment. Hij gaf zijn soldaten opdracht om de touwen door te kappen, en de sloep viel in het water en dreef af. De kapitein en de bemanningsleden waren niet bepaald blij.
Toen het eindelijk licht werd, riep Paulus iedereen opnieuw bij elkaar. 'Jullie hebben nu veertien dagen niet gegeten', zei hij. 'Eet wat brood, drink iets en probeer energie op te doen, want die zul je straks hard nodig hebben.'
Hij pakte een stuk brood, dankte God hardop en begon te eten. De bemanning, de soldaten en de andere gevangenen volgden zijn voorbeeld. Nu het wat lichter werd en we iedereen bij elkaar

hadden, kon ik eindelijk tellen met hoeveel mensen we waren: 276.
'Donder de rest van de lading overboord', riep de kapitein.
'Het schip gaat er toch aan. We moeten zorgen dat we zo licht mogelijk zijn.'
We gingen met z'n allen aan het werk: alle zakken graan gingen de zee in, de ankers werden losgemaakt, het voorzeil werd gehesen, en de stuurman probeerde het schip voor de wind in de richting van het strand te sturen. Al snel liepen we vast op een zandbank. We waren nog een flink eind van het strand verwijderd, de achtersteven brak af en het schip helde achterover en begon water te maken.
'Dood de gevangenen!' hoorde ik een van de soldaten roepen.
'Ze gaan ervandoor!'
Een soldaat zette zijn zwaard tegen de hals van een man, klaar om toe te steken.
'Stop!' schreeuwde de officier. 'Er wordt hier niemand gedood! Iedereen moet van boord. Wie zwemmen kan, gaat eerst. En de rest, even wachten. Maak je geen zorgen als je niet kunt zwemmen. Er ligt genoeg wrakhout in het water. Houd je daaraan vast en laat je in de richting van het strand drijven.'
Ik stroopte mijn jas op en maakte hem vast met mijn riem zodat ik wat meer bewegingsvrijheid zou hebben en ik zag Paulus hetzelfde doen. We sprongen tegelijkertijd overboord. Ik kwam met een klap in het ijskoude water terecht en zonk naar beneden. Even zag ik helemaal niets meer. Maar toen kwam ik boven. Paulus schoof me een plank toe en samen zwommen we zo goed en kwaad als het ging naar het strand toe.
Drijfnat en door en door verkleumd kwamen we aan.
Gelukkig waren er mensen bezig een vuur te maken. Het waren de eilandbewoners. We bleken op Malta te zijn gestrand.

De bewoners hadden al gezien wat er gebeurd was en waren snel naar het strand gekomen om ons te helpen. Paulus en ik hielpen mee om hout te zoeken voor het vuur. Toen Paulus een bos hout op het vuur gooide, kwam er door de hitte een slang uit kruipen. Het beest beet zich met zijn vlijmscherpe tanden vast in zijn hand en bleef daar hangen.
'Die vent is vast een moordenaar', hoorde ik iemand achter me zeggen. 'Hij is ontsnapt aan de zee, maar de godin van de rechtvaardigheid en de wraak straft hem alsnog.'
En toen schudde Paulus de slang van zijn hand af in het vuur. Ik rende op hem af en wilde de beet uitzuigen en zijn arm afbinden.
'Doe geen moeite', zei een man. 'Dit is een gifslang. Zijn hand zwelt op en hij valt dood neer. Niks aan te doen.'
Maar het was niet nodig. Er was niets met Paulus aan de hand. Alleen een paar kleine wondjes. Ik bestudeerde Paulus' hand, maar die zwol niet op, de wondranden werden niet rood. Hij werd niet misselijk of duizelig, had geen moeite met slikken, en volgens mij vond hij mijn bezorgdheid nogal onzinnig.
De mensen van Malta hielden Paulus scherp in de gaten. Maar er was niets aan hem te zien. Hij zat bij het vuur, warmde zijn handen, at en dronk, maakte grapjes met de soldaten.
'Hoe kan het dat hij dit overleefd heeft!' zei iemand.
'Hij moet een god zijn', fluisterde een ander.
'Vergeef ons, meneer', zei een ander. 'Kunnen we iets voor u doen?'
'Onze gouverneur Publius wil u graag een slaapplaats aanbieden', kwam een soldaat vertellen. 'U en uw vriend, natuurlijk. Als u hem de eer zou willen aandoen.'
Paulus glimlachte. 'Natuurlijk.'

En zo kwamen we in het huis van de gouverneur terecht. Wat een verschil na die verschrikkelijke bootreis. Dienaren kwamen aanlopen met water zodat we ons konden baden. We kregen schone kleren, eten, er waren bedden om op te slapen – van een 'moordenaar' was Paulus ineens veranderd in de eregast van het eiland.
Toen Paulus hoorde dat Publius' vader ziek was, ging hij hem onmiddellijk opzoeken. Ik ging mee en ik zag meteen dat hij er behoorlijk slecht aan toe was. De oude man had koorts en diarree en was enorm verzwakt. Ik was bang dat hij niet lang meer te leven had. Maar Paulus knielde naast hem neer, legde zijn handen op het hoofd van de man en bad voor hem. Hij was van het ene op het andere moment genezen.
Het nieuws ging als een lopend vuurtje het eiland rond, en in de tijd die volgde kwam iedereen die ziek was naar Paulus toe. Paulus bad met ze, vertelde ze over Jezus en ze genazen.

Toen we drie maanden later weer van Malta vertrokken, op een schip dat op het eiland had overwinterd, werden we overladen met cadeaus. De mensen vonden het verschrikkelijk dat Paulus ging. Maar het moest. Want dat was het plan van God: dat Paulus in Rome aan de keizer van het Romeinse rijk over Jezus zou vertellen.

Teofilus blijft nog een poos in gedachten verzonken zitten. Dan rolt hij de papyrusrol weer op en geeft hem aan een bediende om op te bergen. Wat een brief. Wat een verbazingwekkend avontuur.

CO

74 Een nieuwe hemel en een nieuwe aarde

Openbaring 1, 4, 21 en 22

Johannes zit op een grote steen voor zijn grot. Hij tuurt door zijn wimpers over de zee, voorbij de rotsachtige eilandjes vlakbij. Een rode zon komt op in het oosten. Daar ligt Asia, dat hij soms bij helder weer kan zien liggen als een golvende penseelstreek aan de horizon. Daar zijn ook de zeven plaatsen waar hij over Jezus verteld heeft: Efeze, Smyrna, Pergamum, Tyatira, Sardes, Filadelfia, Laodicea. De christenen hebben het er moeilijk. Ze weigeren de keizer van Rome te vereren, zoals andere mensen om hen heen doen. Daarom worden ze gepest, mishandeld en onderdrukt.
Johannes wil ze zo graag steunen, moed inspreken. Tot voor kort wist hij niet hoe, want hij is verbannen naar dit eenzame eiland. Maar nu weet hij het wèl, zeker na dat visioen van vannacht!
Het hoorde bij dat grote visioen dat elke nacht terugkomt. Vaak is het adembenemend mooi, met engelen die zingen voor Gods troon en wezens met overal ogen, die God aanbidden. Maar Johannes ziet ook aardbevingen en overstromingen, en gevechten waar hij bang van wordt. Een stem als een bazuin had geroepen dat hij alles wat hij zag moest opschrijven in brieven en die naar zijn gemeenten in Asia sturen.
Als hij terugdenkt aan het visioen van afgelopen nacht wordt hij weer helemaal gelukkig, zo mooi was het. Hij sluit zijn ogen. De zon verwarmt zijn huid. Een zacht windje speelt door zijn haren. Tijm en

lavendel geuren. Bijen zoemen. Vogels fluiten. Alsof zijn droom nog doorgaat...
De zon klimt steeds hoger. Het begint heet te worden. Johannes staat op, loopt de koele grot in en neemt een slok water. Zorgvuldig snijdt hij een scherpe punt aan zijn rietpen. Dan legt hij een vel perkament op een platte steen. Hij gaat de droom van vannacht opschrijven. Dat zal zijn mensen in Asia goed doen! Want die droom betekent: hou vol in je geloof, help elkaar, dan komt alles goed!
Johannes haalt diep adem. Het is doodstil op een paar zoemende insecten na. Zijn ogen kijken naar binnen, naar wat hij vannacht zag. Dan begint hij te schrijven:

Beste vrienden in Asia,

Gelukkig is wie dit voorleest en wie ernaar luistert, want ik heb goed nieuws. Er komt een nieuwe hemel en een nieuwe aarde! Hoor maar. Vannacht kwam er een engel naar me toe die zei: 'Johannes, opstaan. Ik moet je iets laten zien.'
Ik stond op en zweefde met de engel mee naar een hoge bergtop. Vandaar zag ik het nieuwe Jeruzalem neerdalen uit de hemel, stralend als een bruid in haar trouwjurk. Een machtige stem riep: 'God gaat bij de mensen wonen. Hij zal hun tranen afvegen en hun pijn wegnemen. Er zal geen verdriet meer zijn, geen honger, geen onrecht en geen dood.'
De hele stad glansde, was helder als kristal en wijd als de wereld. Om de stad heen zag ik een muur met twaalf poorten, als parels zo mooi. Boven die poorten stonden de namen van de stammen van Israël en bij elke poort stond een engel. Ook had de muur twaalf grondstenen met de namen van de twaalf apostelen erin gegraveerd. Elke grondsteen was versierd met edelstenen:

smaragd, turkoois, amethist en nog veel meer. En de straten waren van zuiver goud!
Een tempel zag ik niet, maar dat hoefde ook niet want de hele stad was Gods tempel. God woonde er tussen de mensen. Hij straalde zoveel licht uit dat zon en maan ook niet nodig waren. Nacht bestond niet meer en de poorten stonden altijd open voor mensen die het goede willen.
De engel liet me ook een rivier zien. Die ontsprong bij de troon van God en slingerde zich in kalm kabbelende bochten door de stad. Het water van de rivier was sprankelend schoon en tintelend fris. Wie ervan dronk hoefde nooit meer iets anders drinken. Overal gaf de rivier leven: bomen groeiden tot in de hemel, bloemen bloeiden in de mooiste kleuren, mensen en dieren bleven jong. De rivier stroomde door het park in het midden van de stad. Aan beide oevers stond een boom van eeuwig leven die wel twaalf keer per jaar vruchten gaf. Met de bladeren van die bomen kon je zieke mensen beter maken. En in het gras eronder speelden kinderen met leeuwen en lammetjes, wolven en konijntjes.
Ik begreep dat dit de nieuwe hemel en de nieuwe aarde was die eens zal komen en waar alle goede mensen voor altijd in vrede mogen leven, jullie ook! Er zal geen oorlog meer zijn. Niemand wordt meer onderdrukt, beroofd, gemarteld of gedood. Elk mens is even waardevol.
Ik liet me op mijn knieën vallen voor de engel om hem te bedanken. Maar hij zei: 'Je moet mij niet bedanken maar God, want ik ben net zo'n gewone dienaar van God als jij. En hou dit visioen niet geheim, want de tijd komt dat het echt gaat gebeuren.'

Met vriendelijke groet, mede namens onze Heer Jezus,
uw Johannes.

Johannes legt zijn pen neer en leest de brief nog eens over. Ja, zo was het vannacht! Hij rolt de brief op, bindt er een touwtje omheen en schrijft het adres op de buitenkant van het perkament.
Als hij de grot uitloopt, slaat de hitte hem tegemoet. De zon staat nu recht boven hem. Straks, als de grootste hitte voorbij is, zal hij het stenige pad naar het haventje aflopen en de brief meegeven aan een betrouwbare schipper.
Dit visioen zal een teken van hoop zijn voor iedereen: de mensen in Asia en alle andere mensen die ervan horen!

LvD